◎公共关系书系◎

STRATEGIC PLANNING IN PUBLIC RELATIONS

公共关系策划学

【第三版】

余明阳　薛　可◎主编

首都经济贸易大学出版社
Capital University of Economics and Business Press
·北京·

图书在版编目(CIP)数据

公共关系策划学/余明阳,薛可主编.--3版.--北京:首都经济贸易大学出版社,2023.1

ISBN 978-7-5638-3430-3

Ⅰ.①公… Ⅱ.①余… ②薛… Ⅲ.①公共关系学 Ⅳ.①C912.3

中国版本图书馆CIP数据核字(2022)第185673号

公共关系策划学(第三版)

余明阳 薛可 主编

GONGGONG GUANXI CEHUAXUE

责任编辑 彭伽佳

封面设计 砚祥志远·激光照排 TEL: 010-65976003

出版发行 首都经济贸易大学出版社

地　　址 北京市朝阳区红庙(邮编 100026)

电　　话 (010)65976483 65065761 65071505(传真)

网　　址 http://www.sjmcb.com

E- mail publish@cueb.edu.cn

经　　销 全国新华书店

照　　排 北京砚祥志远激光照排技术有限公司

印　　刷 唐山玺诚印务有限公司

成品尺寸 170毫米×240毫米 1/16

字　　数 423千字

印　　张 24.25

版　　次 2006年9月第1版 2012年9月第2版

2023年1月第3版 2023年1月总第6次印刷

书　　号 ISBN 978-7-5638-3430-3

定　　价 49.00元

序

如果要对公共关系实务的难度和层级做个分类的话，接待型公关是最初级的，服务型公关是中级的，而策划型公关是最高级的。

作为一门应用性学科，公共关系的生命力在于实效，而要产生最佳的效果，必须有战略的思维、开阔的眼界、合理的时机、恰当的路经、充分的准备、精准的目标和有序的执行，这一切就是策划，是为了实现公共关系价值的公共关系策划。

人类作为有主观能动性和创造性思维的高级动物，自诞生以来就伴随着策划。商鞅为了树立言出必行的威信而策划了移木活动，诸葛亮策划火烧赤壁创造出以弱胜强的经典战例，廉颇负荆请罪的策划形成了将相和谐的团结局面，而郑和七下西洋的策划不光促进了贸易还传播了国家形象。

自从艾维·李首创公共关系职业以来，120 年间公共关系一直是与策划相伴，并由策划来推动行业发展的。从杜邦"化学工业使得生活更加美好"策划出良好的社区关系与企业形象，到可口可乐策划出妙招迭出的"世纪大战"；从云南野象大迁徙的报道赢得全球好评，到北京冬奥会"冰墩墩"形象风靡全球，无不闪耀着公共关系策划的智慧光芒。

本人有幸成为中国第一批从事公共关系研究和进行公共关系策划的业内人士之一，从 1985 年发表第一篇公共关系论文以来，37 年间，一直致力于公共关系理论研究和策划实务。1991 年出版了国内第一本《公共关系策划》（中山大学出版社）；2000 年出版了高等教育考试教材《公共关系策划》（线装书局），全书 50 多万字，并配有 20 多万字的《公共关系策划学习辅导材料》（线装书局）。本教材就是在这两本著述的基础上升级而成的。

2006 年 9 月，首都经济贸易大学出版社《公共关系策划学》

正式出版，当时参加编写的有余明阳、薛可、戴世富、舒咏平、蒋春堂、曾琼霞、陈欧阳、袁雅璇、仪丽君、李明。出版以后，迅速获得了社会的认可，许多高校将其作为教材使用。

2012 年 9 月，应首都经济贸易大学出版社杨玲老师邀请，我们成立了由余明阳、薛可、张思思、董啸、卢晓晶、李荣、周笑屹组成的修订小组，对本教材进行了理论升级与案例翻新，十年来多次重印，颇受厚爱。

不知不觉间，十年过去了，过去的十年中，环境发生了翻天覆地的变化，无论是元宇宙、区块链、大数据、人工智能与科技革命，还是中美关系、一带一路、供应链再造、逆全球化与地缘政治；无论是共同富裕、乡村振兴、社会主义核心价值观、中华民族伟大复兴的新时代旋律，还是碳达峰碳中和、五大发展理念、供给侧消费侧改革、市场升级消费者迭代等新政策导向，都对公共关系策划提出了全新的课题和挑战，为此，我们在首都经济贸易大学出版社的大力支持下，组织了第三版的修订。

第三版修订由余明阳、薛可等组成修订小组，由金宣谕、赵诗颖、伍梁永执笔，余明阳、薛可负责内容指导和通稿审定，希望从理论、案例到形式上都有一个较大的提升。

由衷感谢首都经济贸易大学出版社社长、公共关系书系策划及统筹杨玲老师对本书一如既往的支持，她的眼光、魄力和雷厉风行的执行力给我留下了深刻的印象。感谢当年引荐出版的首都经济贸易大学汪秀英教授。

感谢选用此教材的全国高校公关老师们和同学们，你们宝贵的意见和建议是本书不断修订完善的引导。我们有信心通过不断改进，使之日臻完善。

是为序。

中国公关协会第三、四、五届
常务副会长兼学术委员会主任
上海交通大学安泰经济与管理学院
教授、博士生导师

2022 年 4 月 22 日

目录

第一章　策划与公共关系策划　/ 1
第一节　公共关系策划的含义　/ 2
第二节　公共关系策划的地位与作用　/ 17
案例评析　北京冬奥会与新时代中国国家形象构建　/ 21

第二章　公共关系策划的历史　/ 29
第一节　策划的历史沿革　/ 30
第二节　公共关系策划的崛起与发展　/ 43
案例评析　白兰地在美国的精彩亮相　/ 58

第三章　公共关系策划的基础　/ 63
第一节　公共关系策划的目标　/ 64
第二节　公共关系策划的原则　/ 79
第三节　公共关系策划的创新思维　/ 89
案例评析　为人民服务的民族品牌　/ 113

第四章　公共关系策划的准备　/ 119
第一节　公共关系调查　/ 120
第二节　信息的检索　/ 136
第三节　公众的确定与分析　/ 141
案例评析　《有你圳好,见证深圳经济特区建立 40 周年》主题传播活动　/ 147

第五章　公共关系策划的创意　/ 155
第一节　创意的表述与激发　/ 156
第二节　策划创意中的时机因素　/ 165
案例评析　“世界上最好的工作”　/ 182

第六章　公共关系策划的展开　/ 187
第一节　公共关系策划的要素整合　/ 188
第二节　公共关系策划的媒介选择　/ 194
第三节　公共关系策划文案　/ 199
第四节　策划方案的优化与审定　/ 201
第五节　策划书实例举隅　/ 204
案例评析　东航“解码 100 个中国最美乡村瞬间”主题海外传播　/ 206

第七章　公共关系战略策划　/ 213
第一节　社会组织的环境分析　/ 214
第二节　公共关系的战略策划　/ 229
第三节　社会组织的形象定位　/ 234
案例评析　沃尔沃集团中国“点碳成林 · 沃见未来”　/ 244

第八章　公共关系的专题活动策划　/ 251
第一节　新闻性专题活动策划　/ 252
第二节　广告性专题活动策划　/ 260
第三节　人际性专题活动策划　/ 271
第四节　网络性专题活动策划　/ 282
案例评析　2021 年世界卵巢癌日“看见她力量”女性公益项目　/ 295

第九章　公共关系的危机处理策划　/ 305
第一节　公共关系危机的类型与特点　/ 307
第二节　公共关系危机的处理　/ 311
第三节　公共关系危机的防范管理　/ 325
案例评析　元气森林乳茶危机公关项目　/ 328

第十章　公共关系策划组织与策划人　/ 337
第一节　公共关系策划组织　/ 338
第二节　公共关系策划人　/ 346
案例评析　汶川大地震中的政府公关　/ 354

第十一章　公共关系策划的领域差异　/ 359
　　第一节　政府公共关系策划　/ 360
　　第二节　非营利组织公共关系策划　/ 366
　　案例评析　“一带一路”年度汉字——国家公关时代的发展　/ 369

参考文献　/ 376

第一章　策划与公共关系策划

学习要点

公共关系策划既是公共关系学的一个分支学科，又是策划学的一个分支学科。通过本章的学习，需要对“公共关系”和“策划”这两个至今仍有争议的概念有一个相对完整的把握，从而能正确理解公共关系策划活动的本质，准确掌握其理论体系，为公共关系策划实务指明方向。

【学习目标】

学习完本章,你应该能够:

(1)了解策划的含义和基本特征;

(2)了解公共关系策划的定义、构成要素和特点;

(3)了解公共关系策划在学科体系和实践活动中的地位;

(4)了解公共关系策划在开展公共关系活动中的主要作用。

【基本概念】

策划　公共关系　公共关系策划

第一节　公共关系策划的含义

马克思曾经说过:"蜘蛛的活动与织工的活动相似,蜜蜂建筑蜂房的本领使人间的许多建筑师感到惭愧。但是最蹩脚的建筑师从一开始就比最灵巧的蜜蜂高明的地方,是他们用蜂蜡建筑蜂房以前,已经在自己的头脑中把它建成了。劳动过程结束时得到的结果,在这个过程开始时就已经在劳动者的表象中存在着,即已经观念地存在着。"①马克思的这段话说明,人与动物的本质区别就在于人的活动是有目的的、有计划的,而策划是体现人类活动本质的关键。策划是人类所特有的,历史久远而又充满生机,贯穿于创造物质文明和精神文明全过程的社会实践活动。

一、策划的含义与特征

(一)策划的基本含义

策划的基本含义包括内涵和外延两个方面。就其内涵而言,需要说明策划到底是什么,这个问题我们可以从工具书对"策划"的语词解释和目前理论界对策划的界定两个方面进行探讨。就其外延来说,需要把握策划所指的范围或者策划的主要类型。

1."策划"的语词解释。在我国历史上,"策划"一词的直接出现大约是在汉代。西汉刘安的《淮南鸿烈·要略》中有"画人事之终始也";南朝人的《后汉书·嚣传》中有"是以功名终申,策画复得"。其中的"画"、"策画"都与"策

① 马克思恩格斯全集[M].23卷.北京:人民出版社,1972:202.

划”同义。在此之前,或用其他字表示,或“策”与“划”分开使用,如《尚书》汇集的篇章中有典、诰、谟等。其中的“典”是重要的史事记录,“诰”是君对臣的谈话,“谟”便是臣对君的谋划。《论语·述而》中“好谋而成者也”的“谋”字,《汉书·商帝纪》中“运筹帷幄之中,决胜千里之外”的“筹”字,《吕氏春秋》中“引胜之一策也”的“策”字等,都是筹划、安排、想办法、出主意、出谋划策之意。

关于“策”字,《汉语大字典》(1988年版)收集了21个义项,《中华大字典》(1978年版)收集了18个义项,《辞海》(1980年版)收集了12个义项。从这些工具书中可以看出,“策”的本义为“赶马用的棍子”,后逐渐引申出“鞭打”“驾驭”“督促”“计谋”“谋划”“探测”“办法”等含义。至于“划”字,在《广雅·释器》中说:“划,镰也。”“划”字有不同的读音,当读音同“华”时,有“拨水”“划算”“切割”等含义;当读为“画”时,有“划分”“计划”“谋划”“出主意”“筹谋计策”等含义。

与汉语“策划”一词意思相通或相近的英文单词有 plan, plot, engineer。根据《英华大词典》的解释,“plan”主要指计划、方案或做计划、设计方案、打算等,也有图表、轮廓、梗概等含义;“plot”作为名词,指阴谋(事件)、(小说、戏剧等的)情节、炮兵的测算表等,作为动词有密谋、图谋、策划等含义;“engineer”作为名词,是指技师、工程师、驾驶员等,作为动词有监督、操纵、图谋、策划、策动等含义。《现代汉语词典》(1979年版)将“策划”解释为“筹划”“谋划”,这与《辞源》(1931年版)的解释(“筹谋”“计划”),《辞海》的解释(“计谋”“探测”),英文的“设计”“图谋”等基本一致。这些解释都为我们确定公共关系策划学中“策划”的含义提供了依据。

2.“策划”的多种界定。在策划理论界,专家学者们从不同的角度或者侧面对“策划”进行了界定,比较流行并具有代表性的定义有以下10种。

(1)事前行为说。威廉·纽曼(William H.Newman)的《组织与管理技术》一书认为:“一般来说,策划是在事前决定做何事。一次策划是业已设计妥善之行动路线。由此可知,策划是非常广泛的人类行为形态。”

(2)管理行为说。约翰·彼夫勒(John M.Pfiffner)和文斯·普安修斯特(R. Vance Presthusit)在《公共管理》一书中认为:“策划在本质上是较佳决定的手段,也是行动的先决条件。策划包括确定某机关或事业的目的,及达到目的的最佳手段。由于政策、组织及社会环境随时有所变动,因此策划必须具备连续性与活动性……策划应准备编拟有效的运营程序,确认实施过程中的监督技术。策划在其过程中能影响管理者的决策、预算、调整、意见沟通、机构等问题。简言之,策划即是管理。”

(3)选择决定说。哈罗德·库兹(Harold Koontz)和西里尔·奥多尼尔(Cyril O' Donnell)的《管理原理——管理功能的分析》一书认为:“策划是管理者从各种方案中,选择目标、政策、程序及事业计划的机能。因此策划也就是左右将来行动路线的决策。其乃思维之过程,是决定行动路线之意识,是以目的、事实及深思熟虑所作判断为基础的决定。”

(4)理性行为说。美国哈佛企业管理丛书编纂委员会认为:策划是一种程序,其本质是一种运用脑力的理性行为。基本上所有的策划都是关于未来的事物,也就是说,策划是针对未来要发生的事情做当前的决策。换言之,策划是找出事物因果关系,衡量未来可采取之途径,作为目前决策之依据,即策划是预先决定做什么,何时做,如何做,谁来做。“策划的步骤是以假定目标为起点,然后定出策略、政策以及详细内部工作计划,以求目标之达成,最后还包括成效之评估与反馈,而返回到起点,开始了策划的第二次循环。策划是一种连续不断的循环……要策划再策划,以求计划之确实可行。”

有人将这种观点称为“程序说”或“循环说”。但我们认为,称其为“理性行为说”或“综合描述说”更为合适。

(5)创造活动说。梁朝晖编著的《TOP 策划学经典教程》一书认为:“策划就是策略、谋划,是为达到一定目标,在调查、分析有关材料的基础上,遵循一定的程序,对未来某项工作或事件事先进行系统、全面的构思、谋划,制订和选择合理可行的执行方案,并根据目标要求和环境变化对方案进行修改、调整的一种创造性的社会活动过程。”

(6)意识能动说。熊向清、白津夫主编的《企业策划全书》认为:“策划是人的意识的能动作用的集中表现形式,它以筹划、策略为核心内容,体现为一种为了实现某个特定的预期目标,从当前的环境出发,在调查、分析相关材料的基础上,遵循一定的程序,对未来某项工作或事件事先进行系统的、全面的构想,制定和选择合理可行的执行方案,并根据目标要求和环境变化、进程特点进行调适的创造性的社会活动过程。”

(7)谋划方案说。李道平主编的《公共关系策划》认为:“策划是根据已经掌握的相关信息,推测事物发展的趋势,分析需要解决的问题和主客观条件,在行动之前,对指导思想、目标、对象、方针、政策、战略、策略、方式、方法、途径、步骤、人员安排、时间利用、经费开支等作出构思和设计,并形成系统、完整的方案。简言之,策划就是为行动谋划方案。”

唐纳德·斯通(Donald C.Stone)认为:“任何大事业若欲获得成功的管理和管制,对其将来的营运,必须有正确的构想和缜密的计划。为使管理产生效果,所有的活动必须有明确、合理的计划……策划的核心即在编订每一项计划过程中所作的决定。”这一说法中的“编订计划”与李道平先生的“谋划方案”十分接近。

(8)条件限定说。白巍和李志军合著的《公关策划》认为:“策划,是人们以‘谋事在人’的主动精神,为改变事物的现状,根据既定的主客观条件,在实践行为活动之前,对实践行为活动的目的、方向、目标内容、策略方针、方式方法、程序步骤等所作的筹划、谋划或计划。”“策划主要不是一种物质行为,而是在一定限定下的能动的、系统的思维活动。所谓‘限定’是指策划总是在一定主、客观条件和依据的制约下进行的。”

以上各种说法有的从不同角度和不同侧面说出了策划的某些属性,有的从多个角度和多个侧面比较全面地概括了策划的本质。对策划的这些说法,为我们客观、全面地认识策划,简洁、严谨地界定策划提供了参考。

3.“策划实践”的外延。在对此问题进行探讨之前,我们必须说明以下几点:

第一,“策划”是一个多义词,我们认为它的义项可分为三个系列:策划实践、策划机构(或人员)和策划学科。策划机构和策划学科是以策划实践为基础发展起来的,而且三者之间密切关联。以上对“策划”的界定基本上是指策划实践。因此,我们在此探讨的“策划”的外延实际上仅仅是“策划实践”的外延,即将策划作为一种活动来区别它的类型。

第二,人类的策划历史与文明发展的历史一样长久,策划实践是最能够反映人类本质的行为,策划行为伴随着人类一切有目的的活动,策划活动遍布于人类社会的各个角落。因此,对策划进行完全划分几乎是不可能的,我们所列举的仅仅是策划类型中的主要部分。

第三,策划实践历史久远、领域广泛、名目繁多、千差万别,对策划实践进行区分,需要依据不同的标准。我们将以领域、行业、层次、目标、效果等作为标准来探讨策划的类型。

根据所涉及的领域,可以将策划实践划分为政治策划、军事策划、经济策划、科技策划、教育策划、文化策划、体育策划等。根据所涉及的行业,可将策划实践划分为政府策划、企业策划、事业策划以及工业策划、农业策划、商业策划、交通业策划、服务业策划等。根据策划本身的复杂程度，可以将策划实践划分为不同的层次，例如：宏观策划、微观策划；战略策划、战术策划；谋略策划、策略策划；系统策划、项目策划；整体形象策划、CIS识别（理念识别、行为识别、视觉识别）策划；等等。根据目标的构成或实现目标的期限，可将策划实践分为总体目标策划、分类目标策划和长（远）期目标策划、中期目标策划、短（近）期目标策划。根据实施方案所取得的效果，可以将策划实践分为成功的策划、失败的策划和周密的策划、草率的策划等。如果我们以企业为例并且根据策划所涉及的具体内容，那么，又可以将策划实践区分为组织机构、管理制度、发展规划、产品开发、科技创新、市场营销、竞争措施、配套服务、资金运转、财务分配、文化建设、广告宣传、消费引导等类型。

对于"策划"概念外延或者策划类型的探讨，有利于我们全面认识策划的本质，以免出现对其界定的偏颇。

4.策划的基本含义。根据以上分析，我们将策划的基本含义综合概括为以下几点：

- 策划是人类的理性行为，是一种智能活动。
- 策划是一个活动过程，这一过程既有阶段性又有连续性。
- 策划以一定的目标为出发点，为实现目标而寻求解决方案。
- 策划作为一种智能活动，具体表现为一定的科学方法。
- 策划必须以相应的主客观条件为基础，以条件的发展变化趋势为依据。
- 策划实践遍布于人类社会的各个领域、各个方面。

根据策划的上述基本含义，我们认为：策划是指人们为了实现某种特定的目标，根据现有条件及其变化趋势，借助适当的科学方法，为决策或计划而构思、设计、制作行动方案的理性活动过程。

（二）策划的基本特征

策划作为一种与人类具有同样长久历史的理性活动，作为一个长盛不衰、日新月异的智能活动过程，它具有独特的内在规律和基本特征。探讨策划的基本特征可以使我们更深刻地理解策划的基本含义，掌握策划的本质属性，发现策划的内在规律，为我们学习策划理论、从事策划实践奠定坚实的基础。通过对人类长期策划实践的探索和研究，人们对策划的基本特征逐渐取得共识，一般认为，策划具有以下基本特征。

1.前导性。策划的前导性是指决策的制定和计划的实施都需要以策划为前提。上文提到的美国哈佛企业管理丛书编纂委员会对"策划"的解释便主要突出了策划的这一特征。管理决策理论学派的创始人、诺贝尔经济学奖获得者赫伯特·西蒙(Herbert Simon),把决策程序划分为情报探索阶段、方案拟订阶段和方案选定阶段,并把这三个阶段分为参谋活动、设计活动和选择活动,而且它们是任何完整的决策过程所必需的,都应当加以重视,不能以对某一阶段的加倍重视来弥补对其他阶段的忽视。西蒙所说的参谋活动和设计活动正是选择活动之前的策划活动,是选择方案之前的策划运作过程。通过上述观点我们可以看出,策划是决策和计划的前导活动。

从策划的实践活动来看,无论什么类型的策划,都是为了使作出的决策科学合理、切实可行、准确无误,使计划的实施进展顺利、畅通无阻、成效显著。因此,策划要在决策和行动之前进行。决策制定的理智化、科学化,管理活动的规范化、目标化,方案实施的程序化、条理化,都取决于事先进行的科学、严谨的策划。策划是一项立足现实、面向未来的活动,在策划中起关键作用的是策划人员的超前意识。

策划的前导性是不能脱离现实基础的,现实是未来的起点和前提,未来的前景必然受到许多现实因素的影响和制约。因此,策划虽然面对的是未来,但策划过程中必须立足现实去进行认真的思考和周密的谋划。

2.能动性。策划是人类有目的、有计划,为实现自身利益和需要而进行的活动。人的意识具有主观能动作用,策划便是这种能动作用的集中体现。

从根本上说,人类认识世界的目的是为了更好地改造世界。为了取得改造世界的良好效果,就需要对改造世界的行为进行预先策划。人类意识的能动作用具体表现为:①意识能够反映外部世界,具有认识的作用;②在反映的基础上,意识表现出预见的作用;③在反映、预见的基础上,意识具有确定目标、制定计划、选择实施方案的作用;④在实现目标和实施计划或方案的过程中,意识具有指导和控制人们行动的作用;⑤意识还具有规范和调整社会成员的关系和行为的作用。意识的能动作用相互联系、相互影响、相互制约,集中反映在策划过程中。策划的能动性对于策划的全过程具有重要的指导作用。

3.目的性。任何种类的策划,都有着某种特定的目的。军事策划的目的是为了打败敌人、取得胜利;政治策划的目的在于实施政策、巩固政权;外交策划的目的是协调关系、建立友谊;企业策划的目的是增强实力、提高效益……至于某项具体的策划,无论古今中外,其目的性就更加明显。诸葛亮的“隆中对”是策划,其目的在于占据荆隘、联吴抗曹、三分天下、北定中原;范雎为秦王上谏的“远交近攻”是策划,其目的在于威胁楚赵、征服强齐、战胜魏韩、扩张势力、称霸诸侯;1988年"北京火车站更名"是策划,目的是为了适应铁路客运的需要,缓解原北京火车站的紧张局面,确立首都铁路运输枢纽的地位。

有人把策划比喻为一个负熵的过程。所谓熵,是指热力体系中,不能利用来做功的热能。负熵意味着充分利用潜能,从无序到有序,变无用为有用,减少盲目性、增强目的性,达到事半功倍的效果。对于策划来说,目的越明确,熵值就越小,效果也越好。策划的目的性告诉我们,策划必须以某种特定目标为中心,力争将相关的各个要素、各个环节、各项措施联系起来,使其为实现目标充分发挥作用。

策划一旦偏离了既定目标,策划方案的实施就可能流于形式,而解决不了实质问题。比如,有的广告因过分追求名人效应而忽视公众心理,从来不喝酒的某名人大叫某某酒的味道如何美,根本没有雀斑的某演员高喊某某祛斑霜使我青春焕发……类似这样的广告策划可以说是"增熵"过程,因为它最多只能让人们知道有什么酒,有什么霜,与此同时难免产生利用名人"行骗"的嫌疑,从而导致消费者的逆反心理,难以引起消费者的购买欲望。中国台湾地区凝翠堂企业股份有限公司曾有一份调查报告显示,消费者对化妆品电视广告的接触率为42.4%,但对其信赖度却仅为0.6%,这便是对以上观点的有力说明。

4.系统性。策划是一项具有全局性、整体性、综合性的活动,追求的基本目标应该是总体效应。系统论认为,任何领域里的全局和整体都是一个系统,局部和部分便是子系统。策划与其要素之间、策划与其程序之间、策划与其目标之间、策划与其原则之间、策划与其方法之间都是系统与子系统的关系。格式塔心理学认为,整体大于部分之和,即如果把整体作为一个系统去考虑,其收效远大于单独考虑的孤立事物。策划的系统性特征要求策划工作必须考虑各个要素、各个程序、各种目标等,即各个子系统之间的相互协调统一,统筹兼顾各个子系统与策划总体之间的关系,必须重视和保持策划总系统各要素的优化组合。

我国古代的策划活动就非常重视系统性这一特点。"远交近攻""围魏救赵""田忌赛马"等都是策划系统性应用的典范;李冰父子主持修建都江堰水利工程、隋唐时期兴建长安古城,在规划、设计和施工等方面更是应用系统理论进行策划的杰作。

策划的系统性在科学技术日新月异、社会活动纷繁复杂、公众需求千变万化的当今更加重要。

5.创造性。策划是创造性的思维活动。创造性思维是一种复杂的辩证思维过程,它具有不同于其他思维的特征。这主要体现在:第一,积极的求异性。创造性思维往往表现为对常见现象和权威理论持怀疑、分析的态度,而不是盲从和轻信。第二,敏锐的洞察力。在观察过程中,分析事物的相似与相异,发掘事物之间的必然联系,从而得出新的发现和发明。第三,创造性的想象。这是创造性思维的重要环节,它不断创造着新表象,赋予抽象思维以独特的形式。第四,独特的知识结构。这是创造性思维的基础。第五,活跃的灵感。它能突破关键,产生意想不到的效果。策划的过程其实就是发挥创造性思维作用的过程,或者说是创造性思维与策划活动相结合的过程。创造性思维是策划生命力的源泉,它贯穿于策划活动的方方面面和策划过程的始终。

当年美国"椰菜娃娃"的策划就是策划创造性的一个极好样本。当时,一名设计人员将叫做"椰菜娃娃"的玩具创造性地塑造成一种有生命的东西,称它是"椰菜田里的孩子"。每个娃娃都附有"出生证明",印上它的姓名、手印、脚印,还有"接生人员"的签章。而且每个娃娃都不重样:有男娃娃、女娃娃之分,有肤色、发型、面貌之别,服饰穿戴千姿百态,大大满足了消费者的不同喜好。人们不是"购买"它,而是"领养"它,购买者要签署"领养证",保证好好照顾它。玩具厂商顺应美国社会中人们心理状态变化的特点,精心策划了"椰菜娃娃"这样一种"有生命""个性化"的感性产品,满足人们精神寄托的需要,同时开拓了全新的"购买"意境和形式。策划者和生产者因为独特的创造而得到了丰厚的报酬和利润。

创造性思维是人类进步的源泉,创造性是策划生命力之所在。失去了创造性的策划活动不能称之为策划,而只是固有行为模式的照搬,是一种简单的模仿。

6.现实性。策划是一种具有创造性的智能活动,但创造不能脱离现实。经过创造性的劳动所产生的策划方案应该具有可行性和有效性。策划的现实性要求策划者必须以现实所提供的条件为基础,策划方案应该切实可行,应该追求实际效果。脱离现实条件的策划,即使方案说得天花乱坠,也只能是纸上谈兵、镜中审美。策划方案的切实可行取决于策划者对与策划相关的各种现实情况的掌握程度。也就是说,只有建立在全面掌握、透彻分析各种现实条件基础之上的策划,才切实可行。中国古代的韩信背水结阵,士兵没有退路,所以奋勇出击、势不可挡,个个以一当十,大获全胜。而三国时期的马谡在山顶安营扎寨,也以为会起到"置之死地而后生"的效果,哪知司马懿只围困而不战,结果蜀军非但没有决一死战的勇气,反而人心瓦解,以失败而告终。马谡也因步赵括的后尘，成为“纸上谈兵”的典型。两相对比，虽然韩信和马谡都经过了精心策划，几乎是相同的谋略，为什么效果却截然相反呢？原因就在于前者是主动出击、洞悉敌情、诱敌出战、安排周密、士气旺盛，而后者是被动应战、主观臆断、照搬兵法、久拖不战、士气涣散。其实马谡也并非完全是无能之辈，他自幼熟读兵书，诸葛亮的七擒孟获就是采纳了马谡“攻心为上，攻城为下；心战为上，兵战为下”的计谋，因此他深得诸葛亮的赞赏。马谡策划的失误关键就在于没有周密地考虑现实可行性，这大概也就是诸葛亮挥泪斩马谡的原因。

策划的现实可行性与策划的超前性和能动性是密切相关的，也就是说，策划所考虑的现实条件，应该包括现实已经具备的条件和预见即将出现的有利因素。策划应该充分利用形势的发展趋势和将会出现的有利条件。对于这个问题，诸葛亮借东风的故事便是极好的说明。“借东风”看来似乎是不可能的事，但诸葛亮却成竹在胸。在“万事俱备，只欠东风”的情况下，诸葛亮表面上采取充满神秘色彩的祈祷方式，其实是因为诸葛亮精通气象知识而预测到了东风的来临。火烧赤壁的一系列策划就是建立在这个预测条件之上的。策划的现实可行性告诉我们，一方面要充分利用现实已经具备的条件，另一方面还要发挥主观能动作用，采用科学的方法预测即将出现的条件，既要积极创造条件，又要耐心等待时机成熟。

以上介绍的是策划的主要特征，这些特征具有相互补充、相互交融、相互协调、相辅相成的特点，这是我们正确理解和掌握策划特征的前提，也是保证策划实践活动顺利进行、取得成功的基础。

公共关系策划既是策划理论在公共关系领域的应用，也是公共关系理论和公共关系实践的重要组成部分。因此，我们研究和探讨公共关系策划必须同时兼顾这些相关内容。

二、公共关系策划的含义

公共关系是社会组织为了塑造形象而通过传播沟通，与公众建立并协调发展的互利互惠的社会关系。公共关系的基本特征是以公众为对象，以“三度”（认知、美誉与和谐）为目标，以传播为中介，以利益为纽带，以真诚为信条，以长远为方针。在公共关系的三大构成要素中，主体——社会组织具有主导性，客体——公众具有权威性，中介——传播具有效能性，这三大构成要素具有多元性。因此，公共关系活动的实质就在于对这三大要素进行优化组合，使其尽量趋于和谐。

“策划”在公共关系领域中的应用，大体上有四种含义。

第一种是将策划作为贯穿于公共关系活动的始终、对公共关系活动的全过程都具有指导意义的活动，即所有的公共关系活动、公共关系活动的每一个步骤都需要以策划为核心，以策划为先导。正是在这种意义上，才认为公共关系策划是公共关系活动的最高层次。

第二种是将策划作为公共关系活动程序的一个相对独立的中间环节，即“四步工作法”（调查、策划、实施、评估）的第二步。这种意义上的“策划”是指根据组织现状，针对组织目标，分析现有条件和发展趋势，为开展公共关系活动设计最佳行动方案的过程。也就是将公共关系策划当做公共关系活动的一个步骤，是在公共关系调查分析的基础上，为活动的实施设计、制定方案。

第三种是将公共关系策划与制订活动计划等同看待，即策划或计划是依据公共关系的活动目标，界定公众、确定主题、制定方案的过程。

第四种是将公共关系策划当做为活动的实施筹划和设计策略的过程。这种理解是不应该将公共关系活动计划包括在“策划”之中的。按照这种理解，策划与制订计划应该是两个相对独立的过程。

公共关系策划是为公共关系专业的学生开设的一门理论与实践相结合的重要课程，同时又是高层次的公共关系活动，主要是由高层次的公共关系专门人才来承担或完成。学生应该系统全面地掌握公共关系策划的相关理论和技巧，以利于培养自身的策划能力。因此，我们认为采用第一种含义更为恰当。

基于以上考虑，我们把公共关系策划定义为：公共关系策划是公共关系人员为了实现组织与其公众认知、美誉与和谐这“三度”的特定目标，根据现实公关状态及其发展趋势，借助适当的科学方法，为决策或计划而构思、设计、制定传播沟通方案的智力活动。这个定义包含以下几层意思：

第一，公共关系策划的主体是公共关系人员。公共关系人员按参与公共关系工作的不同分工大体有三种类型：一是工作的指挥者、领导者或决策者；二是高层次、高水平的公共关系专业人员；三是具备一定实践经验和某些特殊能力的具体操作人员。而公共关系策划活动主要由高层次、高水平的公共关系专业人员来完成。

第二，公共关系策划的内容是为公共关系活动设计行动方案，而公共关系活动是为改善组织的公共关系状态，针对目标公众开展的传播沟通活动，设计的行动方案应该以传播沟通活动为核心。

第三,公共关系策划是为组织的公共关系目标服务的。组织的公共关系目标就是与公众建立、巩固、协调和改善关系,从而达到认知、美誉与和谐这“三度”。

第四,公共关系策划是以现实公共关系状态及其发展变化趋势为依据的,而现实公共关系状态及其发展趋势必须通过搜集、分析信息才能掌握。

第五,公共关系策划的核心工作是为开展公共关系活动的决策或计划而设计行动方案。要想使方案切实可行并取得良好的效果,策划过程中必须应用相应的科学方法。

第六,公共关系策划与一般意义的策划既有联系又有区别。公共关系策划作为策划的一种类型,也是为决策或计划而构思、设计、制定行动方案的智力或理性活动。公共关系策划,作为策划的一种特殊类型,它的策划内容主要是运用传播沟通的方式建立、巩固、协调和改善组织与公众之间的关系,从而达到建立信誉、塑造形象、优化环境的目的。

三、公共关系策划的构成要素

公共关系策划可以区别为不同层次的策划:总体战略策划、专题活动策划、具体操作策划;也可以区别为不同目的的策划:CIS 策划、关系协调策划、促进销售策划、广告发布策划、事业公关策划等。但无论何种层次、何种目的、何种组织的公共关系策划,凡是比较规范的公共关系策划,都要涉及以下因素:策划人员、策划对象、策划目标、策划依据、策划方法和策划方案。这便是公共关系策划的构成要素。

(一)公共关系策划人员

公共关系策划人员是公共关系策划行为的主体。策划主体可区分为个体和群体。个体的能力有高低,其特长有差异,而策划人员的能力和特长直接关系到策划的水平和质量。策划活动的复杂性决定了策划主体由个体化向群体化发展的趋势。

(二)公共关系策划内容

公共关系策划内容是公共关系策划行为的客体。策划内容即策划对象,具体地说,策划内容包括分析信息、确定目标、界定公众、制定方案、经费预算、效果评估;概括地讲,策划内容主要是指针对现实状态及目标公众而制定的开展传播沟通活动的方案。

（三）公共关系策划依据

公共关系策划的依据是进行公共关系策划活动的基础。策划依据特指搜集到的反映组织公共关系状态及其发展变化趋势的相关信息。不以信息为依据的策划，就是盲目的没有针对性的胡思乱想。信息不全面、不准确，策划就不会取得理想的结果。

（四）公共关系策划目标

公共关系策划的目标就是公共关系策划人员通过策划活动所要解决的问题和最终要达到的目的。公共关系策划的目标可以划分为总体目标与分项目标、长远目标与近期目标、最优目标与最低目标等。公共关系策划的目标既是形成策划方案的依据，也是对策划效果进行评估的主要标准。

（五）公共关系策划方法

公共关系策划的方法是指公共关系策划人员在策划过程中所采用的形式、手段、技术、措施、程序等。公共关系策划的方法是调动策划人员发挥能动作用、保证策划活动顺利进行、取得良好策划效果的基本条件。

（六）公共关系策划方案

公共关系策划方案是通过策划活动所形成的概括反映策划过程、策划内容、策划结果等问题的口头报告或书面文件。最终确定的公共关系策划方案是开展公共关系活动、进行策划效果评估的依据，是避免盲目性、随意性，保证实现策划目标的规范化章程。

公共关系策划的六大基本要素是相互作用、相互制约的。公共关系策划者以策划依据为基础，确定策划目标，将策划方法应用于策划对象，最终形成策划方案。公共关系策划是一个具有系统性、整体性和完整性的活动过程。

四、公共关系策划的特点

作为策划的一种表现形式，公共关系策划同样具有前导性、能动性、目的性、系统性、创造性和现实性等策划的基本特征。公共关系策划是公共关系理论和公共关系实践的重要构成部分，公共关系具有以公众为对象，以认知、美誉与和谐这“三度”为目标，以传播为中介，以利益为纽带，以真诚为信条，以长远为方针等基本特征。策划的基本特征与公共关系特征的有机结合，便是公共关系策划的基本特征。“公共关系策划”是一个偏正词组，其中“策划”是中心词，“公共关系”是限制词。这就是说，公共关系策划首先是策划，是对公共关系活动的策划。因此，公共关系策划的基本特征应该是策划的基本特征在公共关系策划活动中的具体表现。

我们通过以下案例来加以说明。

冬奥有她①

项目背景

女性在促进社会经济发展中起到了重要作用，并日益成为大众创业的推动力量。近年来，女性创业者的数量逐年上涨，她们对社会的贡献也越来越大。与男性小微企业主相比，女性创业者更容易受到培训不足、融资困难和社会关系欠缺等问题的困扰。同时，一系列社会约束和刻板印象也增加了她们的创业壁垒。

北京2022年冬奥会和冬残奥会为举办地和周边地区经济增长增添了动力，也为该地区的女性小微企业主，尤其是体育、旅游和文化领域的女性创业者带来了千载难逢的机遇。

作为奥运会和残奥会独家全球支付合作伙伴，Visa一直致力于女性小微企业主发展，探索帮助女性小微企业主实现创业梦想的可行之道，同时也为奥运会主办城市的包容性和可持续发展做出了贡献。

在此背景下，2019年，Visa与中国妇女发展基金会和北京体育大学携手推出"冬奥有她"项目，提供一系列线上和线下培训课程，赋能女性小微企业主，提高她们在业务运营和资源获取方面的能力，更好地从奥运会带来的机会中受益，也为京津冀协同发展、经济增长、奥运主办城市包容性提升贡献力量。

项目调查

☞ 2019年，Visa成立专项调研小组，并于9月走访了延庆地区的部分女性小微企业主，了解其当前面临的运营和管理困难。

☞ 和专业组织机构达成合作，针对北京2022年冬奥会和冬残奥会举办地，即北京延庆和河北张家口的女性小微企业在冬奥备赛阶段和疫情下面临的发展问题进行了较为深入的调研。

① 本案例获得第十七届中国公共关系行业最佳案例大赛企业社会责任类金奖。冬奥有她[EB/OL].[2022-04-15]http://www.prawards.com.cn/entryinformationdetails.CIPRA.

项目策划

1. 公关目标：

☞ 提高项目的社会知名度和影响力，提高目标受众的认知度和参与度，并建立一个规模化可复制的模型，赋能女性小微企业家更好地受益并服务于大型体育赛事。

☞ 释放女企业家的创业精神和多元化发展的潜力，强化女性对奥运赛事及社会的贡献价值。

☞ 进一步提升 Visa 作为北京 2022 年冬奥会和冬残奥会赞助商和官方合作伙伴的品牌形象，并通过可持续的女性小微企业家计划展示其对当地包容性增长的承诺，提升 Visa 的行业领导力、知名度和声誉。

2. 策略：

☞ 通过实地调研、纪录片、培训课程和线上线下互动，与女性小微企业主进行真实对话，取得关于目标受众需求的最真实、最直接、最权威的一手资料，使项目有强大的数据支撑，为项目赢得社会影响力。

☞ 通过发布调研报告和获得广泛的媒体曝光，强化项目的社会贡献价值，巩固主办机构和支持机构的行业领导力。

☞ 与中国妇女发展基金会、北京体育大学、爱彼迎、中国银行等建立广泛多元的合作伙伴关系，整合各方优势，实现资源互补，共同推进项目高质高效落地。同时，借助合作伙伴的传播渠道，高效进行内容传播。

☞ 深度挖掘真实动人的女性小微企业主故事，引发目标受众及女性群体的情感共振，增强项目在目标受众中的影响力。

☞ 通过自有传播渠道、社群渠道以及平台引流等途径传播故事，扩大传播圈层和影响力。

项目执行

本次“冬奥有她”项目作为为女性小微企业赋能的系统性工程，共分三个阶段依次推进。

第一阶段：实地调查和社会研究。2019 年 9 月，项目调研小组走访了延庆地区的 20 多个女性小微企业主，了解当地小微企业主在应对新冠疫情以及准备北京 2022 年冬奥会和冬残奥会期间面临的运营和管理困难。

第二阶段：项目推广和两期区域试点。2019 年 12 月，Visa 与中国妇女发展基金会和北京体育大学达成合作，将北京延庆和河北张家口作为项目试点地区，将文旅类小微企业作为调研对象，通过调查问卷和社会经验学路径下的实地走访两种方式,了解两地文旅类小微企业的发展现状、对奥运的期待、疫情带来影响和赋能需求等。2020 年 7 月到 11 月和 2021 年 1 月,项目针对两个试点地区的女性小微企业主分别开办了为期 12 周和 4 周的赋能课程。2020 年 11 月和 2021 年 4 月,分别举办了前两阶段赋能课程毕业典礼,作为课程激励机制的一部分,表彰优秀毕业学员并颁授证书和奖品。

第三阶段:京津冀地区全面推广。两阶段地区试点工作完成后,2021 年 6 月,Visa 继续与中国妇女发展基金会和北京体育大学共同举办仪式,在京津冀地区全面启动"冬奥有她"项目。《"冬奥有她"——女性小微企业赋能课程效果评估报告》同期发布,为项目推进和可持续发展提供了可靠指导和数据支撑。

项目评估

1. 传播效果:媒体和社会前所未有的关注和认可。

作为企业践行社会责任的公益项目,"冬奥有她"获得了媒体和社会的广泛关注与认可,来自新华社、人民日报、中国日报、环球时报、光明日报、北京青年报、搜狐、网易等国内最具影响力的政府类媒体和门户网站皆对项目给予了高度评价和正面反馈。

目前,该项目共收获 400 多篇新闻报道,涵盖党媒央媒、体育类媒体、女性类媒体、旅游类媒体及企业社会责任类媒体等,浏览量达 1 500 万。

2. 社会效果:受益人数显著增长,受益人行为改变。

截至目前,"冬奥有她"赋能培训项目通过三期培训课程,已为来自京津冀地区的 3 000 家女性小微企业的发展提供了实际支持,帮助她们更好地把握北京冬奥会机遇。

在项目参与者中,95. 3%表示"项目教给了自己新知识和新想法,拓展了自己的视野";72%认为"自己现在有能力将所学到的知识运用到企业运营和管理中"。此外,所有参与者都表示愿意继续参加后续的课程。

下面,我们结合以上案例来分析说明公共关系策划的特点:

第一,Visa 与中国妇女发展基金会和北京体育大学共同合作,在充分了解目标对象现状和需求的基础上,设计并开展了女性小微企业赋能课程。这说明公共关系策划具有前导性。

第二,在新冠疫情冲击下,中国小微企业的发展并不乐观,2020 年,中国小微企业退出率较 2019 年的 6.65%提升了 11.81 个百分点。① 因此,如何了解小微企业,尤其是女性小微企业的真实需求,助力女性企业家成长,保障甚至推动女性小微企业发展是当下亟须解决的问题。Visa 和专业组织机构合作开展社会调查,设计并落实赋能项目,扩大项目的社会影响力,使得整场策划取得了良好的效果和社会反响,这体现了公共关系策划的能动性。

第三,除了女性企业家赋能课程外,该项目团队还深入挖掘了真实的女性小微企业主故事,拍摄并制作系列视频,凭借多种传播渠道扩大项目圈层影响力,吸引更多目标群体参与到活动中。这体现了公共关系策划的创造性。

第四,在策划过程中,项目公关目标已明确提出一系列调研、传播、赋能活动都紧紧围绕目标展开,策划的目的性非常明显。

第五,如何将“女性小微企业家赋能”这件事落到实处是 Visa 项目团队始终需要思考的问题。在“冬奥有她”项目中,Visa 凭借冬奥会和冬残奥会独家全球支付合作伙伴的身份,借助 2022 年北京冬奥会和冬残奥会备赛这一契机,以冬奥会冬残奥会举办地为试点,以文旅类小微企业为切入口,积极探索为女性小微企业家赋能的可行性方案,并将项目成果推广至京津冀等地。整个公关项目的开展紧密衔接,环环相扣,充分体现了公共关系策划的系统性。

第六,Visa 选择与女性发展、文旅产业发展领域的专业机构和单位共同策划并推进本项目,不仅能让受众更充分地理解项目的意义与价值,还能有效避免执行和传播中可能产生的舆论风险,这体现了 Visa 对于项目方案可行性的重视。

Visa 的这次活动是为女性小微企业家赋能而展开的公共关系活动,体现了公共关系活动“以公众为对象、以美誉为目标、以传播为中介、以利益为纽带、以真诚为信条、以长远为方针”等基本特征。

第二节 公共关系策划的地位与作用

公共关系策划的价值主要体现在其地位和作用两个方面。地位是指公共关系策划在公共关系学科体系中和公共关系实践活动中所占据的位置;作

① 廖理,谷军健,袁伟,张伟强.新冠疫情导致小微企业生存率下降[EB/OL].[2022-04-15] https://www.sohu.com/a/454281283_184783.

用是指公共关系策划对于开展公共关系工作或举办公共关系活动所发挥的功能。

一、公共关系策划的地位

(一)公共关系策划在公共关系学科体系中的地位

1.公共关系策划体现了公共关系的本质特征。公共关系的定义五花八门,但人们对公共关系本质的理解却基本一致。美国曾就公共关系的定义问题对2 000多位公共关系人员进行问卷调查,多数人认为,比较合适的定义是:“公共关系是一种程序化的策略和行为的计划,旨在努力使公众建立对组织工作的信任,加深对它的理解。”1978 年,国际公关组织会议在墨西哥城举行,会上发表了《墨西哥声明》,其中将公共关系定义为:“公共关系是一门艺术和社会科学。公共关系的实施是分析趋势,预测结果,向机构领导人提供建议并完成既有利于本组织又有利于公众利益的有计划的方案”。以上提到的对公共关系策划含义的第三种理解,将公共关系策划与制订活动计划等同看待,即策划或计划是依据公共关系的活动目标,界定公众、确定主体、制定方案的过程。这种理解就是受以上这类定义影响的结果。以上定义突出了公共关系活动的计划性,所以我们说公关策划的计划性体现了公共关系的本质特征。

2.公共关系策划已成为公共关系专业的主要课程。国内各个高等学校的公共关系专业,在开设的专业课程中都开设了公共关系策划课程。在已经开设高等教育公共关系专业自学考试的省份,都将公共关系策划作为必考课程。公共关系专业是理论与实践并重的应用型专业,而公共关系策划这门课程最能够体现应用所学理论去指导公共关系实践的重要作用。

3.公共关系策划的理论研究已受到重视。在公共关系学的理论研究中,公共关系策划早已成为重要内容之一。在已经出版的公共关系学方面的著作中无一例外地将公共关系策划作为“四步工作法”的重要程序。自 20 世纪 90 年代起,多本探讨或研究公共关系策划的专著面世,在《公关世界》《国际公关》等专业性杂志中阐述公共关系策划的论文越来越多,一些学术机构多次组织有关公共关系策划的专题研讨会,中国国际公共关系协会和上海公共关系协会也会定期举办诸如中国公共关系行业最佳案例大赛、优秀公共关系案例等评选活动。在策划学研究领域,公共关系策划也是其中的重要内容,早在20 世纪 90 年代出版的多部策划学或策划全书中就有论述公共关系策划的专篇或专章。

（二）公共关系策划在实践活动中的地位

1.公共关系策划是高级层次的公共关系活动。一般认为，根据公共关系的发展过程和开展活动的难易程度，可将公共关系活动区分为三个层次：初级层次，是指最早出现的以迎来送往、陪伴服务为主的接待型公共关系活动；中级层次，是指接着出现的以促销、联络、操作为主的销售型公共关系活动；高级层次，是指最后形成的以科学指导、出谋划策、充当智囊为主的策划型公共关系活动。这种区分实际上是认为公共关系策划是贯穿于公共关系活动始终、对公共关系活动的全过程都具有指导意义的活动，即所有的公共关系活动、公共关系活动的每一个步骤都需要以策划为核心，以策划为先导。正是在这种意义上，我们认为公共关系策划是公共关系活动的最高层次。

2.公共关系策划是公共关系活动的关键环节。公共关系的活动程序可依次分为四个步骤：公共关系调查、公共关系策划、实施传播和效果评估。策划作为公共关系活动程序的一个相对独立的中间环节，需要根据组织现状，针对组织目标，分析现有条件和发展趋势，为开展公共关系活动设计行动方案。也就是说，公共关系策划是在公共关系调查分析的基础上，为活动的实施和效果的评估制定规范、设计方案的过程。从公共关系活动的全过程看，公共关系策划与其他三个步骤紧密相关并且贯穿全程，起到了承上启下、承先启后的关键作用。现实中，那些效果不明显、不理想甚至事与愿违的所谓公共关系活动，很大程度上是由于策划不周或策划失误造成的。

3.公共关系策划是公共关系职业的重要工作内容。随着公共关系科学、公共关系事业和公共关系教育的迅速发展，公共关系专业人才队伍已经形成，公共关系人员的专业水平也在不断提高。公共关系公司、信息中介公司、形象设计服务公司、公共关系策划中心、公共关系咨询公司等各种专门提供公共关系服务并收取费用的机构大批涌现。无论它们叫什么名称，侧重什么服务内容，成员人数有多少，专业水平如何，这些专业性的服务机构所从事的活动一般都属于公共关系活动，都是以设计、筹措、谋划等与策划相同或类似的工作为主要服务项目。1998 年 5 月，全国公共关系职业审定委员会专家办公室对外发布的有关公共关系职业论证结果中对公共关系人员的职业定义是：“专门从事组织机构公众信息传播、关系协调与形象管理事务的调查、咨询、策划和实施的人员。”该论证结果的“公共关系职业工作描述”共有 6 条，其中第三条是“制定组织和产品（服务）的形象管理计划，策划和实施各种专题性公众活动，并对其进行评估。”第二条和第四条中也提到了“向组织的领导人提供管理咨询建议”和

"参与处理组织的公众咨询"。由此可见,公共关系策划是公共关系工作的重要内容,是公共关系行业的主要服务项目。

二、公共关系策划的作用

公共关系策划的作用是由公共关系策划的性质、特点及其在学科体系和实践活动中占据的特殊地位决定的。公共关系策划是高层次的公共关系工作或公共关系活动,因此,我们这里所说的作用只限于公共关系策划对于开展公共关系工作或公共关系活动所发挥的功能。公共关系策划的作用主要有以下几点。

(一)增强公共关系工作的有效性

随着社会的发展,社会组织之间的竞争越来越激烈,组织所面临的社会环境和公众态度在不断地发生变化,组织的公共关系状态也会随之发生变化。社会组织为了在瞬息万变的信息时代更好地生存和发展,就必须经常开展公共关系活动。要想使公共关系活动取得良好的效果,就必须事先对其进行精心策划,制定出切实可行的行动方案。

通过精心策划的公共关系活动,可以确保目标明确、方法得当、进展有序、收支合理;可以将公共关系活动与广告、营销、管理等有机结合起来,解决现实问题;也可以妥善处理近期目标与长远目标、总体目标与分项目标的相互关系;既能产生理想的经济效益,也能产生良好的社会效益。

(二)提高公共关系工作的计划性

社会环境的日趋复杂,公众心理的不断变化,使得社会组织需要解决的问题日益纷繁、千头万绪。社会组织无论是处于起步创业阶段还是处于稳定发展阶段,无论是一帆风顺还是处于逆境,都需要不间断地针对各种不同类型的公众开展多种形式的公共关系活动。要想使这些活动安排合理、有条不紊,而不出现顾此失彼的现象,就需要通过策划,做出整体部署。

公共关系以其特殊的功能和作用,越来越受到各类组织的重视。对公共关系工作所投入的人力、财力、物力逐渐增大,开展活动所使用的方法和手段也在不断改进,面对的目标公众及活动的内容日益复杂,只有经过整体性、系统性的先行策划,才能制订出统筹全局、突出重点、纲目分明、总分有序、着眼长远、立足现实的活动计划。

(三)保证公共关系工作的连续性

公共关系活动的重要作用是建立信誉、塑造形象、协调关系、优化环境,但这些作用的发挥需要坚持不懈地努力。随着市场经济和信息产业的迅速发展，社会组织之间的竞争内容也在不断扩展，仅就现代企业间的竞争而言，已由产品、价格、质量、服务的竞争扩展到信誉、形象、创新、人才的竞争，无形资产在迅速升值。知识经济时代的管理重点和管理方式都将发生重要变革，采用“以人为本”的管理方式，充分调动内部成员的积极性，才能逐渐实现塑造形象和优化环境的长远目标。而“以人为本”的管理必须借助深入细致的、接连不断的公共关系工作。只有通过公共关系策划，才能妥善处理组织的总体目标与公关目标、长远目标与近期目标之间的关系，才能使开展的公共关系活动具有长远性、连续性，才能做到承前启后、衔接紧密、相互照应、持之以恒。

（四）促进公共关系工作的规范性

公共关系的主体——社会组织具有不同类型，公共关系的客体——公众具有不同需求，公共关系的中介传播沟通具有不同方式。这三大要素的多元化及其不间断的发展变化，使得公共关系活动绝不能模仿，更不能照搬，必须具有创新性才能取得理想效果。公共关系活动千变万化，纷繁复杂，概括地说，其实质就是促使这三大要素优化组合，尽量趋于协调。不同的社会组织，面对不同的公众及其态度的变化，采用何种传播媒介、传播方式，利用什么时机，选择何种场合开展活动才能取得最佳效果，都需要进行巧妙的策划。常言道，“力巧破千斤”，公共关系活动的魅力就来自于巧妙的创新。

但是策划不是毫无章法的胡思乱想，也不是没有依据的胡说八道，它不等于创意，更不同于点子。策划是在科学理论的指导下，在社会规范的制约下，针对组织面临的具体问题而进行的创造性、理智性的脑力劳动。通过科学、严谨、周密的策划而制定的活动方案，对于公共关系工作的规范化必然会起到促进作用。

案例评析

北京冬奥会与新时代中国国家形象构建

北京冬奥会是在“两个一百年”奋斗目标交汇时刻，在全面建成社会主义现代化强国和实现中华民族伟大复兴征程的关键节点，中国向全球送出的一份珍贵礼物。这个礼物闪耀着奥林匹克精神，也跳动着中国心。此心因冬奥而澎湃，系于人民，感通自然之道，关怀人类共同的价值和命运。我们要向世界介绍这个以心印心的礼物，讲好中国故事，进一步构建新时代中国国家形象。

案例评析

让体育是体育，讲好体育赛事的故事

当冬奥圣火在首个“双奥之城”——北京点燃，我们首先要在冰雪设施、赛事管理、综合服务、运动水平等方面交出令世人满意的“体育本身”的答卷。赛事有故事，体育含价值，让镜头和笔头聚焦运动员和场馆，让故事完满发生，让体育本身的价值自然展现。运动员及其竞技过程、状态和水平所昭显的可能性，实际上就是体育赋予生命的可能性。

一场精彩的体育赛事离不开先进的科学技术的支持。为了将泳池改造成为冰壶比赛场地，以哈工大为首的设计团队通过可调节钢结构支架、混凝土面板和高性能隔热层等装置，将泳池变为平地，再在上面铺设一层约8厘米厚的薄冰，在保证较低能耗的同时使之符合冰面赛事的场地需求。同时，他们还对场馆顶棚膜结构进行了遮蔽改造，以构建“冰立方”所需要的低湿低温环境。至此，国家游泳中心成为世界首个实现冰—水转换的“双奥场馆”。为了尽可能保证比赛结果的公平，中央广播电视总台研制了一套专用超高速4K轨道摄像机系统——猎豹。这套摄像机系统最高能以90千米/小时的速度行走，不仅可以实时追踪运动员的位置，还可以根据转播要求进行加速、减速、超越等动作，灵活抓拍比赛画面。除此之外，猎豹还内置了我国自主研发的5G通信模块，可以让多个摄像头组成一个时间段，实现立体成像技术。4K画质和快速跟拍不仅可以记录现场的每一刻，也可以让犯规行为无所遁形。秉持着“绿色、开放、共享、廉洁”的冬奥理念，北京冬奥会还成为首个真正实现碳中和的奥运赛事。为此，赛事期间，三大赛区26个场馆全部使用绿色电力，即通过零二氧化碳排放（或趋近于零碳排放）的生产过程获得电，主要来源包括太阳能、风能、生物质能等在内的清洁能源，这同样意味着奥运历史上将首次实现全部场馆100%绿色电能供应。除了上述技术外，本次冬奥会的比赛场馆、基础设施、训练备战都被各式各样的黑科技所覆盖。从造冰储雪技术到防疫机器人志愿者，从奥运云徽章数字藏品到全程自动驾驶的京张高铁，正是这些无处不在的高科技保障了北京冬奥会的顺利开展和赛场画面的即时转播。

案例评析

以人民为中心，讲好大众的冬奥故事

习近平总书记指出，全民健身运动的普及和参与国际体育合作的程度，也是一个国家现代化程度的重要标志。① 在申办北京冬奥会之初，中国政府即郑重承诺借力冬奥，带动三亿人参与冰雪运动。如今，这一目标规模业已达成，并在持续扩充之中。一场以人民为中心——人民共同参与、共同尽力、共同分享，广泛习得冰雪运动知识和技能的历史性体育事件，正上演于现代化征途中的新时代中国。

在北京冬奥会的开幕式上，一支名为《未来的冠军》视频记录并呈现了中国孩子参与冰雪运动的样子。他们不断跌倒又勇敢地爬起，最终能自如地滑行，优雅地舞蹈，激烈地竞赛。他们认真锻炼、努力突破的样子，让观众也不自觉地被他们所体现的奥林匹克精神所感染。《未来的冠军》不仅是对当下中国冰雪运动发展的展示与印证，更是对中国冰雪文化发展的预测。

除了专业媒体的记录之外，本次冬奥会的运动员、志愿者、普通民众都参与到冬奥会的传播当中。在全球人民的互动中，一个个动人的故事也悄然展开。在美国单板滑雪运动员泰莎·莫德录制的开幕式入场视频中，她用中文对场外志愿者大喊“你好”，一名志愿者随之热情地向她招手并用英文回应“Welcome to China”（欢迎来到中国）。这段视频在网络上快速传播，志愿者在看到视频后也迅速给泰莎写了回信，在回信中，他感谢泰莎帮自己记录下了人生最难忘的时刻，祝愿她和所有运动员像 2008 年奥运会《北京欢迎你》唱的那样，“在黄土地刷新成绩”。最后，他邀请泰莎待疫情结束再来中国看看，他会摘下口罩，当面说出那句“Welcome to China！”。收到回信的泰莎于 2 月 6 日再次在 Tiktok 上发布了视频，并向他和所有新朋友们表示感谢。这次暖心的互动向国际社会展现了中国人的热情、善良，也展现了中国青年的家国情怀、使命担当。

① 这一群众爱好，为何上升为国家战略[EB/OL].[2022-04-15].https://baijiahao.baidu.com/s?id=1674443370937190645&wfr=spider&for=pc.

案例评析

促进古今会通，讲好中华文化的故事

2017年1月23日，习近平总书记到河北省张家口市考察北京冬奥会筹办工作时强调，比赛设施建设一定要专业化，配套建设要有自己的特色，体现中国元素、当地特点，严格落实节能环保标准，保护生态环境和文物古迹，让现代建筑与自然山水、历史文化交相辉映，成为值得传承、造福人民的优质资产，成为城市新名片。① 北京冬奥会提供了讲好中华文化故事、创造性转化传统人文价值的历史窗口。

国际奥委会运营总监杜比曾言，要让冬奥会影响力更大，就要让那些没有冬季运动传统的国家举办比赛，2022年的北京冬奥会就是一个很好的实践。这大抵反映了国内外很多人士对中国冰雪运动的共同看法。实际上，中国拥有悠久的冰雪运动史，有明确史料记载，可追溯到1 400余年前的中古时期。集体化、组织化的冰雪运动于宋明之后渐趋盛行，至清代则更加普遍和成型，形成了“民俗”与“国俗”两条脉络。民俗性冰雪活动来自民间生产生活，带有娱乐、竞技、艺术和民间信仰色彩，有的已蕴含高超的技术技巧成分和丰厚的价值意蕴。国俗性冰雪运动由官方主导，规制严整，场面宏大，赛程激烈，蔚为壮观，对内有阅兵、弘礼、娱乐之功，对外有昭显政通人和、军强国富和外交礼宾之效。

开幕式直播当天，话题“张艺谋太懂中国人的浪漫了”登上热搜，引发热议。网友刷屏式地称赞“中国人的浪漫”。浪漫与诗意，从开幕式正式拉开序幕就开始了。2月4日，恰逢中国农历二十四节气中的第一个节气“立春”。20时，开幕式以中国传统历法的时光轮转作为倒计时开场，从24数到1，冬去春来，四季更替，每一帧都是壁纸，每一秒都美如画。第24届冬奥会，二十四个节气，又恰逢第一个节气“立春”，诗意的偶然与浪漫的创意巧妙的融合，再配上一首首中国古典诗篇，一重又一重的意境汇成世界人民都看得懂的美好，也难怪国内外网友异口同声地喊着“高级”。“春雨惊春清谷天，夏满芒夏暑相连。秋处露秋寒霜降，冬雪雪冬小大寒。”两千多年前，中国人通过观天时万物总结的二十

① 习近平：科学制定规划集约利用资源，高质量完成冬奥会筹办工作[EB/OL].[2022-04-15]https://www.bjcc.gov.cn/article/160596760.html.

案例评析

四节气，蕴含了中国人传统的勤劳智慧与生命哲学，以此倒计时，正是中国人的浪漫所在。此外，诗意的细节处处可见，开幕式中场，蓝色水墨从天而降，幻化成黄河之水，倾泻而来，一瞬间，整个场地内都奔腾着滚滚而来的黄河之水，恢宏壮观，尽显中华文化底蕴。

一起向未来，讲好人类命运共同体的故事

北京冬奥会是一个有关开放的故事。从“同一个世界，同一个梦想”到“一起向未来”，中国再度向世界发出邀请，相约开启人类命运共同体的未来之路。在复杂的现代文明交往中，体育是跨越文明形态的共通语言。多元文明因体育而团结会聚、照亮彼此，形成辉映环抱的整体气象。奥运赛事更是寄托了人类文明的乌托邦梦想，譬如对公平正义的许诺，鼓励竞争又倡导合作，尊重多元又追求同一，因循规则又勇于突破。体育运动积聚、充盈着人类文明团结、更新的元气、激情和创造力。

2021 年 12 月 2 日，第 76 届联合国大会协商一致通过由中国和国际奥委会起草、173 个会员国共提的奥林匹克休战决议。决议呼吁各方通过和平和外交手段解决国际冲突，敦促各国在北京 2022 年冬奥会开幕前 7 日至北京冬残奥会闭幕后 7 日遵守奥林匹克休战；强调北京冬奥会和冬残奥会的愿景——“纯洁的冰雪，激情的约会”，旨在让奥林匹克点亮青年梦想，让冬季运动融入亿万民众，推动社会发展，创建和谐、和平和更美好世界。在新冠肺炎疫情持续肆虐，各国经济社会发展面临诸多考验，传统和非传统安全挑战层出不穷的今天，决议特别提出要认识到体育在全球应对疫情冲击能力建设方面的作用，强调北京冬奥会将是展现人类团结、韧性和国际合作宝贵价值的契机。决议获得协商一致通过，并得到绝大多数联合国会员国共提，体现了联合国会员国对北京冬奥会和国际奥林匹克运动的支持，也体现了国际社会同舟共济、战胜疫情、实现和平、一起向未来的坚定决心。北京冬奥会是新冠肺炎疫情发生以来首次如期举办的全球综合性体育盛会，“一起向未来”的主题口号，和“更快、更高、更强、更团结”的奥林匹克新格言一起，凝聚起人类加强团结协作、共同应对挑战、迈向美好未来的意志和力量。

案例评析

依于体育本身的赛事故事、以人民为中心的大众故事、面向历史的中华文化故事、奔赴未来的人类命运共同体故事，共同合成了北京冬奥故事。这些故事是盛大的，承载着奥林匹克精神、人民中心论、国家现代化和人类命运共同体等宏观重大主题。同时，这些故事也是具体精微的，指向奖牌照亮的面孔、冰雪上飞舞的精灵、朝夕相伴的志愿者的身影、场内外献给奋斗和奇迹的呐喊、"一起向未来"的欢呼和梦想。此等盛大精微也蕴于中国创造的国家现代化和中华民族伟大复兴的恢宏历史气象，以及新时代每一个奋斗者的生命姿态之中。这正是北京冬奥会呈现给世界的中国形象。

（根据以下案例综合改编而成：《时速 90km！北京冬奥会"猎豹"超高速 4K 摄像机，让犯规无处遁形》，https://baijiahao.baidu.com/s?id=1724479467961517114&wfr=spider&for=pc，斗星知识；汇集十大顶尖科技成果，2022 北京冬奥会向世界展示中国智慧，https://mp.weixin.qq.com/s/sCN2C1sqiJM2e4aXJoiZ7g，中国体育用品业联合会；《北京冬奥会与新时代中国国家形象构建》，胡百精："北京冬奥会与新时代中国形象构建"，《当代世界》，2022 年第 02 期，第 10~14 页；《让美国运动员热泪盈眶的"粉衣小哥"找到了！》，https://mp.weixin.qq.com/s/Chf8_GEmg6Z8isrP26F4HQ，新华社；《2022 年北京冬奥会开幕式何以惊艳世界》，https://baijiahao.baidu.com/s?id=1725503806311364953&wfr=spider&for=pc，光明日报；《王义桅：北京冬奥会是构建人类命运共同体的生动实践》，http://news.ynet.com/2022/03/01/3434211t2518.html，北京日报，等等。）

评点：

2022 年 2 月 4 日，第 24 届冬季奥林匹克运动会，又称 2022 年北京冬季奥运会，在北京顺利开幕。本次冬奥会历时 16 天，见证了来自 91 个国家/地区的 2 892 名运动员的激烈角逐，总共产生了 109 块金牌。和 2008 年北京奥运会一样，中国直面国际政治经济形势紧张等诸多挑战，以专业的技术、包容的姿态向世界呈现了一场融合绿色、低碳、科技的体育赛事。

对中国而言，北京冬奥会和冬残奥会的举办是一个庞大的面向世界的公共关系项目，项目的最终目标不仅是向世界展示中国的大国形象、大国风采，也是更好地诠释"更高、更快、更强、更团结"的奥林匹克精神。2015 年 7 月 31 日，北京成为 2022 年冬奥会和冬残奥会举办城

案例评析

市,同年 12 月 15 日,北京 2022 年冬奥会和冬残奥会组织委员会成立,长达 7 年的冬奥会策划正式拉开序幕。如此庞大繁杂项目的顺利开展,离不开完善的前期策划。就像中共中央政治局常委、国务院副总理张高丽所强调的,冬奥会的筹办工作"要坚持规划先行,完善顶层设计,确定好路线图和时间表,使各项筹办任务目标明确、节点准确、责任清晰。"①最终,冬奥会和冬残奥会上壮观大气的赛场、精彩绝伦的开幕式、井然有序的志愿服务、公平公正公开的体育赛事以及国内外人民由衷的赞美都是此次公共关系策划成功的例证。

随着时代的发展,中国对外传播话语体系也发生着巨大的变化。时隔 14 年,当北京再次举办奥林匹克运动会时,中国已成长为一个国力强盛、有责任有担当的大国,能够向世界传递中国声音。正如张艺谋导演所说,这一次我们不需要向世界介绍自己,而是向世界展示我们的世界观,"中国人跟所有人都一样,那么真诚,那么善良,那么爱美"。冬奥会和冬残奥会是政府借助体育赛事向世界展现中国实力的重要契机。2022 年北京冬奥会公关策略不仅将中国文化、中国元素融入赛场赛事,更是讲述了一个国际化的未来向的动人故事。这一次我们更自信、更从容、更有底气。

北京冬奥会是在全球新冠肺炎疫情肆虐两年有余,全球化浪潮遭遇阻遏,新技术革命持续加剧现代文明不确定性的多重复杂历史语境下举办的。面对如此复杂的国际局势,一场温暖、明亮的体育赛事更显珍贵。中国凭借冬奥会和冬残奥会这一平台,在特殊的历史时期塑造了良好的国家形象,提升了国家影响力,推动构建良好的国际关系,为中华民族伟大复兴做出了卓越贡献。②

冬奥会公关是全世界文化传播界的大事件。北京冬奥会作为一场国家的盛事,倾注了全国人民的心血和热情,世界已经领略到了北京冬奥会的魅力,北京冬奥会也在公关业内留下了色彩最为浓重的一笔!

① 王镜宇,汪涌. 北京 2022 年冬奥会组委会成立,张高丽大会上讲话[EB/OL].[2022-04-15] https://sports.sohu.com/20151216/n431419439.shtm.

② 北京冬奥会七年筹办之路[EB/OL].[2022-04-15] https://baijiahao.baidu.com/s?id=1723027156526643555&wfr=spider&for=pc.

案例阅读后,请思考以下问题:

1. 策划具有哪些基本特征?
2. 公共关系策划的构成要素有哪些?
3. 公共关系策划在公共关系实践中的地位如何?
4. 公共关系策划具有哪些作用?
5. 请结合北京冬奥会案例,谈谈公共关系策划的意义。

第二章 公共关系策划的历史

学习要点

公共关系策划有着悠久的历史。在本章中，我们对公共关系策划的历史沿革进行了解剖和分析，这不但有助于我们理解公共关系策划的发展脉络，更有助于理解公共关系的本质，并在此基础上总结和分析公共关系策划的门类、技巧和范畴，也将有助于我们系统地预测公共关系策划的未来趋势。

【学习目标】

学习完本章,你应该能够:

(1)了解策划发展的历史划分和特点;

(2)了解准公共关系策划的含义和特点;

(3)了解公共关系策划的崛起和发展情况;

(4)了解未来公共关系策划的发展趋势。

【基本概念】

英雄策划时代　多元策划时代　科学策划时代　准公共关系策划　准备时期　职业化时期　学科化时期

第一节　策划的历史沿革

策划是人类特有的思维活动。人类从脱离动物界起,便开始了最原始的策划实践。在漫长的历史发展过程中,人类不断地利用自身的聪明才智,在适应、征服与改造自然和社会的过程中,不断增强策划的能力,拓宽策划的领域,提高策划的水平。可以说,人类的历史就是一部人类的"策划——将策划付诸实施的历史"。从策划的主体、内容、方法等角度综合来看,人类的策划可以分为英雄策划时代、多元策划时代、科学策划时代三个时期。

一、英雄策划时代

(一)概述

英雄策划时代主要是指奴隶社会和封建社会。在漫长的原始社会,人类的所有活动都是围绕着如何适应自然、获得生存而进行的,人与人之间基本上没有社会分工,在平等的关系中从事着共同生产、共同消费的活动。这种社会条件下的策划活动不过是每个人独立地、最简单地动脑筋、想办法,其成果为大家所共同分享。因此,原始社会的策划活动基本上属于无意识的活动;策划、决策与执行的主体基本上是合而为一的;策划的内容基本上是吃穿住用等生存或生活问题。进入奴隶社会和封建社会以后,人们的文明程度、智力水平有了明显提高,策划活动也随之由原始的生存追求扩展到社会生活、政治决策、军事指挥等领域。由于在这些领域,平民百姓因学识、地位、制度所限,无法介入到策划活动之中,因此,史书上记载的只能是"英雄们"——策划的主体,包括开明的君主、富有智慧的谋臣、智勇双全的将帅——的策划业绩，策划在古代便只能是“英雄们”的行为。因此，古代的策划便称为“英雄策划”。

例如，商朝前期由于边地各部族的入侵、王朝内部矛盾的激化以及自然条件的影响，衰败的迹象日渐显露。盘庚即位后，力图变法求新，但遭到王族内部的激烈反对，经过10多年的变革也未能扭转日益衰败的政局。严峻的形势迫使盘庚进行了一番精心策划，最后决定将王都迁到黄河以北、洹水之滨的殷(现为河南安阳)。这样，一可以防御北方各部族的侵扰；二可以削弱贵族势力、缓和王族内部矛盾；三有利于农牧业生产的发展。盘庚知道，迁都于殷必然遭到王族内部许多贵族的反对，针对这些贵族以及一些受到蛊惑的平民的态度，盘庚还策划了当众向臣民宣讲、说明迁都的益处的策略，同时借先王、神灵来威吓众人。由于策划得当，多数臣民受到盘庚的说服和威吓，跟着盘庚北渡黄河，来到富庶且战略地位重要的殷。这一策划的成功实施，使商朝很快振兴起来，并为后代留下了丰富发达的殷商文化。

如果说，在“迁都于殷”的策划中是由君主盘庚扮演着“策划英雄”的角色，那么，在古代社会中，更多的“策划英雄”却是那些“运筹帷幄之中、决胜千里之外”的谋臣。如伊尹、傅说、吕尚、管仲、乐毅、孙武、孙膑、范雎、李斯、张良、诸葛亮、司马懿等。这些功垂青史的谋臣统帅可以说都是成功的职业策划家，或者说都是斗智于策划疆场上的英雄。

英雄策划时代，策划的内容、对象虽然多在政治、军事领域，但也不仅仅限于此。例如，李冰策划兴建的著名水利工程——都江堰、司马迁策划编著的我国第一部纪传体通史《史记》、唐僧策划西游取经，以及“世界七大奇迹”的策划建造等，均是在科技文化方面英雄策划的佳作。

英雄策划时代，人们在不懈地从事着策划实践的同时，也在不断地对策划进行思考和探讨，不断地丰富和总结策划经验，其思考、探讨、总结的思想结晶主要体现在浩如烟海的史学、文学、哲学、政治、军事等著述之中。被称为“东方兵学圣典”的《孙子兵法》，仅就现存的13篇来看，在总结春秋末期以前的军事斗争经验的同时，系统阐述了奇正、利害、阴阳、神速等制胜策略，以及敌我、众寡、强弱、攻守、进退、虚实、动静等辩证思想，书中“知己知彼”的信息原则、“校之以计”的预测原则、“奇正相生”的变化原则、“策划实施”的用人原则，都体现了著书者的策划思想。尤其是书中强调的“夫未战而庙算胜者，得算多也；未战而庙算不胜者，得算少也。多算胜，少算不胜，而况无算乎！”更是著书者对策划重视程度的真实写照。春秋战国时期，策划的地位已受到普遍重视，战争之前君主们要带领文武官员和策士、谋士携祭祀物品赴祖庙，一方面祈求祖宗保佑，另一方面筹算、度量得胜条件，制定作战方案。《战国策》一书就是当时策划言论的一个汇编。

在国外，英雄策划的实践经验往往经过理论家们的总结、整理，而成为一本本自成体系的著作、一门门系统的学科。例如，古希腊的亚里士多德兴趣广泛、知识渊博、善于思考、勤奋著述，不仅整理了苏格拉底、柏拉图的学说并使之系统化，还著述了《逻辑》《物理学》《论天》《论灵魂》《论动物构成》等著作。可以说，他既是古希腊创造思想的集大成者，也是一位策划思想理论研究的大师。而古罗马的恺撒大帝，不仅意志坚强、多谋善断、善用时机、扭转战局，进行了成功的策划实践，还与其幕僚合著了《高卢战记》《内战记》《亚历山大战记》《阿非利加战记》等书，记述了他的军事策划思想和原则。

窥一斑而知全豹，仅仅通过以上数例我们就可以看出，人类的历史与策划密不可分，虽然历史的发展不是以某个人的意志为转移，却是诸多理性策划互相作用、综合推进的。历史上的任何一次重大策划，都多多少少曾作用于历史的发展，尤其是英雄策划时代英雄们的策划。

（二）特点

在策划史上，英雄策划时代主要有如下三个特点：

1.策划主体多为富有权势、地位的“英雄”个人。在英雄策划时代，一次次精彩的策划，均是富有权势与地位的君主、谋士、贵族、将帅等“英雄”的个人所为。这是由其社会地位所决定的，他们自小能够接受良好的教育，有机会获得各种知识信息，能够出入各种增长见识和经验的场合，具备了进行策划的素质条件。之后，他们又每每身处权力的中心，能很快根据局势有的放矢地进行策划。实际上，在这个时代，策划的权力已被他们所垄断，而一般布衣纵有满腹经纶，也没有策划的资格。例如，唐代的著名诗人李白一心想介入朝廷权力中心，以展鲲鹏之志。然而，他即使来到皇帝的身边，也依然被看做吟诗弄墨的御用文人，毫无策划资格可言。无可奈何，他只有郁郁不得志地离开长安，四处飘游。而伊尹、吕尚、张良、诸葛亮等正是因为跻身谋臣之列，拥有了策划资格，才成为青史留名的“策划英雄”。

如此，古代具有策划才能的文人便千方百计争取获得策划的资格，统治者则以各种方法招募谋臣、幕僚，以为“统治”这一政治服务。据有关文献记载，中国夏商时代的家臣，西周时代的命士，春秋战国时代的养士、食客，都是以从事策划为主要活动内容的。春秋战国时期，齐国的孟尝君田文、赵国的平原君赵胜、魏国的信陵君无忌、楚国的春申君黄歇等“四君子”均是以广养食客而闻名的杰出贵族，他们自己也成了策划史上的“英雄”。历朝历代的政权更迭、国家治理中，都有不少的明君贤臣以重策划兴业而青史留名。

2.策划的内容、对象多在政治、军事领域。中国历史上的英雄策划时代从尧舜禅让到慈禧垂帘听政，外国历史上的英雄策划时代从萨巴贡创立阿卡德王国到中世纪的名城君士坦丁堡被土耳其帝国攻陷，一幕幕的策划演出大多发生在政治与军事领域。如果说“战争是政治的延续”，那么，更可以说，英雄策划时代的策划乃是以政治为舞台的。这是因为，在奴隶社会与封建社会，生产力发展缓慢，经济、科技等领域也就没有多少策划的土壤。只有少数拥有权力与财富的君王贵族，为了自身的利益，借助武力来夺取政权或巩固政权，“英雄”们的策划当然也就难以脱离政治了。虽然以孔孟为代表的儒家，以商鞅为代表的法家，以墨子为代表的墨家，他们各有治国平天下的不同理论，但往往不被看做是策划，这是因为其具体的“策”的因素并不明显；但就其着力于强国安邦的出发点来看，与其同时代的策划均突出政治是同一的。同样，策划的作用在军事领域则被发挥得更加淋漓尽致。如我国古代的《孙子兵法》对春秋末期以前的军事斗争策划进行了精辟的总结和概括，被历朝历代奉为兵学的谋略圣典；而西方的《谋略》一书则因汇集了古希腊和古罗马将帅用兵的 581 个策划实例，被称为军事学术思想和军事策划思想的奠基之作。这些兵书中的战例以及古代战争史上所有的战例无不证明，军事指挥离不开策划，军事领域正是当时的时代策划“英雄”们进行精彩演出的绝好舞台。

当然，古代也有不少重大的科技与文化工程的策划，但它们往往与政治有着千丝万缕的联系。例如，战国时期最著名的水利工程都江堰的兴建，是秦国蜀郡郡守李冰一手策划并主持实施的。他这一策划的直接目的是使成都平原由原来的穷山恶水变成千里沃野，使农业生产得到发展，百姓生活富裕。但他策划的根本目的却是使富庶的“天府之国”成为秦国统一中国的大粮仓与大后方，即为政治服务。又如，我国通往西方的丝绸之路虽然在历史上起的主要作用是促进了亚欧大陆之间商品与文化的交流，但它的开辟却是因汉武帝想联络大月氏夹击匈奴而策划的。而司马光策划并主持编写《资治通鉴》，其书名中“以史为鉴”的意味也说明这一文化工程乃是为政治服务的。

3.英雄策划的思维具有模糊性。“英雄”个人所进行的策划往往依凭的是个人的学识与经验，而一切的学识经验都是“过去时态”的，用以策划属于“将来时态”的计划方案，往往就有模糊性的差距，其策划成果也就难以确保完全的成功。比如，身经百战的唐太宗李世民曾在公元645年策划了一场对高丽国的征战。按他的想法，凭借大唐的国力军威，征讨小小的高丽岂不是泰山压顶，手到擒来。岂料，顽强的高丽人进行了殊死的抵抗，加之东北地区冬季极其寒冷，致使唐朝军队伤亡惨重，太宗不得不下诏班师回朝。又如，公元11世纪到13世纪，西欧基督教教皇们先后策划了8次"十字军东征"，即打着从异教徒穆斯林手中夺回基督教"圣地"耶路撒冷的旗号，对东地中海各国进行了持续近200年的侵略战争。虽然开始时十字军获得了一些胜利，但后来的远征渐渐成为强弩之末，最后以彻底失败告终。也就是说，在英雄策划时代，由于策划思维的模糊性，即使有过一些精彩的"演出"，但策划失误、失败的概率却是很大的。就连人们心目中的策划英雄典范诸葛亮，也由于策划中的种种失误，致使三分天下、统一全国的总策划功败垂成。其中一个重要的原因，就是他不能超越他的经验，不能改变经验策划中思维的模糊性。

二、多元策划时代

（一）概述

所谓"多元策划"，指的是策划的主体不再只是少数的"英雄"，而是各种各样的社会实践主体，包括普通的平民百姓都开始在策划方面显露身手；策划的内容、对象也不仅仅限于政治与军事领域，而是在社会生活、社会实践的所有方面都有涉及。

多元策划时代开始的时间，中国与外国是不一样的。对比中外两次大型航海，我国明代的郑和下西洋比西班牙的哥伦布首航美洲早了87年。然而从策划史上看，郑和的航海属于英雄策划时代，而哥伦布的航海属于多元策划时代。因为，郑和下西洋，其真正的策划者是明成祖朱棣，目的是寻找建文帝朱允炆。朱棣是篡位上台的，而被篡位的建文帝始终下落不明，他想解开这个谜，以绝后患，保住帝位。可见，郑和下西洋乃是"英雄"为其政治目的所策划的行为。而哥伦布则不然，哥伦布是个经商、航海的平民，他的航海策划是出于商业的目的。

哥伦布航海策划的实施是在公元1492年，它不仅为文明社会寻找到了一块可以大显身手的大陆，而且标志着策划史上一个新时代的到来！即它标志着策划的主角不再由"英雄"们所垄断，标志着策划的主要内容不再局限于政治与军事领域，标志着策划进入了丰富多彩的多元策划时代。

在地理大发现与美洲大移民的前后，西方国家自文艺复兴、资产阶级登上历史舞台以来,多元策划时代来临了。诗人、画家、科学家、商人、工匠等以往在英雄策划时代默默无闻的人开始扮演着策划的主要角色,而政治家、军事家、宗教领袖们也依然在各自的领域中进行着种种进步或反动的策划。总之,在策划新时代到来伊始,策划主体与策划内容方面已显示出"多元"的特点。这时,最引人注目的策划者有:文艺复兴初期的三杰——《神曲》的作者但丁、《抒情诗集》的作者彼得拉克、《十日谈》的作者薄伽丘;文艺复兴的代表人物,即"艺术三杰"达·芬奇、米开朗琪罗、拉斐尔;英国作家乔叟、莎士比亚,法国作家拉伯雷、沙华、蒙太涅;哲学家弗兰西斯·培根、笛卡儿;空想主义者托马斯·莫尔;"作者学之父"马基雅弗利;医学家哈维;天文学家哥白尼与伽利略;宗教改革家马丁·路德、加尔文;等等。

从多元策划时代开始,随着资本主义的发展和具有深远意义的工业革命的爆发,企业经营方面的策划成了策划最重要的领域。资本主义从一开始就是建立在市场经济基础之上的,而市场经济规律需要企业经营者生产出产销对路、价廉物美的商品,这就需要企业的经营者在产品、采购、管理、销售诸多环节进行策划。企业的工业化生产以分工协作为重要形式,最典型的是流水线作业,个人的作用只有在集体中才能发挥出来。企业经营组织的机构设置在一定程度上借鉴了政治组织和军事组织的模式,延续了传统的政治、军事组织体制。在企业中,策划人员往往也是企业的经营人员与主管人员,他们构成了企业经营策划的主体队伍。在企业经营策划领域,诞生了许多著名的策划人物,当然,他们同时也是成功的企业家。例如,在 19 世纪的最后 25 年里,美国最著名的企业基本上由钢铁大王卡内基、石油大王洛克菲勒和金融大王摩根三个人拥有。他们三个人的成功,无疑有着个人进行天才策划的因素,同时也在于他们周围聚集了一大批策划高手,并且通过企业内部体制将这些策划高手有效地组合起来,充分发挥了他们各自的聪明才智。

近代社会的历史主流是工业革命,以及由此引起的经济迅猛发展和世界整体格局、人们生活方式的改变。如果说世界古代史是一部战争史或统治史,那么,也可以说世界近代史是一部经济史或发展史。策划活动与时代的主流相辅相成,虽然还有一定的政治、军事方面的内容,但大量的策划已转化为以经济发展为主要对象。

从政府方面来看,同样也更重视经济策划。在资本主义形成和发展的每一个时期,各国政府都是以经济建设和发展为核心的。英国是世界上最古老的资本主义国家。由于它首先开始了工业革命,所以在 19 世纪 80 年代以前一直称霸世界。1851年5月1日，首届世界博览会在伦敦海德公园举行。维多利亚女王亲自主持了开幕典礼，博览会赢利75万美元。此项活动的成功是因为女王的丈夫阿尔伯特早在1847年就开始了精心策划。大量事例表明，对经济策划的重视成为资本主义早期高速发展的主要原因。

中国多元策划时代的到来以1895年康有为策划的“公车上书”为标志。虽然比西方迟了400年，但在西方文明的影响下，中国人的多元策划显得更为自觉、更有明确的目的性。比如：严复策划翻译《天演论》等西方近代理论著作，进行思想启蒙宣传；张謇策划兴办大生纱厂等一系列企业，走上实业救国的道路；盛宣怀策划创办中国人的第一家银行——通商银行，为民族工业提供资金；容闳策划向外国派遣留学生，实施“教育救国计划”；詹天佑策划设计了京张铁路，为中国人争了一口气；更有孙中山等人策划成立了同盟会，策划发动了辛亥革命；李大钊、陈独秀、毛泽东等策划成立了中国共产党，进行新民主主义革命；等等。

（二）特点

综观中西多元策划时代风起云涌、波澜壮阔的策划实践，我们可以发现，多元策划时代的策划有如下特点：

1.策划主体的多元化。与英雄策划时代的策划主体只能是君主、谋臣、将帅等“英雄”相比，多元策划时代的策划主体呈多元化的态势。普通知识分子、平民百姓，只要有一番事业心，有一定的专长，或有一定的契机，都可以进行一番精彩的策划，并通过实施而获得事业的成功。如美国“钢铁大王”卡内基在少年的时候策划了一个“让名”的办法：他让小伙伴们为他的一窝小兔——取名，并负责提供青草菜叶喂养，结果他很轻松地喂养了这窝兔子。受此启发，他在争夺为修筑宾夕法尼亚铁路独家提供铁轨生意时，也以铁路公司董事长汤姆生的名字命名钢铁厂的办法，得到了长期订单，他的事业从此发迹。这足以证明，在这个多元策划时代，任何人都有可能成为优秀的策划主体。

2.策划的内容、对象呈现出以经济领域为中心的多元化。多元策划基本是以市场经济为基础的，市场经济以其特有的规律引导着人们以经济为中心进行着各种各样的策划与创造，其策划的内容也就必然呈现出丰富多彩的特点。经济是整个社会发展的基础，也是一个人生活质量的基础。当市场经济向每一个人提供了以各种各样的策划及其实施得以致富的可能时，人们也就自然地将策划重心放到了经济领域。大到国家的经济发展战略策划与重大经济建设项目的策划，中到企业的组建策划与投资策划，小到经营管理中的运作策划与个人的发明、创造策划,其目标往往直接或间接地与经济挂上了钩。

以经济领域的策划为核心,各种各样的策划与实施使其社会的实践显得丰富多彩。如作家与出版商合作编写与出版书籍的策划、画家与经纪人合作展销与拍卖绘画的策划、演艺人与“穴头”合作的演出策划、教育家与经营家合作的办学办班策划、体育明星与代理商合作的体育竞技比赛策划、新闻界人士的媒介创办策划与新闻炒作策划……当然,也依然包括政治运动策划与军事行动策划。

3.策划思维具明显的经验性。在多元策划时代,虽然近代科学已登堂入室,但由于社会生产的基本组织尚在由家庭、家族向群体、团体过渡,因此,多元化的策划主体基本上仍然是单体的个人,其策划思维基本上是凭借每个人的阅历、知识和智慧所进行的经验型思维,即经验性策划。这类策划是策划人在自己认识的基础上进行的。这样,策划的方案必然要受策划人的知识结构、状态和思维活动习惯的制约,策划的水平也必然直接反映着策划人个体间意识和智力上的差异。也就是说,一般意义上的策划依靠的主要不是科学的理论体系、知识体系和方法体系,而是策划人自己知识和经验积累的多寡与智力的高低。这就使得一般意义上的策划由于缺乏科学的指导而带有很大的盲目性、随意性和不确定性;也因策划人素质的高低而带有一定的风险性和欺骗性。但是对事物的评断不能脱离历史,从历史发展过程来看,古代的英雄策划是模糊性策划,其随意性、不稳定性、风险性更强,近代的经验性策划虽然不十分科学,但已有科学的成分。如对于企业来说,当时遇到的问题主要是产品数量不足,扩大产量成为策划的核心内容。在产品供不应求、竞争不太激烈的情况下,仅凭经验性策划也可以在市场上独占一方。20 世纪初,美国福特汽车公司生产的 T 型车因为不必“到外边兜售”,而是“从柜台上递给顾客的”,其公司总裁亨利·福特(Henry Ford)先生就曾宣称:“不管顾客需要什么颜色的汽车,我只有一种黑色的。”福特的成功便说明,经验性的策划还是适应当时形势的,而且促进了经济的发展。

三、科学策划时代

(一)概述

第二次世界大战之后,世界范围内的科学、技术、经济得到了突飞猛进的发展,层出不穷的科学技术发明、相对稳定的社会环境,使得各个国家的经济都呈现出良好的发展势头,社会实践的方式也更加丰富多彩,策划的内容更加丰富,策划思维也大大增加了科学的成分。因此,从战后延续至今,可称为“科学策划时代”。

所谓科学策划,就是运用科学的理论、知识和方法而进行的创造性与规范性策划。仅凭经验和阅历而进行的策划已不符合时代需要,现代社会要求必须进行科学的策划。现代的科学策划具有程式化和数量化两大特征。程式化是指策划过程不是随机变化的,而是按照固定的程式来进行。数量化是指对策划因素的分析以及对策划结果的评价,即成本与效益的比值都应该以量化指标为主要依据。20 世纪 40 年代以后出现的系统论、控制论、信息论、未来学、决策学等一批综合性、边缘性学科,为科学策划提供了理论基础;计算机的普及与应用使人们处理信息的能力大大增强,效率大大提高,为科学策划创造了有利条件。

进入现代社会,科学技术的进步,市场经济的发展,使卖方市场逐渐被买方市场所取代,企业的竞争由生产领域逐步渗透到销售和消费领域。在这种情况下,任何个人凭自身的学识、经验和智慧都难以应付激烈复杂的竞争形势。形势的发展使那些掌握了科学策划方法的专家或群体的作用显得越来越重要。于是出现了以下两种趋势:一是具有不同特长的专家合作,共同完成一个大项目,如阿波罗登月、原子弹爆炸、卫星上天、电脑联网等;二是具有相同特长的专家联合,共同管理或经营某一项目,如名牌开发、形象设计、市场定位、危机处理等。

第二次世界大战以后,企业的经营突破了国界,出现了经济全球化的趋势,使企业的生存与发展面临着更为激烈的竞争,国家的经济实力增长面临着更为复杂的社会环境,任何一项决策都需要掌握多方面的大量信息。在这种情况下,更多的企业或机构建立了策划部门,并且仍有不断增加的趋势。但是,再大的企业或机构也无法储备它们所需要的一切人才,也难以掌握它们所必需的所有信息。如果某项策划任务完全由自己的策划部门来完成,则必将出现或是力不从心或是成本过高的情况。即使以上两点都不成问题,企业或机构内部的策划也可能因为受到上级决策的影响和制约而难以客观充分地发挥作用。因此,各种策划主体都具有脱离企业或机构,成为专业化的独立公司的必要性。与客观形势相适应,从第二次世界大战以后,世界上出现了包括政治、经济、军事、科技等在内的综合策划业,即所谓的“智囊团”“思想库”“头脑产业”“信息公司”“设计中心”等,如美国的兰德公司、斯坦福国际研究所,日本的三菱综合研究所,英国的伦敦国际战略研究所等。虽然这些公司具有一定的综合性,但还是以某个方面的专业策划为主。独立的、专业化的策划公司的服务使策划活动既提高了效率，又增强了科学化程度。

有一个典型案例可以说明科学策划时代科学策划的科学性与重要性。1950年初，朝鲜战争爆发的前8天，美国对华政策研究室接到一份秘密情报：欧洲“德林软件公司”集中人力，投下大笔资金研究了一个课题——“美国如果出兵朝鲜，中国的态度将是如何？”研究已有结果。德林软件公司通过秘密渠道打算把这个结论卖给美国，据说只有一句话，却索价500万美元（大约相当于当时一架最先进的战斗机的价格）。美国人对此一笑了之。几年后，美国在朝鲜战场上一再惨败，美国国会开始辩论“出兵朝鲜究竟有无必要？”这时才有人想起德林软件公司的研究成果。此时虽已事过境迁，但在野党为了在国会的辩论言之有理，仍以280万美元的代价买下了这项过时的研究成果。成果的内容只有一句话：“中国将出兵朝鲜！”但长达328页的附录资料详尽地分析了中国的国情，包括丰富的历史材料和有关数据，并以充足论据证明中国绝不会坐视朝鲜危急而不救，且断定一旦中国出兵，美国将以不光彩的姿态主动退出这场战争。当问到刚从朝鲜战场回来的美国军队总司令麦克阿瑟将军对德林软件公司的研究成果有何看法时，他不无感慨地说：“我们最大的失策是——舍得几十亿美元和数十万美国人的生命，却吝啬一架战斗机的代价。”德林软件公司何以能拿出如此有科学价值的策划报告呢？其原因是，该公司专门请了17个极有造诣的中国问题专家，在占有大量资料信息的基础上进行了科学性策划。

当然，在科学策划时代，经济领域的策划依然是主要内容，但这时进行经济内容的策划，其主体则是社会生产的基本单位——企业。在商品供不应求、卖方市场占主导地位的情况下，当初的企业策划活动都是围绕生产进行的。当卖方市场被买方市场取代之后，生产、销售、服务、管理出现了相互渗透的发展趋势，企业面临着全方位的竞争形势，企业策划的内容也变得十分复杂，如创业策划、产品策划、竞争策划、名牌策划、公关策划、广告策划、营销策划、CIS策划和管理策划等。最主要的企业策划内容则是：第一，企业战略策划。所谓战略策划，是指为企业的长远发展提供咨询服务，既可以是企业的整体发展战略，也可以是企业某一方面的发展战略。据报道，1997年北京王府井百货大楼曾支付50万美元委托美国麦肯锡公司进行企业战略策划。企业整体战略策划收费较高，一般都由著名的大公司来承担，策划内容往往是综合性的。第二，管理策划。所谓管理策划，是指为企业管理系统的建立和改造提供咨询服务，具体包括组织机构的设置及其人员配备、机构之间的相互关系、生产与营销活动的组织安排等。管理策划一般由专业性的管理顾问公司承担，其专业服务的特性比较强。第三,营销策划。所谓营销策划,是指为企业产品或服务的营销活动提供咨询服务,具体包括营销战略、营销战术、营销组织等方面的策划。美国著名的市场营销专家菲利普·科特勒(Philip Kotler)、里斯(Ries)、特劳特(Dack Trout)等都是杰出的市场营销顾问。

中国科学策划时代的开始及高潮的来临,与世界性的科学策划时代的开始及高潮并不同步。究其原因:一是二战结束后,中国很快陷入了内战,之后又因为美国等反华势力对中国的封锁,致使中国无法与世界潮流同步;二是中国长期以阶级斗争为纲,制约了经济发展与相应的科学策划的进行;三是长期的计划经济致使本该是科学策划主体的企业成为国民经济大机构中的一个"车间",缺乏主体性追求,策划自然无法进行。

直到1978年中国共产党十一届三中全会召开,中国人民的思想得到了大解放,中国大地上的科学策划才如火如荼地开展起来。具有标志性的策划事件首推安徽省凤阳县小岗村的十几位农民所进行的实行农村联产承包制的策划。

中国民族工业的名牌企业,如"长虹""海尔""哇哈哈""双汇""康师傅""蒙牛""雅戈尔""长安""红旗""五粮液""茅台""张裕""华为"……几乎每一个名牌背后都有着诸多学科策划在支撑。但中国企业的科学策划发展并不是一帆风顺的。如成文胜在《策划学概论新编》中所描述的,20世纪90年代中后期虽然有一大批专业策划公司崭露头角,但由于"中国策划业还没有进入自觉阶段",在短短十几年后,中国策划业乱象频生,逐渐陷入混乱。直到21世纪初期,中国生产力学会策划专家委员会主办的策划人奖评选活动推出,中国策划学会和中国策划学院的成立开始步入正轨,并在策划界有识之士的推动下,进入快速发展阶段。①

(二)特点

综观仍然在发展中的科学策划时代,如下一些特点已初露端倪。

1.策划建立在大量信息的基础之上。当今社会被称为信息时代,世界形势在不断地发生着变化,任何一个社会组织都必然地处于动态的环境之中,策划正是为了应对不断变化的世界才显得格外重要。因此,科学的策划必须建立在大量有效的信息基础之上。

科学策划所需要的信息主要是反映环境变化的信息,包括新的发现、新的发明、新的技术、新的知识、新的思想、新的观念、新的方法、新的趋向、新的心态

---

① 成文胜.策划学概论新编[M].2版.北京:中国广播影视出版社,2018:23-30.

和新的需求等。丰富多彩的信息既监控着不断变化的环境,以保证科学策划具有针对性,又为策划提供了取之不尽、用之不竭的知识资源,使得科学策划更具有创新性。

今天的科学策划对信息特别重视,并尽可能迅速、全面地占有信息。因为,信息资源的突出特点是具有显著的时效性,随着时间的推移,信息的价值会递减。而过了时的信息犹如明日黄花,不仅会使策划错过时机,成为事后诸葛,而且可能使策划一着不慎,满盘皆输。为了使科学策划在竞争中占据主动,面对潮水般涌来的信息,我们必须迅速地接收,认真地分析,及时地选择,使其为我们所用,保证策划科学地进行。

2.策划有了系统的理论指导。策划,与人们所有的社会实践一样,也是需要科学理论进行指导的。在科学策划时代,世界范围内出现了诸多新的理论,如信息论、控制论、系统论、全息论、分形论、耗散结构、拓扑论、思维学和创造学等,这些理论构成了策划学的方法论基础。同时,应用性的策划学科也相应地产生了,这主要反映在公共关系学、CIS 理论、企划学、决策学等学科上。仅仅在中国,十几年前就有多种策划学著作出版。例如:1993 年,中国经济出版社出版了孙黎所著的《策划家》;1995 年,经济日报出版社出版了刘保孚等著的《策划实务全书》;1996 年,中国商业出版社出版了舒咏平所著的《实用策划学》;北京经济学院出版社(现首都经济贸易大学出版社)1995 年出版了李飞等著的《零售王——现代商场策划与设计》,1997 年出版了李飞编著的《策划王——成功策划公司运营指导》;等等。到了 21 世纪,不同领域的策划学著作的出版如雨后春笋。例如,2008 年,南京大学出版社出版了史振洪等著的《商务策划学》;2015 年,中国商务出版社出版了宋治国所著的《现代企业营销策划与方式研究》;2017 年,中国传媒大学出版社出版了崔银河编著的《广告媒体策划与应用》;2018 年,中国广播影视出版社出版了成文胜编著的《策划学概论新编》;2020 年,北京理工大学出版社出版了余敏所著的《营销策划》;等等。这些研究成果说明了科学策划时期不同领域的策划人对科学理论的追求,也表明策划实践有了科学理论的指导。

3.策划的进行往往辅助以现代技术手段。科学策划时代,策划的科学性还必须体现在科学的、定量的分析基础之上;而科学、定量的分析在现代社会中往往需借助现代技术手段进行。我们知道,在人类认识事物的能力以直观性为特点、思维方式以经验性为特点的古代社会,策划活动往往是建立在模糊定性的基础之上的,其结果便不免具有主观随意性。而在科学技术不断提高、社会环境日益复杂多变的现代社会中,策划建立在量化的信息分析基础之上自然是大势所趋。但是,重大策划项目由于需要对信息进行大量的数理统计和运算分析,人工的、传统的方法与手段自然很难与此相适应,借助于现代技术手段便成了必然的选择。

而在信息时代,处理信息的现代技术手段是有特指的,这就是电子计算机。电子计算机是人脑的延伸,其强大的信息分析功能使得科学策划已经难以离开计算机;而且在互联网技术背景下,电子计算机还可以搜寻、检索、下载世界范围的、各种各样的策划所需要的信息。因此,现代技术手段是科学策划的必然组成部分。

4.策划的社会协作更体现了思维的科学性。现代信息技术的飞速发展使地球变成了"自然村",经济全球化的出现使得竞争的局面更加复杂。如此,策划的难度便自然地加大,任何个人、任何单一的组织往往都难以科学地应对策划任务,社会协作自然便水到渠成地出现了。

我们可以先考察一下国外策划业的发展情况。一般认为,美国的咨询策划业产生于20世纪初,但在第二次世界大战结束以前,它的发展比较缓慢,20世纪50年代后进入了快速发展阶段。早在20世纪20年代,美国由于比较健全的市场经济体制,社会协作便必然地体现在专业的策划咨询机构——管理顾问公司的建立上。到20世纪70年代中期,美国各种提供顾问服务的专业公司已发展到3 500多家,大型顾问公司的分支机构遍布世界各地。如今,咨询策划业仍然是美国一个巨大的服务型产业。截至2020年,共有13 494家咨询公司在美国证券交易委员会注册,仅2020年一年,美国咨询行业的市场规模已经达到644亿美元,同年,中国咨询行业市场规模仅为61亿美元。

与美国的策划咨询专业化已有相当长的历史相比,中国内地当代策划的社会协作显得稚嫩许多。虽然具有5000年文明历史的中华民族以自己睿智的策划思想、杰出的策划活动和大量的策划成果为人类策划业的发展做出了巨大的贡献,但中国策划行业的专业化发展不过短短三十余年,与发达国家相比,中国咨询策划行业仍存在较大的发展和进步空间。在此,我们仅对中国当代的企业策划进行一些介绍。

新中国成立以后,长期实行计划经济,基本上处于封闭状态,在独立自主原则的基础上恢复建设、发展生产,因为没有激烈的竞争,所以策划观念淡薄,策划活动也不能引起人们的重视。随着改革开放的不断深入、市场经济体制的确立、经济全球化趋势的发展、知识经济时代的来临,所有的社会组织都必须面对新的竞争形势思考发展前景；如此，策划便自然受到高度重视，并必然地走向专业化、职业化。如今，中国策划咨询界已经有了成熟的协会组织，由中国公共关系协会和中国国际公共关系协会组织牵头举办的专业性会议、论坛、评选都反映了当前中国策划行业专业化、职业化、学科化的发展趋势。

可以说，策划的社会协作，或策划的专业化、职业化，正是策划科学化的必然体现。

第二节 公共关系策划的崛起与发展

公共关系策划实际上与公共关系的诞生是相辅相成的，因为，在公共关系诞生的同时，公共关系策划就成为它的核心组成部分。可以说，离开了策划，公共关系的诞生就无从谈起。

公共关系理论作为一种通过宣传、传播、沟通等方式与特定的公众对象达成和谐的理论，虽然只是近代才诞生的一门学科，但是，它的基本原理与做法在人类漫长的社会实践中早就存在了。因此，与追寻公共关系的源头一样，探索公共关系策划的崛起与发展也应在人类的历史长河中去考察。鉴于此，我们把公共关系策划的历史分为四个阶段，即历史上的准公共关系策划、公共关系策划的崛起、公共关系策划的发展、公共关系策划的趋势。

一、历史上的准公共关系策划

（一）概述

“准公共关系策划”指的是在现代公共关系的诞生尚不具备条件的古代，人们为了协调人群与人群的关系，以原始、传统的传播方式进行沟通、和谐关系所进行的种种有目的的策划活动。这在漫长的人类古代社会是普遍存在的。

我们先把目光投向古代的中东。古埃及、巴比伦和波斯的统治者一方面用武力来控制社会，另一方面也常常用舆论的手段来控制社会，处理与民众的关系。这些奴隶制国家的政府都曾经动用大量的金钱和人力去营造雕像、寺院、金字塔、陵墓，写赞美诗等，用精湛的艺术描写其东征西讨的英雄业绩，树立统治者的声誉，宣扬自己伟大和神圣的身份。有的统治者在壁画上画了如何种田，如何灌溉，如何存储粮食、对付田鼠，以传播农业知识，推动生产力的发展。在伊拉克，考古学家发现了公元前1800年的一种农业公告，类似于现代的新技术宣传资料。显然,这些准公共关系的做法都是通过策划而实施的。

在古希腊,由于当时实行的是城邦制,如此便促进了民众原始民主思想的发展,统治者也认识到民众和民意的重要性。当时,王公贵族为了树立自己的形象,常常雇诗人给自己写赞美诗,为自己歌功颂德,试图使自己美名远扬。当时就已经有了靠这样的创作维持生活的诗人。面对这种花钱写诗操纵舆论的做法,柏拉图在《理想国》一书中提出要禁止除了政府的诗歌之外的所有诗歌的主张。这不仅是一个试图用政府来控制舆论的例子,也是最早对准公共关系策划提出标准与进行控制的探讨。在古希腊,最有影响的准公共关系策划当数奥林匹克运动会的策划。当时的古希腊如同我国的春秋战国时期一样,被分成许多城邦小国,城邦之间的战争往往没完没了。其中两个最强大、最有代表性的城邦分别是斯巴达和雅典。出于战争的需要,这两个城邦的小孩在长大成人的过程中都要进行身体锻炼,包括角力、射箭、投石块、掷标枪、拳击、棍斗、行军、骑马、游泳、狩猎、跳、跑和球类活动。但是体育锻炼、体育训练、体育竞技都需要一个和平的环境,加之希腊各城邦的平民都非常厌恶不断毁掉家园、死去亲人的战争,渴望和平,于是便有人策划出了"竞技运动会",并规定运动会年实行"神圣休战月"。在神圣休战的3个月内,任何人都不得动用刀兵,发动战争,即使是交战双方,也都必须放下武器,准备去参加奥林匹克运动会。奥林匹克运动会开幕式前有3个人手持火炬去各地传达消息,他们一面奔跑,一面呼喊:"停止战争,参加运动会去!"这是神圣的命令,任何人都不得违反,否则就会遭到各城邦联合力量的严厉惩罚。至于圣地奥林匹亚,任何城邦都不得进犯,带武器进入那里是绝对不允许的。运动会期间,来自各城邦的选手聚集在一起,他们过去是刀枪相见的敌人,今天又成了运动场上的角逐者。比赛中,他们相互加深了了解,增进了友谊。奥林匹克运动会的精神——"和平、友谊"也就源源不断地传播开来。显然,这一和谐人类关系的策划,是准公共关系策划的杰出作品。

在古罗马,由于当时城市的发展,大量的农民涌入了城市,使城市人满为患,政府中就有人进行策划,委托诗人创作《田园诗》,引起人们对乡村的向往,人们受到艺术熏陶的同时也达到宣传的目的。而古罗马的恺撒大帝不仅在战场上是一代枭雄,而且在准公共关系策划方面同样是一个高手。当他被派往高卢统帅军队时,他一路上不断把战斗生活写成报告送到罗马,并使这些报告在罗马广为传诵,这为他凯旋后顺利地登上皇帝宝座铺平了道路。他当上皇帝之后,鉴于当时社会流行手抄小册子的情况,策划创办了世界上最早的日报——

《每日记闻》,作为与臣民沟通的工具。恺撒为了标榜和宣传自己,甚至还专门策划写作了一本记载自己功绩的纪实性著作《高卢战记》。这本书被西方一些著名的公共关系专家称为"第一流的公共关系著作",由此可见该书策划的成功。古罗马的统治者还将其法律刻在12块铜牌上(史称"12铜牌法")向全国人民公布,并对贵族的权力进行了限制,无疑,这正是统治者为争取民众而进行的一项有效的准公共关系策划。

在代表东方文明的中国,我们的先人早就具备了准公共关系思想,相应的准公共关系策划在典籍中也多有记载。

早在4 000多年前的原始社会,中国古代各部落联盟首领在遇到重大事务时,往往由挑头的首领进行策划,出面会盟各部落首领,沟通信息,统一认识,协调关系。如大禹为治水就曾经"合诸侯于涂山",协商后,终于取得了大家的支持,从而在他的统一指挥下,各诸侯国的人民齐心协力,完成了治水的壮举。又如我们前面曾经介绍过的盘庚迁都策划,《尚书·盘庚》中就记载了盘庚在三次演讲中都明确提出"朕及笃敬,恭承民命",显然,这次策划本身就具有准公共关系的性质。

准公共关系策划在我国历史上写下最精彩一章的是春秋战国时期。当时,伴随着春秋战国时期急剧变化的社会形势和对诸侯国之间微妙关系的处理,一些专门从事准公共关系策划的"术士"受到君王们的重视。不少贤明的诸侯君王不惜重金聘请有才华的策士,为其出谋划策,解决战争难以解决的国内以及国与国之间的难题。养"食客"、"术士"几百乃至上千成为诸侯君王值得炫耀的理政治国的财富。《文心雕龙》曾经描绘:"战国争雄,辩士云涌;纵横参谋,长短角势;转丸骋其巧辞,飞钳伏其精术。一人之辩,重于九鼎之宝;三寸之舌,强于百万之师。"可见当时论辩、策划谋士们的历史风采与重要地位。他们各侍其主,四方奔走游说,力图内强外联,左右形势,而他们最突出的才能依然是准公共关系的策划。例如,商鞅变法,为了取信于民,策划了"立竿设奖,当场兑现"的准公共关系事件,既表明了其变法改革的决心,又扫除了民众的疑虑,在民众中树立了可信赖的形象。

这一时期的准公共关系策划,可以说其中连横合纵的策划达到了当时最高水平。连横合纵的代表人物是苏秦和张仪。苏秦所策划的是联合东方的弱国共同对付强大的秦国。通过积极的奔走游说,苏秦成功地取得了燕王、赵王、魏王、齐王、韩王、楚王的信任和支持,并于公元前333年促成了六国诸侯集会洹水结盟,他被推为"纵约长"。张仪则与苏秦针锋相对,站在秦国的角度,策划了分别与六国连横的准公共关系方略，以便在六国之间进行离间活动，一一击破。这种大规模的准公共关系策划在历史上是极其罕见的，堪称古代准公共关系策划的典范。

汉代以后，准公共关系的策划可以说是层出不穷。例如，汉武帝与他的谋臣们策划、实施了张骞两次出使西域，与西域各国缔结了睦邻友好关系，树立了大汉朝的东方大国形象，且由此打通了陆上的丝绸之路。又如：汉朝的王昭君出塞联姻，唐朝的文成公主远嫁吐蕃（西藏），均成为千古佳话；玄奘大师到天竺（印度）取经，鉴真和尚东渡日本传道弘法，则成为我国古代公共关系史上的浓墨重彩的一笔。阅读我国古代历史，我们还可以发现，历代农民起义领袖都善于进行准公共关系策划，以为起义、推翻旧的统治营造舆论，赢得民众的支持。例如：陈胜、吴广起义时，曾经散布民谣来为推翻暴秦做准备；刘邦率军队攻入秦都咸阳时，更是明确地与关中父老"约法三章"，云"杀人者死，伤人及盗抵罪"，既宣传了自己的政治主张，又大大赢得了民心。此类例子，可以说举不胜举。

（二）特点

我们在明白了古代准公共关系策划客观存在的基础上，可以概括出其如下的特点：

1.策划主体依然多是一些"英雄"。与前面对英雄策划时代所归纳的那样，准公共关系策划因为在一定意义上是一种被包含的关系，因此其策划主体依然多是"英雄"，即基本是由君王、诸侯、贵族、谋臣、策士、宗教头领、农民起义领袖等构成的。

2.重点是为了协调统治者与民众的关系。由准公共关系策划的主体为"英雄"所决定，准公共关系策划的目的是为了协调统治者与民众之间的关系。这里，我们需明白的是，在当时的历史条件下，因为尚没有先进的生产力及其代表阶级出现，即使是农民起义领袖，其与地主、封建统治者并没有本质的区别，只是一个想争取当地主、当统治者的"英雄"而已。

3.多借助本能的、传统的传播方式。由于古代传播技术落后，所以准公共关系策划的实施，所依赖的只能是人类本能的人际传播、言语传播，以及传统的群体传播。准公共关系策划要么是通过人们之间的游说进行，要么是通过告示、民谣、转告传播，要么是通过在人群前的演讲、宣传进行传播。这与我们今天的现代传播媒介显然有着天壤之别。

4.以"策"取胜。既然是"策划"，其关键就是有着创新性、计谋性的"策略"

因素。在准公共关系策划中,这种“策”的因素非常突出。因为,在某种意义上,古代的准公共关系为的就是“不战而屈人之兵”;而要达到这个目的,策划者就需要深思熟虑,以策划出出奇制胜的方案来。如今,经过数百年甚至数千年的准公共关系策划,之所以还能为后人所知,为后人所津津乐道,其精彩之处就在于它的“策”。

二、公共关系策划的崛起

公共关系策划的崛起是以现代传播媒介的兴起为起点,以公共关系策划的职业化与学科化为标志的。它又分为三个时期,即公共关系策划准备时期、公共关系策划职业化时期、公共关系策划学科化时期。

(一)公共关系策划的准备时期

公共关系策划准备时期大约开始于16世纪,以大众传播媒介的职业化、专门化为起点。1566年,意大利首先出现了单张印制的《威尼斯公报》。1568年,德国发行了不定期的《特别新闻》。1609年,在德国诞生了有组织计划和出版规律的《报道与新闻报》。1631年,法国也创办了周报——《报纸》。1800年,第一台铁制印刷机问世,继而英国的《泰晤士报》采用了制版的一系列新技术,大大提高了印刷的速度与质量。报刊的大量涌现为广大社会公众提供了广泛的新闻信息与资料。1895年,无线电技术的发明更使传播技术出现了新的飞跃。1920年,美国匹兹堡成立了首家广播电台。广播的问世突破了千百年来固有的地域、时间、空间的观念,传播的渠道空前拓宽了,为公共关系及公共关系策划的诞生创造了条件,奠定了物质技术的基础。

另外,具有公共关系本质内涵的策划也在各个领域展开,只是“公共关系”的概念尚未提出,还是一种“类公共关系策划”。最典型的案例当数美国历史上的革命先驱塞缪尔·亚当斯(Samuel Adams)等在宣传革命舆论、发动民众推翻英国殖民统治的策划。塞缪尔·亚当斯认为:“所有的人受感觉支配的程度比受理智支配的程度大得多。”“公众舆论来源于事物的进展及公众观察事物进展的方式。”(绝不是仅仅取决于客观事物本身)他率领着他的同事们创造性地进行了组织公众舆论的策划,在组织北美13州的抗英斗争中发挥了巨大的作用。

与塞缪尔·亚当斯同时的,为建立共和国制而进行公共关系策划的著名人物还有托马斯·潘恩(Thomas Paine)、本杰明·富兰克林(Benjamin Franklin)和亚历山大·汉密尔顿(Alexander Hamilton)等人。托马斯·潘恩是著名的政治评论家,对他策划出版的小册子《常识》,华盛顿评价道:“它引起了人们心灵上的强大的变化。”他在《危机》一书中提出的“这乃是试炼人类灵魂的时代”成为争取独立的美国人的口号。本杰明·富兰克林则在担任美国第一任驻法大使时,策划、说服了法国给美国以海军方面的支持,从而打败了英国殖民统治者。亚历山大·汉密尔顿在1787年10月至1788年4月,即美国面临如何立国的关键时刻,策划、发表了一系列效果显著、影响深远的文章,巧妙地引导了当时的舆论,争取宪法得以批准通过,促使美国联邦制的实现。历史学家阿伦·内文斯认为,这次策划是“历史上最出色的公共关系工作”。他写道:“让整个民族接受宪法是一项巨大的公共关系实践活动。汉密尔顿运用他在公共关系方面敏锐的观察力,认识到不仅要产生而且要为产生具有能够接受宪法的人民作准备。”他将这次公共关系活动视为良好的公共关系策划的典范。

联邦立宪后,公共关系策划更被美国政治界重视,策划舆论宣传与思想诱导所能产生的巨大影响与良好效果颇令人瞩目,公共关系策划自然被运用于竞选的政治舞台。最早的社会竞选活动策划与宣传攻势策划的杰出代表是艾莫斯·肯德尔(Amos Kendall)。当时正是杰克逊时代。杰克逊是1812年战争中攻占新奥尔良的英雄,也是第一位重视知识分子的国家元首。由于杰克逊在政治或社会哲学方面并不见长于文字表达,所以他表达自己的思想有些困难,需要一个有这方面专长的人向国会和全国传达他的思想,他聘请学者和记者成立了顾问团(或称为“厨房内阁”“智囊团”)为他出谋划策。艾莫斯·肯德尔就是“智囊团”中的一个记者,他担任杰克逊的竞选活动家、代笔者和公共关系事务专家,负责安排接见记者,为总统撰写演说稿和新闻稿,策划总统的公共舆论,进行民意测验,进行新闻分析;并创办了美国政府最早的机关报——《环球报》,以作为政府的喉舌来报道、解释政府的政策,并逐步发展起一套白宫对外的宣传模式。杰克逊的一些政治活动和政府的政策明显地表现出受艾莫斯·肯德尔的影响,包括他的策略思想,对于公众舆论的认识,以及作为传播沟通者所需要的策划技巧等。艾莫斯·肯德尔的职务可以被看做最早的总统公共关系专职策划顾问。

又如,1888年美国总统竞选出现了两党对峙的局面,谁能取胜,关键在于争取选民的支持。各党为了实现自己的竞选目标,战胜对手,便组织了竞选班子和策划顾问团,利用一些能人志士的思想和智慧,进行有针对性的策划,开展舆论攻势,争取主动,尽量树立竞选人的良好形象。他们策划组织了各种新闻发布会、记者招待会、演讲报告会,甚至针锋相对地进行政治见解辩论会。报纸等各大众媒介也跟着发表竞选消息与文章,推波助澜。一些游说活动家则四处游说,他们为竞选者策划起草竞选纲领、声明,分发各种宣传小册子与文件,以求达到收拢选民民心、多拉选票的目的。这样的公共关系策划自然收到了良好的效果,以至于至今各国进行大选的时候,也就是各政党大行公共关系策划的时候。

公共关系策划的准备时期在经济领域,尤其是企业管理领域表现得更为突出。正如美国著名的公共关系专家S.M.卡特里普在《公共关系杂志》中撰文所写:"公众第一次承认公共关系是1899年。"这一年,交流电发明家乔治·威斯廷豪斯首先组织了现代意义上的专门的公共关系部门,他聘请了匹兹堡的记者E.H.海因希斯作为他的新闻顾问。当时运用直流电的爱迪生电器总公司已经成立,该公司策划发起了著名的"电流之战",反对威斯廷豪斯的交流电。海因希斯帮助威斯廷豪斯策划大规模的交流电知识的宣传,让社会公众了解他的公司,成功地排除了有些人阻碍交流电发展的企图,使交流电为社会所接受,这可以说是企业管理上公共关系策划的一个起点。

又如,原来生产炸药的杜邦公司,在改为生产化学品之后,花大气力进行公共关系策划,并长期实施,同样也在公共关系策划的准备时期写下了浓重的一笔。当时,杜邦公司生产化学品的技术不是很先进,难免发生一些爆炸事件。起初公司当局采取了保密措施,一律不准记者采访。结果大道不传小道传,社会公众对此猜测纷纷,久而久之,杜邦公司在公众心目中留下一个"杜邦—流血—杀人"的可怕形象。公众舆论对杜邦公司的市场营销和企业发展造成了极为不利的影响。杜邦管理层为之深感苦恼,就找来报界的老朋友咨询,这位朋友为杜邦公司进行了公共关系策划,建议其实行"门户开放"政策,把"象牙塔"变成"玻璃屋"。杜邦公司采用了这一策划,并请这位朋友出任公司新闻局局长。此后,杜邦公司改变了以往的做法,坚持向公众公开公司的事故真相和内幕,同时配合越来越为顾客欢迎的化学产品的问世,精心策划,并设计了一个宣传口号:"化学使你的生活更美好!"此外,他们还积极赞助社会公益事业,组织员工街头服务。终于,经过了近20年的努力,改变了杜邦公司留给公众的可怕形象,树立起了亲和公众的良好形象。

在最能广泛影响公众的政治、经济领域,公共关系策划越来越被重视,越来越受欢迎和被运用,实际上公共关系策划的准备时期已渐渐地完成了其历史使命,公共关系策划的职业化呼之欲出。

(二)公共关系策划职业化时期

公共关系学界公认,美国著名记者、公共关系之父艾维·李(Ivy Lee)使公共关系职业化。然而,需强调的是:艾维·李所从事的公共关系职业,其实提供的就是公共关系策划服务；离开策划，公共关系无法走向职业化。在一定意义上，艾维·李在从事公共关系业务的第一天就开始了职业策划的历程。

1900年，在艾维·李之前，乔治·迈克尔利斯等首创宣传事务所，即现代公共关系专业机构的前身。宣传事务所的宗旨是：进行新闻事务的业务代理，为客户服务，收取营业酬金。这个事务所后来因为替政府起草铁路法案而声名鹊起，发展迅速，并在纽约、华盛顿等地设立了分支机构。他们的调查工作、公众宣传和个人联络等公共关系技术手段的使用，为现代公共关系策划提供了经验。

1903年，艾维·李和他的朋友乔治·密奇斯在纽约创办了公共关系咨询事务所，开始了专业化的公共关系策划服务。他的策划服务主张是："就营业者的关切和公众的习惯而言，我们的计划是代表企业组织对与公众有影响而为公众乐于接受的课题，向报界和公众迅速提供准确可靠的信息。"（《原则宣言》）同时还提出"凡是有益于公众的事务必然有益于企业和组织"的互惠原则。"说真话""公众被告知"更是他进行公共关系策划的信条。在这些思想的指导下，他的公共关系事务所专门为企业、社会组织、公众、报刊媒介等提供信息和服务，同时收取一定的酬金。从此，公共关系策划职业化有了自己的市场，这也就意味着职业化的公共关系策划有了经济的保证和长久的生命力。当然，这种公共关系策划的职业化，是以大量的策划实践来支撑的。艾维·李和他的公共关系事务所，一开始就有了一批重要的客户，并且通过良好的策划服务，奇迹般地创造了很好的影响和效益。例如，财团巨人洛克菲勒因为组织形象不佳，便找到了艾维·李的事务所。艾维·李等对洛克菲勒的组织形象进行了分析，经过一番策划，突出"以沟通达成互谅""以行动改变形象"的重点，建议洛克菲勒财团邀请劳工领袖协商解决劳资纠纷，并广泛进行慈善捐赠。经过实施，洛克菲勒财团改变了企业在公众心目中的不良形象。洛克菲勒财团称赞艾维·李"扮演了一个十分成功的角色，为约翰·洛克菲勒家族的历史增添了十分重要的一页"。

由于时代的局限，记者出身的艾维·李早期的公共关系策划活动还存在许多不足。他的公共关系策划基本是凭直觉和经验来进行的，他的公共关系思想和观念还缺乏完整性和系统性，以至有人说他的公共关系策划工作是艺术而不是科学，他基本上没有运用调查研究方法，甚至直到1919年才使用"公共关系"这一概念，在此之前，他一直用"宣传"来描述什么是公共关系策划。尽管如此，艾维·李在公共关系及公共关系策划史上还是占有重要的位置，因为他是一位划时代的人物，从他开始，才有了真正的公共关系策划与实施，才有了公共关系策划服务的产业，从而为公共关系理论的诞生奠定了实践的基础。

（三）公共关系策划学科化时期

在艾维·李首创公共关系策划及其从事服务职业之后，美国的公共关系事业迅速崛起。

其一，企业界开始逐步推广公共关系制度。1908 年，美国电报电话公司的前身——贝尔公司率先成立了公共关系部，董事长维尔把公共关系工作提到首要地位并聘请詹姆斯专门负责长期的公共关系工作计划与专项的公共关系策划。贝尔公司把公众的要求作为公司行动的准则。通过对用户需要的研究和有效的经营来减少公众的批评，并采取系统的方法来满足公众的需求。他们与众不同的做法为公共关系宣传策划与实施开辟了新的途径。

1908 年，美国福特汽车公司董事长亨利·福特和他的公司开始寻求良好的公共关系状态，这与同时代羞于与公众沟通的其他企业形成鲜明的对照，这是福特公司在众多竞争者中得以取胜的重要原因。1913 年，福特公司聘请伯纳斯担任公共关系部经理，伯纳斯为福特公司策划并实施了一系列旨在发展公众福利及社会服务的计划，大大提高了该公司在公众和社会中的影响，为促进福特公司的发展起了重大作用。

此外，诸如通用汽车公司、巴尔的摩铁路公司、爱迪生电力公司、约翰和老森钢铁公司等，都在 1908 年至 1913 年期间成立了公共关系部，或聘请人专门负责公共关系策划及实施工作。到 1937 年，全美最大的数百家企业中有 20%已设立了公共关系部。

其二，公共关系策划咨询业迅速发展。继艾维·李的公共关系策划服务公司成立之后，各种相关的公共关系策划咨询公司相继成立。最值得注意的是：1927 年，希尔—诺顿公共关系公司在克利夫兰开业；1930 年，卡尔·博雅与人合办的博雅公共关系公司诞生。这两家公司如今都已发展成为世界上最大的公共关系策划与服务实施公司。

其间，广告公司也开始注意到公共关系策划的重要。艾耶父子广告公司于 1919 年正式成立公共关系策划业务部，此后，广告公司纷纷建立公共关系策划业务部，开展公共关系代理业务。到 1937 年，全美已有 250 家左右的公司开展公共关系策划业务，从业人员达 5 000 人。1939 年，在著名的公共关系学者哈罗博士的主持下，美国公共关系理事会宣告成立。

其三，政府公共关系策划得到开展。西奥多·罗斯福被当时舆论称为“用新闻来统治国家”的美国总统，他就任的第一件事就是去了解新闻界的情况，他懂得新闻的价值和影响力,随着报纸发行量的迅速增长,罗斯福以过人的能力与对新闻的敏感,控制着代表一种新的社会势力的新闻界,并策划种种新闻以引起新闻界的注意,从而使政府的公共关系策划引导着新闻走向,进而引导舆论来为他统治国家服务。

1914年到1918年,公共关系策划与实施成为美国政府重要的工作,威尔逊总统将所有的政府机构都动员起来,开展了世界上最有影响的战争宣传工作并取得很大的成功。

富兰克林·罗斯福也是非常重视公共关系策划的一位总统,他是西奥多·罗斯福的亲戚,他在推行新政时广泛运用了符号图示、标语口号以及各种促进方案,他亲自策划并实施的“炉边谈话”更是取得了前所未有的成功,成为政府公共关系策划的典范。在第二次世界大战中,在他的领导下,公共关系策划在政府和军事机构中的运用产生了巨大的效果。

正是由于如上公共关系策划实践的社会基础,公共关系策划与实施理论也就呼之欲出了。

在这方面做出最杰出贡献的是爱德华·伯纳斯(Edward Bernays)。伯纳斯是一位奥地利裔美国人,著名心理学家弗洛伊德的外甥,1912年毕业于康奈尔大学,随即从事新闻工作,1913年,他受聘为福特公司的公共关系部经理,他的工作被公认为“开创了企业承担社会责任的先河”。第一次世界大战期间,伯纳斯参加了威尔逊总统组织的、由乔治·克里尔领导的公众信息委员会,这一委员会将报道民意、动员民意的能力提高到前所未有的高度,伯纳斯在其中积极工作,得到很大的锻炼。战争结束后,他和夫人在纽约开办了公共关系公司,开始为社会提供全面的公共关系策划、咨询、实施等方面的服务。在积累了相当多的经验之后,1923年,他出版了第一本公共关系专著《舆论明鉴》,书中,他明确提出了“公共关系咨询”的含义,提出了公共关系工作的原则、程序和职业道德等。这本书被称为公共关系理论发展史上的第一个里程碑。在书中,他把公共关系策划及其活动发展成为一种更有意识的、自觉的、有组织的活动,使公共关系策划与实施有了系统的理论指导。伯纳斯强调,在公共关系策划中,首先应当了解工作的要求,在确定公众的价值观念和态度的基础上再进行有目的的策划,进行“投公众之所好”的宣传。这比艾维·李时期的主要站在企业角度的宣传、告知大大进了一步。

1923年,伯纳斯在纽约大学开始讲授“公共关系学”课程,成为第一位在大学讲授“公共关系学”的人。1952年,他又出版《公共关系学》一书。直到1994

年他103岁,还在不断演说、撰写公共关系方面的文章。伯纳斯的毕生努力使公共关系逐步系统化、完整化,最终成为一门独立的学科,使得公共关系策划有了系统的、科学的理论指导。他也因此成为公共关系发展史上的又一位里程碑式的人物,被誉为"公共关系学之父"。

在伯纳斯之后,1937年,哈罗博士在斯坦福大学开设了"公共关系学"课程;1947年,波士顿大学成立了第一所公共关系学院,培养公共关系学学士、硕士和博士。公共关系教育在美国逐步展开,标志着公共关系不仅理论化而且学科化了,同时也标志着公共关系策划不但有了系统的理论指导,而且有了源源不断的高层次人才的加盟。

三、公共关系策划的发展

第二次世界大战之后,伴随着经济建设进入一个普遍的发展时期,公共关系策划也进入了一个大繁荣阶段。

在美国,由于国际经济的恢复和国际交往的频繁,及其在世界范围内谋求政治上的主宰、军事上的霸权和经济上占领世界市场的要求,亟须进行各国文化的沟通与交流,需要大量的市场调查研究,需要宏大的发展规划,这就必然地促进了美国职业化、跨国化的公共关系公司的大发展。据美国《商业周刊》统计:1937年美国有专业公共关系公司150家;到1960年,增加到1 350家;到1984年,又增加到3 000多家。其中伟达公共关系公司、博雅公共关系公司、达德利公共关系公司、纽森公共关系公司等均是具有相当实力的大型公共关系公司。大中型企业中普遍成立了公共关系事业部。由于从事公共关系策划的人员的增多,各类公共关系组织相继成立。1948年,由美国公共关系理事会与国家公共关系顾问协会合并成立了美国公共关系协会;到20世纪末,该协会已有11 600名会员,93个地方分支机构。1954年,该协会制定了《公共关系人员职责规范守则》,作为维护公共关系信誉和职业道德的"行业法律",有效地指导了公共关系策划的进行。相应地,公共关系教育也在美国得到了大发展。从1923年伯纳斯在纽约大学首开公共关系学课,到1980年,美国已有400所大学开设了公共关系学课,39所大学设公共关系学硕士学位,13所大学设公共关系学博士学位。专业化的教育使得公共关系策划有了高层次的人才保障。在美国,随着公共关系的蓬勃发展,信息传播和理论研究需要阵地,公共关系专业的刊物随之问世。1945年,《公共关系季刊》、《公共关系新闻》(周刊)、《公共关系杂志》相继出版发行;美国公共关系协会成立后,出资创办了《国际公共关系评论》。此外,还办有《公共关系报道者》《杰克·奥德威尔新闻通讯》等报纸。这些报刊的出版,对普及、加深人们对公共关系及其策划的认识与运用起了很大的推动作用。而在美国出版界,1952 年,卡特里普和森特出版了具有权威性的公共关系专著《有效的公共关系》,论述了“双向对称”模式。该模式在公共关系目标上将组织和公众的利益放到同等重要的位置上,这是目的上的“对称”;坚持组织与公众之间进行双向传播与沟通,这是传播上的“对称”。此书出版后多次再版,畅销全美,被誉为“公共关系的《圣经》”。直到今天,该书的理论模式依然是最权威的公共关系理论核心,也是公共关系策划的理论指南。

战后,伴随着国际交流的日益频繁和政治经济发展的需要,欧洲的公共关系策划也得到迅速发展。早在 20 世纪 20 年代,公共关系就已经传入了英国,公共关系策划也就理所当然地开展起来。如斯蒂芬·特伦茨在政府工作中,运用公共关系策划的方法进行了政府经济工作方面的宣传。他从研究水果问题入手,策划了一系列报道为水果促销,并一举取得成功。他在帝国市场委员会中进行了 7 年的公共关系宣传策划,并积累了丰富的经验。1926 年,英国皇家营销部成立,该部利用各种传播媒介与技术促进英国的经济发展,策划了“买英国货”的公共关系宣传活动,并取得了成功。1948 年,英国公共关系协会成立。而在法国,公共关系的引进则是在战后。这一时期,欧洲的意大利、荷兰、瑞典、奥地利、联邦德国等都开始了公共关系的引进与公共关系策划的运用,并直接推动了欧洲公共关系联盟的成立。1955 年,在英国伦敦召开了各国公共关系组织的会议,并宣布国际公共关系协会正式成立。这不仅标志着公共关系的国际化加快了进程,而且标志着欧洲的公共关系策划已走到了世界的前列。

日本的公共关系同样始于战后。当时日本经济完全崩溃,社会生活极度混乱,进驻日本的美国占领者为恢复日本的经济和社会秩序,便向日本推行美国的现代公共关系管理思想与方式。1948 年在市县试设公共关系机构,即公共关系办公室或宣传部,进行公共关系思想传播和实务宣传工作。1949 年,又召集各地的百名官员到东京,举办 3 个月的公共关系讲习班,由盟军主管教育的沙利旺主讲公共关系学。之后,由于日本的经济复苏确实需要公共关系理论与策划的实践,很多企业便开始自觉地运用公共关系原理进行公共关系策划。例如,日本电通公司首先经过策划,开展了各种公共关系宣传活动,并很快形成了“PR 王国”。日本精工手表公司则成功地进行了利用奥林匹克运动会的公共关系策划与实施,结果使其生产的手表一举成为世界名表。丰田汽车公司也成功地利用各种体育比赛进行公共关系策划,使得“丰田”车成为世界的名车。松下电器公司等企业也相继成立了公共关系策划宣传与营销部门。各种形式的公共关系策划、咨询公司发展到1 000余家。1964年,日本公共关系协会成立。

20世纪60年代,亚洲经济得到较大的发展,相应地,公共关系策划也普遍得到运用。印度、菲律宾、印度尼西亚、韩国、新加坡等国家以及我国的台湾、香港地区的公共关系也开展得有声有色。1967年,亚洲公共关系联盟成立。在亚太地区,由华人发起组织的国际公共关系活动十分活跃,曾先后在曼谷、马尼拉、中国香港等地举办大型公共关系国际研讨会。他们的活动对后起的中国内地公共关系的发展影响很大。

公共关系及公共关系策划在中国内地的出现与普及是在改革开放的20世纪80年代。在这以前,中国共产党的"发动工农,起来革命"、"人民战争"、"统一战线"、"政治思想工作"等,都具有公共关系的含义。由于改革开放、发展社会主义市场经济、建设社会主义精神文明以及与世界接轨的需要,使得中国内地的公共关系一引进就爆发出迅猛的发展势头。1984年,广州白云山制药厂率先成立公共关系部,1985年,美国伟达公共关系公司和博雅公共关系公司来中国内地提供公共关系策划服务,以及1987年,中国环球公共关系公司成立,公共关系的思想观念以及公共关系策划与实施的操作实务很快在中国内地形成一股公共关系的大潮。1987年,中国公共关系协会在北京成立,标志着中国内地的公共关系已走向规模化、规范化。随后,1991年,中国国际公共关系协会也在北京应运而生,为推动中国公共关系事业的职业化、规范化和国际化而努力。[①] 在这以后,中国公共关系策划创造了一系列奇迹,积累了一批经典案例。

四、公共关系策划的趋势

进入21世纪后,由于科学技术的高速发展、经济全球化进程的加快、政治格局进入多元时代、文化又加快了互补与融合,公共关系事业及公共关系策划也理所当然地出现了新的趋势。概括起来主要有以下几个方面。

(一)传播媒介进入了新一轮的换代

自2014年中国正式进入4G时代,以图片、短视频为代表的新兴媒体逐渐成为主流的传播媒介。微博、小红书、抖音、快手等新媒体平台的发展将原先由政府、企业、媒体机构牢牢把握的话语权下放给了每一位网民。每个人都能通

① 李道豫荣誉会长在协会成立三十周年庆典活动上的讲话[EB/OL].[2022-04-15] https://www.cipra.org.cn/site/content/4426.html. CIPRA.

过文字、图片、视频等形式在网络上发表自己的观点,每天都有海量的UGC内容(用户原创内容)被创造、发布并传播,有些网民凭借自身优势和内容创作能力成为网络时代下的意见领袖。当前中国的传播环境与公共关系策划发展刚起步时相比发生了翻天覆地的变化。

在社交媒体、短视频平台逐渐成为传播主渠道的趋势下,公共关系策划也势必要予以跟进。互联网让政府、企业的对外传播不再是单向传播而是双向交流,公共关系项目的好坏能够从互联网上网友的反馈中直观地呈现出来,而政府或企业的后续反馈也会引发完全不一样的舆论导向。在特斯拉车主维权事件中,特斯拉显然低估了社交媒体的传播力给企业带来的负面影响。2021年4月19日,一名身穿印有“刹车失灵”大字T恤的特斯拉车主在上海车展特斯拉车顶维权随后被保安拖离现场的视频在社交平台上爆火,引发无数网友的关注和讨论。事后,特斯拉高层的不当回应进一步激发了事件的严重性,公众关注重点也逐渐从汽车质量、服务问题转移到企业品牌价值观问题。即使后续特斯拉做出了较为科学理性的回应,也无法弥补此次事件对品牌形象的负面影响。[①]这次危机公关事件正是特斯拉企业忽视专业公关团队、缺乏对本土化传播环境认知和公关能力的结果。

未来,随着AR、VR等人工智能技术的成熟,公共关系的发展又将面临新的挑战。但当下,在“以用户为中心”的品牌传播时代,如何借助媒介优势形成与用户之间的良性互动,才是各国公共关系策划者需要思考并回答的关键问题。

(二)策划因素得到多元化的整合

20世纪80年代,国际范围的“冷战”结束,缓和与交流成为国际关系发展的主流,经济合作上升到国际实务的第一位。而在经济领域,国际贸易与国际投资在一国经济中的比重越来越大,市场一体化已成为不可逆转的潮流。同时,爆炸性增长的信息负载着越来越多的科学技术知识,在经济中所占的比重也越来越大,知识经济不仅仅停留在概念上,而是迅猛地成为现实。

在20世纪,公共关系策划服务的对象多在企业界,而21世纪的公共关系策划服务对象将得到全方位的、系统化的拓展。如城市形象策划、政府形象设计、事业单位的公共关系策划、政党团体的形象策划等,已成为公共关系策划的对象与内容。有学者说,一切人类生活领域以及一切需要和谐与亲情的范畴,

---

① 药翔.2021品牌危机公关经典案例盘点[EB/OL].[2022-04-15]https://zhuanlan.zhihu.com/p/456251217.

都将是公共关系策划的领地。

而公共关系策划的内容也从单一的组织形象提升、组织与公众的关系和谐,走向与组织相关内容和因素的全方位策划。以企业为例,企业的市场定位与形象定位、企业的发展目标与公共关系目标、企业的发展战略与公共关系工作战略、企业的形象系统(CIS)——包括理念系统、行为规范系统、视觉系统、企业的营销战略与规范及其公共关系促销、广告与公共关系活动的整合方案等,往往都需要进行全方位的整合策划,以产生整合效能。

(三)策划主体表现为专家组团式

既然公共关系策划需要多元化,策划所要驾驭的信息分布在各个方面,所要研究的课题也分布在多个学科,其难度自然数倍于以前单一的公共关系策划。这就需要多个领域的专家联合组团,成为组织化的策划团体,以便协同进行科学的策划。这样,传统的个人策划师、个人策划工作室、封闭式的策划公司等也就难以成为这种趋势下的策划主体。因为,个人的、少数人的策划主体难以驾驭多学科的知识,难以开展科学的公共关系策划。

新世纪伊始,专家组团式的策划主体已悄然兴起。有的是以一领军人物为核心,协同多学科的专家、学者,组成专家团式的策划主体,以便进行多元化整合的公共关系策划;有的是以某一策划公司牵头,松散性地特邀专家进行组团,以完成一个公司难以进行的全方位的公共关系策划;有的则是由企业或政府部门或相关组织出面,特邀多方面的专家进行公共关系策划,以获得系统性的咨询方案或策划方案。总之,策划主体的专家组团式是社会实践走向丰富化、复杂化的需要,也是信息时代组织形象有效传播的需要。

(四)公共关系策划普及为社会文化

20世纪90年代以来,“公共关系热”似乎在全球减退了,一些政府、企业的公共关系机构开始消失,“公关先生”“公关小姐”也不再是热门的、从业率高的职业,大型公共关系活动鲜见,以至于有些公共关系界人士忧心忡忡,担心公共关系会走向衰亡。虽然这些现象确实存在,但我们不能停留在表面看问题,仔细分析后,我们可以发现,虽然公共关系不再轰轰烈烈,但却走向了深入,在更深的层次上得到发展与运用。

如前所述,公共关系策划的内容得到多元化的整合,那么,其内涵也就不再仅仅局限于公共关系活动的策划,而是成为一种系统的公共关系战略,以传统的眼光看,公共关系的因素淡化了;另一方面,由于公共关系策划走向了专业化、社会化,政府、企业出于工作效率的考虑,不再专门设立公共关系机构,这恰恰是公共关系策划走向市场化的表现,而走向市场、在市场上有生命力的公共关系策划,自然是公共关系策划走向深入的体现。

最重要的是,公共关系在向专业化、社会化发展的同时,还在向全员化、普及化发展。公共关系思想作为一种和谐社会各种各样关系的、先进的思想观念,不仅为专业的公共关系策划与实施工作者所需,而且为工作、生存、发展的全体组织成员所需。他们需要用公共关系的思想观念来指导自己的工作,需要在自己的工作岗位上进行细微的、局部的公共关系策划,这也就是公共关系理论中早就指出的"全员公关"。随着公共关系理论观念的普及,各种各样的社会组织中人员素质的提高,随着组织在激烈的市场竞争中树立良好形象的需求日益迫切,也随着组织公共关系的整体策划需要组织成员进行细化与操作实施,公共关系策划的普及也就成为时代的一种必然趋势,这种普及势必造就一种悄然诞生的社会文化——全员公关、全民公关的意识与行为。同时,新媒体的快速发展也促进了全民公关的形成。互联网的出现将"前台"和"后台"彻底分割开来,用户可以轻松地借助新媒体平台,以文字、图片或视频等形式向所有网络用户呈现虚拟的自我,并和其他用户交流互动。对于每个个体而言,互联网都有可能成为其公共关系策划和执行的舞台。当这种公共关系文化的普及成为一种社会大趋势时,我们理所当然要为之喝彩与欢呼,因为它是社会走向全面文明的必由之路。但我们也要警惕虚假信息对社会公共关系发展造成的潜在危害。

案例评析

白兰地在美国的精彩亮相

1957年某日,美国首都华盛顿主要干道上竖立着巨型彩色标牌:"欢迎您,尊贵的法国客人!""美法友谊令人心醉!"整洁的售报亭上悬挂着一长列美法两国的小国旗,它们精致玲珑,在微风中轻柔地飘拂,传递着温馨的情意,报亭主人特意设计绘制的"今日各报"的广告牌上,最鲜艳夺目的是美国鹰和法国鸡干杯的画面,以及"总统华诞日 贵宾驾临时"及"美国人醉了"等大标题,它们吸引着络绎不绝的路人光临。

马路上,许多轿车、摩托车、自行车涌向白宫……

白宫周围已是人山人海,人们满面笑容,挥动法兰西小国旗,期待着贵宾的出场。

案例评析

贵宾是谁呢？不是政府要员，不是社会名流，在美国总统艾森豪威尔的诞辰日，光临华盛顿的法国特使却是两桶法国白兰地！

这是怎么回事？原来，这是法国公关专家精心策划实施的一幕公关杰作。

20世纪50年代，法国白兰地酒已在国内享有盛誉。为了开辟国外市场，法国酿酒业的公关专家研究了大量信息，首先把拓展市场的目标瞄向美国。美国法律曾一度明文规定：禁止酒类进口。对此，各国酒商尽管心有不甘，但不得不望而却步。

白兰地当时在法国国内已享盛誉，畅销不衰。厂商的目光开始瞄向美国市场。为此，他们邀集了几位公关专家认真研讨公关方案。受聘请的专家们调查、搜集了美国酒市场的状况，民众饮酒的习俗，美、法关系的态势，年内有影响的节假日和庆典活动，公众对白宫班子的评价，艾森豪威尔总统在新闻界的形象等信息，经过仔细斟酌，提出了一项颇具新意的设计。

法国白兰地公司不惜巨资，在美国各大报纸、杂志及广播电视台向公众征答这样一个问题："白兰地公司有两桶窖藏了67年的美酒欲向外赠送。请问，送给谁最好呢？"一时间，这件事铺天盖地灌输进了美国人的头脑中。不久就是美国艾森豪威尔总统67岁寿辰，就在这个时候，法国人又在报刊和广播电视中公布了先前所征答问题的答案，原来那两桶67年的陈酿就是献给总统67岁寿辰的，以表示法国人民的敬意。

整个公关活动的要点是：公关宣传的基点是法、美人民的友谊；整个规划的主题是"礼轻情义重、酒少情意浓"；择定的宣传时机是美国总统艾森豪威尔67岁寿辰；要求尽可能广泛地利用法、美两国的新闻媒介，传播程序是先法后美，由内向外辐射；赠送的是两桶窖藏长达67年的白兰地酒（白兰地公司向保险公司办妥手续，支付巨额保险费用），贺礼由专机送往美国，酒桶特邀法国著名艺术家特别设计制作；总统寿辰日，在白宫的花园里举行隆重的赠送仪式，将由4名英俊的法国青年身穿法兰西传统的宫廷侍卫服装抬着这两桶白兰地正步前行，进入白宫。这项耗资可观的公关规划立即得到公司最高决策者的批准，并且获得法国政府的赞赏和支持，外交渠道的绿灯也亮了。于是，美国公众在总统寿辰一个月之前就分别从不同的传播媒介获得了上述信息，一时间，法国白兰地即刻成了新闻报道和街谈巷议的热门话题，千百万人都翘首以盼着这两桶名贵白兰地的光临，以期一睹其风采。

法国人在各种媒介上宣传：为了感谢在第二次世界大战中美军对法国人民的恩情，为了表示法美人民永远的友谊，法国人决定，在艾森豪威尔总统67岁寿诞之时，向美国总统敬赠两桶酿造已达67年的法国白兰地。法国白兰地？美国人似乎一下子想了起来，那不是扬名全世界的美酒佳酿吗？我们以前怎么就没有想起来尝一尝呢？一时之间，白兰地的历史、趣闻、逸事陆续地出现在各种媒体上。

美国总统艾森豪威尔的67岁生日那天，华盛顿街道彩旗飘扬、标语醒目，白宫周围人山人海，华盛顿市万人空巷，等候着一个时刻的到来，这一刻，人们已等了很久。

当天，为了观看这个送酒仪式，华盛顿竟出现了万人空巷的罕见景象，机场通往白宫的沿途街道挤满了数以万计的观众，盛况空前。关于名酒"驾到"的新闻报道、专题特写、新闻照片挤满了全美当天各报的头版版面。

久盼的时刻终于到了。上午10时，4名英俊的法国青年穿着雪白的王宫卫士礼服，架着法国中世纪时期的典雅马车进入白宫广场，由法国艺术家精心设计的酒桶古色古香，似已发出阵阵的美酒醇香。全场沸腾了，当4个侍者举着酒桶步向白宫时，美国人唱起了《马赛曲》，欢声雷动，掌声轰鸣，人们沉浸在欢乐的气氛中。各大新闻机构毫无例外地派出了记者。关于赠酒仪式的报道文字、图片、影像充斥了当天美国的各大媒体。

总统寿辰过后，美国的报刊和电视上频频出现这样的照片和画面：总统和法国客人各举一杯诱人的白兰地，相互碰杯，一饮而尽，令人难忘。很多美国人受不了了，白兰地成了一种诱惑，但他们无法品味。于是美国人开始游行，口号是："我们也要喝白兰地！"这样一来，美国政府有口难言，总统带的头嘛，最后，美国当局只好修改有关法律，允许酒类进口。

借白兰地唱法美友谊，缩短了白兰地与美国公众的感情距离，这是法国白兰地制造商们举办的极为成功的公关活动，它直接地为白兰地进入美国市场扫清了障碍。赠酒仪式不久，一向不为美国人重视的白兰地酒迅速成为市场上的抢手货，在人人以喝上法国白兰地为荣的背景下，法国白兰地成为供不应求的俏销产品。

（案例来源：奎军编著：《公关经典100》，广州出版社1998年版。）

案例评析

评点：

借助白兰地高唱法美之歌，迅速缩短了法国白兰地和美国公众的感情距离，这是法国白兰地制造商极为成功的公关活动策划，整个策划过程精妙，环环相扣，堪称公关策划的经典案例。它直接排除了法国白兰地通往美国市场的障碍，经过此次策划，一向不受美国人青睐的白兰地迅速转变成为市场上的宠儿，人人都以喝法国白兰地为荣。法国白兰地成为供不应求的畅销品。

首先，法国白兰地策划的妙笔在于它选择了法美友谊这个切入口。美国人在第二次世界大战中为反法西斯战争立下了汗马功劳，特别是诺曼底登陆，直接解放了法国，扭转了战局。法国人选美国人作为第二次世界大战的功臣，美国总统作为表达法国对美国感谢之情的对象，极大地满足了美国人的救世主心理，在极大褒扬美国人的同时巧妙地展示了产品，并使美国消费者产生了感情上的共鸣。以后只要见到白兰地或者喝法国白兰地的时候，美国人自然而然就会有一种自豪感和满足感，所以美国为了法国白兰地打破了酒类禁止进口的规定，白兰地成为美国供不应求的畅销品。

其次，法国白兰地送给总统，代表了法国白兰地身份的高贵，消费者自然以喝到这种酒为荣，这种无声胜有声的宣传以及媒体对此事的争相报道，彰显了法国白兰地高端的品牌定位，为以后的宣传奠定了良好的基础。在送出法国白兰地时，礼品的形象也是经过精心设计的。庆祝总统大寿的白兰地的酒龄与艾森豪威尔总统同龄，赠酒仪式上，穿着雪白的王宫卫士礼服、法国中世纪时期的典雅马车、法国艺术家精心设计的酒桶，这一切让人们又惊又喜，留下了深刻印象。

再次，以法美友谊为事件的源头，借助媒介的渲染，也为新闻创造了素材，使得整个公关策划的可信度高且花费的成本较低。这种公关策略能在较短的时间内产生较长时间的影响效果。将白兰地与异国元首的诞辰联系起来，构思巧妙，过程设计严谨精细，能将商品不动声色

案例评析

地以“情”的名义让人们顺理成章地接受，真是高招！

在商品经济时代，“酒香也怕巷子深”早已成为人们的共识。任何企业都怕自己的产品“藏在深闺无人识”，所以企业在宣传自己的产品上面要花很大的气力，但是选择何种推广和宣传的方式很重要。在公共关系艺术走俏的今天，之前“王婆卖瓜”式的推销套路早已不能跟上时代的步伐。企业如何“吆喝”自己的产品，让消费者不产生抵触、厌恶的情绪，进而产生情感上的共鸣，心甘情愿地打开自己的钱夹子，买完后依然笑逐颜开呢？我们能从法国白兰地进军美国市场的案例中获得很多启发，并从中获得灵感。

案例阅读后，请思考以下问题：

1. 英雄策划时代、多元策划时代、科学策划时代分别有什么特点？
2. 科学策划时代的开始以什么为标志？
3. 你认为公共关系策划与其他策划的最大差异是什么？
4. 如何认识新媒体环境下的公共关系策划？
5. 结合法国白兰地的案例，谈谈在公共关系中如何注意时机的选择以及抓住名人效应？

第三章 公共关系策划的基础

学习要点

任何组织的存在都是有其目标指向性的，公共关系工作的目标是组织目标的一个子系统，公共关系工作是服务于组织目标的，其目标也是分阶段、分层次的。

公共关系策划作为一种智谋活动，有其特定的规律性，因此，进行公共关系策划活动必须遵循一定的标准，即公共关系策划的原则。

公共关系策划要力求做到新颖、独特、与众不同。创新思维是公共关系策划的思维基础，是公共关系策划的命脉。

目标、原则和创新作为公共关系策划的基础，将在本章中全面阐述。

【学习目标】

学习完本章,你应该能够:

(1)了解公共关系策划的三大目标内涵以及评判标准;

(2)了解公共关系策划的基本原则体系和公共关系的基本原则;

(3)了解创新思维的含义、特点以及基本类型,并学习科学的创新思维方法。

【基本概念】

认知度　美誉度　和谐度　基本原则体系　创新思维

第一节　公共关系策划的目标

公共关系的主体——社会组织“是人们为了达到特定的目标而建立的系统,明确的目标是社会组织的显著特点之一。组织目标指的是组织争取达到的一种未来状态,是组织开展各项活动的依据和动力。”①而公共关系工作目标则是组织目标的一个子系统,指的是社会组织通过传播、沟通所欲达到的树立组织形象、与公众取得和谐的状态。与组织目标一样,公共关系工作目标也是一个变量,有长远目标、中期目标、近期目标、特定目标之分;但它与组织目标在一个时期往往由特定的工作重心派生出特定的目标不一样,公共关系工作目标由于涉及的主要是组织与公众的长远关系,其制定与衡量便有着一个衡常的标准,这就是社会组织的认知度、美誉度、和谐度,即本节所要阐述的公共关系策划的三大目标。

早期的公共关系教科书中,公共关系目标的表述一直为“知名度、美誉度”。然而,伴随着公共关系实践与理论的交替推进,“知名度、美誉度”的“二度目标”之提法越来越暴露出其不足:其一,“知名度”的本身无法做量的分解,即它表示的仅仅是组织被知晓的广度,而无法表示组织被认识的深度。如一个组织仅仅被公众知道名称,与既被公众知道名称又被公众知道其运行信息,引发的结果必然大不一样;而组织更多的信息被公众所知晓却是“知名度”无法涵盖的。其二,仅以知名度与美誉度来表达组织的公共关系目标,很大程度上表示的是组织的非公众对组织的知晓与评价。虽然任何一个组织都需要非公众的

---

① 郑杭生:社会学概论新编[M]. 北京:中国人民大学出版社,1987:201.

良好评价,但从组织存在的本质来看,组织更需要的是与目标公众取得和谐,在目标公众的心目中树立良好形象。例如,美国时代—华纳公司由于成功地在上海浦东举办了'99《财富》全球论坛,在我国享有很高的知名度与美誉度,但由于它尚未在我国开展业务,没有有针对性地与我国的目标公众进行沟通与合作,也就谈不上与目标公众的和谐。如此,在一定意义上,"二度目标"只是组织核心关注点的前提,尚未揭示社会组织关注的重点。其三,由于上述两点的决定,"二度目标"对社会组织公共关系工作的要求来说存在不周延现象,也就无法做合理的分解以及周密的量化统计,如此,对组织的公共关系状态只能做模糊的判断;而作为一门为社会实践所需要的现代学科,如果不能得到量化的衡量与操作,一方面难以上升为真正的科学,另一方面对组织的公共关系工作也缺乏精确的指导。

鉴于如上不足,组织的公共关系目标应该以认知度、美誉度和和谐度这"三度目标"作为可进行量化衡量的标准,并建立起科学的目标体系。如此,才可望起到以公共关系目标指导公共关系策划实践的作用。

一、公共关系策划的三大目标

(一)"认知度"的内涵

"认知",英文为 cognition ,是 20 世纪 50 年代兴起的认知心理学的核心概念,该心理学流派主要是从信息加工的角度来研究认知或认识活动。"认知"即认识知晓之意,由"认知"转换过来而为公共关系目标之一的"认知度",表述的是一个社会组织被社会公众所认识、知晓的程度,具体包括被认识的深度、被知晓的广度两个方面。例如,一个企业的企业名称、产品商标、行业归属、历史沿革、主要产品、产品特征、经营状况、法人代表等诸多具体信息在多大范围内被公众所知晓,在多深的程度上被公众所认识,合起来即为这个企业的认知度。

"认知度"与"知名度"相比,其内涵更加丰富,它不仅可以指组织的名声在多大范围内被公众所知晓,也可以指组织有多少信息被公众所认识。一般来说,公众如果只闻组织其名,即"知名",对组织的意义并不很大;而在知名的基础上,公众对组织的认识越多、越深,对组织的意义或作用就越大。如某公众群只知道"华为",可谓"华为"在该公众群中拥有知名度;但该公众群如果还对"华为"的产品——无线通信设备、企业网、消费电子等,"华为"总部——深圳市龙岗区,"华为"的内部管理——"华为基本法"等,"华为"的 CEO——任正非,"华为"的发展历史——与思科的十年诉讼、美国对华为制裁、加拿大扣留孟晚舟等,“华为”的深层文化——“学习,创新,获益,团结”的狼性文化等都有认知,那么,应该以“认知度”表达后者,这对企业发展的意义显然比前者重要得多。因此,任何组织开展公共关系工作,其目标之一就是追求拥有较大的认知度。

认知度的确定首先取决于组织被认知的广度。广度的确定宜建立在组织被公众认知的一定区域的级别之上,区域级别共有 A——国际、B——全国、C——大区、D——省区、E——当地等 5 个级别。参见图 3-1。

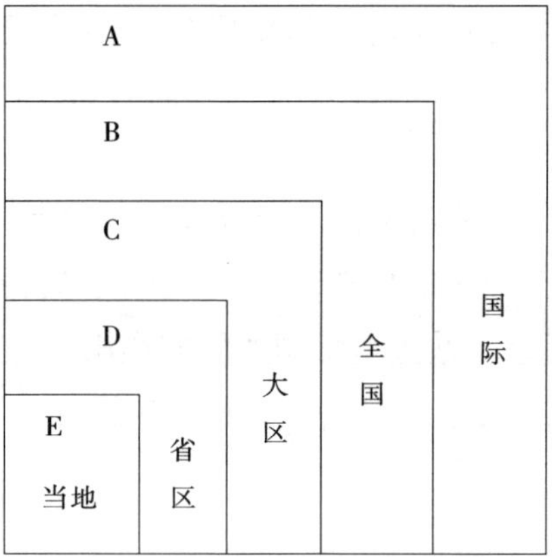

图 3-1　组织认知度区域级别图

在图 3-1 中,E,D,C,B,A 呈一种层层递升、扩大的关系,也是现实中任何一个组织在公众心目中认知度大小在区域上的反映。这 5 个级别的划分使得认知度的定量确定有了一个基本的前提;否则,认知度仅以百分比来表示,则缺乏可比性。这 5 个级别的确定是建立在该组织的规模和档级、与之发生关系的公众分布、媒介传播曾经所及的范围等量化数据的基础之上。例如,邯郸钢铁公司是大型企业,与之发生关系的公众分布于全国范围,中央级的传播媒介曾对其进行过多次报道,全国国有企业曾经掀起“学邯郸”的热潮,但其产品尚未走向世界,它的典型经验也不可能得到世界范围的关注与传播;如此,在经过一定数据取证之后,就可以确定该企业具有“B 级——全国级”的认知度。

认知度的确定还建立在公众对组织信息认识知晓的深度上。一个组织在运行过程中产生的信息量是很大的,对一般公众来说,当然不可能对任何组织的任何信息都有深入的了解,因此就需要把组织形象方面的一些最基本的信息要素按照由浅入深、由表及里的排序列举出来,通过对公众的调查确定组织被公众认知的深度。这些基本的组织形象信息要素有 10 个,其排序与量化的认知度,可从“组织形象要素认知度坐标图”中得以显示,如图 3-2 所示。

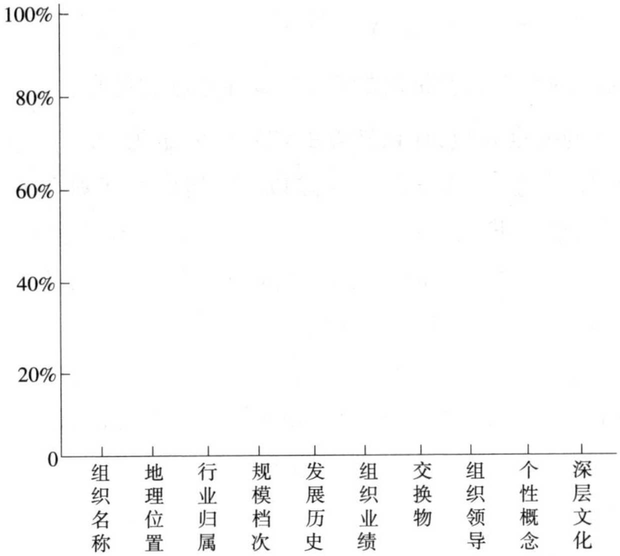

图 3-2 组织形象要素认知度坐标图

在图 3-2 中,横坐标上的 10 个要素中越靠近 0 的要素,越是表层的、浅层的要素;越远离 0 的要素则反之。在这些要素中,需要说明的有两个概念:一是“交换物”,包括企业向公众提供的具体商品——物质产品与无形服务、政府机关与事业单位向公众提供的各类服务。之所以称为“交换物”,是因为在现代社会,一个组织只有以特定的、有形或无形的“交换物”服务于公众,才会有生存的价值。二是“个性概念”,指的是组织曾经引起公众瞩目的个性信息,如个性化的管理经验、个性化的“交换物”、个性化的信息发布。个性概念是一个组织创新能力的概括性反映,也是一个组织的形象引起公众瞩目的重要特征。

由于深层的、里层的要素是由浅层、表层的要素深化而来,虽然它们彼此之间多多少少有着重要与次重要之分,但为简化操作考虑,我们依然赋予它们同样的系数——“1”。

对组织 10 要素认知度调查的百分数,会在坐标图上显示出波浪曲线,也就必然会呈现 3 种不同的变量值,即众值 M_0,即 10 要素中所占百分比最高的变量值;中位值 M_d,即 10 要素中按百分比的高低排序,从中央位置所取的变量值;均

值 X,即 10 要素百分比的平均值。

如果进行深入研究,这 3 种变量值都是值得重视与运用的;而在一般对组织认知度进行衡量确定的操作中,可以重点采用均值 X。其计算公式为:

$$X = \sum X_i / N$$

式中:$\sum X_i$ 为所调查到的变量值的总和,即百分点的总和;

N 为所调查的要素总数,在认知度的调查中固定为 10。

假设一个组织的 $\sum X_i$ 为 632.3,再除以 10,其均值 X 则为 63.23;为了使组织的认知度便于把握,我们将每 10 个百分点归为 1 个等级,那么,该组织的认知度则为 6 等。如此,再与前面所确定的范围级别相结合,这个组织的认知度的完整确定则为 6A,6B,6C,6D,6E 中的一个。

试以安徽芜湖傻子瓜子公司为例,其认知度是这样确定的:经调查,"傻子"因作为个体经济的代表得到特殊传播的缘故,其认知广度可确定为"全国——B 级",而认知度衡量的 10 个要素的数据则分别为:

- 组织名称:62.5
- 地理位置:47.0
- 行业归属:56.2
- 规模档次:38.3
- 发展历史:32.0
- 组织业绩:34.4
- 交换物(瓜子):61.8
- 组织领导(年广久):53.5
- 个性概念:8.9
- 深层文化:22.0

在这组数据中,占百分比最高的量值,即"众值 M_0"是 62.5;而 10 要素中按百分比的高低排序,从中央位置所取的变量值,即"中位值 M_d"则是 47.0 与 38.3;而我们所要采用的"均值 X",即 10 要素百分比的平均值,则以 $\sum X_i$——所调查到的变量值的总和——百分点的总和 416.6 除以 N——所调查的要素总数 10,得出"均值 X"为 41.66,为 4 等级。

如此,傻子瓜子公司的认知度的指标即可以确定为"4B 级"。

下面,我们将组织认知度的所有档等级列表如下,见表 3-1。

表 3-1 组织认知度等级一览表

	0	1	2	3	4	5	6	7	8	9
A 级国际										
B 级全国										
C 级大区										
D 级省区										
E 级当地										

表 3-1 显示出斜线的右上方为 9A 级,也就是组织认知度的最高级;而斜线的左下方 0E 级则是组织认知度的最低级。可以说,任何一个组织的认知度都可以从中找到一个对应点。

(二)“美誉度”的内涵

“美誉度”,即一个社会组织获得公众赞美、称誉的程度,是组织形象受公众给予美丑、好坏评价的舆论倾向性指标。美誉度与认知度不同的是:认知度是中性的,不存在道德价值的判断;而美誉度则是褒贬倾向性的统计指标,是对组织道德价值的判断。因此,一个组织有可能“先天不足”,认知度只能限制在 E 级当地,但它却完全可以通过努力,拥有比 C 级、D 级,甚至 A 级、B 级认知度的组织更高的美誉度。

不同的社会组织,其美誉度的体现有不同的内容。如企业的美誉度与政府的美誉度其衡量的角度就不尽相同,而生产性企业与服务性企业的美誉度也有不同的要求。但美誉度作为舆论倾向性的指标,又是共性的,任何组织都可以在一个统一的指标体系中得到衡量,这个指标体系的分解我们将在后面介绍,它的基本坐标图如图 3-3所示。

在图 3-3 中,“美誉”、“满意”、“好”为肯定性舆论倾向的一极,即正极;“毁誉”、“不满意”、“不好”为否定性舆论倾向的一极,即负极。每一极以 5 个等级划分,以便打分量化。以此坐标图为基础,还可以演化为“十分赞赏”、“赞赏”、“比较赞赏”、“无所谓”、“不够赞赏”、“不赞赏”、“极不赞赏”等类似的衡量方法;但从简便、可数量化的角度看,以正负 5 等级、加百分比的衡量方法最便于操作,最能相对准确地反映组织的美誉度。因此,图 3-3 可视为基本坐标图。

该基本坐标图(即图 3-3)可以用于美誉度分解后的各个要素衡量,最后依然要归于组织整体美誉度的基本坐标图,图上依然会取出众值 M_0、中位值 M_d、均值 X 3 个变量值。但从美誉度的衡量最后应落到等级上考虑,我们采用的是

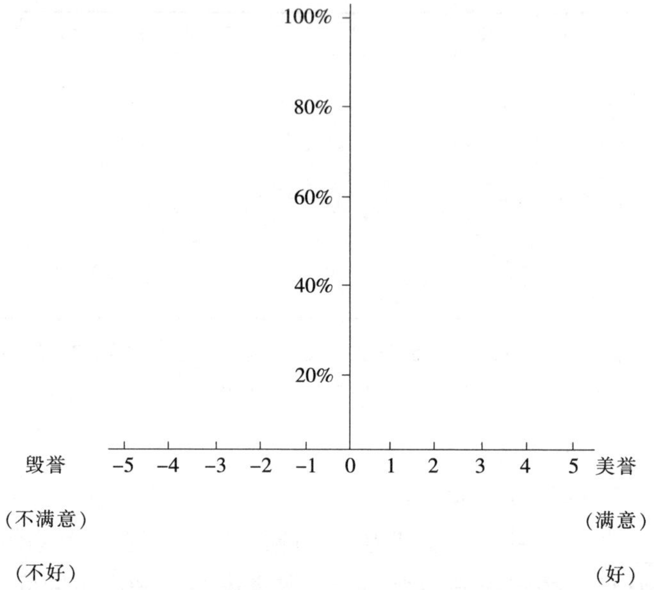

图 3-3　组织美誉度衡量的基本坐标图

众值 M_0——所占百分比最高的变量值,即先取其众值 M_0,然后看众值 M_0 位于哪个等级上,该等级即为组织美誉度的等级。如某个组织的众值 M_0 落在等级"3"之上,由于众值 M_0 所占百分比最高,具有多数公众众望所归的性质,因此"等级 3"就是该组织的美誉度。

依然以傻子瓜子公司为例。经调查,傻子瓜子公司美誉度的百分比分布为:"-1"级 0.3%,"0"级1.7%,"1"级 10.8%,"2"级 46.3%,"3"级 27.6%,"4"级 13.3%。根据组织美誉度取众值的原则,"傻子"的美誉度为 2 级。如此,组织的美誉度总在正、负各 5 以及"0"这 11 个等级中的一个之上。一般来说,大多数组织的美誉度又总在正极的 5 个等级幅度内。从基本坐标图(即图 3-3)上看,正负之间还有一个 0 等,如此,理论上就应该将其加上,组织的美誉度就总共有了 11 个等级。当然,实践中,组织的美誉度非正即负,0 等往往是不存在的。

(三)"和谐度"的内涵

与"美誉度"一样,"和谐度"也属于对组织道德价值判断的范畴,是美誉度在目标公众中的延伸,即一个社会组织在发展运行过程中,获得目标公众态度认可、情感亲和、言语宣传、行为合作的程度,是组织从目标公众出发、开展公共关系工作获得回报的指标。

爱因斯坦认为,统一、联系、和谐、协调是自然界的普遍性质,和平共处、和谐发展同样也是处理各种各样关系最基本的准则。而公共关系学本身,正是求取组织与公众关系的和谐而应运而生的。美国著名公共关系学专家卡特利普和森特在《有效公共关系》一书中对公共关系的定义就表述为:“公共关系是一种管理职能,它确定、建立和维持一个组织与决定其成败的各类公众之间的互利关系。”在这个定义中,我们应注意两点:一是公共关系重点关注的是决定组织成败的“各类公众”,即目标公众,而不是可能对组织知名度、美誉度做出反应的非公众;二是确定、建立、维持“互利关系”,实际上就是取得组织与目标公众之间的和谐。显而易见,“和谐度”是在“知名度”、“美誉度”基础之上的必然延伸,是组织最关心的形象指标。

如此,“和谐度”的确定就与“知名度”、“美誉度”的确定有所不同,它不是在向普遍性的社会公众(含非公众与目标公众)调查统计的基础上产生,而是建立在专门向各类目标公众调查统计的基础之上。目标公众的类别、和谐度的程度档级,我们依然放在后面加以阐述,这里重点介绍组织和谐度衡量的基本坐标,参见图 3-4。

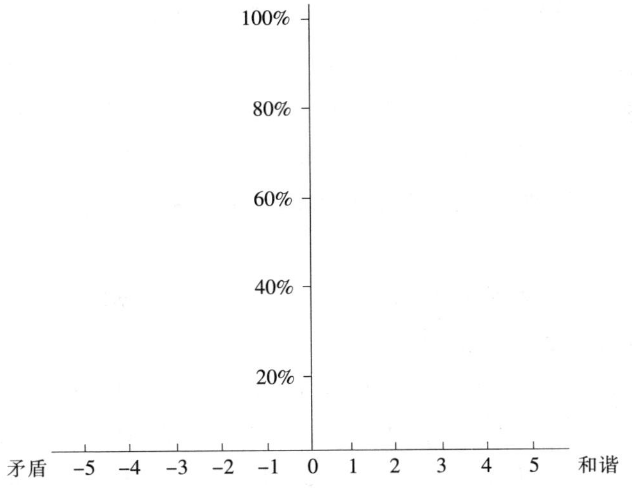

图 3-4 组织和谐度衡量的基本坐标图

该坐标图(即图 3-4)的操作使用与“美誉度”的衡量一样,也是取其众值 M_0,然后看众值 M_0 位于哪个等级上,该等级即为组织和谐度的等级。如傻子瓜子公司的和谐度,经调查衡量,其众值 M_0——53.6 在“3”上,那么,“3”就是该公司和谐度的等级。在坐标图(图 3-4)上我们可以看到,“和谐”与“矛盾”是对立的,即关系不和谐就表现为“矛盾”,就是“负和谐”。现实中,一个状态稳定的组织，其“和谐度”不可能为负数，否则它就无法生存；但在某个危机即将来临的一段时间，组织出现“负和谐”却是可能的，它提醒组织要赶紧进行危机公关。

二、三大目标的分解与量化

由于我们已经赋予认知度、美誉度、和谐度这三大目标可量化的等级，比起原有的、一般只作模糊把握的知名度、美誉度之“二度目标”，确实显得科学、清晰多了；但是，如果不对它们进行分解，它们量化等级的衡量评定依然缺乏科学的数据作为依据。为此，对三大目标就必须进行分解与量化把握。

（一）“认知度”的内容分解与量化

“认知度”的内涵在前面已经指出，它有着两个衡量角度，即区域的广度和认知的深度，并分别分有5级、10等。一个组织最后确定为哪个等级，还需要进行如下分解与量化确定：

1.区域的广度。区域的广度共有A——国际、B——全国、C——大区、D——省区、E——当地5个级别。要确定组织的区域广度属于哪个级别，应将组织的影响力分解成以下几个主要的要素来进行衡量。

（1）组织的规模、档级。企业主要看其规模，从总资产、年产值、利润、员工人数等方面确定其为大型企业、中型企业、小型企业。一般大型企业认知广度的级别为B级或C级，少数为A级；中型企业为C级或D级；小型企业为E级。如大庆油田、宝山钢铁公司无疑可定为B级，而某地的牛奶厂、制冰厂则只能是E级。政府机关、事业单位主要看其档级，从它归属中央、省、地市而相应地确定其级别。

（2）与组织发生关系的公众分布。生产性企业主要看其产品消费公众的分布范围，如长虹电视、联想电脑，其产品销向全世界，可以定为A级；而某地的食品厂、标准件厂，其产品在省内销售，就只能定为D级。服务性企业以及政府机关、事业单位，则主要看其服务对象的分布范围，从而确定级别。如安徽省的黄山市、广西壮族自治区的桂林市因常年接待国际旅客，就可认定具有A级的区域广度；相反，这两个省的省会城市合肥市、南宁市，却只能认定为B级。

（3）媒介传播的范围与频率。一个社会组织在运作过程中一般都可能被传播媒介传播报道；而传播媒介所波及的范围，如全国及海外发行、省内发行、地市发行，往往使被宣传传播的组织的形象区域等级与之相对应。组织被传播的次数与频率也很重要，一个当地组织偶尔被中央级、省级的媒介传播宣传，并不等于就是B级、C级或D级认知度,只有被某一级媒介频频报道,且被媒介所及范围内的公众所认知,才能确定相应等级的认知度。

2.认知的深度。前面我们已经把组织形象方面的10个最基本的信息要素按照由浅入深、由表及里的排序列举出来,即已经经过了一次分解;这里,则需把这些基本的组织形象信息要素再分解一次,以便于在量化的基础上确定组织的认知度。

(1)组织名称,含组织名称的全称、简称。

(2)地理位置,含组织所处的省、城市或城镇、街道。

(3)行业归属,含企业、事业单位或政府机关,以及进一步可分解为的工业门类、服务业门类、事业门类、机关的部门等。

(4)规模档次(参见“区域的广度”)。

(5)发展历史,含组织的成立时间、发展阶段、经验与教训等。

(6)组织业绩,含组织最近的经济效益、社会荣誉等。

(7)交换物,含交换物的品牌、品种、技术含量、服务质量等。

(8)组织领导,含企业家、单位领导、首席官员的姓名、性别、年龄、经历、业绩、性格、领导作风等。

(9)个性概念,含个性化的管理经验、个性化的交换物(如企业的新产品、新的服务项目)、个性化的广告词、个性化的公共关系活动等。

(10)深层文化,含组织理念、组织制度、组织风气和文化生活等。

如上再分解后的10要素,经过问卷调查以及统计后,再运用坐标图综合标出,就可以在量化的基础之上对组织的认知度做出准确的判定。

(二)“美誉度”的内容分解与量化

我们已经知道,“美誉度”是一个社会组织获得公众赞美、称誉的程度,是组织形象受公众给予美丑、好坏评价的舆论倾向性指标,是一种对组织道德价值的评判。由于不同的社会组织其道德价值的体现有所不同,对其美誉度的确定也就应分解为不同内容来衡量。这里,我们主要对生产性企业美誉度、服务性企业与事业单位美誉度,以及政府机关美誉度的不同衡量的角度进行分解。

1.生产性企业美誉度内容分解。

(1)产品评价,含产品性能、材料质量、技术(手艺)含量、可靠性、美观舒适性、多样性、价格因素等方面的评价。

(2)服务评价,含意见征询、销售服务、售后服务、信息服务等方面的评价。

(3)贡献评价,含就业提供、纳税数量、产品覆盖、环境保护、公益赞助等方面的评价。

(4)文化评价,含企业名称与标志、品牌名称与商标图案、包装设计、广告品味、管理风格、企业理念、员工行为素质、企业家形象、企业环境、企业重大举措等方面的评价。

2.服务性企业与事业单位美誉度内容分解。

(1)硬件评价,含建筑设施、技术装备、服务环境等方面的评价。

(2)服务评价,含服务项目、制度措施、信息咨询、服务态度、服务艺术、投诉处理、服务价格等方面的评价。

(3)贡献评价,含就业提供、经济效益、便利与否、公益赞助等方面的评价。

(4)文化评价,含环境设计、陈设布置、服务理念、管理风格、员工行为素质、领导人形象、宣传品品位等方面的评价。

3.政府机关美誉度内容分解。

(1)政绩评价,含政策制定、政府投资综合收益、卫生文明建设、科教实绩、政府外交、社会稳定、民众生活质量、可持续发展状态等方面的评价。

(2)服务评价,含服务项目、服务渠道、服务能力、服务方法、服务效率、服务态度等方面的评价。

(3)民主建设评价,含民主制度的制定与执行、沟通民众的渠道的畅通、政府工作的透明度、决策的民主程序、民众监督力度等方面的评价。

(4)廉政建设评价, 含官员财产公开、干部任命公开公平、政府投资与采购招标、官员待遇公开、廉洁制度规范、廉政监督保证等方面的评价。

各类组织美誉度的内容经过如上分解,再分别借助"组织美誉度衡量的基本坐标图"与"以众值 M_0(所占百分比最高的变量值)确定美誉度等级的方法",就可以为每一项内容确定量化的目标,或者经过调查确定组织美誉度每一项内容的实态等级。

(三)"和谐度"的内容分解与量化

前面已经强调,组织"和谐度"建立在专门向各类目标公众调查统计的基础之上,因此,组织"和谐度"的分解首先就是对目标公众的分类,其次则是对目标公众与组织的和谐度进行程度的划分。而和谐的程度,主要是就目标公众与组织的实际关系而言的,一般可分为从"态度赞同"到"情感亲和",再到"言语宣传",最后到"行为合作"4 个档次。如此,我们便可进行如下分析,见表 3-2。

表 3-2 组织和谐度内容分解表

目标公众	和谐程度			
	态度赞同	情感亲和	言语宣传	行为合作
员工(公民)				
股东(人民代表)				
顾客				
媒介				
社区				
名人				

在表 3-2 中，每一个“目标公众”与“和谐程度”相交叉的空格中都可以用“组织和谐度衡量的基本坐标图”的正负各 5 个等级来衡量。当然，这种衡量确定是以量化统计、取众值 M_0 定等级为基础的。

这里,我们再以傻子瓜子公司和谐度的分解衡量为例,见表 3-3。

表 3-3 傻子瓜子公司和谐度分解、衡量表

目标公众	和谐程度			
	态度赞同	情感亲和	言语宣传	行为合作
员工(公民)	3	2	2	3
股东(人民代表)				
顾客	4	2	3	4
媒介	3	1	3	3
社区	3	2	3	2
名人	2	0	1	0

* 傻子瓜子公司目前尚是民营企业,因此目标公众——“股东”这一栏暂缺。

需要说明的是,一个组织和谐度分解衡量的平均等级与组织和谐度的综合等级一般是相统一的。只是分解衡量有利于找到组织和谐度的不足之处。例如,傻子瓜子公司和谐度的综合等级前面已认定为“3”,而分解衡量的平均等级为2.3,二者基本接近;但分解、衡量表中却显示傻子瓜子公司的“情感亲和”方面的公共关系诉求需予以加强,尤其是针对“名人公众”和“媒介公众”的公共关系工作。

分解是为了综合,量化是为了准确定性。经过如上对“认知度、美誉度、和谐度”的分解与量化确定,最后结果将导向对组织的公众关系与组织形象的综合确定，即对组织的“形象等级”进行确认。如此，便为组织的公共关系目标总体确定与量化分解提供了操作程序。

具体“形象等级”的确定归位可参见表 3-4。

表 3-4 组织形象等级表

认知度		美誉度	和谐度
深度档级	区域等级		
9		5	5
8	A	4	4
7		3	3
6	B	2	2
5		1	1
4	C	0	0
3		−1	−1
2	D	−2	−2
1		−3	−3
0	E	−4	−4
		−5	−5

三、确定三大目标的意义

我们提出“认知度、美誉度、和谐度”新的公共关系三大目标并做了内容分解与量化确定，是因为公共关系科学目标体系的建立对学科本身、对社会组织的运行发展有着重要意义。具体体现在如下三个方面。

（一）公共关系独立存在的个性化标志

公共关系的诞生，从艾维·李的公共关系职业实践到爱德华·伯纳斯的理论建树，始终是围绕着组织的形象或组织与公众的关系展开的，只是组织的“形象”与组织的“公众关系”长期缺乏一套科学、系统的目标体系，以至于组织开展公共关系的效果只能间接地体现在组织的管理指标之中，如此必然会影响公共关系学科地位的提升。而对比企业品牌无形价值的评定、产品质量管理的 ISO 9000 体系、国家卫生城市的评比验收等都具有科学、明确的指标体系，公共关系原有的以“知名度、美誉度”进行的衡量判断就显得模糊、不科学，也就无法强有力地证明自身的独立存在。科学哲学认为：“一门可确定和测量它所研究之现象的学科将比那些不能够做到这一点的学科发展得快一些。”[①]因此,学科的发展与理论的实践,都呼唤着公共关系学建立可量化、更精确的目标体系。

不仅如此,由于公共关系学具有学科交叉的特点,其涉及管理学、传播学、心理学、社会学、交际学、策划学等多个学科,如果其自身没有核心的概念,没有完整、严谨的体系,就容易丧失自我,失去本体。虽然公共关系学经过近百年的发展,已形成了若干稳定的、被人们广为接受的概念,如“组织形象”、“公众”、“四步工作法”、“沟通”、“双向对称”等,但公共关系工作的意义具体体现在哪里?公共关系理论的凝聚点将由怎样的个性化的概念来表述?种种疑问都在呼唤用个性化的、科学严谨的概念来表达公共关系的目标。科学的发展往往是“用新的概念代替较旧的概念,或者从根本上修正这些旧概念,因此常识便受到科学的改造。”[②]而吸收既有概念长处的“认知度”“美誉度”“和谐度”三概念,既科学地表述了公共关系的目标,又显示出鲜明的个性色彩,也就自然成为公共关系独立存在的个性化标志。而且“认知度、美誉度、和谐度”这三大目标的提出以及可进行量化操作执行,然后可相对精确地对组织形象状态进行判定,这就为我们一切公共关系工作的开展确立了一个核心点、一套参照系,使得公共关系工作本身、公共关系的价值效能、公共关系理论发展,都有了独立存在的个性色彩。而学科独一无二的个性恰是学科生命力、理论实践性的关键所在。

(二)组织的公共关系工作具有了可比照性

工作目标越具体,其实施操作就越有章可循,工作的结果就越容易接近目标。公共关系三大目标的提出,由于它的可分解、可量化,同时在分解量化后又可合理地概括、综合,并做出组织公共关系状态的科学评判,如此,就显得具体可行,对整个公共关系的操作过程都具有可比照性。

以上面所分别阐述的三大目标的内涵为基础,组织的公共关系工作目标可以具体、稳定地划分为如下 4 个系列的等级,其中认知度包含 2 个系列等级:

认知度:5 级——A——国际、B——全国、C——大区、D——省区、E——当地;
10 等——0,1,2,3,4,5,6,7,8,9;

美誉度:11 等——-5,-4,-3,-2,-1,0,1,2,3,4,5;

和谐度:11 等——-5,-4,-3,-2,-1,0,1,2,3,4,5。

---

① 巴克.社会心理学[M].天津:南开大学出版社,1987:248.

② 瓦托夫斯基.科学思想的概念基础[M].北京:求实出版社,1989:16.

"三度"、"4系列等级"的合成就是一个组织公共关系状况的等级或形象等级,简称为"形象等级"。"形象等级"首先是可以作为组织公共关系目标的表述,其次是作为组织公共关系实态的反映。一般情况下,组织的公共关系实态总是呈正数的,其标准的"形象等级"表述则由4个符号构成,即

形象等级=认知度等级+认知度区域级+美誉度等级+和谐度等级

例如:一个组织的认知深度为6,区域广度为全国——B级,美誉度为3,和谐度为4,那么,该组织的"形象等级"则表示为"6B34";

……

极少数情况下,组织的美誉度或和谐度可能呈负数,那么,只要把负数写进"形象等级"即可。例如,"6B-21","5C2-2","4E-1-3"。"形象等级"中一旦出现负数,这个组织就相当危险了,"危机公关"也就成了其必然的选择。

有了"形象等级",组织公共关系状态衡量就有了标准体系,组织所制定的公共关系目标也呈科学化、系统化,而公共关系调查的开展也有了针对性;同时,"形象等级"还成为公共关系的评估体系,使公共关系活动开展以后的效果评估有了可进行比照的具体指标。如一个组织的公共关系状态,根据对"认知度、美誉度、和谐度"的逐项调查,得出"形象等级"为"7E44",即在当地有7等的认知度,且美誉度、和谐度均为4等,离最高的5等仅一步之遥,应该说这个组织在当地的形象是很不错的;于是,它就可以比照性地制定更高的公共关系目标,如将"形象等级"定在"4D44"之上,即在"认知度"上,区域从"当地"扩大为"省区",等级则降低了3档,"美誉度"与"和谐度"维持不变,而公共关系工作实施后的评估则可以比照"4D44"来进行。总而言之,认知度、美誉度、和谐度这"三度"构成的"形象等级",使得组织公共关系目标的制定可以更为具体,也使得社会组织公共关系的每一步工作都具有可比照性。

(三)公共关系工作更好地服务于组织目标

一个社会组织开展公共关系工作,努力实现较理想的"认知度、美誉度、和谐度"的公共关系目标,其实并不是终极目的,而是为组织的生存、发展之总体目标服务的。

组织的总体目标体现在经济效益与社会效益上,这两个效益都是可以量化的,任何组织都只能根据自身实际,制定出切实可行的量化目标。相应地,组织也就要求公共关系的目标与之接轨、为其服务,而可分解、量化的"认知度、美誉度、和谐度"的公共关系三大目标,就能有效地与组织目标接轨,并促使公共关系工作更好地服务于组织目标。例如,某个企业在当地(城市或地区)是一个较

有影响的企业，其品牌在当地属于地方名牌，其“形象等级”为“8E45”，这时，该企业制定的战略目标一般为：把市场的覆盖面扩大到全省，品牌则从地方名牌提升为省级名牌，其产值、利润也应有大幅度的提高；为了服务于组织新的战略目标，组织的公共关系目标当然也应该进行相应的提高。

首先，根据组织“形象等级”中“认知度”的实际等级——“当地E级”，合理地确定自己认知度的区域应该向“省区D级”攀升；虽然区域等级只上升了1个等级，但区域范围、社会公众的人数却往往会扩大数十倍，短期内不可能奢望认知度的等级也如同在当地一样为“8”，因此就可以确定在若干年内达到“5”。如此，企业认知度的目标即为“5D”级，为企业在省区内有一番大作为，从认知度上进行了铺垫。

其次，企业要开发全省的市场、创省级名牌，美誉度是基础，要求其丝毫不能降低，但考虑到原有的美誉度“4等”已经很高，且在全省范围内无形的标准会更严格，因此美誉度仍可以确定为“4等”，如实现这一目标，就可以为企业的战略目标奠定良好的舆论基础。

再次，根据战略目标，企业将在全省的市场上进行开拓，企业的目标公众也将大幅度地增加，因此，企业与新的、更为广大的目标公众之间就有一个认知、认可、亲和、合作、磨合、协调的过程，其和谐度便将面临一个全新的考验。因此，在短期内，其和谐度就可能有所降低，暂且确定为“3等”则是适宜的。但企业的决策者必须明确，企业战略目标的实现很大程度上取决于企业与目标公众的和谐度；只有和谐度在更大范围内得到保证，企业的经济效益才能得到提高，企业才能得到实质性的发展。此外，企业的社会效益在一定意义上与公共关系效果是一致的。

虽然，这里仅仅是从企业发展的角度来谈“三大目标”对组织实现工作目标的作用，但对更重视组织形象的政府机关、事业单位来说，公共关系的三大目标一定程度上在组织目标中占到了更大的比重。所以，公共关系三大目标的确立，对服务于组织整体目标的意义是毋庸置疑的。

第二节　公共关系策划的原则

公共关系策划是公共关系活动中最具有创造性的工作，它是公共关系全过程的起点，其创意与计划往往贯穿于活动的全过程。公共关系活动是为了塑造组织的良好形象、改善组织的公共关系状态而开展的活动。为了保证公共关系策划充分地发挥作用,使公共关系活动取得其应有的效果,进行公共关系策划时既要遵守公共关系策划的原则,又要遵守公共关系的基本原则。公共关系的基本原则既是确定策划原则的客观依据,也对策划原则具有指导意义。

一、确定公共关系策划原则的依据

作为指导思想和行为规范的公共关系策划原则,并不是人们随心所欲确定的,而是有据可依的,其主要依据是策划或公共关系策划的基本特征和公共关系的基本原则。

所谓基本特征,就是客观事件的本质属性,而本质属性是区别这一事物与其他事物的主要依据,因此,事物的基本特征实际上是一种客观规律。策划或者公共关系策划的基本特征也就是它们的客观规律。而所谓原则,是指人们观察、分析、研究、处理问题以及从事实践活动所依据的法则或标准。从某种意义上说,原则具有明确的规范性、普遍的指导性和显著的制约性以及严谨的科学性。原则只有客观准确地反映规律,才能发挥其应有的积极作用。

从学科关系上来看,公共关系策划隶属于公共关系学和策划学;公共关系策划活动是公共关系实践的重要组成部分,无疑应该遵循公共关系的基本原则。所谓公共关系的基本原则,是指研究公共关系理论、从事公共关系实践、开展公共关系活动必须遵守的一般准则。

公共关系的基本原则大体上可分为:公共关系的总原则、公共关系的实践原则、公共关系的系列活动原则、公共关系的活动步骤原则、公共关系从业人员的职业原则。以上五类原则共同构成了公共关系的基本原则体系。

公共关系的总原则、公共关系的实践原则、公共关系的系列活动原则、公共关系的活动步骤原则是不同层次的四类原则。这四类原则之间的关系是前者(公共关系总原则)决定后者,前者对后者起着规范、指导和制约的作用;后者是对前者的体现和落实,后者必须以前者为依据。从业人员的职业原则包括职业道德和职业准则。职业原则是为了遵循上述四个层次的基本原则,确保原则体系思想得以落实,最终实现公共关系目标,为实施人员制定的行为规范。原则体系是一个结构严谨、内容齐备、总分有序的整体,是公共关系思想的精华,是公共关系科学的灵魂,是公共关系事业的指导方针。

因此,我们认为,确定公共关系策划原则的客观依据是公共关系的基本原则体系,进行公共关系策划既要遵循公共关系策划的一般原则,又要遵循公共关系的基本原则。

公共关系策划的实质是为公共关系活动谋划具有严谨性、科学性、可行性、创新性的活动方案,通过活动方案的实施达到增强组织的信誉、优化组织的环境、塑造组织良好形象的目的。要想实现这个目的,必须首先考虑如何争取目标公众的信任、理解、合作与支持。在公共关系的三大要素中,公众虽然属于客体,却具有选择、取舍信息的能动性,具有是否与主体建立、改善和保持关系的决定权,具有影响组织实现目标的权威性。因此,没有公众的友善态度、积极合作及努力支持,则无法实现策划目标,甚至将一事无成。为了使公共关系策划活动取得显著效果,确保组织的公共关系目标以及总体目标如期如愿实现,就必须牢固树立"原则至上"的观念。具体地说,应该做到以下几个方面的要求。

(一)以总原则为指导方针

公共关系的总原则是指在公共关系的历史发展过程中逐渐形成,不断完善,至今为大家所公认并对公共关系研究、公共关系实践、公共关系活动以及公共关系从业人员具有宏观指导意义的原则。公共关系的总原则产生于20世纪世纪30年代,是在艾维·李和伯纳斯的公共关系思想基础之上逐渐发展而形成的。在公共关系发展的历史过程中,公认的原则有:①公共关系必须以公众利益为目标;②公共关系必须以公众研究为根据;③公共关系必须以客观事实为基础;④公共关系必须以科学理论为指导。其中,"以公众利益为目标"是核心,是公共关系的出发点;而"公众研究"是实现目标的手段和途径;"以客观事实为基础"和"以科学理论为指导"则是保证实现目标的条件与前提。这4条原则对所有的公共关系活动都具有指导意义。公共关系策划活动只有在总原则的指导下,才能方向明确、重点突出,效果显著。

(二)以实践原则为行为规范

公共关系的实践原则既是公共关系总原则在公共关系实践问题上的具体运用,同时又对所有的公共关系活动具有普遍的规范作用。公共关系的实践原则包括:①真实信用原则;②平等互利原则;③真诚沟通原则;④统一协调原则;⑤整体效益原则。

对于公共关系实践来说,这5条原则各有不同的侧重点。其中:真实信用是核心;平等互利是准绳;真诚沟通与统一协调是途径;整体效益是目的。这5条原则相互关联,共同发挥着制约和规范公共关系活动的作用。公共关系策划作为公共关系实践活动的一种重要形式,只有以实践原则为行为规范,才能谋划出能够取信于公众,能够与公众保持和改善关系,能够使组织内部统一认识、协调一致,能够得到全面落实的活动计划或策划方案。

(三)以系列活动原则为运作准绳

系列的公共关系活动是指具有长远目标,经过精心策划并严密组织,有计划、有步骤地开展的一组公共关系活动。开展系列公共关系活动的目的或者是建立信誉、塑造形象,或者是传播、沟通、协调关系。总之,出于某种目的而开展的公共关系系列活动必须遵循相应的原则。例如:以建立信誉为目的的系列活动应该遵循整体性、竞争性、长期性原则;以传播沟通为目的的系列活动应该遵循目标性、灵活性、效益性的原则;以塑造形象为目的的系列活动应该遵循形象性、创新性、持久性原则;等等。

公共关系策划既可能是对系列活动的整体策划,也可能是对组成系列活动的其中一项活动进行策划。但无论是哪种情况,只要是进行策划,就必然有开展活动的目的。出于不同目的的活动所应该遵循的原则,也就是进行公共关系策划活动所应该依据的运作准绳。

(四)与前、后步骤原则相互照应

每一项具体的公共关系活动都可以划分为不同的步骤,即调查、策划、实施和评估。各个步骤都应遵循相应的原则。例如:进行公共关系调查,应该遵循客观性、全面性、时效性、计划性原则;活动方案实施应该遵循目标导向、控制进度、整体协调、反馈调整、选择时机的原则;等等。公共关系策划作为一项公共关系活动的中间环节,必须以调查研究为基础,必须为实施提供可行的方案,必须为评估制定科学的标准。因此,策划过程中,在遵循策划原则的同时,还必须顾及前、后步骤的相应原则。

总之,公共关系策划活动的特点和它在公共关系活动中的特殊地位,要求其在遵循策划一般原则的同时,还必须以总原则为指导,以实践原则为规范,以系列活动的原则为准绳,并且要与前后步骤的原则相互照应。只有如此,才能避免策划活动中容易出现的片面化、简单化、表面化、主观性、短期性、盲目性等偏差。

二、公共关系策划的一般原则

所谓公共关系策划的一般原则,是指在公共关系策划过程中应该遵循的具有普遍性、共同性的准则和标准。不同的策划主体所进行的某一项具体的公共关系策划将确定不同的目标,涉及不同的对象、不同的环境,也会制定不同的策划方案。因此,策划的原则不会完全相同。也就是说,具体的策划原则可能是多种多样、千差万别的。下面我们将介绍一些具有普遍性、一般性、共同性的原则。

(一)利益性原则

利益性原则是指公共关系策划必须将组织利益与公众利益相结合。公共关系是社会组织与公众之间的一种利益关系,这是公共关系与其他关系相区别的本质特征。因此,进行公共关系策划时必须遵循利益性原则。

利益性原则的具体内容有:

1.组织利益与公众利益相结合。任何组织的公共关系策划都是为了谋求组织的生存与发展而进行的,而组织的生存与发展离不开公众的支持与合作。因此,以公众利益为目标,将组织利益与公众利益相结合,从而取得公众的支持,便可以为组织的发展创造良好的社会环境。

2.社会效益与经济效益相结合。任何组织的生存和发展都必须依靠一定的社会环境,因此,进行公共关系策划时必须既要考虑经济效益,又要考虑社会效益。社会效益实际上是组织获得社会认可和公众支持的基础,公众的支持则是创造经济利益的前提条件。如果公共关系策划只追求经济效益,而不考虑社会效益,就难免出现损人利己、破坏环境等为社会所不容的现象,最终会危害自己。

(二)针对性原则

针对性原则是指公共关系策划必须针对着某个需要解决的具体问题。针对性原则也可以称为目标性原则,即针对某个特定的问题来确定策划目标,有的放矢,对症下药。

针对性原则的具体内容是:

1.针对公众的心理状态。公共关系活动的根本目的在于转变公众的思想、观念、态度和行为。公共关系策划必须针对公众的现实心理状态确定活动目标,通过开展活动促使公众的态度向着有利于树立组织良好形象的方向转化。

2.针对组织的公关现状。社会组织在不同的发展阶段、不同的历史时期,面对不同的公众对象,采取不同的行为方式,会引起公众的不同态度。也就是说,公众对组织的了解和认识程度在不断地变化,这就表明,公共关系状态在不断地发生变化。进行公共关系策划必须针对组织面临的公关状态,只有如此,策划方案的实施才能取得良好的效果。

3.针对公共关系活动的目标。公共关系策划的目的是为了有效地开展公共关系活动,而公共关系活动的目标则是提高组织的知名度、增强组织的美誉度、塑造组织的良好形象。因此,进行公共关系策划时,必须遵循这一原则,绝不能偏离公共关系活动的目标。

（三）可行性原则

可行性原则是指公共关系策划方案应该切实可行,方案的实施能够取得良好的效果。策划方案是策划活动的最终结果,方案是否切实可行必须经过实施才能得到验证。切实可行的策划方案有利于树立组织的良好形象,而不符合实际的方案则可能适得其反。公共关系策划应该保证策划方案符合实际,方案的实施能够取得良好的效果。

可行性原则的具体要求有:

1.进行可行性分析。可行性分析是可行性原则的具体表现,是确保方案切实可行的具体措施。可行性分析应该贯穿于策划的全过程,即策划过程中的每一步骤都必须充分考虑所形成的策划方案是否切实可行。进行可行性分析主要从以下 6 个方面进行。

一是合法性分析。考虑策划项目是否履行了一定的合法程序和审批手续,衡量策划方案的内容及实施结果是否符合现行法律规定和政策要求。

二是严谨性分析。评价、考查策划方案是否是严格按照策划程序进行而形成的,是否有科学理论指导,是否进行了实际调查、深入研究。

三是操作性分析。策划方案是策划活动的结果,策划的最终目的需要经过方案实施才能实现,可行性原则要求方案必须具有可操作性。

四是利害性分析。分析、权衡实施策划方案可能产生的利弊得失以及危害和风险。

五是效益性分析。估计、测算实施策划方案是否符合以最低的代价、最少的投入而取得最优效益的标准。

六是应变性分析。分析、预测方案能否适应实施过程中可能遇到的各种情况,方案的实施能否顺利进行。

2.进行可行性实验。可行性实验实际上是可行性分析的一种形式和手段。可行性实验一般通过试点的方式进行,实验目的是通过个别推测一般,检查策划方案是否针对最关键的现实问题,方案的整体结构和相互配合是否合理,方案的实施和运作机制是否科学,方案的实施结果是否符合事先的设想。

3.进行可行性评估。可行性原则的根本要求是策划方案的实施必须取得良好效果。策划方案的实施效果主要体现在以下几个方面:①用最小的消耗或代价取得最大的成效;②由方案的实施而导致的风险最小、危害最小,不至于遗留后患;③能够圆满地实现策划所预期的总体目标;④策划方案的实施能够为组织的生存和发展争取到竞争的优势地位,取得竞争的主动权。

(四)新颖性原则

新颖性原则是指公共关系策划活动应该力求新奇、独特、精致,不落俗套。新颖性原则也可以叫做创造性原则或创意性原则。公共关系的三大构成要素——主体、客体和媒体都具有不同的类型,都处在不断的变化之中。不同的组织面对不同的公众,使用不同的传播媒介,在不同的发展阶段所开展的公共关系活动就应该有所不同。只有开展的活动具有针对性和新颖性,才能取得良好的活动效果。

新颖性原则的具体要求是:

1.策划的活动应该新奇。所谓新奇,是指策划的活动是以前没有过的,是第一次出现的。每一个社会组织都处在不同的发展阶段,都会面对不同的公众,都存在不同的问题,因此,需要采取新奇的活动方式来解决新的问题,树立新的形象。

2.策划的活动应该独特。所谓独特,是指策划的活动具有独到之处,具有突出的特点。不同类型的组织应该针对自己的实际情况,采取独特的活动方式开展公共关系活动,而不能盲目地去模仿他人。独特的活动方式必须以针对性为基础,才能有效地解决实际问题。

3.策划的活动应该精致。所谓精致,是指策划的活动不仅别开生面,而且应该精彩巧妙,不落俗套。公共关系策划的目的是通过开展活动影响公众,只有别出心裁的活动才能吸引公众,引导公众。

(五)灵活性原则

灵活性原则是指公共关系策划活动应该随着形势的变化,积极、主动、及时地进行。古人云:时移则势异,势异则情变,情变则法不同。这就是说,公共关系策划活动应该顺应形势、适合时宜、及时进行,只有如此,才能使策划方案不断完善,才能使方案的实施收到更好的效果。

灵活性原则的具体要求是:

1.增强变化意识。"变"是我国古代的"三十六计"之一,其解释是:"良将用兵,若良医疗病,病万变药亦万变,病变而药不变,厥疾弗能疗也。"意思是说,良将用兵与高明的医生治病的道理是相同的,不同的病情应该使用不同的药,病变化了,药也应该随之变化;否则,病是治不好的。公共关系策划与用兵和治病的道理亦相同，策划者必须有超前意识，要随形势的变化及时修改策划方案。

2.掌握变化情况。有关策划对象的情况是策划的客观依据。策划对象的情况发生了变化，策划的方案也必须随之变化，否则，策划就失去了针对性、科学性和有效性。策划对象受多种因素影响，多种因素的变化导致其经常处于发展变化之中，有时甚至出现飞跃性或突发性的变化。策划主体必须及时了解、掌握和分析、处理这些相关信息。

3.预测变化趋势。预测策划对象的发展变化趋势，掌握策划对象的发展变化规律，推断策划对象的发展变化结果，既是策划的前提和条件，也是灵活性原则的重要依据。

4.修订策划方案。策划方案是依据策划当时的情况制定的，客观情况在不断地发生变化，策划者应该根据已经变化了的情况和情况的变化趋势对策划方案加以修订，以使策划方案符合实际，保证实现策划目标。

5.把握灵活程度。根据变化了的客观情况对策划方案进行修订是灵活性原则的重要体现。但在灵活性原则指导下的修订应该有一定的限度和依据。修订的依据一是依据情况变化的可靠程度来决定是否对策划方案进行修订；二是依据情况变化的实际程度来决定修订的内容；三是依据对修订方案的效果预测来决定修订的幅度。

（六）整体性原则

整体性原则是指公共关系策划活动应该考虑和顾全与策划项目相关的各个方面。每一项公共关系活动的开展都会涉及多种因素，如组织内部的条件，组织外部的环境，组织面临的问题，开展活动的天时、地利和策略、技巧等。要想使公共关系策划方案切实可行并通过方案的实施取得预期效果，必须将与策划项目相关的多种因素看做一个有机整体，充分考虑各个因素之间的协调。

整体性原则的具体内容是：

1.充分考虑组织自身的整体实力。策划方案的实施需要主体具备相应的条件，如人力、物力、财力等。仅就人力来说，需要领导高度重视、实施人员具有一定的水平且齐心协力、组织内部成员的支持等。

2.全面考虑外部环境的整体利用。策划方案的实施效果既取决于内部人员的主观努力，也受到外部环境的制约。策划过程中必须考虑如何全面有效地利用外部环境。

3.精心考虑策划要素的整体协调。主体、对象、依据、目标、方案等策划要素之间应该协调一致，形成一个有机的整体。这既是成功策划的具体表现，也是确保方案顺利实施的先决条件。

4.周密安排策划程序的整体衔接。发现和提出问题、搜集信息、整理信息、分析信息、界定公众、确定目标、设计主题、选择媒介、预算经费、拟订方案、审定方案、形成文件、反馈调整是构成策划全过程的13个步骤,每个步骤既相对独立又相互衔接,构成策划整体。只有这些步骤安排合理、衔接紧密,才能使策划方案顺利实施。

(七)时效性原则

时效性原则是指公共关系策划活动应该考虑时机对效果的影响,充分运用有利时机以增强方案的实施效果。时机是体现方案价值的因素之一,策划方案的价值将随着时间的推移与条件的改变而增减。因此,策划方案的实施必须考虑时机的运用。

时效性原则的具体内容是:

1.重视时机对效果的影响。"万事俱备,只欠东风。"这里的"东风"指的就是有利时机。策划方案的实施必须借助一定的时机,时机适宜则可能进展顺利,效果卓著;时机不利,则可能屡受挫折,得不偿失。

2.认识时机的即逝性特点。"机不可失,时不再来",说的就是时机的宝贵价值和稍纵即逝的特点。抓住了有利时机则可能事半功倍,错过了有利时机则可能功亏一篑。

3.巧妙地安排和利用时机。策划方案的实施效果与时机是否有利密切相关,而时机是否有利还与其他客观条件的成熟程度相互关联。也就是说,时机虽然具备了,但如果其他条件不具备或者不成熟,时机则难以发挥作用。这就要求策划人员及方案的实施人员应该全面考虑其他条件与时机的关系,精心地策划,巧妙地安排,有效地运用有利时机。

(八)群策性原则

群策性原则是指公共关系策划应该群策群力,集中众人智慧,发挥团体力量。随着市场经济的发展和现代科学技术的进步,竞争的领域在不断扩大,竞争的形势日益激烈,策划活动也越来越受到重视。策划活动是一项高智力的、复杂的系统工程,包括多个环节,涉及多个方面,而任何个人的知识和智慧都是有限的,因此,公共关系策划活动应该遵循群策性原则。

群策性原则的具体内容是:

1.发挥专家团的群体智慧。策划是一项复杂的脑力劳动,应该针对策划项目的具体内容组织有关方面的专家组成策划团体，使每个成员发挥各自的专长。只有集中众人的智慧，才能形成高水平的策划方案。

2.集思广益、取长补短。策划是一项系统工程，它的各个环节、各种因素必须互相关联，形成一个有机联系的整体。因此，专家团成员既应该充分发挥各自的专长，集思广益，又应该经过协商互相借鉴、取长补短。

3.虚心采纳相关人员的建议。策划总是针对某个组织的某个具体问题而进行的。与策划项目相关的第一线人员既是全面、具体地掌握存在的问题，洞悉存在问题原因的知情者，又是策划方案的实施者和落实者。他们对策划方案的针对性、可行性、现实性最有发言权。他们是实施策划方案的具体操作者，因此，也在很大程度上影响着策划方案的实施效果。广泛听取相关人员的意见，虚心采纳相关人员的建议，对于完善策划方案，保证策划方案顺利实施并取得理想效果具有十分重要的作用。

(九)科学性原则

科学性原则是指公共关系策划应该尊重科学，重视规律，在科学理论的指导下进行。策划既是高智力的现实活动，又是一门具有规律性、独立性、理论性、严谨性的应用科学。策划科学本身的特有属性决定着策划人员的行为和策划效果。因此，公共关系策划必须遵循策划科学的规律，遵循科学性原则。

科学性原则的具体内容是：

1.遵循策划的科学规律。策划实践随着人类文明的进步不断发展、逐渐成熟，策划的科学理论是在策划实践的基础上，通过对策划经验的总结和概括而形成的。按策划的规律办事，在理论指导下的策划实践活动可以减少盲目性，提高成功率。

2.重视项目的本质特点。不同的客观事物具有不同的本质特点，具有不同本质特点的客观事物有着特定的发展变化规律，公共关系策划活动必须重视策划项目本身的发展变化规律。只有重视项目的本质特点、符合项目自身发展规律的策划方案，才能够顺利实施。

3.借鉴相关的科学成果。第一，策划学是一门新兴科学，就目前的情况来看，其基本理论尚有待于进一步充实和完善，但策划理论的应用已经遍布于各个领域，在各个领域的应用中都取得了可喜的成果和宝贵的经验。公共关系策划应该广泛地吸取其他领域的策划经验，借鉴其他领域的策划成果，逐渐充实和完善公共关系策划的理论，构建具有特色的理论体系。第二，策划学是一门综合性的边缘学科，它的成熟和完善必须不断吸收其他相关学科的研究成果。

第三,不同行业、不同项目的策划实践既有相互区别的特点,又有相互联系的共同之处,公共关系策划也应该注重积累策划的经验,并不断地加以总结和提炼,使之上升为具有规律性的理论并运用于策划实践。

以上介绍了公共关系策划的一般性原则。我们在此必须说明的是,这9条原则在具体应用过程中并不是绝对独立的,而往往是结合在一起综合应用的。例如:

新颖性与可行性应该相互结合应用。一次成功的公共关系策划必须具有新颖性,但是有些具备新颖性的策划方案,因为受到多种因素的制约,并不一定都可行。所以,成功的公共关系策划,必须既要考虑社会组织所要达到的目标,也要考虑外部环境和内部条件。

整体性与灵活性应该相互结合应用。策划方案涉及策划目标、实施条件和活动措施,公共关系活动的目标必须与组织的总体目标相协调,实施条件涉及人、财、物等方面,活动措施涉及各种条件的优化组合,因此具有明显的整体性。但是公共关系活动可能会遇到各种条件发生变化的情况,为了适应变化,又必须具有灵活性。为了使方案切实可行,就必须既要考虑整体性,又要考虑灵活性。

整体性与针对性也应该相互结合应用。公共关系策划是在组织整体计划的约束下进行的。在进行公共关系策划时,必须把本项策划所产生的行动方案看做组织整体计划的一个部分和一个方面,与组织的整体计划统一起来。如果策划方案与组织的整体计划相悖,那么,再好的行动方案也只能是一种不切实际的空想。可是任何一项公共关系策划的目标都是针对着特定公众的,也就是说,公共关系策划必须具备针对性。因此,只有将这两项原则结合起来,才能取得策划的成功。

策划原则的结合应用这里无法一一列举,只能视具体情况而定。

第三节 公共关系策划的创新思维

人是可以思维的高级动物,但思维,尤其是创新思维在人类不同的社会实践中有不同的体现。由于"策划"是以创新性的"策"作为存在的基础,以创新思维无中生有地创造出"策"来也就成为必由之路。事实上也是如此,公共关系策划的方方面面均离不开创新思维,不论从策划过程来看(如策划目标的确定、创意的诞生、方案的形成),还是从专题活动策划来看(如新闻性公共关系活动、广告性公共关系活动、人际性公共关系活动),创新思维几乎是无所不在的。因此，进行公共关系策划，就必须以“创新思维”为思维方法的基础。

一、创新思维的含义与特点

（一）创新思维的含义

创新思维，即人们为了发现或创造出新事物以更有效地进行实践，利用人类已有的知识，在头脑中观念性地将新事物创造出来的心理过程。简言之，就是不断产生新思想、新观点、新发明和新发现的过程。

从思维的内容来看，创新思维就是追求标新立异的过程，它不受原有思维内容的束缚，是对原有思维的超越。如埃及的狮身人面像、《西游记》中的孙悟空、爱因斯坦的相对论等。

从思维的结果看，创新思维常常导致科学技术和人类社会的重大变革。哥伦布发现新大陆，第一台蒸汽机的产生，飞机、火箭、航天飞船、火星探测器的发明，都极大地推动了社会前进的进程。

从思维的方式看，它是对平面的、线性的和聚合的思维方式的突破，而以立体的、非线性的、发散的以及直觉、灵感等方式为主，表现为创作、创新、发明和新的发现的过程。科学理论的创立、科学技术的创新、文学艺术作品的创作、重大的发现等，都是创新思维过程的表现方式。

创新思维是一个十分复杂的心理过程。然而，无论多么复杂的过程，都有其发生、发展的规律。这里，我们对创新思维的过程仅作管窥。

关于创新思维过程，目前有两种主要理论：一是过程论；二是顿悟论。

1.过程论。这一理论认为，人的创新思维的产生和发展，是以问题为中心，以解决问题为目标的高级心理活动。任何创新思维都必须经过 4 个阶段，即准备阶段、酝酿阶段、豁朗阶段和验证阶段。这一观点的代表人物是美国的心理学家华莱士。

（1）准备阶段——提出问题。创新思维是从发现问题、提出问题开始的。“问题意识”是创新思维的关键。这一阶段是为解决问题而对知识资料、以往经验以及技术、设备等的组织筹集阶段。充分的准备工作有利于开阔思路，发现问题，为创造性地解决问题打下基础。科学发明与创造常常要经历相当长的准备过程。如爱迪生发明电灯，曾试验了无数的材料，才找到最合适的灯丝材料。

（2）酝酿阶段——提出假设。这一阶段主要是搜集与课题有关的知识资料，对资料进行整理加工，对问题做各种试探性解决。对解决问题不断提出新的假设，不断提出新的方案，乃至有一种“山重水复疑无路”的感觉。因此，酝酿期又是冥思苦想期。人的思维常常不着边际,长期徘徊在某一个问题上以至灰心丧气,这是创新思维过程中常遇到的问题。最后逐步明确解决问题的方法,从不成熟到成熟,从不完善到完善。正是这个阶段,为问题的解决创造了必要的条件。

(3)豁朗阶段——顿悟阶段。经过长期充分的酝酿之后,在头脑中突然跃现出新的构想,使问题接近解决的阶段,这就是灵感。由灵感产生顿悟,新思想脱颖而出。这时,人的思维摆脱了旧经验、旧观念、旧思想,这是创新思维过程中的质变。

(4)验证阶段——证明阶段。这是在获得了解决问题的构想或假想的基础上,在理论上或实践上进行反复论证和修改的阶段,它验证了理论的合理性和严密性。

从对创新思维过程的分析可以看出,第三阶段是思维活动的质变阶段,它在整个创新思维过程中最关键。派克笔的发明过程就经历了以上4个阶段。派克笔的开发者派克热心经商而又爱好钻研,天天望着自来水笔出神,想开发一种好的自来水笔,可是一直没有想出什么主意——这是准备阶段和酝酿阶段。

有一天,他忽然想到把水笔进行分解,即分解成笔尖、笔帽、笔杆,上墨水的方法,外形等。结果,许多意想不到的好主意都出来了:笔尖可以做成能划粗细两种线条的,笔尖材料可以考虑用14K金、18K金、白金等各种材料,笔帽可以做成螺纹式和插入式的,外形用流线型的等。这是豁朗阶段。

最后,经过试验,他首先选出了流线型和插入式笔帽两种,取得了发明专利——这是验证阶段。至此,派克笔开发第一阶段完成。

2.顿悟论。顿悟论认为,创新思维是"顿悟"的过程。问题的发现、提出和解决常常是同步的,问题的解决具有灵感性和突发性,并没有中间准备和酝酿的过程。它常出现在人们刮胡须的时候、换衣服的时候、开汽车的时候、侍弄花卉的时候、钓鱼的时候、打高尔夫球的时候,乃至散步、洗澡的时候。以橡皮头铅笔的发明为例:有位名叫海曼的画家,是一个比较粗莽的人,他作画常常要用橡皮擦,要擦的时候,橡皮又不知落到哪儿去了,埋在纸堆里找也找不到。为了避免到处找不到的麻烦,他干脆把橡皮缚在铅笔上。这样一来,只要铅笔在手,橡皮就不会丢失,随时可用。这个办法被海曼的朋友看到了,"唔,这个办法真行!"于是他开发了橡皮头铅笔,申请了专利,由此发了大财。

(二)创新思维的特点

与传统思维相比,创新思维的特点表现在以下方面:

1.非逻辑性。传统思维强调思维的逻辑性,注重事物的逻辑联系,不愿打破思维定式。而创新思维则相反,它注重事物的非逻辑联系,甚至是反逻辑的。因此,创新思维的产生常常具有突发性、跳跃性、情景性、直觉性和灵感性,省略了逻辑推理的中间环节。急中生智就是创新思维“非逻辑性”的典型表现。

诗人李白被称做“诗仙”,他常常借酒助兴,突破逻辑思维的束缚,如此才能诗如泉涌,这是创新思维过程的情景性。阿基米德在洗澡时突然发现了“浮力定律”,这是创新思维过程的突发性。俄国作家屠格涅夫为写好一篇作品的晨景而冥思苦想。有一天,他坐在房间里读书,忽然感觉好像有什么东西推动他低声说:早晨的朴素的壮丽。他几乎跳了起来——“就是它!真正的美句啊。”这是创新思维过程的灵感性。

2.求异性。创新思维总是以创新求异为目标,无论是文学创作、科学发明,还是思考问题、解决问题,均不拘泥于传统,力求新异。具体表现在:

(1)独特,即在解决问题的过程中,不拘泥于一般的原理、原则,而是另辟蹊径,使问题得到圆满解决。

(2)立异,即不满足于已知的结论,而是力求从不同的方面提出自己的见解。熟悉科学史的人都知道,亚里士多德曾断言,物体从高处落下来,其速度与它的重量成正比。这一理论在物理学界盛行多年,没有人怀疑过,但意大利物理学家伽利略却通过创新思维,认为这个结论是错误的。为此,他通过在比萨斜塔所做的著名自由落体实验,推翻了亚里士多德的错误论断。

(3)流畅,即当按照一般常规解决问题的方式受到阻碍时,能迅速地改变思维方向,保证思维过程的畅通无阻。如果求用 12 根火柴棒拼成边长等于火柴棒长度的正方形,这用常规的思维方式在平面上摆弄是不可能达到创造目的的;而如果突破平面的观念,建立空间的立体观念,问题就可以得到解决。

3.发散性。发散性即对一个问题从多角度、多侧面、多方向去思考,从侧面提出多种假设方案的思维过程。就像“你能说出砖或曲别针有多少种用途”这类问题,说得越多,则思维的发散性越强。具体表现在:

(1)多向观察,即从不同的角度看同一事物,尽量提出各种不同的设想或方案,扩大选择的余地,从而找出解决问题的多种方法。发明大王爱迪生为发明电灯,寻找合适的电灯丝,先后试验了 1 000 多种材料才获得成功,他对材料的选择实际上就是多向观察、考虑的表现。

(2)多维策略,即通过各种不同的思维途径,机智地寻求发现或解决问题的新方法。如为了探索原子的结构,科学家根据实验的事实,先后建立了“弹性束缚电子模型”、“动力子模型”、“正电子原子球模型”、“太阳系模型”和“夸克模型”等，以供解释物质的微观结构。

(3)横向比较，即善于从各种事物之间的相互作用与关系中揭示事物发展的规律，并通过联想、换元、替代等思维途径去发现规律的普遍意义，从而创造性地解决问题。沃森和克里克在建立DNA结构模型的过程中，曾将DNA的结构与生物机体在结构上具有成对性的特征进行比较，于是类推出DNA的结构也应该是双链的，结果获得成功。而比他们更早提出不完善的DNA结构模型的波林，没有想到横向比较，失去了一次发明的机会。

创新思维过程除了以上特征外，思维的变通性、独立性和批判性也起着非常重要的作用。

二、创新思维的基本类型

(一)发散思维与聚合思维

1.发散思维。当你在旅行中突然遇到一条大河，你会怎么办呢？找船、找桥、跳过去、游泳、请人背自己过去，还是用撑杆跳过去？由一个问题而引发出无数的解决问题的方法，就像太阳的光芒四射。这种指向多个方向的思维就是发散思维，又叫辐射、求异思维。

心理学家吉尔福特认为，智力结构中的每一种能力都与创造性有关，但发散思维与创造性的关系最为密切。发散思维是创新思维中最基本、最普遍的方式，它广泛存在于人的创新思维活动中，是人类创新思维的原动力，在人的创造性活动中起着至关重要的作用。

美国的一座有百年历史的女神铜像翻新后，现场留下了2 000多吨废料。这些废料既不能就地焚化，也不能挖坑深埋，清理装运到相距甚远的垃圾场，运费又十分昂贵。许多人眼睁睁地看着一大堆废料毫无办法。这时，一个名叫斯塔克的人自告奋勇地承包了这件苦差事。他对废料进行分类利用，把废铜皮铸成纪念币，把废铅废铝做成纪念尺，把水泥碑块做成小石碑，这样一来，本来一文不值难以处理的垃圾，顿时身价百倍，人们争相选购。2 000吨废料很快一抢而空。斯塔克也因此大发横财，他的发散思维帮了他大忙。

(1)发散思维的特点。作为创新思维的主导过程，发散思维有着十分鲜明的特点。吉尔福特认为，发散思维的特点主要体现在三个方面：流畅性、变通性和精致性。

①流畅性。流畅性是指短时间内做出迅速且多变的反应。它有三种形式：

观念流畅性——强调对某问题产生的答案的数量。如请你尽可能多地说出曲别针的用途，一般有别票证、照片、胸章、文件等；特殊用途有钩东西、挂东西、连东西、捞东西、导电等。说得越多，观念的流畅性越强。

联络流畅性——对不同的情境产生联想，对满足某联络方式所需观念的回忆。

表达流畅性——用多种方式体现已形成的思想。

②变通性。变通性又称灵活性，即思维能摆脱心理定式的影响，从新的不同的角度考虑问题。它包括三种形式：一是对信息重新分类；二是对意义进行修正；三是改变熟悉物体的用途。

③精致性。精致性即对复杂的发明创造提供多方面的细节补充和进行润色，使思维更加科学，更加适应需要。

此外，发散思维还有一个重要特点，即独特性。这是创新思维也是发散性思维最重要的特征之一。它是指在发散思维中做出不同寻常的、异于他人的新奇的反应能力。思维的独特性标志着发散思维的水平。

(2)发散思维的形式。发散思维的形式是多样的，主要表现为正向发散思维、逆向发散思维、侧向发散思维和多向发散思维。

①正向发散思维。它是指由事物本身的特征、功能引发的发散性过程。如上面说到曲别针的用途，就是正向发散思维。

②逆向发散思维。它是指朝着与事物的特征、功能、性质相反的方向进行的发散思维。主要表现在以下几方面：

其一，把事物的作用过程倒过来思考。例如：为延长灯泡的使用寿命，一般人只想到如何改进灯丝，这是正向思维；广西梧州市的温煜廉则掉过头来从降低电压入手，研制了变光节电开关。

其二，把事物和重要结果倒过来思考。丹麦的奥斯特发现了电能生磁以后，英国的法拉第倒过来想，磁能否生电呢？顺着这一思路，他终于发现了电磁感应原理，并指导了发电机的研制。

其三，把事物的某个条件倒过来思考。例如：商店组织员工讨论“假如我是顾客”；工厂组织工人讨论“假如我是厂长”；军队组织军官讨论“假如我是战士”；等等。

其四，把某种方式倒过来思考。数年来，人们习惯于用锅炒菜，把生的食品放在锅里炒熟。这种炒法只能提供热食，不能满足人们有时需要冷食的要求。于是有人从加热的反面设想，制造了一种“炒冰”的锅。如一杯牛奶倒入这种

“炒冰”的锅内，三炒两炒就成了洁白细腻、清凉解暑的冰激淋。

③侧向发散思维。它是指受其他事物功能、特征和性质的启发而产生的发散性思维。如上面提到的曲别针的用途，用它当绳子、当电线、做钩子等，就是侧向发散思维。侧向发散思维常与联想、类比等思维方式联系在一起。

美国发明家莫尔斯在1832年发明了电报，他创造了至今在电报通讯中还在应用的莫尔斯电码，就是用点（短时电流）、线（较长时电流）和空（没有电流）的搭配来代表字（字母）和数字。他遇到的最大障碍是远距离传输的时候，信号发生的衰减现象。他起先想用放大原始信号的方法，但是没有成功。有一天，他搭乘驿车从纽约到巴尔的摩，在旅途中观察到，邮车每到一个驿站就要更换一次拉车的马，由此他产生了一个想法，在电报线路沿途设置放大站，不断放大信号。他受邮车驿站换马的启示，解决了电报信号衰减的问题，这就是侧向发散思维。

④多向发散思维。它是指从不同的角度，侧面、正向和逆向等多种方位进行的发散思维。现代水壶的改良就是多向发散思维的结果。最初的水壶热效能差，使用也不方便，于是科技人员开始了“水壶改良”工作。他们从几个方面进行研究：有没有办法提高热效率？怎样才能使把柄不烫手？怎样能增加外形的美感？以及水的注入倒出、保温方法、材料质量、携带方便等。最后根据各个方面的最佳方案，组合发明了现代水壶。多向发散思维是大型综合创造性活动中最常见的思维方法。

2.聚合思维。聚合思维与发散思维是相反的过程，它是在已有的众多信息中寻找最佳的解决问题的方法的思维过程。聚合思维又叫收敛思维和求同思维。就像聚焦镜把太阳的光聚合在一起，收敛思维使我们的思维直接对准思维的目标。

（1）聚合思维的特点。聚合思维的特点主要有四个：单维性、逻辑性、唯一性和比较性。

①单维性。聚合思维是在已有的多种解决问题的方法的基础上，直接寻找解决问题的最佳方法或方案，要求“一针见血”。

②逻辑性。聚合思维属于逻辑推理领域，它是对已有信息进行“信息加工”，将已有的信息变成创新思维的成果。

③唯一性。尽管解决问题存在多种多样的方法和方案，但聚合思维总是根据需要，从各种不同的方法和方案中选择一个解决问题的最佳方法和方案。因此，作为聚合思维的结果来说，它是唯一的。

④比较性。聚合思维常常在现有的几种途径、方案、措施中，通过比较，找

到一个较合适的途径、方案和措施。

(2)聚合思维的形式。聚合思维的形式主要有概念性收敛、原理性收敛和功能性收敛。

①概念性收敛,就是从事物的各种特征中概括出事物的本质特征的思维过程。如人们从鲤鱼、鲫鱼、草鱼和黄鱼等鱼类中,概括出鱼的本质特征是"生活在水里,用鳃呼吸,行动靠鳍的脊椎动物"。

②功能性收敛,就是在事物的各种功能中迅速选择适应当时情境和环境的功能,从而迅速地解决问题。如关于曲别针的用途,如果电灯的保险丝突然断了,你手上唯一的金属就是曲别针时你会怎么办呢?

③原理性收敛,就是从事物之间的相互联系中,寻找事物间具有普遍性的规律的思维过程。这些规律能反映事物间的内在联系。如各种数学的、物理的定理、公式等,都是原理性的收敛思维的结果。

3.发散思维与收敛思维在创新思维中的关系。在创新思维过程中,发散思维与收敛思维是一个相反相成的过程,它们相互补充,相互促进,共同完成创造性活动。

一般来说,发散思维为收敛思维提供了创造的原材料,收敛思维对发散思维提供的原材料进行加工,变成成品。从发散到收敛,再到发散,促进人的创新思维无限发展。

同时,发散思维与收敛思维在创新思维中有不同的地位和作用。正如心理学家吉尔福特所说:创造性是一种以发散性思维为核心,以收敛性思维为支持因素,发散思维与收敛思维有机结合的思维方式。

(二)纵向思维与横向思维

从思维的时空特性来看,思维有历时性思维和同时性思维。历时性思维即纵向思维;同时性思维即横向思维。

1.纵向思维。纵向思维是一种以事物的产生、发展为线索的思维过程,它是一种历时性的比较思维。通过比较事物的过去、现在和未来,使我们能够科学地认识事物发展的客观规律。科学研究中的跟踪调查、个案研究以及不同阶段的对比实验就是纵向思维。纵向思维以事物的内部联系为主要内容,忽视事物间的横向联系。因此,纵向思维具有一定的深度,但缺乏一定的广度。

纵向思维的主要特点有:

(1)单维性。纵向思维是在某一事物的内部进行的,它只考虑该事物本身发生、发展的规律和特点。它是一种线性思维,具有同一性。

(2)静态性。纵向思维只看到事物内部变化和发展的节奏性、确定性,而不考虑事物发展过程中与其他事物的联系。与横向思维的跳跃性和突变性相比,纵向思维具有静态性。

(3)平面性。纵向思维在解决问题的过程中,强调点、线、面的纵向联系,容易忽视事物间横向的、多方位的联系。

(4)历时性,即对事物的产生、变化和发展等按时间顺序来研究事物的思维过程。思维的历时性主要是指事物的过程性。它在研究事物的起源和发生时具有重要的作用,特别是对认识那些周期性比较长的事物更为重要。

纵向思维是创新思维的重要方法,它揭示了对事物发展认识的反复性和复杂性,许多新兴学科的产生就是借用了纵向思维的方法,如人类发生学、认识发生学、思维发生学等。

2.横向思维。横向思维是一种同时性的横向比较思维。它研究的是同一时间内同一事物的不同方面,或一事物与它事物之间相互关系的特点的思维过程。简言之,它研究的是事物的关系,包括事物的内部关系和外部关系。通过事物内外关系的比较来认识事物的本质和发展规律。与纵向思维相比,横向思维是对事物的内部和外部的关系进行的多角度、多方位、多方向的比较研究,具有更大的广阔性。

横向思维的主要特点有:

(1)多维性。横向思维是一种非线性思维,具有开放性。它能突破事物本身发展的局限,将事物放在与其他事物的开放比较中,从中获得对事物本质和规律的认识。

(2)动态性。相对于纵向思维来说,横向思维更具有动态性。动态性是指思维不断地突破已有知识的局限,通过不同事物的内在联系和关系,有效地解决问题。

(3)立体性。横向思维是通过事物前后、左右、上下等关系,认识事物的思维过程,它打破了纵向思维的平面特征。

(4)同时性。横向思维常常是在某一时间内,通过事物或问题与其他事物或问题的比较,来达到解决问题或认识事物的目的。这种比较研究必须在时间上具有同一性,否则,我们就不可能从横向思维中获得科学的认识。

横向思维是一种多维发散思维,在创新思维中起着重要作用。现代许多边缘性、交叉性学科的产生就是运用了横向思维的成果,如工程美学、生物化学、数理逻辑等。

3.纵向思维与横向思维的关系。在创新思维中,纵向思维与横向思维是相互交织、相互渗透的,它们共同编织起创新思维的经纬网,使人的思维不仅具有深度,而且具有广度;不仅更加精细,而且更加敏锐,更加灵活生动。

(三)逻辑推理式创新思维和"非逻辑"式创新思维

1.逻辑推理式创新思维。它是运用逻辑规则在不同类或看来不相关的事物间大胆比照类推,从而激发创造性的思维形式。逻辑推理包括归纳推理、演绎推理和类比推理。

(1)归纳推理。它是指由个别事物或现象推出该类事物或现象的普遍规律的创新思维形式。在创新思维中,科学归纳推理占有重要地位。

科学归纳推理就是通过对某类事物中部分对象及其属性之间必然联系的分析,进行创新思维的过程。如通过对许多金属加热时体积膨胀现象的分析,归纳出"热胀冷缩"的原理。科学归纳推理包括求同法、求异法、共变法和剩余法等。

①求同法。被研究的对象在不同的场合出现,都与某一共同的因素有关,这一共同的因素就是该现象的原因。以摆钟的发明为例。钟的摆动有一定的周期。形成摆的摆动周期的原因是什么呢?观察发现,用不同的质料做成的形状不同的许多摆,如果长度相同,那么,它们的摆动周期也相同。由此归纳出摆的长度与摆动周期有必然的因果关系。

②求异法,就是在事物之间的差异中寻找原因的方法。有生物学家曾用鸡做过一次关于营养的实验。他们用去糠的精米喂一组鸡,而用粗米喂另一组鸡。吃精米的那一组鸡不久都得了一种和人类的脚气病类似的病,吃粗米的那一组都未得这种病。这两种鸡的其他营养条件、环境、喂养方法都相同。运用求异法,我们可以归纳出,这种病与长期吃去糠的精米有关。

③共变法。在其他条件不变的情况下,如果一个现象发生了变化,另一个现象也随之发生相应的变化,那么,第一个现象就可能是另一个现象的原因。如从 $1^2=1$,$2^2=1+3$,$3^2=1+3+5$,……的现象中发现,"任何一个自然数 N 的平方等于从 1 开始的 N 个连接奇数的和",即 $N^2=1+3+5+\cdots+(2N-1)$。这里运用了共变归纳推理的形式。

④剩余法。某一复合现象是由另一复合现象引起的,把其中已经确定的因果部分除去则剩余部分也有因果联系。居里夫人之所以发现镭,就是运用了剩余归纳推理。居里夫人已知纯铀发出的放射线的强度,并且已知一定量的沥青矿石所含的纯铀的数量。但她观察到,一定量的沥青矿石所发出的放射线要比

它所含的纯铀发生的放射线强许多倍。因此,她推出在沥青矿石中,一定还含有其他的放射性极强的元素结论。经过艰苦的探索,她终于发现了镭。

(2)演绎推理,就是从一般原理出发推导出特殊事例的思维形式。例如,“电器是以电作为能源的工具”,以电作为能源是电器的普遍特点。从这一普遍特点出发,我们可以推出电冰箱以电能作为能源。演绎推理可分为直接推理和间接推理。直接推理是从一个前提推导出结论的推理。如从 $N^2=1+3+5+\cdots+(2N-1)$ 这一原理出发,可知 $5^2=1+3+5+7+9=25$。

间接推理是从两个前提求得一个新的判断的推理过程。如电器必须使用电能,电脑是电器,因此,电脑离不开电。前面两个是前提,后面是结论。

演绎推理是进行科学预见和帮助论证一些科学发现的手段。

(3)类比推理,就是由两个或两类事物在许多属性上相同或相似,从而推出它们在其他相关方面也可能相同或相似的推理形式。科学上的许多重要理论,最初往往萌发于类比;科学史上的许多重大发现,也往往是应用类比得出的成果;许多发明创造也借用了类比推理的方法。类比推理有功能类比、结构类比和关系类比。

功能类比就是在功能上比较事物间是否具有相同性或相似性。

结构类比就是在结构上比较事物间是否具有相同性或相似性。

关系类比就是在事物的关系上比较事物是否具有相同性或相似性。

2.“非逻辑”创新思维。它是指按照相似性规则,在事物之间建立各种并不存在必然逻辑关系的联系,从而为思维内容带来新异元素、新异组合的思维形式。“非逻辑”创新思维包括想象、联想、直觉和灵感。

(1)想象。想象力是创新思维的重要品质,是“非逻辑”创新思维的形式。它能使我们超越已有的知识和经验,使我们的思维插上翅膀,超越逻辑思维的束缚,使人类的思维达到新的境界。想象是推动科学技术进步的巨大力量,同时也指引着科学创造的方向。世界上每一次科学技术进步都标志着人类想象力的又一次大解放,想象力是人类创新思维的重要特征。爱因斯坦说得好,“想象力比知识更重要。”因为知识是有限的,而想象力却概括着世界上的一切,推动着人类社会的进步,并且是知识进化的源泉。人类的想象是丰富多彩的。就想象的结果而言,有假说、幻想、空想和遐想。就想象的方式而言,有组合式想象、充填式想象、纯化式想象、取代式想象和科学幻想。

①组合式想象。谈到想象,人们就会想起埃及的“狮身人面”像,这是一种典型的组合式想象。这种利用已有事物的形象,构成一个有自己的结构、性质、

功能的独立存在的新事物形象的过程,就是组合式想象。

②填充式想象。作家的想象力是惊人的,他们化腐朽为神奇的功夫是从哪来的呢?他们实际上是运用了填充式想象,即根据事物可能的结构或发展环节,对构成它的其他环节和组成部分加以充实、填补,构成了一个完整的事物的过程。

③纯化式想象。它是指在头脑中抛开某事物的实际情况,而构成深刻反映该事物本质的简单化、理想化的新形象的过程。就像我们想象心中的恋人,总是洁白无瑕,这就是一种纯理想化的想象。古希腊学者亚里士多德曾断言,当推动物体的外力停止作用时,原来运动的物体便归于静止。而伽利略通过想象认为,一个运动着的物体在不受外力作用时(即摩擦力为0),将保持原有的运动状态,维持匀速直线运动。后来,牛顿将其总结为万有引力定律,即惯性定律。纯化想象的目的是“去粗取精,去伪存真”。

④取代式想象。它是指设想自己处于某个人的地位或某事件的环境中,通过揣摩某个人的思想感情或某事件的具体情景,以谋求解决问题的方法。我国景德镇的瓷器举世闻名,但所生产的瓷茶杯在西欧市场上却竞争不过日本,其中的重要原因之一,就是日本人从欧洲人的特点出发,生产的茶杯更符合欧洲人的特点。日本人发现,由于西欧人鼻子高,用中国生产的瓷杯喝茶,鼻子容易碰到茶杯,于是日本人研制了一种斜口茶杯,西欧人用它喝茶就碰不到鼻子了。这一小小的改进,使日本瓷茶杯畅销西欧市场。取代式想象就是“站在别人的立场上思考问题”的方法。

⑤预示性想象,即科学幻想或假想。法国的儒勒·凡尔纳被称为科学幻想之父。早在直升机、雷达、导弹、坦克、潜水艇等出现之前,在凡尔纳的小说里已经将它们想象出来了。更令人惊奇的是,1861年,凡尔纳在一部科幻小说中曾预言,美国佛罗里达州将设立一个火箭发射站,发射飞往月球的火箭。100年以后,即1961年,美国真的在佛罗里达州发射了第一艘宇宙飞船。凡尔纳的1 000多项幻想目前大多变成了现实。科学幻想是以已有的科学知识为出发点,而不是脱离人类知识的胡思乱想,否则,人的想象就会变成空想。

(2)联想。联想在创新思维中起着举足轻重的作用,它要么启发人们的创新思维,要么成为人们科学创造的直接动力。联想就像四通八达的交通网,是保证思维畅通的重要条件。丰富的联想使人的思维富有联动性和流畅性。正如英国生理学家贝弗里奇所说:“独创性常常在于发生两个或两个以上研究或设想之间的联系或相似之处。而原来认为这些对象或设想彼此没有关系。”

心理学家常用语词联想检测人的创造性,例如,我们可以通过联想的方式将天空与茶联系起来:天空——土地——水——喝——茶。如果没有丰富的想象力,这是很难做到的。可见,联想是创新思维的特征。

①相似联想,即在两件相似的事物之间建立起思维的联系。英国医生邓禄普看到儿子在卵石路上骑自行车,因车轮没有充气内胎而颠簸。后来他在花园里浇水,由富有弹性的橡胶水管产生联想,用橡胶水管制成了第一个充气内胎。美国一位制瓶工人偶尔见女友穿了一条漂亮的裙子,裙子的膝盖以上部分较窄,显得腰部线条更优美。这位工人联想到玻璃瓶子,从而设计出了别开生面的“可口可乐瓶”。这些发明创造主要运用了相似联想的原理。

②接近联想。接近联想就是根据事物在空间或时间上的接近进行思维的过程。考古学家在进行考古发掘时主要运用接近联想。

③对比联想。“大漠孤烟直,长河落日圆。”谁也不会不为诗人富有创意的联想所折服。诗人这里运用的是对比联想。由“直的孤烟”联想到“圆的落日”,使人产生无限的遐想。这种根据事物间的形状、结构、性质、作用等方面存在的差别或互相矛盾的关系引发的联想,就是对比联想。其特点是使人从事物相反的特征中引出巧妙的创意。

④因果联想。因果联想也是创新思维的重要形式。所谓因果联想,就是由一事物的因果关系联想到另一事物的因果关系。在面包中加入发酵剂能使面包松软,可联想到在塑料中加入发泡剂能使塑料制品轻软而省料。

此外,还有飞跃联想、逆向联想。上面提到的语词联想实际上就是飞跃联想,而“炒冰”锅的发明则是逆向联想的结果。

(3)直觉。直觉是对认识对象在短暂时间内产生某种直观性认识的心理活动。爱因斯坦关于创造原理的思想可以简单地表述成这样一个公式:经验——直觉——概念或假设——逻辑推理——理论。直觉对人类的创造活动来说如此重要,这是直觉引起大家关注的一个重要原因。

直觉作为人的心理活动,有以下三种形式:

①直观判断。在创新思维中,某些设想、观念、概念的形成并非一定要经过严格的逻辑程序,而是在知识、经验的基础上,通过直觉直接获得。

②猜测或预感。根据事物出现的部分信息乃至一点点端倪,就能预感到或猜测到事物发展的结果或结论的意义。猜测或预感常常是科学发现或发明的前提。弗莱明发现青霉素,居里夫人发现镭,都是“以直觉的预感击中了正确的目标”。

③洞察力。洞察力是直觉的高级形式,就是我们常说的“一落叶而知秋”,

"窥一斑而见全豹"。敏锐的洞察力是创新思维的重要条件,它能使人在错综复杂的情况下迅速排除假象,抓住问题的本质。

直觉的特点是:首先,直觉是以丰富的知识、经验为基础。直觉是超思维的,它来源于人类长期积累的丰富知识和经验,是对现象的直观判断。"瑞雪兆丰年";"星星眨眼,离雨不远";老中医通过望、闻、问、切就能知道病在何方。其次,直觉的产生离不开人类长期的创新思维和创造性想象。直觉是人类长期的创造性活动的产物。没有人类的创造性活动,就不可能有创造的直觉。彭加勒认为:"逻辑是证明的工具,直觉是发明(创造)的工具。"直觉的形成具有高速性,直觉是创新思维的结果,但它又不依赖创新思维的过程。它常常超越创新思维的过程而突如其来,使人有一种得来全不费工夫的感觉。

但是,直觉毕竟是"直觉",它必然地存在局限性。一般认为直觉有三个缺点:一是直觉没有论证力量;二是直觉中一部分是普通常识,而常识是保守的;三是直觉不够精细。因此,在创新思维活动中,我们应该正确认识直觉的作用。

(4)灵感。灵感并非是上帝的手,看不见,摸不着。所谓"长期积累,偶然得之",即灵感也。"山重水复疑无路,柳暗花明又一村",灵感就是山穷水尽时的"柳暗花明"。因此,灵感也被称为"顿悟"。

灵感的特点有:首先,灵感的产生是以强烈的创造欲为前提的,没有强烈的创造欲,思维就不可能完成由量变到质变的飞跃。其次,灵感也是创新思维的产物,灵感产生于创新思维活动,是人类创新思维长期积累的结果。一个缺乏创新思维的人,其思维如一潭死水,波澜不兴,是谈不上灵感的。再次,灵感的产生具有突发性和飞跃性。所谓急中生智的"智",就是指灵感。最后,灵感一旦产生,如果我们不给予强化,它就会稍纵即逝。因此,我们要善于抓住机遇,捕捉灵感,提高自己创新思维的能力。

直觉和灵感作为非逻辑思维方法,与逻辑思维方法是辩证统一的关系。它们在创新思维活动中常常是相互补充、相互促进的。在逻辑方法走不通的地方,科学就需要用非逻辑方法开辟新道路。但是,即使是最卓越的想象力、直觉和灵感,其认识成果也必须经过逻辑整理加工,否则,它们就不能成为真正的科学知识。因此,在创新思维中,我们应将逻辑创新思维与非逻辑创新思维有机地结合起来,这样才能不断提高我们创新思维活动的水平。

三、创新思维的方法

创新思维离不开科学的思维方法。只有掌握科学的创新思维方法,才能保证创造活动高速、有效地进行,从而最大限度地发挥人的创造潜能。要掌握创新思维的方法,我们应该首先对创新思维的形成原理有一个基本了解。

对于创新思维是如何启动、形成和完成的,大多数心理学家都认为这是一个多因素作用的结果:既有内在动因,又有外在动因;既有智力的因素,又有非智力的因素。

创新思维的动因分为内在动因和外在动因。内在动因主要包括心理的整合原理、流动原理和调节原理。

所谓整合原理,是指创新思维是各种心理因素高度有机整合的结果。它既是观察力、记忆力、想象力、思维力等智力因素的有机结合,又是智力因素与意志、毅力、情感等非智力因素高度结合的产物,它既是发散思维与收敛思维、纵向思维与横向思维等思维过程的有机渗透,又是分析与综合、抽象与概括、归纳与演绎等逻辑思维和想象、联想、直觉与灵感等非逻辑思维的合理交叉。创新思维不是独立于其他各种思维方式和方法之外的思维方式,相反,它是有机渗透于其他各种思维方式之中的,是各种思维方式和方法高度有机整合的结果。在现代科学创造中,人们越来越重视智力的整合作用。

所谓流动原理,是指创新思维是随着人类认识活动的深入而不断运动的过程。创造是人的本性要求,这一内在要求使得人不断地努力发挥自己的创造潜能,使人的思维处在高速流动的过程中。这种流动表现在:首先是按人的自我发展的需要流动,正因为如此,才有"愚公移山"的伟大创举。其次是兴趣和爱好流动,强烈的兴趣和爱好是集中注意力、推动人类创造活动的巨大力量。再次是按智能结构层次由低向高流动。智能在创新思维中虽然不是决定性的条件,但却是不可缺少的重要因素。从个体的发展看,没有智能的发展,就不可能有创新思维的发展。

所谓调节原理,是指创新思维是随着人类认识活动的变化而不断变化的过程。我们应当不断根据创造活动的需要调节我们的目标,使之更加符合我们的实际。因循守旧,墨守成规,是不可能产生创新思维的。

关于创新思维的外在动因,有学者总结为信息轰击原理、群体激智原理和压力原理。

所谓信息轰击原理,是指创新思维的形成仰仗信息量的轰击。丰富的信息是诱发创新思维的重要条件。具有高度创新思维的人往往博学多识;相反,孤陋寡闻、孤芳自赏的人是不可能产生创新思维的。所以我国古代有"读万卷书,行万里路"之说。灵感总是光顾有准备的头脑,在生活中,我们应学会多看、多听、多写、多想、多记。

所谓群体激智，是指创新思维常常形成于“群体的智慧”。“三个臭皮匠，抵个诸葛亮”。争论、辩论、讨论等都是捕捉、创造信息的重要形式。国外的创造学家称这种形式为“智力爆炸法”。富于创造的人总是善于吸取群体智慧的。具有创造欲望的人，是不怕压力的，相反，他们常常能将压力转化为动力，成为推动他们从事创造活动的巨大力量。

在基本了解了以上所述的创新思维原理之后，我们再来看创新思维的几种主要方法。

（一）要素分解法

任何事物都是由一定的要素构成的。所谓要素，就是构成事物的基本单位及其关系，它表现为事物的功能、结构、特征、性质、构造及质量等信息。比如冰箱，其功能是保鲜食物和存储食物；其结构是由冷冻室、冷藏室、压缩机、食物架、散热器和外壳等主要部分组成；其特征包括是单门的还是双门的，是单功能的还是多功能的，是小容量的还是大容量的；其性质是环保的还是非环保的。可见，要素反映了事物的多侧面性和多方位性，它是关于事物的一切信息的总和。

事物都是由各种要素构成的，因此，任何事物都可以在客观和主观上分解成各种要素。要素分解法是将事物分解成各种要素或单元，或将事物的某一或某些要素从事物中分离出来，由此进行创新发明和寻求解决问题的思维方法。

要素分解是我们认识事物的重要基础和前提。要素分解法是一种重要的思维方法。当我们的思维受到阻碍的时候，在造成思维障碍的地方，对事物的要素进行分解分析，是推动创新思维的有效方法。

1.要素分解法的作用。

（1）完善的作用。通过分解，对现有的要素进行研究和了解，使思维更加周密细致，使我们的思维在不断完善中得到创新。

（2）延伸和扩展的作用。通过要素的分解或分析，能不断延伸和扩展我们的思维触角，不断挖掘事物的新信息，为我们的思维提供丰富的信息资源。

（3）删除或减缩的作用。要素分解有利于发现事物的缺陷和不足。通过不断地改进、改良，删除或减少事物的缺陷和不足，是创新发明的重要途径。

（4）调整的作用。根据人类生活和社会发展的需要，运用要素分解法，对原有事物的结构、功能和特性等要素加以调整，使之更加符合人类的需要、愿望和理想。

2.要素分解法的细分。作为一种创新思维的基本方法，对要素分解法可以进行各种各样的具体运用,较常见的有:结构分析法、重点思考法、特征列举法和设问法。

(1)结构分析法。它是通过分解事物的结构要素、分析事物的结构特点,进行创新思维的方法。田忌赛马以弱胜强就得益于结构分解法。有一天,齐威王要与田忌赛马。他们商定把马分为上、中、下三等进行比赛。但是,田忌的马不如齐威王的马,如何才能赢得胜利呢?田忌想了一个办法,他用自己的下等马、上等马、中等马分别对齐威王的上等马、中等马和下等马。这样,田忌除了第一局失利外,后两局获胜。结果,田忌以 2 比 1 战胜了齐威王。田忌运用结构分解法分析比赛的形势,改变了赛场的顺序,以弱胜强,赢得了胜利。

(2)重点思考法。它是通过要素分解分析,找出需要解决的重点问题、重点环节和重点步骤,以点带面,创造性地解决问题的方法。德国人杜瓦发明保温瓶以后,保温效果一直不理想。我国科技人员经过对保温瓶进行分解和分析后发现:保温瓶瓶塞部分的散热量占整个保温瓶散热量的60%。于是科技人员把瓶塞作为重点研究对象。经过努力,科技人员发明了一种新型塑塞,其底部增加了一道聚乙烯塑料密封环,大大提高了保温效果。倒入的开水,24 小时以内温度仍不低于 80 度。重点思考法是以要素分解分析为前提,将要解决的问题从整体中提取出来重点突破的创造性思维方法。

(3)特征列举法。它是要素分解法中最常见的创新思维方法之一,是将事物的各种特征、缺点以及对有关事物的希望、理想等列举出来,从中不断地分析和寻找创造革新的可能性的思维方法。这一方法包括特征列举法、缺点列举法和希望列举法(理想列举法)。

①特征列举法是由美国内布拉斯加大学的克罗福特(Robert Crawford)提出来的。他认为,可以把产品的特征按名词特征、形容词特征和动词特征一一列举出来,通过研究如何改变这些特性而使产品变得更好。产品的名词特征是指产品的整体、分部、材料;形容词特征是指产品的性质、状态;动词特征是指产品的功能。某制造商想设计一种新式样、穿着舒适的拖鞋。为此,他先列出了现有拖鞋的名词特征和形容词特征:

结构——鞋底、鞋面;

材料——塑料、布、人造革;

制法——粘胶法、制孔法;

性质——轻便、不吸水、有弹性。

经过分析,厂商认为革新的关键是鞋底。于是,他开始寻找新的适于做鞋底的材料。一天,他看到一份介绍多孔橡胶和合成树脂特征的资料。它们的弹性大,并且经久耐用,重量轻,不怕酸碱腐蚀,气泡是一个个独立的,不吸水,能隔音,绝热性好。厂商觉得这类材料特别适于做鞋底。不久,泡沫底拖鞋就问世了。特征列举法是逻辑划分在创新思维中的具体运用。

②缺点列举法。任何事物都不是十全十美的。弥补事物的缺点和缺陷,是进行创新发明的重要途径。缺点列举法就是尽可能地列出事物的缺点和缺陷,从中寻找创造发明的可能性,用以克服事物的缺点和缺陷的思维方法。日本的鬼冢八郎研制的凹底篮球鞋就是缺点列举法的典型事例。

鬼冢八郎决定生产运动鞋。受资金的限制,他不可能研制新的运动鞋,于是从改进运动鞋入手。他走访了篮球运动员,收集现有运动鞋的缺陷。队员反映:"现在的球鞋易滑,止步不稳,影响投篮的准确性。"有一天,鬼冢八郎吃鱿鱼,鱿鱼触角上的吸盘启发了他,他决定把鞋底从平底改成凹底,这种凹底鞋克服了平底鞋止步不稳的缺点,投入市场后,大受欢迎。

利用缺点列举法首先要观察、发现事物的缺点,这是关键;其次要针对缺点,不断地去改进,创造更好、更新的事物来取代它。

③希望列举法。它是指从未来入手,将人们对产品的希望和理想作为创新的出发点和目标,在希望中寻找创新的目标和可能。日本的圆珠钢笔制造公司曾一度纷纷倒闭。制造商中田君也陷入了困境。于是他希望生产一种笔来摆脱困境:

——圆珠钢笔不漏水;

——圆珠磨损变小,但又不至于立即脱落;

——墨水写在纸上不浸;

——制成双色;

——可用于复写纸复写。

有一天,他产生了这样一个想法:省掉圆珠照样可以写字。于是,他设计出了一种铅笔圆珠笔钢笔,兼有铅笔、圆珠笔及钢笔三者的特征,结果大受欢迎。

(4)奥斯本检核表法。奥斯本检核表法的创始人是奥斯本,他有创造发明之母的美称。奥斯本检核表法是在总结前人发明创造的基础上设计出来的,它是能够大量开发创造性设想的一种创造技法。它要求人们在创新思维过程中把所遇到的问题划分为几个方面,以问题的方式列举出来,作为拓展思路的依据。由于此法提示性强,开拓面广,新设想的诱发率高,因此适合于各种场合的创造性活动,具有较强的代表性,成为最有名、最受欢迎的一种设问法。

奥斯本检核表法的主要内容有：

- 现有的产品是否有其他用途？对之稍加改变后能否有新用途？
- 有无相似的、可以模仿借鉴的东西？
- 改变现有用品的色彩、声音、气味、样式与类型，能否产生新效果？
- 能否扩大或添加些什么？能否延长时间，提高效率或增加强度？
- 能否缩小或减少些什么？能否微型化？能否浓缩、更低、更矮、更轻便？
- 能否用别的材料、元件、方法代替？
- 能否重新排列组合？能否采用其他顺序或布局？
- 能否正反、上下、里外、目标、手段颠倒？
- 能否进行装配组合、目的组合？

（二）要素组合法

与要素分解法相反，要素组合法是通过把组成事物的要素根据一定的目的和需要，按照不同的方式、方法和原理加以联结、组合和综合，进行创新发明的方法。组合法就像儿童用积木搭房子，搭了拆，拆了再搭。许多发明创造就是各种要素的切割和重新组合。

1.要素组合法的作用。要素组合法具有以下作用：

（1）形成新的信息。不同性质、功能、结构的事物组合在一起会产生新的性质、新的功能结构的事物。最初的录音机与收音机是分开制造的。后来，人们把收音机和录音机组合在一起，发明了组合式收录机。

（2）形成新的性质。不同特点的事物加入新的要素以后，会使事物的性质产生变化。许多边缘性的学科雨后春笋般地出现，日益改变着世界发展的方向，就是因为现代科学不断渗透和融合，使新的学科、新的研究领域不断产生的结果。

（3）形成新的功能。要素重新组合之后，事物的功能不仅得到进一步加强，而且更加多样化。功能组合是创新发明的基本方法。为了满足家庭方便、实用的需要，科学技术人员将开发出越来越多的多功能产品。功能的分解与组合成了创造发明的重要途径。

（4）形成新的特征。要素通过重新组合以后，可以赋予事物新的特征。我国的长征系列火箭就是根据要素的不同组合研制的。

要素组合不是各种要素的机械相加，而是根据需要选取事物的某些要素，按照科学的原理有机结合，从而进行发明创造的过程。因此，要素组合必须遵循一定的科学规律。

2.要素组合的形式。要素组合的基本形式有以下几种：

(1)插入式,即将某一或某些要素插入到另一事物中去,形成新的产品的创新思维过程。多功能产品大多是采用插入式的方法获得的。

(2)辐射式,即把某一要素与其他多个要素或事物相结合进行创新的思维过程。信息交合法就是典型的辐射式组合。

(3)系统化,即把构成事物的要素进行分解后,按照某项新的标准加以整理综合,建立新的要素系统。门捷列夫元素周期表就是通过分解系统化发现的。

(4)调整,对构成事物的现有的系统要素在结构和功能等方面进行重新调整和组合,促进产品的更新换代。

3.要素组合法的运用。要素组合法是诱发创新思维的重要方法和手段,它为我们的创新思维提供了广阔的思路。对要素组合法的具体运用主要有“信息交合法”和“协调选择法”。

(1)信息交合法。所谓“信息交合法”,即把思考对象所有的信息要素按照不同标准分成若干类,每一类作为一条坐标轴,然后根据需要,将各坐标点有机地结合起来,从各种信息的交合点入手进行创新的一种思维方法。我们在坐标上能找到许多坐标点,每一个坐标点都是两个或多个要素信息的组合。对不同信息要素进行去旧取新,就是创新思维的过程。信息交合法是一种辐射式要素组合法,它便于我们打破传统思维定式,为创新思维提供丰富的信息资源,大大提高创新思维的水平。我国科学家许国泰教授能说出曲别针的 1 000 多种用途,就是运用了信息交合法。下面我们以食品为例,说明信息交合法的操作过程。

食品是坐标点,以食品的时间特征、类型特征、民族特征、地区特征、对象特征等建立信息坐标。按食品的时间特征可分为:汉代、宋代、清代、20 世纪末、21 世纪初和 21 世纪中期等;按食品的类型特征可分为奶类、面类、汤类等;按食品的民族特征可分为汉族、回族、藏族等;按食品的用途特征可分为旅行、营养、宇航等;按食品的地区特征可分为中国、美国、英国等;按食品的对象特征可分为儿童、青年、老年等。然后连接不同的信息坐标点,形成新信息,产生不同的发明创造。

如果把各种不同类型的信息加以交合,便会产生无数与食品有关的新产品、新创造。如将类型轴与时间轴的信息进行交合,就会有“20 世纪末的奶类食品”、“21 世纪初的奶类食品”、“21 世纪中期的奶类食品”等新信息。如果把类型轴与地区轴的信息进行交合,就会产生“中国的面食”、“美国的面食”、“英国的面食”、“旅游食品与外国风味”等新的信息。

信息交合法一般分四步进行:

第一步,确定坐标原点,并将思考对象分解成若干单独的信息要素,如食品是原点，其他信息则是信息要素。

第二步，把各种信息要素按照其特征连接起来，组成信息标（纵坐标、横坐标、斜坐标等），如对象标、类型标、时间标、民族标。

第三步，连接不同的信息标（点），组成新的信息反应物。如“20 世纪末的奶类食品”等。

第四步，从产生的新信息中选择合适和需要的新信息。

信息交合法是一种发散性思维方法。其优点在于：首先，能使人们的思维从无序状态转入有序状态，变临时性的、随机性的冥思苦想为自觉的、有步骤的科学思考；其次，能使人们的思维从抽象状态变为具体的、形象的思维状态；再次，能更自觉地训练人的大脑，发挥大脑潜在的智慧资源，调整人的智能结构，提高人的智力层次。

（2）协调选择法。它是在同一产品的基础上，对构成产品的不同要素进行合理的选择，或从其他事物中选择某些要素进行分解组合，开展创新发明的思维过程。

以易拉罐的发明为例。在易拉罐发明之前，人们只能在瓶盖上挖个小孔，然后用管子吸饮料，既费力又不方便。于是，技术人员开始研究如何非常容易地在瓶盖上开个口子。

技术人员从自然界开始研究：哪些东西是能自动张口的呢？他们选择了具有开口功能的蛤蜊、凤仙花的荚果以及火山口等作为研究对象，对它们的结构、作用、属性等进行仔细的研究，寻找有用的材料。他们发现：蛤蜊能一开一合，是因为它的壳内有一道俗称瑶柱的肌肉，一开一合就是由这道肌肉的抽紧或放松来进行的。凤仙花的荚果在成熟后啪地裂开了大口，原因是荚果的外皮有一部分有裂缝，在裂缝上有细细的筋拉合着，因此，荚果的口看来是密合的，一到秋天，荚果成熟，那些细筋枯萎没力了，弹力就使荚果张开了口。火山口的形成则不同。火山口所在之处，下面有熔岩往上涌。哪儿的地壳比别处薄，地下熔岩的能量大，哪儿就成为火山口。

易拉罐就是选择了蛤蜊开口的原理、凤仙花荚果开口的结构和火山口的形成原理，将它们的特征加以协调综合而发明的。

利用协调选择法进行发明创造的事例经常见到：美国纽约有一家人造猫商店，生意十分红火，因为这种人造猫能发现老鼠并自动跟踪捕捉。这种猫眼内装有红外传感器，能指挥每条腿活动自如，腿上装有微处理器，遇到“敌人信息”，即会迅速采取对策。日本研制的“人造鲸”与其有异曲同工之妙。日本人用塑料制造的鲸鱼,体长 5 米,身上装有录音机、放音器及捕杀器,能不时发出鲸鱼的吼叫声。日本海附近海豚十分猖獗,成群结队,大量吞食海鲜,但一听到“鲸”声,便吓得掉头逃窜。

(三)关联推导法

任何事物之间都有着千丝万缕的联系,那些表面看来没有任何联系的事物,也能通过我们人类的主观意志将其联系起来。因为,唯独人类所具有的思维具有超越时空的能力。然而,真正具有创造力的人,是那些能从表面看毫不相干的事物中发现它们之间的内在关联,进而“创造”出它们之间关系的人。

关联推导法就是一种“创造”事物之间关系的方法,是利用事物之间相同、相仿或相反的关系,从一种或一类事物可以推导或推论出另一种或另一类事物具有的功能、特征、结构以及关系,由此进行创新发明的思维方法。创新思维不仅在于能从事物看得见的关联中寻找创造的火花,更重要的是能从看不见的关联中“创造”事物的关系,从而点亮创造的明灯。汉字是中华文明古国的重要象征,现代汉字起源于象形文字——形音的有机结合,中国的象形文字就是运用了关联推导法而发明的。

关联推导法是演绎推理的重要形式,在思维中,主要是运用比较的方法。它主要有三个特点,即相似性或相同性、求同性和选择性。相似性或相同性表现为关联推导的前提,求同性表现为关联推导的结果,选择性表现为关联推导的目标或目的。

1.关联推导的作用。它能使我们不断调整思维的方向,在比较中不断获得创造发明的新信息、新观点和新方法。我们知道:牛顿受到苹果落地的启示,解开了万有引力之谜;伦琴从高压真空管造成的荧光现象中发现了 X 射线;贝克尔从铀盐使底片感光的现象中发现了放射线;琴纳从挤奶女工不患天花的现象中发明了牛痘疫苗。可见,关联推导法在科学创造中占有很重要的地位。关联推导法主要运用的是原型启发和特征迁移的原理。

关联推导在创新思维中的主要作用有:

(1)功能创造。通过功能上的关联,创造出具有相同或相似功能的新产品,在功能上发明创新。

(2)性质创新。通过关联赋予事物新的特征。比如:在用传统的工具打不通厕所下水管的时候,有人想到了泥鳅,这样就使泥鳅获得了新的特性。

(3)结构创新。将一事物结构上的特点移植到另一事物上,使事物在结构上获得创新。

(4)特征创新。利用事物的特征,创造具有相同或相似特征和特点的新产品。如根据面包多孔的特点,发明了多孔橡胶、多孔砖和多孔玻璃。

(5)问题移植。运用事物的关联性,举一反三,转移经验,创造性地提出解决问题的新思路,或设计创造新产品。问题移植实质上就是迁移或借鉴。

2.关联推导的形式。按推导的方向,关联推导可分为两种:一种叫正向关联推导;一种叫逆向关联推导。正向关联推导与逆向关联推导是相反的过程。根据事物的相同性或相似性,通过类比、模仿和联想等进行的思维过程就是正向关联推导。通过正向关联推导,创造出具有相同特点和功能的新产品、新方法和新理论。正向关联是一种因果关联,它为新的发明创造开辟了道路。根据事物的还原性,由结果推导条件或原因的思维过程是逆向关联推导。逆向是一种果因关联,它在由结果分析事物的原因中起着重要的作用。因此,逆向关联推导法又叫还原法。公安人员分析案情时主要用的就是逆向关联推导。英国医生弗莱明在地下室意外地看到了污染的霉菌吞噬葡萄球菌的现象,这种现象许多科学家都见过,但他们都认为葡萄球菌是被霉菌夺取了营养成分而饿死了。而弗莱明进行了大胆的猜测,是不是吞噬葡萄球菌的这种霉菌本身具有杀菌作用呢?后来证明他的想法是对的,他成了青霉素的发现者。弗莱明从霉菌吞噬葡萄球菌的关系出发,找到葡萄球菌被吞噬的原因,发明了青霉素,这就是逆向关联推导。

3.关联推导法的运用。关联推导法在具体运用中又可以进行细分,细分后的方法有:

(1)类比法。类比法是指通过两个或两类现象进行比较,找出它们之间的相同点或相似点,以此为依据把其中对某一种或某一类对象的有关知识和结论推论到另一个或另一类对象上,从而推论出它们也可能具有与被类比对象相似或相同规律的方法。类比法广泛适用于自然科学领域的各个门类,使科学从一个学科领域过渡到另一学科领域。类比法在创新思维中的作用表现为:一是类比法能不断触发创造灵感的产生,导致科学的发现。德布罗意提出物质波假说,就是他在对力学和光学理论的比较研究中,发现有许多相似之处。由此进一步通过类比提出了物质波定量显示——德布罗意关系式,从而为量子力学奠定了坚实的基础。二是类比法是导致重大科技发明的诱因。造桥专家布伦特曾经为找不到在深水架桥的方法而苦恼。一次,他看到蜘蛛吊丝拉网,茅塞顿开,发明了不需在深水处筑桥墩的斜拉桥。

类比法在创新思维中的运用是相当广泛的。借用事物间的特点、特征的相互启发,是诱发创新思维的重要条件。瑞士的乔尔吉·朵麦斯特拉尔发明的"钩拉黏附带”就是运用类比法的杰作。他在一次狩猎经过灌木丛时，裤子上沾满了苍耳。在放大镜下，他看到苍耳上布满了密密的小尖刺，每一个小尖刺上都有一个细细的倒钩。他由此想到，利用这种小小倒钩尖刺的构造制造一种一贴就能黏附住，一拉又能松脱开的尼龙布带。“钩拉黏附带”就是类比苍耳上的小倒钩尖刺发明的。这种黏附带可替代纽扣、拉链等，被广泛使用于服装、轻工、军事等方面。

科学家由企鹅腹部紧贴雪地，双脚蹬动，在雪地上飞速前进的原理，设计出一种极地汽车，也使其宽阔的底部贴在雪地上，用轮勺推动；由海豚的流线形体和特殊构造的皮肤，设计出具有同样形体和用橡胶仿制的“海豚皮”潜艇，使潜艇像海豚一样能在水中快速前进。

以上是结构和功能的类比。类比的范围是相当广泛的。一般来说，类比物之间的相同性或相似性越多，越接近被类比物的本质，类比正确的可能性就越大，创造发明的概率也就越高。因此，我们在类比的过程中一定要抓住事物间的相同点，尤其是类比的本质。

(2)模拟法。模拟法就是按照一定的原型，设计出具有类似功能、结构、特征和作用的物品的思维方法。模拟法又叫模仿法，它是关联推导法的重要方法之一。

创造始于模仿，但模拟法作为一种创新思维方法，并不是简单的机械模仿，而是一种在理解的基础之上的创造性模仿。模拟法是利用事物的关联性，通过模仿进行科学创造的一种重要的思维方法。美国人杜里埃仿效妻子所用的喷香水的化妆器具研制出了内燃机的汽化器，大大提高了内燃机的工作效率。

模拟法的思维机制主要是运用原型启发。它具有三个特点，即选择性、求同性和形象性。它总是选择一定的原型或原型的某一方面作为模拟的对象，这是创造性解决问题的关键。模拟思维是一种异中求同的思维方法，它是利用事物或事物某一方面的相似或相同的属性来解决问题的。

(3)移植法。它是指把某一学科领域的科学要领或科学技术成果运用到其他领域，从而导致创新的思维方法。简言之，就是参照和引进其他领域的知识经验来解决所面临的问题。移植法也是关联推导法在科学创造中的具体运用。

法国化学家巴斯德在解决啤酒发酵问题时，发现腐烂是由细菌引起的，这一发现被美国外科医生李斯特移植到医疗技术中，从而改进了外科手术的消毒方法。

移植法可分为三类：

一是科学要领的移植，即把某一学科领域的基本要领引入到其他学科，导致其他学科的理论突破。如把力学概念引入地质学,创立了新的地质力学理论体系。

二是技术手段的移植,即把一个领域中的技术手段移植到另一个技术领域,根据新的技术要求进行变换和组合,从而导致新的技术发明。如美国的斯廷豪斯把开凿阿尔卑斯铁路隧道时运用的压缩空气新技术移植于火车动力制动装置中,发明了火车的空气制动器。

三是技术功能的移植,即把一些通用技术所具有的独特功能以某种形式移植于其他技术领域,从而导致技术功能应用领域的拓宽。如上面提到的巴斯德发明的新的外科手术消毒法。

(4)强制关联法。在创新思维的训练中,有一种常用的方法就是强制关联法。所谓强制关联法,就是为了某种目的和需要,把一些表面毫无联系的事物或现象"无中生有"地"联系"在一起,寻找它们之间的内在联系。这种方法能极大地激发我们的创新思维,在创造性地解决问题的过程中常常起着出奇制胜的作用。如木质和皮球是毫无联系的概念,但是我们能通过联想将它们联系起来。由木质想到树林,由树林想到田野,由田野想到足球场,由足球场想到皮球,即木质——树林——田野——足球场——皮球,这样就将木质和皮球联系起来了。这里主要运用了飞跃联想的方法,将它们强制联系在一起。

强制关联法在创造发明中有着重要作用。用煤油代替汽油在当时看来是不可能的。后来有人见到了一种野花,他发现,由于这种花的叶子是红的,所以它的花能在早春季节的雪地里开放。这个人由此联想到如果煤油吸热能更快一些,煤油就容易汽化。假如把煤油也染成红色,它是否也像野花的红叶子那样能更快地吸热呢?试验结果相当满意。煤油和野花没有任何联系,但是通过强制关联法使它们联系起来,使问题得到了创造性的解决。这是强制关联法在科学创新中的典型运用。

案例评析

为人民服务的民族品牌①

上汽通用五菱:人民需要什么,五菱就造什么

2020年,疫情席卷中国,在防疫资源紧缺、复工复产极为艰难的时刻,上汽通用五菱(后简称"五菱")不仅依托其国际布局向柳州市政府捐赠20 000只海外采购的医用口罩,还将无尘车间改造成防护口罩生

① 陈先红,宋吉武. 公共关系与社会责任[J]. 经济管理,2005(15):19-21.

案例评析

产线，用时76小时造出第一台五菱牌口罩机，“再次刷新五菱速度”。2020年2月13日起，一盒盒印有“人民需要什么，五菱就造什么”的防护口罩从五菱车间被运往抗疫、生产、新闻报道第一线。2021年央视春晚，现场观众佩戴的绘有牛年印花和五菱LOGO的红色联名口罩再次吸引了观众们的眼球，话题“春晚红口罩”冲上微博热搜，五菱又实实在在地火了一把。

回顾五菱的发展史，不难看出，“人民需要什么，五菱就造什么”并不是一句空话。五菱曾经只是一家诞生于广西柳州河西村的生产资料制造企业，生产过船用发动机、拖拉机、缝纫机、织布机。改革开放后，以五菱宏光为首的微型商用车使五菱成为一个走量的品牌。最多的时候，这款车一年能销售65万台。但是，就算此时，五菱都未真正进入家用型汽车市场。

正是因为多年积累，让五菱练就了一身不畏转型、拥抱发展的本领。从1958年到2022年的64年来，五菱根据国家经济发展方向、技术变革、市场需求已经取得过多个阶段性进步。不管是从制造生产资料转型到生产微型商用车，还是从商用车到乘用车的过渡，抑或是从乘用车向新能源车的发展，五菱几经历练。

正是这样的沉淀，使五菱抓住了新能源汽车的发展机会。2020年6月，五菱MINIEV新能源车正式上市，这款售价区间为2.98万~3.88万元、续航里程为120千米的小型新能源轿车完美契合了城镇居民的日常代步需求，具有极高的性价比。小巧可爱的车身搭配官方贴纸更是在外观上给消费者提供了更多元的选择。一时间，互联网上掀起了一波五菱MINI改装热。五菱MINIEV与消费者需求的适配度不仅体现在销量上，也体现在日常使用率上。2021年1~10月，五菱宏光MINIEV以30.44万辆的成绩蝉联中国新能源车市场销量排行榜第一位，同比增长587.7%。同时在五菱后续针对小型电动车发展现状的调研中也发现，像宏光MINIEV这样的小型电动车，20公里内的短途出行占比高达95%，日活率高达94.7%，非常符合目标消费者的需求。

积极响应人民需求是五菱崛起的底气，也是五菱持续性发展的根本动力。

案例评析

鸿星尔克：用品质为国货品牌正名

如果说2020年五菱住在了微博热搜上，那2021年的鸿星尔克显然没有这样的好运。短短一个月内，鸿星尔克被网友推着，在舆论的浪潮里翻滚了好几圈，最终潮水退去，才得以安稳落地。

鸿星尔克的意外走红是巧合也是企业持续承担社会责任、厚积薄发的结果。2021年7月中旬，河南省遭遇罕见特大暴雨，发生严重洪涝灾害，出现大量人员伤亡和财物损失。7月21日，鸿星尔克在其微博官方账号宣布向河南捐赠5 000万元物资，消息发出当天并没有激起什么水花。7月22日晚，有网友在评论"感觉你都要倒闭了还捐这么多"，引起网民共鸣，推动话题"鸿星尔克的微博好心酸"冲上微博热搜榜第一，舆论迅速发酵。同日，鸿星尔克淘宝直播间观看人次超过200万元，单场直播带货的销售额超1 022万元。鸿星尔克在抖音直播创造的销售额也超过了1 500万元。

2020年，安踏全年总营收达355亿元，鸿星尔克仅有28亿元，且全年净利润为负2.2亿元，但在这次此河南洪灾捐款中，鸿星尔克与安踏一样向河南捐献了5 000万元物资。与鸿星尔克在捐款上的大方相比，其在企业宣传上却极为吝啬，官方微博连会员都没有买。这种强烈的"反差"感动了无数网友。一传十，十传百，网友自发支持的力量不断汇聚，效应层层叠加，最终造就了鸿星尔克的意外出圈和爆红，其微博官方会员甚至被网友赠送开到了2140年。

然而，随着热度而来的是部分网友的质疑甚至造谣。7月24日，有自媒体发表文章《捐了20万瓶冰露矿泉水的鸿星尔克，怎么捐出5 000万物资?》，质疑鸿星尔克捐助进度与承诺存在出入。在微博等社交网站上也出现了很多关于此事的讨论话题，甚至有不少博主企图带节奏争流量，称鸿星尔克是作秀，是商业操作，是诈捐。鸿星尔克的公关应对也非常及时且恰当。当网友在微博上要求鸿星尔克列出5 000万元物资明细时，鸿星尔克总裁吴荣照第一时间回应称："请网友们放心，这不是我们第一次做这样的事了。"并随即公布了物资明细、进展、去向等。7月25日凌晨，鸿星尔克通过官方微博发文称，"公司通过郑州慈善总会捐赠的3 000万元物资、通过壹基金捐赠的2 000万元物资正在

案例评析

紧锣密鼓地运输及发放中。”郑州慈善总会、壹基金立马也出来做了官宣,为鸿星尔克证明和站台。整个应对过程条理清晰、一清二楚,没有给任何人借机做文章的机会。

鸿星尔克面对负面舆论之所以能平安落地,既得益于常年真实的捐赠行为和经验,也离不开后续正确的公关策划做支撑。

盼盼集团:人民爱吃什么,盼盼就做好什么

和鸿星尔克相比,盼盼食品/饮料的走红就显然平淡了许多。

2022年3月19日,由于福建泉州疫情形势严峻,一位华侨大学的学生因为封校物资紧张,就试着给盼盼小红书官方账号“盼盼饮料官方”发了一条求助信息:“可以给我们华侨大学送点面包吗?”盼盼的运营人员看到后立刻联系了当地同事,第二天一早,盼盼食品就拉着一车物资送到学校。除了食品、饮料、日用品外,盼盼还专门为女学生们准备了女性用品。盼盼这一雪中送炭的行为温暖了学生以及众多网友的心,在感动之余,他们也在网上积极发声,希望这一低调的民族品牌被更多人看见。

其实从3月15日起,盼盼集团就已经着手调配多种物资不间断驰援泉州、晋江地区的抗疫一线。3月19日,盼盼集团再次向泉州捐赠500万元现金和物资。往前翻,2021年河南洪灾、2020年湖北疫情暴发、2013年雅安地震都有盼盼集团捐献物资、组织救灾队伍参与一线救援的身影。除此之外,盼盼集团每年都会参加公益慈善类活动,为贫困地区青少年儿童、残障人士送去温暖。作为一个食品饮料行业的老品牌,当国家、人民有需要的时候,盼盼总是在自己力所能及的范围内提供支持,却并不刻意声张。

就像盼盼饮料在其小红书官方账号说的那样,“或许你们在买零食的时候,不会第一个想到盼盼。或许你们觉得盼盼不够网红,甚至觉得包装有些老土。但每一次有困难的时候,盼盼总是冲在前面,因为盼盼是土生土长的国货民族品牌。”

(根据以下案例综合改编而成:“为人民造车是五菱崛起的最大底气”,https://mp.weixin.qq.com/s/qqJvQDfpKlaFZLiaH5SAig,环球时报;“鸿星尔克事件网络舆情分析(鸿星尔克社会责任事件)”,https://www.meiouad.com/hot/18437.html,美欧网;“沃德‘四思’:鸿星尔克到底做了什么,为什么会如此爆红?”,https://

案例评析

baijiahao. baidu. com/s? id=17067645205950 9744 1&wfr=spider&for=pc,沃德舆情观察;"盼盼冲上热搜!网友:早该火了",https://mp. weixin. qq. com/s/3-AB6cw3YEZ_0JBfqALTxw,Social Marketing;上了热搜的盼盼:中国慈善公益事业的积极践行者,http://news. sohu. com/a/532589478_100207327,IT新训;等等。)

评点:

是否只有精心策划的公关项目才能产生庞大的声量?上面三个案例或许可以带来许多新的思考。

在大部分用户的心中,企业的公共关系项目往往都需要经过系统策划,谋而后动才能获得理想的传播效果。如果将上述案例作为营销案例来看,它并不符合公共关系策划的所有特征,它不具有前导性(疫情、灾情往往是突发的),也很难说具有创新性(行为本身不具备创新性,后续的传播情况也没有人能预测)和系统性(没有做系统的传播策划)。这并不是说对于这些企业来说,公共关系策划不重要。恰恰相反,如何能恰到好处地接下突如其来的流量而不被其反噬,甚至后续还能借助此次事件进一步巩固甚至提升品牌形象,都需要品牌进行完善的公关策划。像鸿星尔克在面对"诈捐"风波时,先由总裁出面进行回应并迅速公布物资详情,再由官方账号对事件进行正面回复,最后由相关专业机构出面站台,一套"组合拳"让谣言不攻自破,这在一定程度上就是优秀的公关策划带来的益处。当然,企业的具体捐款行为本身就是一件需要周密计划的公共关系项目,从确定向哪里捐、捐什么,到如何对接、运送,都需要进行详细周密的策划、沟通和执行。

对于企业来说,参与捐赠项目或公益项目是企业社会责任的一种体现,也是一种信誉投资。企业通过捐款、扶贫、建设希望小学、拍摄纪录片等多种方式向社会提供帮助,同时也为自身树立值得信赖的企业形象,实现社会和企业的共赢。在学者看来,"社会责任正是公共关系的伦理基础",现代公共关系的发展让企业对自身社会责任更加重视,而社会责任理论的引导也让企业对于公共关系的定位和价值更加明晰。总的来说,灾后的捐助行为作为企业公共关系发展中的重要一环,既体现了企业的慈善情怀,反映了企业勇于承担社会责任,也具有一定的经济价值。

案例评析

在新媒体时代，互联网成为绝大多数人获取信息的主要来源。人们对事件的感知很大程度上不取决于这件事是否发生，而在于其在互联网上形成的传播声量。因此，明星或品牌会在一定程度上宣传自身的公益、捐赠行为，甚至不惜花钱购买水军或热搜来提升事件知名度，提高个人/品牌形象。或许正是因为消费者已经厌倦了"重营销"的互联网现状，才更加珍惜像五菱、鸿星尔克这样低调踏实的民族品牌。它们就像老一辈人，自己忙忙碌碌、勤勤俭俭一辈子，但只要国家人民有需要，什么都舍得给。在被流量、软广裹挟的互联网上，这样的真诚难能可贵，用户也愿意通过消费等行为为企业提供支持。当品牌和用户之间形成了以信任、真挚为基础的纽带时，品牌对外的公共关系也会更加的稳固坚韧。

当然，优秀的国民品牌并不止上述几家。河南水灾中捐赠了3 000万元物资的贵人鸟，向泉州捐赠了3 000万元现金和物资的恒安(知名产品品牌有心相印、竹π、安乐等)，残疾员工占比达1/3的白象……这些真诚踏实的民族品牌，每一个都值得被消费者看见。

案例阅读后，请思考以下问题：

1. 你怎么理解公共关系策划的三大目标：认知度、美誉度、和谐度？

2. 举例说明"整体性原则"的重要性。

3. "创新思维"最根本的特点是什么？

4. 要素组合法如何应用？试举例说明。

5. 结合案例，你能总结出这些优秀的民族品牌在公共关系策划上都有怎样的共同点吗？

第四章　公共关系策划的准备

学习要点

公共关系策划是一项复杂的系统工程，本章所阐述的是其第一个阶段，即准备阶段的工作。本章将告诉我们，在公共关系策划进行之前，我们需要掌握哪些信息、了解哪些资讯、准备什么样的工具、创造哪些条件。当准备充分以后，整个策划活动才能顺利进行。公共关系策划的准备工作既是策划大厦的基石，也是策划成功的前提。

【学习目标】

学习完本章,你应该能够:

(1)了解公共关系调查的功能、内容、程序和方法;

(2)了解公共关系调查报告的形成;

(3)熟悉信息的检索方法和途径;

(4)明确公共关系策划的目标公众。

【基本概念】

公共关系调查　信息检索　目标公众

对公共关系虽然有作为学科、状态、实务等多种理解,但更多的是指实务活动。公共关系人员根据公共关系工作的内在联系和规律,通常将其整个实务活动过程分为4步,这就是卡特里普和森特所提出的"四步工作法",即调查研究、制订计划、实施传播和评估结果。在他们之后,另一位公共关系专家马斯顿将这一程序概括成一个著名的公式,即RACE公式。在这里,RACE是公共关系实务活动的四个环节:R(Research)——研究,A(Action)——行动,C(Communication)——传播,E(Evaluation)——评估。根据我国的文化传统,我国公共关系学界通常又把四步工作法称为调查、策划、实施、评估四个步骤。那么,根据这四个步骤,又因为本书将"公共关系策划"作为重心,对作为一个工作阶段的"调查",我们这里仅作广义的理解,即"信息的收集与处理工作",也就是策划的准备工作。下面我们主要就公共关系调查、信息检索、公众分析来展开阐述。

第一节　公共关系调查

《孙子·谋攻》中说:"知己知彼者,百战不殆;不知彼而知己,一胜一负;不知彼,不知己,每战必殆。"这里实际上强调的就是信息对于战争谋划的重要性。公共关系活动同样如此,唯有获得足够的信息,其策划、实施才能取得成功,而信息获取的主要途径就是调查。

一、公共关系调查的功能

(一)提供有关组织形象的信息

公共关系调查的基本任务就是了解公众对组织的意见、态度及反应,对组织形象及其社会信誉做到心中有数,其目的在于寻求对组织形象自我评价与公众评价的差距,以便根据这种差距来调整和改变组织形象及信誉。

(二)为公共关系策划提供科学依据

公共关系策划是一项复杂的系统工程,它的每一步都必须以可靠、充分的信息为依据。比如,策划中对目标的确定,就必须掌握组织自身的信息、社会环境信息以及各种公众信息,这样才可能为组织进行形象定位,进而确定组织的总体目标和具体目标。又比如,策划中对主题创意的确定,就必须在掌握上述信息的基础上,参照种种相关的、可激发创意的信息,这样才能策划出新颖、贴切、可行的公共关系活动的主题创意来。总而言之,调查为公共关系策划提供了科学依据,使策划出来的公共关系活动方案得以实现。

(三)为方案审定提供参照标准

当公共关系方案策划完成后,一般还须由以组织领导人为首的权威人士进行审定。审定工作既要理解与把握策划者的思路与用心,更要以客观的态度,实事求是地对方案进行评判、优化、决策,这就需要有一定的参照标准。而最可靠、客观的标准当然不是策划方案本身或方案说明,也不是审定人主观的经验与好恶态度,而只能是调查所获得的客观信息。审定者通过对客观信息的逻辑推理,并对照策划方案,就可以得出科学的评判。

(四)公共关系调查本身具有公共关系效应

调查活动的开展,离不开调查人员与调查对象进行广泛接触,其接触本身就是在向公众传播组织的信息,有助于塑造组织可亲可敬的形象,而无论调查所得到的信息如何,调查本身均能起到一定的公共关系效应。理想的信息,对组织内部员工有激励作用,对外部公众有树立组织良好形象的作用。欠理想的信息,对组织有早期报警作用,是激起组织上下通过公共关系工作扭转形象的动力;对外部公众来说,则易于反衬出即将开展的公共关系活动的良好效果,变坏事为好事。

二、公共关系调查的内容

公共关系调查的内容十分广泛,主要有如下四个方面。

(一)公众舆论调查

在社会生活中,甚至在一般社会学和公共关系著作中,“公众舆论”、“社会舆论”以及“大众舆论”这三个概念都是混用的。实际上,这三个概念既有联系,又有区别:一方面,可以说社会舆论的主体比大众舆论或公众舆论的主体广泛;另一方面,则可以说社会舆论就是各类公众舆论(包括大众舆论)的总和。因为舆论是由问题组成的,而有多少个问题就有多少类公众,一般不存在能使社会生活中所有的人都感兴趣的问题(盖洛普民意测验发现,能让80‰的人都对同一特殊问题产生兴趣的可能性是极小的),因此也不存在抽象的社会舆论。所以,在社会学和公共关系著作中,人们最常用的是"公众舆论"和"民意",这两个概念的英文都是public opinion,而不是"社会舆论"。公众舆论或民意,是社会中特定的人们对于具有切身性、重要性、新异性和争议性的问题所公开表达的情绪性的一致议论和意愿。在现代社会中,公众舆论或民意为什么会越来越引起各种社会组织乃至整个国家的重视呢?从公共关系的角度来理解可以有以下三点:

其一,公众舆论或民意是公众共有的意向和态度,并且在一定条件下会以难以阻挡的力量直接转化为公众的行动,产生相应的社会效果。

其二,由于公众舆论或民意的主体——公众是社会组织的生存基础,也是社会生活的基本力量,并且随着社会民主化程度的一步步深入,这种力量不但一步步壮大,并且越来越体现出其独立性。所以,现代组织的生存与发展、现代社会的稳定和进步,就不能不建立在对公众舆论或民意的尊重之上。

其三,公众舆论或民意是反映基本的社会运行情况的晴雨表,也是衡量一切社会组织的政策和措施正确与否的试金石。任何组织、个人,如果不顾公众舆论或民意的向背,一意孤行,不但难以与公众结成良好的关系,而且会破坏自身的生存环境,从而导致自己走向绝路。

正因为公众舆论或民意如此重要,所以,公共关系实务活动就必须充分了解公众舆论、正确把握公众舆论。而对公众舆论的调查,即对公众的态度进行统计、测算,并用数据显示公众的整体意向,自然就成为公共关系调查的主要内容。

(二)组织形象调查

如前所述,组织形象,即组织的公共关系状态的三个最基本的指标是认知度、美誉度和和谐度。任何组织的公共关系活动都包含树立组织良好的形象,提高认知度、美誉度和和谐度。公共关系活动策划的前提,就在于对组织既有认知度、美誉度和和谐度进行调查和测评。

对组织认知度、美誉度和和谐度的调查,主要有简单调查和复杂调查两种。

1.简单调查。简单调查是以下列简单调查问卷,向经科学抽样的调查对象进行调查，从而得出组织知名度和美誉度的量化结果。

您是否知道××公司？

[ ] 知道

[ ] 不知道

您对该公司知道的深浅程度可以打几分？

1——2——3——4——5

您对该公司是否有好感？

[ ] 是

[ ] 否

您与该公司有或可能有关系吗？

[ ] 是

[ ] 否

通过如上简易调查，其结果与我们在公共关系目标中所阐述的三大目标衡量表结合，就可以得出组织形象度的具体指数。

2.复杂调查。复杂调查即把组织的认知度、美誉度和和谐度分解为若干子问题。比如，对一个企业来说，其组织的认知度、美誉度和和谐度可分解为产品质量、服务质量、品牌影响、广告的接受率和毁誉率、企业领导人的认知度和美誉度、企业职工队伍素质的社会评论、企业实力的公众评判、企业信誉的量化指标、企业发展前景的可靠性、企业内部文化建设的状况、企业与顾客的和谐度、企业与媒介的关系等子问题。然后对被调查者的回答情况进行量化统计，从而综合得出企业形象的认知度、美誉度和和谐度的量化指标。这种调查虽然比较烦琐，却能发现组织形象的长处及不足。

无论是哪一种组织形象调查，最后都要转化为定性判断。其定性判断的表述，就是上面我们曾经介绍过的“形象等级”(参见第三章第一节)。

（三）社会环境调查

公共关系调查还要广泛搜集一切同组织有关的社会环境信息。因为公共关系策划的目的，在于使组织与社会环境达到更高层次的和谐，因此，只有掌握了社会环境信息，才能实现公共关系活动的目的。

社会环境调查的内容十分广泛，主要有以下几个方面：

1.法律政策信息。它包括我国人民代表大会及其常委会颁布的各项法律，国务院及其各级人民政府制定的有关政策，这些法律法规对全社会均有指导和约束意义。为保证公共关系活动遵守法律、符合政策，就要进行相应的调查。

2.社会问题信息。公众意见往往受到经济的、政治的、社会的、思想的因素的影响。社会上发生的重大事件，产生的社会思潮，都会影响公众意见，还关系到组织的生存和发展。政府以及社会各方对这些重大社会问题采取的对策往往形成不可抗拒的社会趋势。如此，公共关系调查就要密切关注并追踪、研究这些问题。

3.社会公众信息。对一个社会组织来说，它所面临的社会公众是多种多样的，既有组织也有个人，既有政府也有企事业单位，既有顾客、合作单位也有竞争对手、传播媒介等。要进行成功的公共关系策划，就必须调查掌握相关公众的信息。比如，调查到竞争对手的最新动作，公共关系活动就可以考虑后发制人。

（四）公共关系活动条件调查

这里的公共关系活动条件调查，主要是指对开展公共关系活动的主客观条件进行调查研究。此类调查具有很强的实用性和机动性，它有时可在公共关系策划之前，有时则与策划活动交替进行。其内容可以分为两个方面：

1.公共关系主体的人力、财力情况调查。组织在开展某一公共关系活动之前，必须对参与的人力以及组织所能承担的财力进行调查分析。人力分析和财力分析都是围绕公共关系活动目标指向进行的，人力和财力应确保公共关系目标的实现。人力分析包括：组织要使公共关系活动得到圆满的实施，应派哪些人去参与这一活动；参加人员是从组织内部挑选，还是从专业公共关系公司挑选；所选择的人员有何专长，工作能力、经验和业绩如何，能否胜任工作；等等。只有对参与活动的人员进行认真的调查分析，选派合格的人员，并使选派的人员有一个合理的结构，才能保证公共关系活动的成功。财力分析从某种意义上来说也是一种投入产出分析，就某项公共关系活动来说，组织所能投入的资金有多少，可能取得的效益有多大，掌握了这些财力信息，才可能进行相应的公共关系活动方案的策划。

2.公共关系具体环境调查，即对开展公共关系活动的场地、设备以及各类规章和规定的要求进行调查。公共关系活动场地分室内、露天两种。场地调查要弄清场地面积、人员交际、食宿场所和流动通道等情况。公共关系的设备分家具和电子设备两种，均要通过调查做到心中有数。开展一项公共关系活动，同活动地点周围很多部门都会有联系，比如，交通部门、卫生部门、公安部门等，应事先了解这些部门的要求和规定,并争取得到它们的支持。

总而言之,公共关系调查的内容相当广泛,调查工作做得越全面、越细致、越彻底,公共关系活动的成功就越有保障。

三、公共关系调查的一般程序

进行公共关系调查,从规模上说,可分为个人随机调查、小组式的小型调查和组织进行的大型调查。个人随机调查没有固定程序和模式,只需调查人员具有很强的信息意识,就可随时调查到相关信息,而小型调查一般已包括在大型调查之中。因此,我们从时间的动态发展上考察调查,主要是考察大型调查的程序,一般来说,大型调查的程序可分为 3 个阶段 9 个步骤。

(一)调查准备阶段

调查准备阶段是调查工作的开端。准备是否充分周到,对于随后的实际调查工作的开展和调查质量影响颇大,一个良好的开端往往可以收到事半功倍的效果。该阶段的工作步骤为:

1.确定调查任务。这是公共关系调查的第一步。公共关系调查任务是由调查的内容确定的,根据不同的调查内容,确定不同的调查任务。调查任务不同,调查中所使用的方法、技术手段和测量指标也有所不同。

2.细分调查问题。调查任务可以看做一个总的调查课题,为了使调查方案具有可操作性,还必须对总课题进行解析、细分,包括调查范围、调查内容的横向细分与调查内容深度上的纵向细分,并列出若干调查所需明确的具体问题。

3.制定调查方案。所谓调查方案,是对某项调查本身的策划设计,它包括调查的目的要求、调查的具体对象、调查的内容提纲和调查表格、调查的地区范围以及调查的组织领导、人员配备、时间进度、经费预算等,其目的是使调查工作能够有组织、有计划地进行。

(二)调查实施阶段

调查实施阶段的主要任务是,组织调查人员深入实际,按照调查方案的要求系统地收集各种可靠的资料和数据,听取被调查对象的意见。这是调查的主要阶段,具体步骤为:

1.建立调查组织。负责调查的部门根据调查任务和调查范围的大小配备好调查人员,建立调查组织。调查规模大的可以建立调查队和调查组,下面再分若干小队或小组。调查规模小的一般可成立一个小组。调查人员一般为本单位人员，规模大的调查也可临时抽调一些在校师生、失业人员、退休人员参加。调查人员确定之后，需要组织他们集中学习，对他们进行培训。学习和培训的内容主要包括明确调查方案，掌握调查技术，了解与调查目标有关的方针、政策、法令和必要的公共关系常识。

2.收集现成资料。现成资料指的是组织和个人已经持有的资料，但这些资料尚未被调查者所持有，因此需要加以收集。收集本组织的资料可以责成有关部门和人员提供，而外部资料则要向有关组织和个人求索。例如：搜集顾客对企业产品的印象，可以通过各批发商、零售商收集；而组织的历史资料，则可通过组织的办公室或档案室收集。

3.采集原始信息。对公共关系调查来说，重点是向公众采集原始的、活生生的，也是最真实、最可靠的信息。一般可采取普查、重点调查、典型调查和抽样调查方式，具体方法将在下一部分介绍。

（三）调查研究阶段

调查得来的大量信息资料往往是分散的、零星的，有些甚至是片面的、不真实的，其本身并不能说明什么问题，必须系统地加以整理分析，经过去粗取精、去伪存真、由此及彼、由表及里的研究，才能客观地反映被调查事物的内在联系，揭示问题的本质和各种公共关系现象间的因果关系。该阶段的主要工作步骤为：

1.资料的核实与分类。对于调查所得的大量信息资料，在利用时首先要核实其真实性和可靠性，一经发现存在问题，应及时予以订正、删改和补充。凡经核实校订的资料，应当按照调查提纲的要求进行分类，并进行编号，以便查找和使用。

2.信息的分析与综合。调查所得的大量资料反映着事物的外部联系。为了透过现象看本质，掌握事物的发展变化规律，需要对其进行分析与综合，弄清调查对象的情况和问题，找出客观事物的矛盾及其内在联系，并从中得出合乎实际的结论。对于调查中发现的复杂情况和新问题，可以进行集体讨论，运用集体智慧加以分析认识，以便正确地予以把握。

3.撰写调查报告。调查报告是在调查研究的基础上把结论反映出来的书面形式，它是调查的最后结果，即用事实材料对所调查的问题做出系统的分析说明，提出结论式的意见。撰写一份有分析、有说服力的调查报告，是公共关系最后阶段的主要工作。

四、公共关系调查的方法

在长期的社会调查实践中,人们摸索、总结出了许多各具特点、行之有效的科学调查方法。公共关系调查并不在于独创一个新的方法体系,而是借助方法宝库中的若干方法,结合组织形象管理的需要加以具体运用。公共关系调查所运用的主要方法有以下几种。

(一)科学抽样法

科学抽样法是一种解决“向谁调查”问题的科学方法。调查样本的大小、被调查者的代表性等都直接影响着调查的准确程度。因此,根据公共关系调查的需要,根据人力、财力的情况,适当地确定调查样本的大小,进而确定调查对象,是搞好公共关系调查的关键之一。在公共关系调查中,普遍使用科学抽样法来确定调查对象。常用的抽样方法又分为“随机抽样”与“非随机抽样”两大类。

1.随机抽样。在随机抽样中,样本的确定不受人们主观意志所支配,而是采取一定的统计方法进行抽取,总体中的每一个个体被选中的机会都是同等的。例如,调查者要在一家3 000人的工厂里抽取150人的样本,就可以用他们工作证上的号码以20为间隔抽取一个样本。随机抽样有单纯随机抽样、系统抽样、分层抽样、分群抽样4种 ,在调查中可以灵活、交叉使用。如进行一项全国范围的调查,就可以先随机抽取若干城市,再随机抽取若干单位,最后随机抽取若干人,其过程就是随机抽样的组合运用。

2.非随机抽样。随机抽样方法抽取样本时,每一个个体被抽出的机会都相等,不受调查者主观意志的影响,调查误差较小。但这种方法需要有一定的抽样技术,所需时间较长,费用较高。在公共关系调查中,往往采用便利抽样、判断抽样、配额抽样等多种非随机抽样的方法来确定对象。如配额抽样,就是由调查者根据所规定的控制特征,以及事先确定和规定的调查数额来选择对象。例如,要抽选120人作为调查对象,就可以这样分配数额:

按职业抽样:工人30人,农民50人,干部20人,知识分子20人;

按收入抽样:高收入者30人,中等收入者50人,低收入者40人;

按性别抽样:男60人,女60人。

配额抽样方法简单,节省费用,省时省力,调查资料容易整理。但运用此法抽样,必须对调查的总体情况十分了解,能准确地确定不同类型样本在总体中的比重,以确定指派定额。其他非随机抽样调查方法也同样有利有弊。

（二）问卷调查法

问卷调查法是目前国内外社会调查中普遍运用的一种方法。问卷是指为统计和调查所用的、以设问的方式表述问题的表格。问卷调查法就是调查者用这种可控制测量的问卷对被调查者进行征答，从而搜集到可靠的信息资料的方法。

问卷法大多用邮寄、报刊刊载、个别发送、集体分发等方式发送问卷，由被调查者按照调查表格来填写回答。问卷的回收一般采取有奖的方式以调动被调查者的积极性。问卷调查法也可由调查员在访谈中结合使用。

问卷调查法的主要优点在于标准化和成本低。因为问卷调查法是以设计好的问卷为工具进行调查，而问卷的设计则要求规范化和可计量。如此，问卷的设计就成了该调查方法成功与否的关键。丹尼斯·威尔科克斯（Dennis Wilkes）等人曾在《公共关系的战略与战术》一书中列举了问卷设计的 11 条原则，它们是：

- 决定需要哪些信息及其详细的程度；
- 用书面形式说明调查的目标；
- 决定需要将问卷发给哪些受众；
- 决定样本的大小；
- 说明调查目的并保证匿名；
- 尽可能多地用封闭式（多项选择）答案，答卷人在勾画答案时要比在开放式（自由回答）问卷中撰写答案容易和省时；
- 问卷要设计得易读、句子易懂、卷面整洁；
- 问卷的问题不超过 25 个，问卷太长使人望而却步，降低回收率；
- 从计划进行抽样的人群中选择若干代表先阅读问卷并提出改进意见，对问卷的理解和可能出现的偏见进行测试；
- 提问有关教育程度、年龄和收入情况时，要用分类答案；
- 在问卷末尾留出空白供答卷人写意见和看法，这样做使答卷人能提供问卷正文未包括的额外信息或详细的说明。

现代公共关系调查使用的问卷类型一般有 3 种：

第一种为封闭式问卷，又叫结构式问卷。这是民意测验中使用较多的一种问卷方式。此类问卷的每一个问题都事先列出了若干个可能的答案，由被访者根据自己的情况，在其中选择自己认为恰当的一个答案。例如：

* 您对您的公司满意吗？

很满意
满 意
无所谓
不满意
很不满意

* 您经常向公司提合理化建议吗?

经常提
偶尔提
不 提

这种问卷形式虽不利于被调查者自由表达,不利于研究者发现新的问题,但问卷回答标准,信息易于统计,而且可信度较高。

第二种为开放式问卷,又叫无结构问卷。这类问卷中的问题虽然对每一位被调查者是相同的,但事先不提供任何可能的选择答案,被调查者可根据自己的情况做出自由回答。例如,您对××公司有何评价?您喜欢××产品的理由是什么?这种问卷多用于探索研究,它给予了被调查者较多的自由表达机会,但是它可能使收集到的材料无价值或与调查主旨不相干。另外,这种问卷多用于深度调查,被调查者一般不多,且不易将信息资料量化。

第三种为混合型问卷,又叫半结构式问卷。这是上述两种问卷的综合使用,也是公共关系调查通常采用的问卷,该问卷一般由 3 部分组成:

A.问卷标题。要求与调查目的相符,另外,不要给被调查者以不良的心理刺激。

B.问卷说明,即问卷填写的指导语,这是对被调查者回答问题态度影响较大的一部分。说明部分的内容包括:填写的注意事项以及联系人、联系地址和电话号码等。其语气要诚挚、热情、恳切,用语尽可能简练。

C.具体内容。一般来说,完整的问卷包括两类问题:一是事实问题,指那些曾发生过或现存的事实,以及某些实际行为。如被调查者的性别、年龄、文化程度、职业、收入、家庭人口,以及是否吸烟、喝酒等问题。二是态度问题,此为公众舆论或民意调查的核心,它涉及被调查者的态度、意见、观点、动机、情感、建议以至人格。一般来说,一种态度不能通过一两个问题加以确定,而要通过一组题目进行测试,这样才能将其测试出来。

在设计问卷中具体问题的时候,还要认真考虑问卷的回答种类,开放性的问题可任被调查者自由回答,但由于篇幅限制,在问卷中不宜提得过多,所留空间也不宜太大。比如：

您对该厂的产品有何建议？

答：

而封闭性题目则要在每一问题下列出可供选择的若干备选方案，请被调查者选择。答案的制定方式一般有以下几种：

第一，两择一式。这是典型的是非题，在问题的下面列出两项相对的答案，要求被调查者二择一进行选择。例如：

您的家庭是否已经购买电脑？

是（　　）

否（　　）

第二，多项选择式，即对提出的问题拟好若干答案，要求被调查者选择其中若干答案。例如：

近两年您的家庭准备购买的高档消费品有：

A.大彩电　　B.音响设备　　C.空　调

D.摄像机　　E.住　　房　　F.电　脑

G.小汽车　　H.手　　机　　I.其　他

第三，排列式（清单式），即对给定的备选答案，请被调查者根据时间先后、重要程度或喜欢程度，排列各答案的顺序。例如：

您认为国产电脑品牌哪一种 最好？请按您的喜好程度填上顺序号。

联想（　　）　同创（　　）　方正（　　）

长城（　　）　海信（　　）　实达（　　）

第四，尺度法，就是把答案的语意分成两个极端，再划分为 3,5 或 7 等分。被调查者根据自己的情况或意愿在不同位置适当地选择其中的一个。例如：

您对××产品的性能：

满意 ·——·——·——·——· 不满意

5　4　3　2　1

一般来说，问卷调查按“分发—回收”的途径进行，问卷回收率比较低。因此，问卷调查法往往与访谈调查法结合进行，这样就可望获得最佳的调查结果。

（三）访谈调查法

访谈调查法简称“访谈法”，是社会调查中最古老、最常用的方法之一。它是调查员通过与被调查者进行交谈，收集口头资料的一种调查方法。访谈通常是在面对面的场合进行的。其方式有两种：

一是调查员按照事先拟好的调查表——问卷，逐项发问，请被调查者作答，然后一一填表记录。这种登记式的面谈内容明确，易于掌握，一般适用于为了便于取得统计归类的信息资料而进行的公共关系调查。

二是调查员通过与被调查者的自由交谈，了解所需的信息资料。这种自由交谈式的调查使被调查者有充分发表意见的机会，而且可以采取讨论的方式，弄清所需调查问题的情况。这种方式要求调查员具有熟练的谈话技巧，要善于启发引导，善于综合归纳谈话的内容，同时又要做到边问边记。

访谈调查可以是个别访问，也可以是集体座谈，但座谈的人数以5~10人为宜。访谈调查的不足之处主要是所花的调查力量和费用开支较大，对调查员的素质要求高。调查结果的质量往往受组织的财力、人力、物力制约，也易受调查员的工作态度、调查技术、心理情绪等因素的影响。

由于现代通信手段的广泛应用，访谈法也超出了传统模式，产生了“电话访谈”，即通过电话向被调查者询问有关调查内容、征求意见的一种新颖的访谈调查。其优点是取得信息快、节省时间、回答率较高；如果在市区调查，费用也较省。不足之处是调查对象仅限于通电话者，因时间所限，对信息的了解无法深入。

（四）实地观察法

实地观察法即调查者深入到工作现场、生活社区、公众场所、事件发生地等环境处所，以观察为主要手段搜集信息资料的调查方法。俗话说：“耳听为虚，眼见为实。”实地观察法正是通过调查者亲眼所见来获取信息，因此，信息的可信度比较高。

实地观察法往往与访谈调查结合起来使用，均属调查者直接与调查对象接触，以获得第一手的信息资料。

实地观察要注意于细微之处获得重要信息。例如，日本的糖果大亨江琦利一就喜欢到各大市场中去转悠，以便观察人们的反应与闲谈。一次，他注意到几位女孩子正在议论他的公司生产的糖果包装盒，说上面的人物看上去愁眉苦脸的，令人讨厌。他获得这一信息后，迅速组织人员改变了包装盒上的人物形象，使他的公司生产的糖果销路大畅，企业形象也得到了提升。

（五）网络利用法

现代社会已步入全球化时代，一个公司的产品及其形象往往传播于世界各地。在这样广袤的区域,组织人员要进行访谈调查抑或观察调查往往是不可能的。但现代的市场竞争又要求必须掌握世界各地的信息,因此,利用网络来检索、收集、传输各种信息资料,就成了公共关系调查的特殊方式。

网络利用有两种途径:一是利用互联网来检索网上信息,充分利用庞大的公用知识资源;二是在各地建立办事处、信息站、分公司、连锁店,通过电脑联网或先进的通信设备,随时反馈信息。例如,日本服装业之首的环球时装公司,仅在日本就建有专营店 1 300 家、兼营店 5 000 家,并要求这些专营店、兼营店随时向公司反馈产品和企业形象方面的信息。其中有 200 家专营店被要求建立顾客联系卡,详细地记载着每一位顾客的年龄、性别、体重、身高、体型、肤色、兴趣、嗜好、健康状况、家庭成员、家庭收入、现时穿着、家中存衣、着装要求等信息,随时供公司调用。又如,日本的三井物产公司建立了环球通信系统,通过其设在东京、纽约、伦敦、悉尼、巴林的 5 个电脑控制中心连接着驻海外 87 个国家和地区的 149 个办事处,每天传递的信息在 5 万件以上,仅东京总社一天就要处理情报信息 3 万件。

当然,对大量的中小企业和社会组织来说,依靠自己的力量建立信息网络是不现实的,但信息的社会化、职业化却弥补了这一不足,通过咨询,任何组织和个人都可以利用网络获得所需要的信息。

五、公共关系调查报告的形成

(一)对调查材料进行研究

通过一系列的调查活动,必然获得了大量的信息材料,刚搜集的材料往往是庞杂的、无序的,必须对其进行科学、细致的研究,才能得出正确的结论并为下一步公共关系活动策划提供可靠的前提。因此,研究乃是公共关系调查不可缺少的环节。对调查材料的研究要讲究方法的科学性,其主要方法有:

1.归纳和演绎。归纳和演绎是两种基本的逻辑推理方式。

归纳是从同类中若干个别或特殊对象推出有关该类事物的一般性结论的推理方法。例如,A 地、B 地、C 地、D 地的大多数调查对象反映某企业的产品售后维修跟不上,或零部件不齐全,或投诉难受理,那么,归纳起来,就是该企业的售后服务总体上不够好,影响了企业形象。

演绎是以一般的原理为前提,推出有关特殊的个别事物的结论。例如,在公共关系的内部调查中,我们发现某企业的领导班子存在严重的不团结现象,那么,根据"内部的不团结必难搞好工作,并影响对外的形象"的道理,就可得出该企业的领导班子应进行整顿的结论。

在对调查材料进行研究的过程中,归纳和演绎这两种逻辑方法常常结合在一起使用。

2.比较和分类。

(1)比较法是一种将一个事物和其他事物进行对比研究,或将事物不同阶段的情况进行对比研究,找出它们的相同点或不同点,从而对事物的性质和发展规律得出科学结论的方法。比较有横向比较和纵向比较两种基本类型。横向比较就是将某一调查对象的情况与其他同类的对象的情况进行比较。例如,将某企业的知名度与美誉度同相关的企业的知名度和美誉度进行比较,或与国际先进水平进行比较等,都属于横向比较。纵向比较是将调查对象的现在的情况同其过去的情况进行比较。例如,将某企业的产品现在的市场占有率和过去的市场占有率进行比较,以推导其产品形象如何,就是纵向比较。

(2)分类法是根据对象的相同点和不同点,将调查对象区分为不同种类的逻辑方法。合理的分类可以把复杂的事物条理化、系统化,可以揭示事物的内在结构和比例关系,还可以为进一步的研究打下基础。分类必须根据一定的标准进行。例如:根据某产品的消费者对该产品品牌的态度,可以将他们分为忠诚消费者、认牌消费者、一般消费者、敌意消费者;根据消费者的收入,可将他们分为高收入消费者、中收入消费者、低收入消费者;等等。类似的分类,无疑对研究的深入是大有好处的。

比较法和分类法是密切关联的,用比较法得到事物之间的相同点和不同点,以作为分类的根据;而对事物进行分类之后,又便于对不同类的事物进行更深入的比较研究,从而找出它们本质上的差别。

3.分析和综合。

(1)分析法是把事物的整体分解为各个部分、各个方面,再分别加以研究考察的方法。分析的过程是思维活动从整体到部分、从复杂到简单的过程。例如,为了了解一家企业形象不好的原因,就有必要对该企业的产品质量、科技力量、职工素质、管理水平、营销服务、广告传播等因素分别加以考察,以找到关键所在。

(2)综合法是在分析的基础上,把事物各个部分、各个方面的认识又组合为一个整体来认识的方法。综合过程是思维活动从部分到整体、从简单到复杂的过程。例如,一个企业形象的综合判断,就是把对各方面的调查研究所得予以归纳、概括、综合而形成的。

分析和综合是对立统一的关系。在研究过程中,分析和综合是彼此衔接和相互渗透的,分析的终点往往是综合的起点,综合的终点往往又是进一步分析的起点。分析和综合的反复运用可以使研究不断深入。

4.定量研究和定性研究。

(1)定量研究是指通过对事物各种数量关系的研究来认识事物的方法。对调查材料进行定量研究,就是通过统计和概率计算,得出可靠的数据,从而揭示事物的各个方面的数量关系和变化趋势。定量研究具有逻辑的严密性和可靠性,它得出的结论往往具有较强的说服力。例如,世界著名的麦氏咖啡在投放市场时,厂家为宣传其速溶、方便等特点,进行了一系列广告和公共关系传播活动,但市场反应冷淡。于是,厂家编制了下面两种购物单并进行了调查:

购物单(1):

1 听发酵粉

2 块面包

1 串胡萝卜

1/2 磅碎牛肉

2 听桃子

5 磅土豆

1 磅麦氏速溶咖啡

购物单(2):

1 听发酵粉

2 块面包

1 串胡萝卜

1/2 磅碎牛肉

2 听桃子

5 磅土豆

1 磅新鲜咖啡

这两张购物单上的项目,除了一张上写的是速溶咖啡,而另一张上写的是新鲜咖啡这一项不同外,其他各项均相同。调查者把这两种购物单分别向两组妇女进行调查,调查数据显示,有 49% 的妇女认为按“购物单(1)”采购的家庭主妇是个懒惰、邋遢、生活没计划的女人；有 12 %的人把她说成是挥霍浪费的女人；还有 10 %的人说她不是位好妻子。而按“购物单(2)”采购的妇女则被想象成勤俭、讲究、有经验、会烹饪的主妇。原因找到了，当时的美国妇女希望做一位勤劳、称职的女人，不愿被谴责为懒惰、失职的主妇。量化研究的结果是可靠的，随后厂家的广告、公共关系活动的主题便由“方便、快捷”转移到“美味、芳香、质地醇厚”上，其结果自然取得了成功。

在进行定量研究时，所要注意的是：要避免孤立地、片面地看待数据。

(2)定性研究是指通过对事物质的规定性的研究来认识事物的方法。对调查材料进行定性研究，就是在对大量的材料进行分析综合，以定量研究为基础，对调查对象做出性质上的判断。由于任何事物都存在质和量上的规定性，而量的变化发展到一定程度必然引起质的变化，因此，定量研究和定性研究总是结合在一起进行的。

(二)撰写规范的公共关系调查报告

根据调查报告的共性以及公共关系调查的个性，规范的公共关系调查报告由下列部分组成。

1.标题。标题可以是由组织名称、调查内容、文种 3 部分组成的单行标题，如××公司公共关系(企业形象)调查报告，也可以是在单行标题的上方拟出虚化正题，以突出调查报告的中心论点。例如：

众口评说不一　形象亟待定位

——××公司企业形象的调查报告

2.署名。标题下要署上调查委托单位、调查实施单位的名称及其调查主持人的姓名。

3.前言。前言简要介绍调查的目的、主题、对象、范围、时间、地点、问卷发放数和回收数，以及其他调查方法等。

4.主体。主体是调查报告的核心部分，主要是多角度地、有条理地表达出调查所得的信息材料，并把研究结果逻辑性地、有说服力地表述出来。要注意兼顾内部调查和外部调查，认知度、美誉度和和谐度的有机统一。

5.建议。在主体部分已得出总结论的基础之上，有针对地提出若干条建议，但应简明扼要，无须展开，因为展开已是策划的工作了。

6.结语。结语是调查报告的结束部分，可总结全文、提出希望建议。根据具体情况，结语可有可无。

7.附件。附件包括问卷样本、统计数据和背景资料等。

第二节　信息的检索

“检索”是信息情报工作中的一个常用术语，是指按一定程序，把所需要的知识信息从庞大的信息储存库中剔捡、检索出来，一般用于对电子信息（即电脑存储的信息）的索用上。而在本书中，“检索”的内涵扩大了，是指对所有人类已经拥有的知识信息的有选择的提取。它可以是对电子信息的检索，也可以是对印刷信息——书刊报纸的检索，还可以是每个人对自己头脑中记忆的信息进行检索。检索出来的信息无疑是公共关系策划家们进行精彩策划不可或缺的基础材料。

一、检索的内容

人类经过数百万年的演化发展，特别是进入文明时代以来，经过 5 000 余年的实践及其总结，已经拥有了巨大的精神财富。这些精神财富记载存储在一切人类文明行为所留下的痕迹之中，可以说其内容非常丰富。这里，我们只能是结合公共关系策划常涉及的信息，对所需检索的主要内容略做介绍。

（一）理论著作

理论著作是人类在社会实践中探索真理的载体，是人类智慧高浓度的结晶。由于其具有高度的概括性，一本适用对路的理论著作，其中丰富的信息往往可以给策划家们带来莫大的启发。例如：

《论语》中的诸多名言都可以为我们的公共关系策划带来启迪。其中的许多名言都可以在特定的条件下成为公共关系策划的目标、主题、原则、启发点等。这正是《论语》作为公共关系策划信息源之一的意义所在。

《邓小平文选》是我国老一辈革命家、改革开放的总设计师邓小平在其革命生涯中写下的各类文章选集。《邓小平文选》记录了邓小平完整的思想，特别是第 2 卷和第 3 卷，更是系统地表述了邓小平建设有中国特色社会主义理论。改革开放以来的实践证明，邓小平的思想理论是我国社会主义建设健康发展的指导性纲领。《邓小平文选》为我们的社会实践提供了强有力的思想武器，同样，社会实践中的公共关系策划，也离不开《邓小平文选》所提供的种种宏观理论信息。

（二）文学作品

文学是"人学"，是人类伟大实践的一种形象化的反映，它既有强烈的现实性，又有鲜明的理想性。可以说，文学作品是社会现实的反映，又比社会更典型、更集中，而且往往寄托着人类美好的理想，表现出创作者们丰富的想象力，而这一切，均是现实生活中欲进行公共关系策划的人们所需要的信息。古今中外，各种各样的文学作品可以说汗牛充栋，数不胜数。一般来说，经时间过滤下来的文学作品，凡有所读，皆有受益。对一个公共关系策划者来说，开卷有益。

（三）历史史实

"历史是一面镜子"，"历史具有惊人的相似之处"，"读史使人明智"……诸如此类的名言，强调的都是一个意思，即要从史实中总结经验，引发教训，为现实服务。那么，对公共关系策划者来说，人类实践史上的种种史实无疑也是重要的信息资源，记载史实的中外典籍无比丰富，是公共关系策划者的宝贵财富。

（四）个人经验

"个人经验"，既指一个人工作上成功或失败的经验，也指一个人生活中方方面面的经验。由于个人的经历无一相同，均是独一无二的，其经验只要能派上用场，便具有一定的新颖性。因客观事物之间总是相互关联的，个人的经验也就往往可以迁移到工作中，迁移到公共关系策划中，成为有效的信息。因此，我们在检索信息时不应淡忘每个人拥有的个人经验，必须注意检索发掘。

美国石油大王洛克菲勒、汽车大王福特、钢铁大王卡耐基、管理巨子哈默和艾柯卡，中国香港的商界巨子李嘉诚、包玉刚等，他们的个人经验无疑是他们处于激烈竞争中始终不败的法宝，如今也成了众多公共关系策划家们进行策划的重要参考信息。比如，卡耐基的善于用人、哈默的善于发现商业机会、艾柯卡起死回生的管理、石坂泰三的以慈爱和谐内部关系、李嘉诚的逆向思维投资，至今仍让人回味不绝。

其实，人们处理日常人际关系，进行家庭管理，参与各式各样的文艺体育活动，都会积累起丰富的个人经验，如果迁移得当，均会成为公共关系策划所需的绝妙信息。比如，家庭中以温情为中心形成的凝聚力、量入为出的开销计划、围棋搏杀中的系统思维、球类比赛中的团结协作精神等等，无一不是公共关系策划的参考资料。

二、检索的途径

(一)印刷信息的检索——查阅

文字的发明与运用是人类步入文明时代的重要里程碑,它使人类产生了一系列的生产活动、社会活动以及精神财富,并且被记载与存储。迄今为止,人类文明的绝大多数的信息主要依靠印刷着各种各样文字的载体存储着,它们主要为书籍、报纸、杂志、文件档案等。对印刷信息的检索,人们一般称为“查阅”。

查阅一般是根据检索的目的,确定所要查阅的信息类别,然后依据印刷类信息存储的方法,查阅相应的资料。一般来说,印刷类信息是根据其内容来分类的,并结合信息印刷的年代、信息的作者等来编排查阅的程序,从而有利于信息检索者的查阅。

对公共关系策划者来说,他所要查阅的印刷类信息主要分布在这几个场所:一为个人藏书及所订阅的报纸杂志存储地——书房;二为组织的印刷信息存储地——单位的图书馆或档案室;三为社会公共信息查阅场所——公共图书馆与档案馆。

(二)电子信息的检索——检索

这里的“检索”是狭义的,专指对以光盘、磁卡、磁带、电脑硬盘、各类网站、网页等存储的电子信息的检索。“检索”之所以有广义的理解,主要是因为伴随着社会进入信息时代,人类对信息的利用得到空前的重视,狭义的“检索”越来越频繁,而传统的利用信息的方式又与狭义的“检索”在本质上类似,于是,检索的内涵便扩大为一种与调查并列的收集信息的方法,泛指对一切间接的信息资料的获得与运用。

电子信息的检索是伴随着电子计算机的问世及相应的信息革命而开始运用的。从 1945 年世界上第一台电子计算机问世,到如今人工智能的开发与互联网的发展,人类的信息检索能力得到了超乎寻常的发展。任何人在任何时候,只要坐在联网的终端电脑前,网上庞大的信息就可任你浏览、检索、下载,为你所用。所以,进行电子信息的检索主要就是熟悉各种各样的网站,知道你所要检索的信息分布在什么网站上,并熟悉如何进行网上的访问、浏览、检索、下载,你就可以获得所需要的信息,从而为你的公共关系策划所用。

(三)人脑信息的检索——回忆

人脑是动物亿万年进化发展的结晶,“是物质(即物理的东西)的最高产物”(列宁语)。脑科学的研究成果表明,人脑是一个无比博大的“内宇宙”,可以存储100亿比特的信息,即可以把10个美国国会图书馆的图书信息全部装入其中。而且人脑有着自动将信息科学分类存储并检索、提取、运用的能力。可以说,人脑是自然界唯一无与伦比的杰作。

人们,特别是知识与阅历丰富的策划家们,其头脑中往往存储着大量的知识信息与经验信息。这些人脑中既有的信息,往往在公共关系策划中起着神奇的作用。所谓“茅塞顿开”、“灵感突发”、“创意突现”、“妙思泉涌”等,其实质就是人脑中的信息得到有效组合运用的结果。因此,作为称职的公共关系策划者,平时就应该博闻强识,把相关的知识信息存储在自己的大脑中,并善于进行知识的迁移运用,以便一旦在公共关系策划时需要,就可以很快回忆出来并投入运用。

三、检索的方法

(一)浏览法

1.书报浏览。书报浏览主要是指对印刷信息的浏览检索。在“信息大爆炸”的现代社会,每天都有大量的书籍出版,数以万计的报刊以越来越多的篇幅传播着各种信息,而每个组织又在以形形色色的方式生产着文件,对这些排山倒海般涌来的印刷信息,我们在很多情况下已无法细读精览。对具体的公共关系策划而言,策划者已经拥有了扎实的知识功底,这时他之所以要检索信息,是为公共关系策划提供思路,丰富策划的细节。因此,他对印刷信息的要求是在广博的基础上对路适用,而无须精细地研究。这样,他在检索印刷信息时,主要就是对书报的浏览,或曰泛读。

顾名思义,浏览法是对书刊、报纸、文件先进行总体的浏览,从而很快检索出所需要的内容信息,把握住其中有价值的信息。比如,著名的未来学家约翰·奈斯比特(John Naisbitt)的著作《亚洲大趋势》,是作者继《大趋势》《2000年大趋势》之后推出的又一本轰动世界的著作。我们浏览该书的序言可知,作者的主要观点是:“21世纪将回归到龙的世纪”,“中国必然会成为一个世界强国”,“亚洲无论在经济、政治或文化方面,都将跃居前列,重塑世界面貌,而且‘游戏’的规则不再由西方国家主导”等等。在对目录的浏览中,我们知道,作者预言了亚洲发展的八大趋势,其中之一是“从单一国家经济走向网络集团经济”,这无疑是一个崭新的观点。那么,到底什么是“网络集团经济”呢?我们便可以浏览这一部分内容,并检索到如下信息:

• 全球华人的资产总额在 2 万亿~3 万亿美元之间。

• 亚洲 5 个国家的上市公司,绝大多数为华人拥有。其中,华人所占份额在泰国与新加坡为 81%,在印度尼西亚为 73%,在马来西亚为 61%,在菲律宾为 50%。

• 在亚洲的新兴国家,华人拥有的财富远远超过他们的人口比例。在印度尼西亚,4%的华人控制了 70%的经济;在泰国,3%的华人控制了 60%的经济;而在菲律宾,3%的华人控制了 70%的经济。

• 华人圈中的主要成员彼此熟悉,他们的业务相互独立,但危机或机遇出现时,他们会紧密团结、通力合作。

• 华人经济网络层层联结,规模不断扩大,任何进网成员都有独立和自由,没有权力中枢,大家唯一遵循的共同法则就是:市场挂帅。

• 这种经济势力网是全球经济新形势的核心所在,是极其符合世界经济运转规律的。新加坡前总理李光耀说道:"新加坡企业家若不及时参与这场当今最重大的变革,将是一个错误……如果我们不利用庞大的华人圈积极拓展,那实在是愚昧不堪。"

……

这些新颖而重要的信息对公共关系策划者的策划有什么意义呢?显然,努力加入这一经济网络,借此寻求更多的合作 ,尽快融入世界经济中,也就成了我们策划的重要参照目标。诸如此类的印刷信息,公共关系策划者们只有借助书报浏览法才能更多地获得。

2.网上浏览。网上浏览是指利用本组织或个人电脑,与互联网相连,通过访问相关网站,浏览网站上的信息,检索相关信息。伴随着社会信息化的进程,这一先进的浏览检索信息法将越来越普遍地得到运用。

对于公共关系策划者来说,如果能运用网上浏览的方法来检索大量的、有针对性的信息,策划的信息收集工作必然会收到事半功倍的效果。例如,如果你想在网上访问我国政治经济类方面比较优秀的杂志《南风窗》,那么,你只要点开其网址 http://www.nfcmag.com,就能很快地进行浏览,需要的信息也可以进行下载。如果你有相关的关系网络,你同样可以进行互联,以便信息互享。如世界上最大的公共关系公司——博雅公共关系公司至今已在 32 个国家设有 62 个办事机构,各机构之间均建有自己公司开发的电脑互联网络,不管在世界上的任何办事处,只要一揿按钮,就可以找到博雅公司曾经做过的所有公共关系策划案例材料,以及网络上所有的相关信息。如果你在其北京办事处检索一份企业开业的公共关系促销方案，电脑马上就会显示出公司在伦敦、巴黎、悉尼、新加坡、墨西哥等地已经实施的若干个公共关系策划案例及附件材料，既全面准确又快捷便利。这无疑是进行公共关系策划最为实用的信息资料了。

（二）咨询法

咨询，即询问、磋商、评议的意思。咨询法是指向有关专家或专门机构询问、求教，从而获取信息的方法，又称外脑利用法。在古代，其主要表现为统治者向游士、门客、谋士、军师、谋臣等“专家”咨询。而在现代社会，分工的复杂和信息量的庞大已使咨询成为一门专门的高知识服务的行业。据 20 世纪 90 年代的统计资料表明：美国有各类咨询企业 10 000 多家。我国香港也有 100 余家。而在上海，咨询业也迅速发展，进入 21 世纪，其咨询企业已达 200 多家 。这些咨询企业的生存与运作就是以有偿的方式为新产品开发、公共关系策划、广告策划、CIS 策划、市场营销策划、项目投资策划等进行信息咨询与智力服务。

对大多数企业组织来说，不可能拥有各方面的专家人才，也不可能置有先进的电子信息库和庞大的信息网，因此，如欲检索到有效、周全的信息，最好的方法莫过于运用咨询法，以最小的经济代价去“买”来急需的、实用的信息。

咨询法的运用要注意三点：

第一，要确定公共关系策划所必需的、其他方式又无法获得的信息，然后进行有目的的咨询，这样就不至于得到无关的信息。

第二，要选定相关专业的、信誉可靠的咨询对象，这样，所咨询到的信息的价值就比较高。

第三，善于计算合理的咨询费用。信息是一种软资源，难以定量计价。因此，如果咨询费用过高，超出了合理的程度，也就无法运用此法；如果估算过低，一味压低咨询费用，实际上是对知识、智慧的不尊重，可能挫伤咨询专家的积极性，要么对方不接受咨询委托，要么可能导致“便宜无好货”，对方提供的信息在价值上大打折扣。

第三节 公众的确定与分析

界定公众是正式策划的重要准备工作，界定公众的目的是明确目标公众，为确定策划目标提供可靠的依据。界定公众首先应该对公众进行分类，明确公众的权利要求,分析公众的态度,在此基础之上确定目标公众。

一、公众的分类

对于公众的分类问题,在公共关系学原理课程中已有比较详尽的介绍,即可以根据不同的标准进行多角度的划分。一般来说,公众的分类主要有以下几种:

- 按公众的发展过程,可将公众分为非公众、潜在公众、知晓公众和行动公众;
- 按公众对组织的重要程度,可将公众分为首要公众、次要公众和边缘公众;
- 按公众对组织的态度,可将公众划分为顺意公众、逆意公众和独立公众。

如上是界定公众比较常用的分类,在此不再做进一步的叙述。应该加以说明的是,作为策划准备工作的公众分类,必须以策划项目为依据,有针对性地采用相关的分类标准对公众进行分类,而没有必要采用各种标准对公众进行划分。例如,如果策划项目的内容主要是针对外部公众,那么,就没有必要对内部公众进行划分;如果策划项目的内容主要针对新闻媒介,那么,就没有必要对社区公众和政府公众进行划分。

二、公众权利需求分析

(一)一般公众需求

美国心理学家克雷奇等人把人的需求分成两类:一类是缺乏性需求,包括回避饥饿、渴、缺氧、冷、热、痛、疲劳、紧张、可怕,回避冲突、敌意、孤独、自卑等。另一类是丰富性需求,包括愉快、探索、理解、创造、成就、爱情、自我尊重感等。这些其实都是公众的一般需求。

对人的需求的研究更细致、更有影响的是美国行为主义心理学家马斯洛所提出的"需求层次说",即人的需求从低级到高级排成一梯级图形,依次为生理需求、安全需求、相属关系与爱的需求、尊重的需求和自我实现的需求。只有下一级需求得到满足,高一级的需求才能充分展开。

从这一理论出发,虽然个人因财产、地位和追求的不同而有不同的消费方式,但从社会总体的发展趋势上看,总体消费也呈从低层次向高层次发展。西方的统计数字表明,发达国家经济起飞后,用于表示食物在消费中所占比率的恩格尔系数便逐年下降。这说明,人们的消费越来越向需求的更高层次发展。

日本社会学家考察战后现代消费方式的变化时发现，整个消费发展史可分为三个阶段：

第一阶段是“生存时代”，这是指战后的复兴期，那时人们的生活就是为了食物、为了生存而努力。

第二阶段是“生活时代”，这是指经济的高速成长期，耐久消费品大量涌现，这是一个有了各种生活设施（如冰箱、电视、音响等）就能生活得更好的时代。

第三阶段是“感性时代”，也就是经济进入平稳的低发展时期，由于产品供给过剩，人们开始追求感性生活——追求更能满足自己归属与相爱、尊重与地位乃至自我实现需要的感性商品消费。所谓感性商品，就是在一般商品上扩充文化内涵，附加人类的感性内涵，以满足人类的感性需求。

由于现代社会中公众不仅越来越讲究有形商品的感性化，而且更讲究无形服务的感性化，因此，公共关系策划者对公众需求的分析，其范围也就大大扩展了。那么，就更普遍的社会组织——企业来说，一般的顾客公众需求对应马斯洛的“需求层次说”，自低而高就有了5个层次（参见表4-1）。

表4-1　“需求层次”理论与一般顾客公众需求对应表

“需求层次”理论	一般顾客公众需求
自我实现、自我完全满足的需求	名实相符、全面满足的需求
尊重、地位、名誉的需求	公众至上、深受尊重的需求
归属团体、满足情爱的需求	宾至如归、服务有情的需求
自身安全、身体健康的需求	保证质量、价格公道的需求
食物、饮料、性、住所等生理的需求	物次价廉、满足生存的需求

1.物次价廉、满足生存的需求。这是社会处于“生存时代”或顾客公众正处于“求生存层次”时的基本需求。由于顾客公众消费能力低，只求满足生理需求即可，因此，对社会组织的要求，只要供给价格低廉的衣物、食品、燃料、屋舍即可，对商品的质量并不讲究，甚至有意识消费次等的商品。

2.保证质量、价格公道的需求。随着社会的发展，公众消费能力提高，顾客公众对任何社会组织的要求也相应提高，不论是一次性消费商品还是耐用消费商品，也不论是有形商品还是无形服务，这时，“保证质量”已成为主要需求，只要“价格公道”即可。这一公众需求对应了“安全需求”。

3.宾至如归、服务有情的需求。当社会进入商品丰富、相对过剩的时代，

“保证质量、价格公道”的公众需求，各组织均予以了满足，顾客公众对社会组织的需求自然便注入了“情感满足”的因素，希望社会组织所提供的商品与服务均具有人情味。

4.公众至上、深受尊重的需求。社会组织与一般公众，尤其是个体公众相比，显得强大而富有力量，即使是有情服务，满足公众的情感需求，依然给人一种居高临下的感觉。因此，无论是企业、事业方面的社会组织，还是人民的公仆组织——政府，都应该真正摆正主仆关系，把公众奉为“主人”与“上帝”，这里要满足的便是公众的“尊重需求”。

5.名实相符、全面满足的需求。受一个既无认知度又无美誉度的社会组织的尊重，公众心理深处仍然会有一些遗憾；而受一个公共关系形象极佳的社会组织的尊重，却能使公众的心理得到空前满足，产生顶峰感受，即在该社会组织给予尊重的交往沟通中，自我价值得到了实现。如此，一个社会组织只有名实相符，既有认知度又有美誉度，才可能给公众以全面的满足。

（二）问题公众需求

任何组织与公众之间的关系都是在利益的需求与满足中形成并协调发展的，因此，每一类公众都对作为主体的特定组织具有一定需求。在具体的公共关系策划中，公共关系策划人员重点分析的是目标指向的有关问题公众。只有充分认识到问题公众的具体需求，成功的公共关系策划才能解决相应的问题，和谐与该类问题公众或曰目标公众的关系。问题公众仅仅是就某一具体问题而存在的，他们仍然处于一定的公众类别中，因此，对问题公众需求的分析仍然是对不同公众对组织的权利需求的分析。

下面，我们在公众分类的基础上列出各类公众对组织的权利需求结构表，以便作明了的认识（见表4-2）。

表4-2　公众权利需求结构表

公众的类型	公众权利要求的一般性、概括性特点
员工	在地位上能得到人格尊重的心理满足，不受上级的专横对待；就业安全和适当的工作条件；合理的工资和分享福利，具有发展机会，工会活动自由；了解公司内情，有效的领导
股东	参加利润分配、增股报价、资产清理、股份表决、检查公司账册、股票转让和董事会选举，了解公司的发展状况，享有公司的合同所确定的各种附加权利
政府	及时缴纳各项税收，参与公平竞争，遵守各项法律、政策，承担法律义务等

续表

公众的类型	公众权利要求的一般性、概括性特点
顾客	诚恳的服务态度，公平合理的价格，保证产品质量，适当的保用期，准确解释各种疑难或投诉，提供产品的配套销售维修服务，提供产品的技术资料服务，供应产品备用零配件，接受建设性意见
竞争者	由社会和本行业确立竞争活动准则，平等的竞争机会和条件，竞争中相互协作，实现经济效益与社会效益
协作者	遵守合同，平等互利，提供技术信息和积极的援助，为协作提供各种优惠和方便，共同承担风险等
社区	为当地社会提供生产性的、正常的就业机会，正规录用(或雇用)、公平竞争；就地采购当地产品的合理份额；保护社会环境，关心和支持当地政府，支持文化和慈善事业，赞助地方公益活动，组织负责人关心和参加社区事务
媒介	积极提供相关信息，尊重新闻界的职业尊严，参加组织重要的庆典等社交活动，保证记者采访的独家新闻不被泄露；提供采访的方便条件

分析各类公众的权利要求，概括出各类公众权利要求的相对共同点，具有权利共同点的公众便属于一类公众。分析各类公众的权利要求，便于确定目标公众。如此，再结合具体问题的分析，进一步具体而细致地得知问题公众的主要需求与相关需求，从而自然地导引出公共关系策划的主题，使策划有的放矢地顺利进行。

三、公众态度的分析

公共关系活动的本质就是能动地改造组织的现有社会环境和舆论环境，变消极为积极，变被动为主动，趋利避害，化险为夷。一个组织所面临的环境因素多种多样、极其复杂，并且是经常变化的。从公共关系策划的角度来看，所谓组织所面临的环境，实际上就是指公众对组织的现有态度；环境的变化，也就是公众态度的变化。

公共关系学将公众的态度划分为消极态度和积极态度两大类，每类中又分为 5 种表现形式，即

- 消极态度，其表现——无知、偏见、乏味、敌意、冷漠；
- 积极态度，其表现——了解、赞同、钟情、同情、感兴趣。

消极态度与积极态度的表现形式是相互对应排列的，具有不同的态度便属于不同类型的公众。我们通过了解和分析公众的态度，可以鉴别不同类型的公

众，从而为确定目标公众提供依据。

公众是组织赖以生存和发展的基础。公众对组织的态度直接影响着组织的各项工作。公众的态度既是评价组织形象的重要指标，又是决定组织形象的关键因素。从某种意义上来说，公共关系工作就是转变公众态度的工作。因此，通过各种努力，有效地转变公众态度，是公共关系策划目标的主要内容。要想做好转变公众态度的工作，就必须在对一般公众、问题公众的基本认识的前提下，首先对公众态度进行认真的分析，鉴别出不同的公众类型，从而确定活动的重点公众对象。针对重点公众对象及其态度所策划、确定的公共关系活动方案，才能充分体现公共关系策划及开展活动的意义。

在公共关系调查阶段，组织与公众的有关信息资料已经掌握，其研究结果也已经体现在调查报告上；然而，社会组织的公共关系状态的调查主持者与公共关系活动的策划主持者往往并不是同一的，公共关系活动策划的主持者必须熟悉调查材料，进一步对组织与公众的情况进行研究分析，清楚目标公众的态度，以使策划与调查有机衔接，有的放矢地进行公共关系策划。

一般来说，在公共关系策划开始之时，策划者对目标公众态度的分析研究，重点应在公众心目中对组织形象的定性判断上，以便相对应地为即将进行的公共关系策划定下基调。下面是三种相对应的关系：

组织形象　　活动基调

不明——→树立

不错——→提高

不佳——→改善

而英国公共关系专家弗兰克·杰弗金斯（Frank Jefkins）则根据组织与公众之间的状况，列出了下列4种公共关系工作要完成的转换，即

敌视——→同情

偏见——→认可

冷漠——→兴趣

无知——→了解

他提出："不同情况下的公共关系中，我们可以看到大多数的公共关系工作人员将面临的境况。他们的任务就是将4种消极态度变成积极态度，最终

由了解形成理解,理解是公共关系的主要目标。”①确实,公共关系的一切工作均是协调组织与公众之间的关系,均是向公众展示组织的良好形象。因此,在公共关系策划伊始,就必须再次分析研究组织与公众关系的有关信息,特别是明晓公众心目中的组织形象,并将这种“关系意识”或“态度意识”贯穿策划始终。

案例评析

《有你圳好,见证深圳经济特区建立40周年》主题传播活动

项目主体

华为技术有限公司

项目执行

和智传信品牌管理顾问(北京)有限责任公司

项目背景

华为智慧城市和平安城市解决方案伴随“春天的故事”的旋律,乘着改革开放的春风,扎根南海之滨深圳,在这片充满生机活力的沃土上,精心耕耘,从无到有,从小到大,在竞争中求生存,在创新中求发展。平安智慧城市的初心寓意美好,“平安”是人们祈求和追寻的愿望,初心如童,却有着一股因理想而生的非凡之气。自蛇口出发,以高歌猛进的豪情直面所有磕磕绊绊的挫折,从单一财产保险公司发展为国际领先的科技型综合金融集团,从最初租用的银行金库一步步走入平安金融中心这座第一高楼,平安永远在路上。2019年,“平安智慧城市”在《福布斯》“全球上市公司2000强”中名列第7位,居全球多元化保险企业第一,在美国《财富》世界500强中名列第29位,蝉联中国内地混合所有制企业第一,这是平安荣耀的勋章。作为智慧城市综合解决方案提供商,平安智慧城市注重服务——服务国家、服务社会、服务民生。目前,平安智慧城市已在全国超过100个城市以及多个“一带一路”沿线国家和地区推广和实施,城市版图不断外延。②

① 弗兰克·杰弗金斯. 公共关系学[M]. 成都:西南财经大学出版社,1987:73.

② 平安智慧城市:见证深圳经济特区建立40周年,平安让深圳更美好[EB/OL].[2022-04-15] https://e. huawei. com/cn/case-studies/leading-new-ict/digital-city/2020/pingan-smart-city.

案例评析

但是,平安智慧城市缺少一个明星案例,例如阿里的数字杭州。华为的数字平台是打造智慧城市数字底座,它将数据融合与打通,实现数据挖掘、分析与共享,利用的是AI、大数据、云计算、视频、GIS等技术,华为做的是看不见的技术和业务,对大众而言较难感知。

基于以上问题,本着科技让城市更美好的出发点,华为技术有限公司希望将数字深圳打造成华为第一张可感知、可传播的城市名片。通过为深圳和深圳人提供更优质的城市服务,让城市更智能、更智慧,用科技把服务带进千家万户,借最终受益者的真实反应,影响企业、城市的建设者、决策者,最终达成数字深圳惠民、善政、兴业的目标。

2020年是深圳经济特区建立四十周年,《有你圳好,见证深圳经济特区建立40周年》主题品牌传播作为华为携手深圳媒体、企业向深圳40周年的科技创新成果展示献礼,于2020年7~9月在深圳开展。

项目调查

2020年是深圳经济特区建立40周年,同时也是我国经济发展的关键之年。国务院总理李克强在政府工作报告中提出,未来将重点支持"两新一重"建设,其中的"重"即是加强新型基础设施建设。①

40年前,党中央创办经济特区,就是寄望深圳先行先试、大胆探索,为全国改革开放和社会主义现代化建设探路开路。从昔日落后的边陲农业县,到今日世界著名的现代化大都市;从粤港澳大湾区核心引擎之一,到创建社会主义现代化强国的城市范例,40年来,深圳因改革开放而生、因改革开放而兴、因改革开放而强。② 40年改革创新,40年乘风破浪,回首深圳40年间的宏伟巨变,离不开植根在这片土地上的,每一个奋斗着的"深圳人"。每一个深圳市民都见证着深圳从扬帆起航到锐意创新的40年,也感受着更智慧,更有安全感、幸福感和更惬意的城市生活。

---

① 总理报告新词:两新一重[EB/OL].[2022-04-15]http://www.gov.cn/xinwen/2020-05/22/content_5513683.htm.

② 深圳经济特区建立四十周年 再立潮头创奇迹[EB/OL].[2022-04-15]http://politics.people.com.cn/n1/2020/0826/c1001-31836530.html.

案例评析

项目策划

1. 公关目标

(1)整合多种营销方式,传播深圳数字化发展亮点,为数字深圳打造良好舆论场,献礼深圳经济特区建立40周年。

(2)通过中央党媒、深圳主流媒体帮助深圳面向全球打造先行示范的城市名片。

2. 目标受众

- 深圳市政府
- 深圳企业
- 深圳市民
- 华为技术企业用户

3. 公关策略

(1)借40周年契机,以“有你圳好,见证深圳特区40周年”为话题,以“数字深圳”为核心,卷动深圳媒体、深圳企业、客户、伙伴,整合多种营销方式呈现各行业40年数字化发展亮点及城市智慧化进程的“内核”推动力,献礼深圳特区建设40周年,通过中央党媒、深圳主流媒体帮助深圳面向全球打造先行示范的城市名片。

(2)联合深圳地方媒体,21家政府单位、重点企业、大学、实验室等一齐联动,曝光量过千万,引起政府及社会广泛关注。

项目执行

1. 7月17~19日发起并扩散媒体话题,线下展览互动同步开展,形成联动。

7月17日,《深圳特区报》发布整版内容《深圳特区报:解码深圳这座数字之城的“创新”与“智慧”》,拉开活动大幕。预告在18到22日期间,在深圳书城(中心城店)旁举办“有你圳好,见证深圳经济特区建立40周年”活动,同时以“数字深圳”为场景,征集在深圳的数字体验,正式发起此次活动。华为官方号和华为企业业务官方号在微博、微信、今日头条等多平台发起“有你圳好,见证深圳经济特区建立40周年”话题,比亚迪、创维SKYWORTH、哈工大深圳校区等蓝V账号联动发声,开启话题有奖征集互动,引导用户挖掘并见证身边时代变迁的痕迹。

案例评析

华为企业业务在官方微信、微博、头条及各门户网站发布新闻通稿《华为联合 20 多家机构发起“有你圳好，见证深圳经济特区建立 40 周年”》一篇，并在微博、微信、抖音、今日头条等平台传播横版和竖版海报合集视频。传播中，策划制作“数字深圳”联动海报 25 张，更匠心独运地在海报中留白，突显“有你圳好，见证深圳经济特区建立 40 周年”话题，为线上传播增添素材，达到传播效果最大化。

同时，华为企业联合 20 余家本地企业、机构和高校，以“数字深圳”为场景发起了线上送祝福和线下创意展的系列主题活动。深圳市民穿梭在众多的企业祝福语海报墙中，驻足观看、拍照留念，拿起便笺纸，写下了对深圳的美好祝愿。深圳地铁持续置顶微博；哈工大、深圳智慧城市集团、香港中文大学深圳、深圳地铁等品牌持续在社媒发布展览信息；华为官网发布“有你圳好——快闪视频”助力传播。

2. 7 月 17~8 月 26 日征集故事二次传播。

活动发起后，华为企业向市民征集“40 天，40 年，40 故事”，并将征集来的优秀故事制作成系列海报，在深圳生日倒计时 40 天的时候，每天一张，持续不断炒热话题。

3. 7 月 20~7 月 22 日进行话题扩散。

将线上媒体与线下创意展的联动情况进行汇总，在微信平台发布软文总结#有你圳好#联动，由各大企业联动转发进行扩散，并安排首屏—实时滚动下滑 1 天。

4. 7 月 24~7 月 28 日解读。

以此次深圳企业、媒体共同为深圳庆生事件为引，各类 KOL 从不同角度解读深圳 40 年来的智慧变迁，从不同行业的变化分别谈起，最后升华总结，聚焦深圳 40 年来的发展。

5. 8 月 3~8 月 5 日话题深化

邀请《人民日报》记者重点采访深圳的政务、交通、金融等行业的不同企业，报道各行业主要发展成果和双区驱动、新基建机遇下对未来的展望。

6. 8 月 16~8 月 25 日 10 天倒计时

华为联合《深圳特区报》进行倒数日历报道，每天的日历上将代表一个领域的重要数据成果，内容聚焦深圳各个行业、领域以及整个城市。

案例评析

7. 8月26日传播高潮

官方媒体在深圳特区成立40周年活动当日发声。《人民日报》密集专题报道,记者长篇深度报道、评论、广告等,《深圳特区报》综述,《南方都市报》深度报道,为深圳庆生。

8. 8月底拔高与总结

由各界KOL从不同角度对活动进行总结复盘,从品牌的角度复盘华为"数字深圳"相关物料、动作,将深圳打造为智慧城市样板,引申至全国、全世界。

项目评估

此次《有你圳好,见证深圳经济特区建立40周年》主题品牌传播活动获得了非同一般的传播效果。活动由21家深圳本地企业协同传播,包括比亚迪、创维、大疆、国信证券、哈尔滨工业大学(深圳)、华侨城、华润置地(深圳)、平安智慧城市、鹏城实验室、深圳北理莫斯科大学、深圳巴士集团、深圳地铁、深圳大学、深圳国际会展中心、深圳航空、深圳机场、深圳万科、深圳智慧城市集团、深圳职业技术学院、微众银行、香港中文大学(深圳)、招商蛇口等。截至7月21日,此次活动在微博、今日头条设置发布的微博话题"有你圳好,见证深圳经济特区建立40周年"有奖征集互动已经有1 500万阅读量,超过1万条讨论热度。"深圳你好"线下创意展展览现场两日获得超过400多个留言,2 000人参展。华为官网发布的新闻通稿《华为联合20多家机构发起"有你圳好,见证深圳经济特区建立40周年"》覆盖量达1 284万,在新浪网、凤凰网、中华网、中青网等网站发表,在政府和社会层面获广泛关注。

此次传播活动通过与《深圳特区报》及深圳客户、伙伴的多维立体合作,以及线上线下与市民、企业、媒体的互动,全方面覆盖目标人群,充分展现公司社会责任感。以"有你圳好,见证深圳经济特区建立40周年"话题为引,传播公司在深圳数字化升级之路中的重要地位,深化了企业内核。通过重点投放区域媒体KOL,带动区域内受众的积极性,强化了传播效果。

(案例来源:华为技术有限公司、和智传信品牌管理顾问(北京)有限责任公司 http://www.prawards.com.cn/entryinformationdetails)

评点

此次《有你圳好,见证深圳经济特区建立40周年》主题品牌传播获得了第十七届中国公共关系行业最佳案例大赛金奖,可见华为企业在深圳数字化升级之路中的重要地位得到了社会各界的广泛认可,企业形象及社会声誉都得到很大提升。可以说,华为企业"有你圳好,见证深圳经济特区建立40周年"主题品牌传播活动,不仅是一个整合策略传播的成功案例,更是一个可圈可点的彰显企业社会责任的公关典范。

华为企业从严格的市场调研、市场分析出发,完整地做出从企业战略到营销策略、从营销策略到传播战术的一系列精准研判,通过结合"深圳经济特区建立40周年"的时间节点输出华为品牌的发展历程和社会责任感。传播方案紧紧围绕三角架构,虽集中于社交媒体传播,但也注意运用主流媒体和地方企业的协同作用,全方位地完成了针对核心目标群体的场景营造。同时,华为企业把话题热度引导到"数字深圳"联动海报征集中,配合线下展开了企业祝福语创意展活动,将线上流量引导到线下互动。整个战役精准切入,线上线下联动。有话题,有体验,是一个非常完整的"话题+场景"营销创意。该案例显示,目前企业品牌的运营水平大为提高。

此次公关活动还紧紧把握了私域互动、品牌人格化的营销大趋势。创办于1980年的深圳经济特区,是我国最早实施改革开放、影响最大、建设最好的经济特区,也是一座典型的移民城市。深圳1 997.47平方公里的土地承载着来自五湖四海的无数人的青春、梦想与奋斗。华为企业协同政府、当地企业、设计团队、媒体等,以"数字深圳"为场景发起了线上送祝福和线下创意展的系列主题活动。深圳市民能够穿梭在众多的企业祝福语海报墙中,通过"可观、可感、可触"的体验方式,成功构建了一个引发强烈共鸣的文化符号——深圳特区。"数字深圳"成功吸引了许多市民的响应和参与,不断将活动推向高潮,完成了从PGC(专业生产内容)到UGC(用户生产内容)的转变。正如本次公关活动执行公司和智传信的策划总监张一所说:"无论是虚拟偶像的塑造,还是品牌传播渠道的人情化建设,未来人们真正接纳一个品牌的核心诉求,是

案例评析

一种基于自我喜好、身份、感受认同的价值回归。”[①]市民对深圳的集体记忆也成为再创作中的核心资产，与此同时，华为智慧和平安城市的品牌影响力也顺利“出圈”。

如今，在各路品牌竞相付出更多努力以争夺消费者有限注意力的“内卷”生态中，一味砸钱进行填鸭式宣传并不能真正使用户“买账”。公共关系传播活动需要注重品牌与公众的“沟通”目的，拉近与用户的距离，抓住受众的情感特性，才能与客户建立稳定的长期合作关系。

案例阅读后，请思考以下问题：

1. 请结合你的兴趣设计一套公共关系调查问卷。
2. 请分析三种信息检索途径的优缺点。
3. 请举例说明明确目标公众的意义。

① 金融界．2021 年这些营销案例为何“出圈”，和智传信有话说[EB/OL]．[2022-04-17]http://biz.jrj.com.cn/2021/12/31113734091938.shtml.

第五章 公共关系策划的创意

学习要点

公共关系策划从本质上讲是一种创造性活动，从这个意义上说，创意是公共关系策划之魂。本章从创造性思维这个本源问题着手，系统介绍了信息处理、意念产生、创意成型、创意完备等一系列过程，从而揭示出公共关系策划最核心的元素。

【学习目标】

学习完本章,你应该能够:

(1)了解公共关系策划中的创意如何表述;

(2)熟悉创意的内涵以及激发创意的九种基本方法;

(3)熟悉策划创意中时机的特点与作用;

(4)了解如何选择公共关系时机;

(5)明确公共关系时机策划的三种方法。

【基本概念】

创意　创意时机

第一节　创意的表述与激发

公共关系理论的奠基者爱德华·伯纳斯曾说:"我们是经过审慎的考虑后才使用策划这个词的。在我们的社会里,有着无以计数的利益集团和传播媒介。要解决协调、信息传播和说服等问题,只有通过策划这种途径才能取得有效的成果。"①确实,在现代社会中,由于信息爆炸,不确定因素增多,自觉实践前奏的"策划"也就空前普及。而公共关系实务是一种旨在沟通社会组织与其公众的传播活动,这种沟通的有效性取决于策划的策略性和周密性。因此,公共关系策划可以说是整个活动成败的关键,构成了公共关系工作的核心内容。

所谓"策划",由"策"与"划"两部分组成。策,即计策、策略,属于创造性部分;划,即计划、方案,属操作性部分。计策或策略乃为策划的核心,是策划最闪光之处,是策划者创造性思维的结晶,一般称为"创意"。顾名思义,"创意"就是创造性的意念,在英文中表述为 creation 或 idea;它可以是一个意象、一个联想、一个观念或一个念头与点子。创意质量的高低决定了策划主题质量的高低,也关系到整个策划的成败。

在成功的公共关系策划中,策划过程中的一系列创造性思维都是围绕创意展开的,都是创意的补充与拓展,或是创意的铺垫与具体化。当新颖的创意诞生时,其他的创造性思维就有了核心。

---

① 周晓红. 走向社会的名片[M]. 北京:中国社会出版社,1993:166.

一、创意的表述——主题

公共关系策划的创意如果仅仅在策划者的头脑中,那么它只是一个意念,是看不见、摸不着的,它需要借助语言进行表述。创意一旦被通俗、平白地表述出来,就成为一句话,就是所谓的计谋,而一旦被精炼、规整地表述,就成了“主题”。

公共关系策划的主题要求一般有以下三点。

(一)合情合理

合情合理是就主题的内容而言的,即指主题要符合情理,使所有公众都能从心底认可。如白兰地公司的公共关系策划主题:“礼轻情义重、酒少情意浓——向美国总统祝寿”,就符合以酒寄情、尊重美国总统即尊重美国消费公众的情理,自然就容易引起美国人的认可。所以,“白兰地”很快在美国打开了市场。

(二)独特新颖

随着传播媒介的长足发展,公众接收的信息越来越多。任何组织的信息一发布,可能马上就会被淹没在信息的海洋中,这就要求企业的信息传播要有独特的方式。其实,公共关系策划正是根据这种社会特点应运而生的。也就是说,公共关系活动引发的传播之所以要进行策划,就在于“策”的独特新颖性,其具体表现自然就是主题的独特新颖了。如精工手表的公共关系策划主题——“悉尼空中扔手表”,亚都公司的公共关系策划主题——“向天津人民请教”等,就符合独特新颖的要求,否则,其主题就不是“创意”的具体体现了。

(三)朴素凝练

公共关系策划是为社会组织的现实发展服务的,其主题也就不能如供审美的诗句那样追求雅致的文采,而必须表述朴素凝练。心理学家曾经证明:人们对语言的记忆,其音节在 16 个以下为佳;超过 16 个音节,便容易产生排斥心理。如此,主题的表述就必须做到简短、通俗、平白、晓畅、朗朗上口。

二、创意的激发

创意表述为主题,从本质上说,解决的仅仅是形式问题,而创意成功的关键则是内涵本身,即主题的三个要求首先必须在内容上得以体现。显然,创意的激发更加重要。那么,该如何激发创意呢?日本策划高手高桥宪行认为,能不断激发创意的人，一般必须具备以下 11 个条件①：①动作要快，必须有“即刻反应”的能力；②必须有卓越的“图形感觉”；③必须有丰富的“情报量”，其中还包括相关的情报，应能从中综合更多的信息；④必须有思路清晰的“系统概念”；⑤必须有“战略构造”，对未来或各种利益结构有强烈的控制力量；⑥能将所有的相关信息归纳成完整概念，同时也能综合象征性概念；⑦必须有敏锐的“关联性”反应，对人、产品、市场的关系要感觉灵敏，要有把它们统合起来的能力；⑧必须有丰富的“想象力”，可随时想象事业和策划进行时的状况；⑨必须有丰富的“感性”；⑩必须有“多角度的思考”，才能采取系统概念和战略构造；⑪必须能“同时进行多种工作”，主线与支线同时并进，即使在错综复杂的环境下，也能妥善地处理工作。

这 11 个条件虽然能对激发创意提供多方面的启发，但它们毕竟是就策划主体的要求而言的，而要把握策划创意激发的途径，还需明确创意的内涵要素，重点掌握若干方法技巧。

（一）创意的内涵要素

1.策划目标。这是根据策划者所代表的组织的宗旨、行动方式、社会角色、总目标等因素确定的。创意或主题只有服从和服务于策划目标，策划才不至于无的放矢、不至于与组织的根本目的相违背。

2.信息个性。它是指策划者所代表的组织欲向公众传播的信息中所拥有的个性特色，必然是新颖独特的、有别于其他组织的，也是策划者创造性思维结果的体现。例如，日本西铁城手表开拓澳大利亚市场的大型公共关系活动，其创意中的信息个性即“空投手表”。

3.公众需求。公共关系的一个重要原则就是“投公众所好”，这就要求我们的公共关系活动创意要迎合公众的需求、包含公众的需求。换句话来说，即公众的需求有一种强大的张力，吸引着策划者创造出正中公众下怀的创意来。而在某一次具体策划中，策划者还必须根据问题公众的具体需求进行有针对性的策划。所谓问题公众，即组织面临的问题所涉及的公众。例如，一个飞机航班晚点所面对的乘客公众、一批劣质产品所涉及的顾客公众、一次废气污染所影响的社区公众等，都是具体的问题公众。公共关系策划的创意应该体现他们的需求。

（二）创意的方法和技巧

1.目标扫描法。从思维本质上看，一切创意都是信息之间绝佳的组合。对

① 李道平，等．公共关系策划[M]．北京：中国商业出版社，1997：88.

策划创意来说,一个不可或缺的信息就是策划目标。换言之,策划目标与相关信息巧妙组合便构成创意。策划者在激发创意时,可以把目标作为出发点,依次扫视有关信息,犹如雷达扫描一般,一旦捕捉到最佳信息,便会立即组合成精彩的创意。例如,我国最早把公共关系引入管理的企业之一——广州的中国大酒店在一次内部公共关系策划中,策划者以增强凝聚力、创造“人和”氛围为活动目标,依次扫描了各种常规的、超常规的内部员工活动方式,最后捕捉到一般家庭照“全家福”的信息,立即组合出全酒店 3 000 名员工以中国大酒店为背景,照一张“酒店全家福”的创意。该创意实施后,“全家福”印上了企业的明信片,不仅对外有效地传播了企业设施硬件、人员、软件俱佳的好形象,而且使全体员工为照片上训练有素、整齐划一的集体而深感自豪,并因此备受激励。

2.信息开发法。这里的“信息”,指的是对策划有潜在价值的、各种各样的事物及其相应的知识观念,包括名人、名言、热点、著名事件、微妙细节、特殊日子、特殊物品等,皆可以进行挖掘、借用,即将这些有价值的信息与策划目标结合起来,从而产生出创意来。例如:根据“里根总统来华访问”的信息,北京长城饭店便有了举办总统答谢宴会的公共关系活动的策划创意;根据“三八妇女节”的信息,芜湖市鸿达公司便有了专门招聘妇女、组建“娘子军”的公共关系活动创意;等等。

这种“信息开发法”,中国不少学者借传统的概念,称之为“借势”“用势”“造势”。我国古代军事家孙子在《孙子兵法 · 势》篇中曾说道:“任势者,其战人也,如转木石。木石之性,安则静,危则动,方则止,圆则行。故善战人之势,如转圆石于千仞之山者,势也。”意思是说,善于运势的人,指挥将士作战,好像转动木头和石头一样。木头和石头的特性是放在平坦的地方比较稳定,放在不平坦的地方就不稳定,方形的就静止,圆形的就容易滚动,所以,高明的将帅指挥军队打仗时造成的有利态势,就好像圆石从高山上往下飞滚一样,不可阻挡,这就是军事上的“势”。同理,公共关系策划中巧妙地“借势”“造势”“运势”,即对有价值信息的巧妙开发,创意就能很快激发出来,而整个公共关系策划也就能起到事半功倍、“四两拨千斤”的效果。

3.统摄思维法。统摄思维法是利用非推理因素,通过召开一种特殊会议激发群体创造力的方法,它是由美国麻省理工学院的戈顿所创造,并经由普林斯加以发展的一种智囊技术方法。这种方法是以心理学中所谓的“垃圾箱理论”为基础的。该理论认为,人脑从客观世界中得来的知识有两种存在状态:一类知识是有规律排列的,一旦需要从头脑中找这些知识时,就可按其系统排列的顺序去查找，这便是合乎逻辑的推理过程。另一类知识由于是偶尔反映到人脑中来的，无法按一定规律加以系统整理，只能杂乱地堆放在人脑的某一处，像个垃圾箱。要想从垃圾箱中找东西，自然无规律可循，只能靠乱翻，或靠心理活动中的非推理因素获得。这种非推理因素统摄起来的知识往往是带有独创性的新奇产品，会收到意想不到的效果。

运用统摄法应掌握以下几个步骤：

第一，召开会议，给定并详细介绍问题，主持会议者要使与会者对问题本身以及与问题相关的信息资料做到心中有数。

第二，了解问题的实质，分析和排列问题。主持会议者要从不同的角度对问题重新进行表述，分解问题，以便深入了解问题的实质。同时，根据创新在解决问题中作用的大小，对所有小问题以不同的表述形式加以分析、比较，然后加以系统排列，以确定哪些问题才是创新的关键。

第三，远离问题，“变熟悉为陌生”。运用类比的方法到陌生领域尽力搜索似与问题无关、实则确有类似之处的要素。运用类比的方法要离问题越远越好，其目的是避免习惯因素的干扰，能有所创新。

第四，确定与完善方案。首先，把在陌生领域中类比的成果与原问题强行结合起来，以形成一种创造性的方案。其次，改进、完善初步拟订的方案的不足之处，直至得到决策者满意的创新方案。

4.智力激荡法。智力激荡法是世界上最早的一种创造技法，它是由美国现代创造学奠基人奥斯本所创立的。智力激荡法就是在较短时间内开发人的创造力，从而产生创造设想的方法，又可称为集体思考法。

智力激荡法大都采用这样的方式，就是通过一种特殊的会议，使参加会议的人员相互启发，相互激励，相互诱发，彼此得到知识空隙的填补，从而引起创造性设想的连锁反应，达到产生众多的创造性设想的目的。

智力激荡会议的具体组织方式是：每次参加会议的人数不超过 10 人，时间在 20 分钟到 1 小时之内。事先要使每个参加会议的人明确会议议题，然后围绕议题发表各自的想法和意见。智力激荡法一出现，立即受到人们的重视，不仅因为它可在较短时间内开发人的创造力，而且还因为它具有十分广泛的用途。于是，不少国家的创造学者们又根据自己民族的习惯、思维方式，以及各自需要的不同，提出了许多新的智力激荡法。例如，默写式智力激荡法、卡片式智力激荡法、三菱式智力激荡法等。

智力激荡法所要遵循的主要原则是：①构思的方向越多越好；②设想属异

想天开,似天方夜谭也不准嘲笑;③彼此之间不批评对方着眼点的好坏;④可以从别人所想到的地方得到暗示,而自由附加想出新点子。

5.因素组合法。在公共关系策划中,由“目标”而有相应的“公众”,有了诸多“信息”,也就开始产生“创意”,继而又生出计划中诸多因素和工作步骤,这是从思维展开角度而言的。而从思维展开后又必须聚拢的角度上说,众多因素又必须组合为一个有机的计划。这个创造性的思维过程即因素组合法。

1986 年 5 月 8 日,美国可口可乐公司举行了可口可乐问世 100 周年纪念公共关系活动,其最盛大、最壮观的庆祝活动是在公司总部所在地亚特兰大。14 000名工作人员从办理可口可乐业务的 155 个国家和地区飞往亚特兰大;从美国各地开来的 30 辆以可口可乐为主题的彩车和 30 个行进乐队迂回取道驶往亚特兰大;公司免费用可口可乐招待夹道迎宾的 30 万群众;市长安鲁德 · 杨和可口可乐公司总裁戈伊祖艾塔一起亲自引导游行队伍,其后是 1 000 人的合唱团和 60 列队伍的交响乐队,演奏、演唱着振奋人心的可口可乐传统颂歌——“我愿给这世界一杯可口可乐”……最妙的是:以半个地球之遥的伦敦为终点,把里约热内卢、内罗毕、悉尼、东京也连接起来,通过卫星设计了一次推倒 60 万张多米诺骨牌的活动。当从亚特兰大开始,多米诺骨牌天衣无缝地一浪一浪倒下去,通过卫星电视的连接到达终点伦敦,顿时,全世界可口可乐公司员工欢呼起来……

这一盛大的公共关系活动,其策划可谓别出心裁,富有创造性。细细剖析这项规模宏大、空间阔大、内容丰富的策划,可以发现它是由各种各样的因素有机组合而成的:可口可乐问世 100 周年、以亚特兰大为中心的多个地点、以可口可乐总裁为首的数百万人员,以及游行、彩车、演奏、颂歌、多米诺骨牌等。显然,正是“多因素的组合”这种创意方法,策划出了这一成功的公共关系活动。

6.以攻为守法。以攻为守法是在组织与外在环境发生不和谐时所进行的调整和策划方法,表现出主动出击以达到保护自己、宣传自己的目的。

克兰梅是一种美国人感恩节餐桌上必不可少的深红色的酸果。可是,1959 年 11 月 9 日感恩节前夕,美国卫生教育福利部部长弗莱明突然宣布:当年的克兰梅作物由于除草剂的污染,在实验室内老鼠身上做试验,产生了癌变。又说:虽然没有证明这种果实会在人身上产生癌变,但他劝告公众好自为之。当弗莱明的讲话在报纸上出现的时候,正是食品店里克兰梅销售最旺的时候。在大众传播媒介如此发达的美国,“克兰梅致癌”的信息不胫而走,家喻户晓。一时间,克兰梅的销量直线下降。

美国负责制造克兰梅果汁与果酱的海洋浪花公司受到了这一意外打击，一时陷入困境。该公司副总裁在纽约 BBDS 广告公司公共关系策划部门的策划指导下，立即进行反击。他们首先成立了 7 人小组，向新闻界说明克兰梅作物是纯净的，并宣布第二天——即 11 月 10 日举行记者招待会，并在全国广播公司"今日新闻"电视栏目中安排一个专访节目，继而又在纽约安排了一个食品杂货制造商会议，让副总裁有机会澄清此事。然后，他们又致电弗莱明，要求他立即采取措施，挽回由于他的失言造成的无法估计的损失。11 月 12 日，他们特别邀请了打算竞选总统的尼克松和肯尼迪上电视，让尼克松吃了 4 份克兰梅，肯尼迪喝了一杯克兰梅汁。从 11 月 13 日起，广告公司的公共关系人员就在卫生教育福利部与海洋浪花公司之间斡旋，寻找一个摆脱危机的最佳方法。9 天后，法庭开庭时，双方已达成了一个协议。对这批克兰梅作物是否对人体有害进行化学试验。然后，他们又及时向公众宣布这项协议和化学试验的结果。克兰梅在感恩节前夕又回到了消费者的食品架上。这一年克兰梅的销量虽然低于上一年，但公共关系策划人员却从一个即将临头的灾祸中挽救了企业，使海洋浪花公司免去了破产之虞。

在具体公共关系策划活动中，有许多是用以自我保护的，即通过公共关系活动的策划与运作来保全组织。在这种背景下，以攻为守的策划方法对公共关系策划人员来说是很有启发的。

7.以诚换诚法。公共关系策划的出发点在本质上是协调组织与公众之间的关系，而不论是组织公众还是群体性公众，均是由人组成的。公共关系策划的创意应该多从以心换心、以诚换诚的角度考虑，尤其是在组织的形象发生偏差时，公共关系策划更应该自觉地运用以诚换诚法。

1972 年 6 月的一天，一大群愤怒的渔民闯进了日本名古屋褚木电力公司的大楼。他们呼喊着、斥骂着，公司的经理们惊呆了。渔民们是来抗议的，这个公司下属的一座发电厂没有处理好废水问题，使许多海洋生物遭了殃，严重影响了渔民的谋生资源。当时，这家电力公司正处于进退两难的境地。为了减少环境的污染，他们被迫采用了低硫燃料，可这样一来，电的成本提高了，用户们又怨声载道；公司计划建几座大的核电站来改变这个局面，但每一次选定的地点，由于核电的危险性，又遭到当地居民的强烈反对。渔民的抗议使他们意识到问题已到了非解决不可的地步了。在着力建设新电厂的同时，他们立即实行了公司政策的一大转变——成立公共关系部，决心努力改变公司与公众的关系。

公共关系部成立之后，策划制定了一个相当庞大的、长远的公共关系工作计划,展开了持续几年的“消费者亲善运动”。每半年为一个阶段,每个阶段都有着不同的创意主题,目的都是提供各种能源、电力知识背景,让公众了解当前日本公用事业面临的困难,说明公司正在采取的某些积极措施的意义。

公司所策划的公共关系工作中包括多种多样的活动,例如,邀请消费者参观、座谈,组织公开演讲,上门访问等。最能显示公司决心和魄力的是公司所确定的上门访问的工作计划。这家公司共有 400 万顾客,计划访问其中的 40 万人。公司把这项任务落实到 1.8 万名员工头上,不惜时间,让每位员工各走访 20 名顾客。为了让员工访问时做到心中有数,公司还编写了访问指南,给员工提供必需的材料。当公司员工对这项访问活动发生兴趣后,他们不仅登门访问,甚至在路上也会沿途与市民聊天。公司与市民的关系渐趋密切、和谐。后来,公司员工还积极参与当地的慈善活动,到养老院演戏,清洁马路上的交通标志。在干每一件事情的时候,他们都要穿上公司的工作服,市民们一看就说:公司又在做好事了。

几十万沟通渠道打通了,市民的意见、建议源源不断地流到公司。这些意见都由一个由推销部、公共关系部、人力资源部高级管理人员组成的委员会处理,并一一答复。褚木电力公司在消费者心中的形象也随着这些亲善活动而改变。消费者知道这是一家具有社会责任感的公司,理解了它的方针,也谅解了它暂时的缺点与不足。

俗话说,人心都是肉长的,人之所以成为人的重要因素之一,就是人具有情感。因此,我们在进行公共关系策划时,就应当注意用真诚来赢得公众的谅解与支持,而公共关系中的危机处理与防范,更应该采取以诚换诚法。

8. 争当第一法。在科学创造发明中有一句名言,即“科学只承认第一”。同样,在公共关系策划中也必须争当第一,才可望获得公众的注目,获得公众对组织的认知,并产生良好的美誉度、和谐度。当然,“第一”是相对的,是有时间条件与范围条件以及其他相关条件的,无论从何种角度,只要争当到第一,就能产生事半功倍的公共关系效果。

例如,盒马鲜生率先将线下超市与线上 App 进行融合重构,创新了 O2O 生鲜零售经营模式。盒马鲜生线上 App 汇集各类商品,线下门店集超市、餐饮、仓储为一体,为消费者打造一站式购物体验。为了满足目标客户群的需求,“盒马鲜生”也设计了新的消费价值观。第一是“新鲜每一刻”,将售卖的商品都做成小包装,购物方便、配送快捷,可以今天买、今天吃完,并保证买到、吃到的商品都是新鲜的;第二是“所想即所得”,线上购买与线下购买的商品完全是同一品质、价格,直接从超市包装运输,手机下单,为消费者提供随时随地、全天候的便利购买;第三是"一站式购物",线上线下高度融合,产品的种类非常丰富,即使在线下超市买不到的东西,也可以通过线上订购,甚至可以买到野生黄鱼之类的稀有产品;第四是"让做饭变成一种娱乐",针对上班族没时间做饭的情况,可直接在超市购买并加工制作,这种新鲜、健康、即时的餐饮体验非常吸引年轻消费者。

盒马鲜生的新零售经营模式配送时间短、效率高,更为快捷便利,以消费者需求为导向,通过综合运用大数据、智能物联网等技术及先进设备,实现"人、货、场"三者之间的最优化匹配,被认为将"颠覆传统超市","改变生鲜竞争格局"。如今,盒马生鲜已然成为新零售业态的第一样本。2019 年,盒马鲜生以同比增长 185.7%的增速成为中国超市百强中年销售额增长最快的企业,其商业模式也受到了消费者和业界人士的广泛关注,生鲜超市到处散发着"盒马"的气息。如永辉超市推出全新品牌"超级物种";步步高推出"鲜食演义计划";大润发推出"飞牛优鲜";物美也在"多点"的协助下推出了北京物美新零售体验店……然而,这些企业虽然借鉴了新零售模式,却没有盒马生鲜"第一样本"的公共关系效应。显然,"第一"的光环对公共关系策划者来说是应当经常考虑的。①

9.先做"老二"法。"我们甘居第二,但我们将奋力进取!"这是美国一家出租车公司打出的广告口号。其广告一传播,立即获得公众的好感,人们认为这家公司自认为"第二"很了不起,既说明其服务不错,已名列前茅,又坦诚踏实,不自吹自擂,且其公司又表态要"奋力进取",那么服务一定不会差。如此一来,这家公司的生意倍加兴隆,饱尝了"先做老二"的甜头。

"先做老二",对发展中的企业组织来说,是一个很实际又很理想的目标。它既可以使自己避免成为众矢之的,又使自己积蓄了问鼎的实力。在田径的中长跑项目比赛中,"先处于第二的有利位置,然后伺机冲刺",是很奏效的策略。同理,公共关系策划可在适当的时候采用这种方法。

众所周知,美国百事可乐公司就是瞄准世界饮料业称老大的可口可乐,紧随其后,发展自身,从而成为饮料业"老二",令可口可乐不敢小觑。而日本的富士胶卷则紧紧盯住世界胶卷感光业的"大哥大"——美国柯达公司,强化自身,并屡屡发起挑战,终于成为世界胶卷"第二"名牌。

又如,我国常州柴油机厂以日本"洋马"公司为赶超对象,确定了先当柴油

① 曹祎遐,刘志莉. 盒马鲜生　生鲜行业"新零售"践行者[J]. 上海信息化,2017(06):23-26.

机制造业老二的战略。该厂从国外引进最新的样机，解剖其结构、性能，并与本厂产品逐项对比，将世界柴油机发展技术尽收眼底，然后模仿、改进、提高，终于生产出具有国际竞争力的产品，远销60多个国家和地区，并多次在国际投标中夺标。原来一直看不起该厂的日本洋马公司不得不放下“老大”的架子，承认常州柴油机厂的产品某些指标已超过了日本的同类产品，并主动派员到常州柴油机厂寻求合作。

“先做老二”，然后伺机与“老大”争锋，这是策划者的初衷。因为，当上“老二”，既可积蓄实力赶上相距不远的“老大”，同时又避免成为众矢之的，可以韬光养晦，伺机脱颖而出。对于公共关系策划来说，这不能不说是一种值得参考的谋略。

第二节 策划创意中的时机因素

自古以来，中国的谋略家们就非常讲究时机的把握与运用。“待时而动”、“见机行事”、“万事俱备，只欠东风”、“机不可失，时不再来”等等，都说明了时机的重要作用。能够把握并善于利用时机，往往能够取得“四两拨千斤”的效果；相反，如果没有把握住有利时机，则常常是事倍功半，甚至最终导致失败。开展公共关系活动同样存在一个时机的利用问题。公共关系策划重视时机的重要作用，有效地利用时机，就能使公共关系策划创意达到最佳，更顺利地推动公共关系活动的实施与开展。一个高明的公共关系策划人员总是善于见机借机，有机乘机，甚至无机造机，使时机所蕴含的价值得到充分发挥，以最小的投入获得最大的效益。因此，公共关系策划创意中总是要包含时机因素的。

一、公共关系活动的时机

任何事物总是处于一定的时空范围之内的，事物之间的普遍联系决定了事物发展通常要受到各种客观条件的影响和制约。我们把事物发展在时间方面的有利条件称之为时机。公共关系活动的开展必然要在一定的客观环境中进行，它同样要受到时间、空间以及其他各种相关因素的影响和制约。所谓公共关系活动的时机，就是指在时间方面有利于公共关系活动的开展，并对取得良好效果具有重要影响的客观条件。

如同机会对人的成功所具有的重要作用一样，时机对于公共关系活动效果也有着至关重要的影响。如北京长城饭店开业不久正逢美国总统里根访华，于是他们进行了精心的公共关系策划，其创意就围绕里根总统访华产生，即千方百计地努力使里根总统的举世瞩目的临别答谢宴会在本饭店举行，并借助大众传播媒介的报道，使长城饭店一夜之间名扬四海。无疑，其创意中就包含了里根总统访华的时机因素。

“天时、地利、人和”是一切事业成功的必备条件。开展公共关系活动只有抓住有利时机，及时传播信息，引导公众舆论，才能有效地塑造组织形象，取得最佳的活动效果。因此，能否把握、利用公共关系时机，既是公共关系人员公共关系意识的一种体现，也是影响公共关系活动效果的一个重要因素。

以下的案例可以帮助我们更好地理解什么是公共关系时机以及公共关系时机的重要作用。

2020 年初，一张美团外卖小哥被麦当劳小哥捏耳朵的动图在微博出现，在路人视角中，正在等红绿灯的麦当劳小哥靠近美团外卖小哥，趁其不备捏了两下美团小哥头盔上的袋鼠耳朵，美团小哥疑惑地转头，不料麦当劳小哥立马溜走。随后，有网友画下两人的动漫形象，因红黄两色制服，美团与麦当劳被大家戏称为“番茄炒蛋 CP”，曝光量窜至千万，一举把美团捧上热搜榜。美团显然意识到这当中的话题价值，开始主动在微博上“记仇”和反撩麦当劳，甚至受邀参加 B 站直播的时候，戴着耳朵走进了直播间，显得非常醒目、出挑，进一步将热点推高。随后，美团又陆续在礼品店中出售袋鼠耳朵系列周边，产品与海报设计的风格都颇具新意，俨然如同潮牌符号，获得了网友们疯狂的抢购。

袋鼠耳朵话题的火爆对美团来说既是偶然，也是必然。从 2016 年开始，美团便已经着手研发“袋鼠耳朵”；2018 年初，美团便在官博发出袋鼠耳朵路透照及耳朵头盔周边。可以说，美团一直在积累热度、等待爆点。直到 2020 年初，一张美团外卖小哥被麦当劳小哥捏耳朵的动图在微博出现，曝光量窜至千万，一举把美团捧上热搜榜。这个偶然事件为美团袋鼠形象 IP 提供了有利条件，形成了一个开展公共关系宣传活动的良好时机，美团借此机会用最低的成本完成了传播最大化，甚至衍生到其他实体行业，大范围地抓住了年轻人的关注焦点，再次提升了品牌的价值。①

（一）公共关系时机的特征

对于任何一个事物来说，只有深刻了解和认识它的本质，才能熟练地对它进行驾驭和应用，因此，要有效地把握和利用公共关系时机，我们就必须认清它

① 站长头条．专访美团负责人：全网都想薅的袋鼠耳朵，为何又火出圈了［EB/OL］.［2022-04-14］https://www.seoxiehui.cn/article-236200-1.html.

所具有的特征。一般来说,公共关系时机具有以下特征。

1.短暂性。由于事物在不断地发展变化,影响公共关系活动的客观条件随着时间的推移也不断地发展变化。因此,时机总是处于一个特定的时间段之中,它的存在不是永恒的而是暂时的。尤其是进入信息时代之后,在知识经济的推动下,社会瞬息万变,影响公共关系活动的客观条件的变化速度也大大加快,公共关系时机的延续期越来越短,有时更是稍纵即逝。由于时间发展方向的单一性——朝未来发展且一去不复返,使得存在于一定时间段的公共关系时机一旦错过就不能重新获得。所谓"机不可失,时不再来"就是这个道理。因此,公共关系时机的短暂性,决定了发现和利用时机的重要性。如果公共关系人员对时机高度敏感,能及时捕捉每一个公共关系良机,那么,公共关系活动就好像一只又一只的顺风船,载着组织乘风破浪顺利前进。相反,如果公共关系人员没有及时地发现它,便只能"坐失良机",痛悔不已。公共关系策划人员在发现良机之后,应迅速地作出反应,有效地加以利用。发现了大好时机却不能及时利用,是一种资源浪费。

2.隐蔽性。公共关系时机不会主动发出警示,向人们展示它所蕴含的价值。它常常隐蔽于纷繁复杂或平淡无奇的诸多条件之中,需要公共关系人员凭借其良好的综合素质和公共关系实践经验去发现它、捕捉它。由于公共关系时机具有相当的隐蔽性,没有一定的善于发现事物的敏锐眼光是不会轻易发现其存在的。这就出现了相同信息、相同事件在某些人看来是一次绝佳的公共关系时机,而另一些人却不屑一顾,认为毫无利用价值的现象。因此,公共关系人员需要有一个有准备的头脑,有随时把握、利用公共关系时机的意识,更要在实践中练就一双火眼金睛,准确地发觉某一形势或事件所蕴含的时机价值,及时地找到开展公共关系活动的良机。

3.可造性。中国人做事喜欢讲究"天时、地利、人和"。其中"天时"就是指天赐的时机、自然形成的机会。然而,时机并非一定要坐等天赐,在条件适宜的时候,我们可以主动创造公共关系活动的有利时机。例如,济南轻工化学总厂为了打开产品销路,塑造企业名牌产品,以最小的投入获得最大的公共关系效益,就曾在没有现时可利用的时机的情况下主动出击,创造了公共关系活动的有利时机。该厂先后在《济南日报》上刊出《"小鸭"洗衣粉为何叫不响》《让"小鸭"快快长大》等两篇新闻稿件,使"'小鸭'洗衣粉现象"得到媒体广泛重视并在泉城人心目中成为普遍关注的"热点"。新闻媒体的广泛宣传为企业开展公共关系活动创造了良好的时机,该厂随后便顺势推出"济南名牌产品'小鸭'洗衣粉产品推广会"的公共关系活动。如所预料的那样,活动取得了巨大的成功,产品的知名度大大增加，企业也赢得了新的发展机遇。

4. 不确定性。公共关系时机常常是突如其来，无法预测，也没有规律可循。对于它的把握，既能显示出策划者驾驭时机的高超技艺，又能使公共关系策划获得意想不到的成功。如在5月21日上午，四川自贡市富顺县钟秀街锦绣花乡小区发生惊险一幕：一名5岁女孩只身翻到6楼窗户外侧，随时有掉落危险。此时空调维修小哥胡云川正驾车途经事发现场。胡云川立即靠边停车与其他好心群众一同参与救援。凭借个人多年的高空作业经验，胡云川从5楼窗户翻出，顺着雨棚攀爬到6楼，把女孩抱进了屋内。女孩最终平安无事。2021年5月21日，“海尔”在官方微博第一时间认领自家员工。微博发布后，网友纷纷在评论里留言“要好好奖励！”第二天，“海尔”官方微博迅速发布了嘉奖的消息：为弘扬胡云川见义勇为精神、传递正能量，“海尔”决定授予胡云川“人单合一见义勇为奖”，并奖励当地价值60万元的房产一套。海尔公司在微博同时强调了“人是企业最宝贵的资产”这一经营理念。“海尔”的这一举措获得了网友的一票好评。微博话题“救下悬空6楼女童被奖励一套房产”的讨论量达到3.8亿。“海尔”此次公关活动大获成功，对内增强了员工对企业的认同感，对外为海尔带来了极强的传播效果，强调了企业的社会责任，拔高了海尔的企业形象。①

（二）公共关系时机的作用

我们在进行公共关系活动的策划时之所以特别强调时机的把握和利用，是因为时机与公共关系活动的效果具有十分紧密的联系。失去时机必然会严重影响活动效果，甚至完全达不到预期的目的。因此，我们说，公共关系时机在公共关系策划中占有非常重要的地位。概括起来，公共关系时机的作用主要有以下几方面：

1.有利于提高组织的认知度、美誉度和和谐度。组织的发展需要借助有利的组织环境和良好的组织形象。较高的认知度、美誉度和和谐度是形成有利的组织环境必不可少的要素。开展公共关系活动的具体目的可能千差万别，提高“三度”是总目标，塑造与维护良好的组织形象则是最重要的目的。许多公共关系活动，如果只是在一般情况下开展，往往效果平平；但是，如果能够抓住一次绝佳的机会，则会产生奇效。

在2010—2014的5年中，李宁遭遇了品牌战略的失误，遭遇了巨大的库

① 中国广告网．2020十大品牌公关案例[EB/OL]．[2022-04-14]http://4g.cnad.cn/Detail.aspx?id=305738 html.

存压力和艰苦的去库存，遭遇了第一品牌拱手让给安踏，遭遇了持续三年的亏损。经过漫长的调整和变革，2015 年，李宁公司终于扭亏为盈，并连续三年保持增长和盈利。但是和竞争对手安踏相比，无论是营业额还是净利润以及市值，都已经不在一个起跑线上。① 就在李宁本人带领团队殚精竭虑寻找突破口时，一个跨界而来的邀请彻底打破了市场的僵局。2018 年，纽约时装周定下了细分主题，其中有一个就是运动。由于耐克和阿迪没有相关的档期，无法安排明星设计师为整个时装周设计新品，组委会就将眼光转移到了李宁的身上。李宁的设计团队很快接下了纽约时装周的橄榄枝。2018 年，“中国李宁”以“悟道”为主题登陆纽约时装周，一改此前的严肃呆板甚至带着些土味的品牌形象，彻底点燃了国内和国际市场。纽约大秀落幕当天，“李宁”的微信指数暴涨 700%；发布会结束后 3 天，有关李宁在纽约时装周的推文曝光总量超过了 1 500 万次。2018 财报显示，“中国李宁”一系列服装年度销售量超过 550 万件，售罄率超过 70%；悟道鞋系列销售量超过 5 万件，售罄率也超过 70%。在同年的巴黎时装周中，李宁同样以又潮又酷的设计惊艳秀场，不但向外界传递了中国制造的声音，也沸腾了无数国人的血液。

在李宁登陆时装周之前，很多人都不会将“李宁”和“潮牌”联系到一起。因为一次偶然的机会以及国潮风的崛起，李宁从此前“教科书级的失败”到如今被年轻人追捧，它的命运实现了 180 度反转，也打了一场漂亮的翻身仗。②

2.有利于推广产品，帮助组织在短期内打开新局面。企业是以营利为最终目的的法人组织，其产品销售状况直接关系到企业的利润，关系到企业的生存和发展。公共关系活动的主要目的虽然是协调组织与公众的关系，建立良好的信誉，塑造组织形象，但这一切最终的归宿仍然是为了提高产品的销售量，帮助企业获得最大的利润。因此，推广产品也是企业进行公共关系活动的目的之一。抓住良好的时机开展公共关系活动，能迅速而有效地提高产品的知名度，帮助企业在短期内打开销售渠道，开拓新的市场。

新冠疫情让 ECMO 及重症治疗领域获得了前所未有的关注。同时，每一款 ECMO 新机型的上市也面临着激烈的市场竞争。引领趋势，获得市场认同，品牌赋能是费森尤斯医疗在新一代 ECMO 森诺时上市之际的三大沟通策略。最是人

---

① 赵正．李宁“潮牌”造，能否挽回失去的五年[J]．商学院，2018(05)：48-50.

② 投资界．国潮拯救李宁[EB/OL]．[2022-04-14] https://news.pedaily.cn/202104/469195.shtml.

间留不住，留住才是最人间，费森尤斯医疗通过一组纪录片《最人间》，深度访谈了重症领域的各位专家，解读了 ECMO 对重症医学的作用和影响，让 ECMO 突破了医疗器械的圈界，让更多的人感同身受与死神赛跑的情感跌宕，深刻理解“重症病房最后一道防线”的重要作用。同时，森诺时上市之际，费森尤斯医疗举办了首届《最人间》ECMO 高峰论坛，和重症领域的专家们一同探讨 ECMO 未来的发展趋势，让森诺时灵活、可移动、材料环保、续航时间长等特点与主流趋势形成强关联。这场论坛不仅吸引了业界专家的热烈讨论，还邀请到人民日报健康客户端入会进行了现场直播，向关注重症发展的更广泛医疗界人士奉献了一场知识盛宴，树立了费森尤斯医疗在重症领域的领先地位。《最人间》系列 ECMO 深度访谈视频累计浏览量 185 000 人次，30 多家媒体对新一代 ECMO 及高峰论坛进行报道，论坛直播吸引超过 781 万人次的关注。此次费森尤斯医疗新品上市的公关活动扩大了新上市的 ECMO 森诺时的宣传影响力，树立了费森尤斯在 ECMO 领域技术领先者的形象，并且助力了 ECMO 在中国的应用推广与未来发展。①

3.有利于组织摆脱困境，反败为胜。任何一个组织成立之后，都离不开相关公众的大力支持，而公众对组织的支持程度取决于他们对组织的了解及信任程度。在组织的运作过程中，有些组织由于宣传不力，使认知度处于较低水平。由于大部分公众对组织情况及产品情况知之甚少，或完全不知，因此难以对该组织及其生产的产品产生信任感，即使组织所提供的服务或产品确实质量上乘，其影响面也只能限制在一定范围之内，难以大量促成潜在公众向知晓公众最终再向行动公众的转化。由于得不到广大公众的支持，组织发展必然会陷入困境，前景堪忧。

另外，有些组织在运作过程中可能已经取得了一定的知名度与美誉度，但是由于某种失误或其他原因，使组织形象受到严重损害，处境艰难。这时，如果不能及时扭转公众对组织的看法，此类危机事件所产生的负面影响对组织的发展将会造成极大的威胁，甚至可能导致组织声名狼藉。

在以上情况下，能否及时摆脱困境便成为影响组织持续发展的关键。要想走出困境，在采取有关措施切实解决组织自身存在的问题的同时，抓住或创造有利时机开展公共关系活动，是一条行之有效的捷径。

2017 年 8 月 25 日上午，《法制晚报》下属的“看法新闻”发表了一篇标题为《记者历时 4 个月暗访海底捞：老鼠爬进食品柜 火锅漏勺掏下水道》。文章中，记

---

① 费森尤斯医药用品(上海)有限公司．费森尤斯医疗 ECMO 森诺时产品上市[EB/OL].[2022-04-14]http://www.prawards.com.cn/entryinformationdetails.

者卧底了北京海底捞劲松店和太阳宫店,发现两家店的厨房都存在不良现象。在劲松店后厨,记者发现有老鼠爬进装食品柜子,还有工作人员将扫帚、簸箕、抹布与餐具一同清洗。而在太阳宫店,记者发现火锅漏勺用作掏下水道垃圾的工具。

在事件爆发三个小时左右,海底捞迅速做出了两份回应。当日下午 14 点 46 分,海底捞在其官方微博和官网发布致歉信。内容包括:①首先承认了曝光内容属实。②提供过往处理类似事件的查询通道。③感谢媒体和群众的监督,表示愿意承担相关的经济和法律责任。④承诺已经布置在所有门店的进行整改,后续将公开发出整改方案。当日傍晚 17 点 16 分,海底捞在其官方微博和官方发布处理通报,内容包括对事件门店的停业整改处理,所有门店开启卫生排查,接受公众、媒体的监督,安抚涉事事件的员工,董事会主动揽责。致歉信发布之后,大众的关注点集中在海底捞这次"危机公关的成功"。有人将海底捞的危机公关策略概括为:锅我背、错我改、员工我养。不少公众号开始一条条分析"海底捞"危机公关的成功之处,也有公众号借海底捞事件强调危机公关预案的重要性等。整个事件的角度被成功转移。根据之后的报道,海底捞在全国门店完成了整改内容,其中全国 60 多家老店是改造重点,单店平均花 5 万升级监控。此外,海底捞增加后厨展示区域,北京所有门店后厨实时直播,并且海底捞在门店设置参观卡,消费者可申请参观后厨。

处理公关危机,最重要的原则就是降低危害的程度,并尽可能地化"危"为"机"。综观海底捞公司的危机公关策略,可见其出手"快、准、狠",将"老鼠门"事件的负面影响控制在一定范围之内,使危机对于品牌和公司的危害降到了最低限度。[①]

抓住有利的时机进行公共关系活动,就如同搭上了一只顺风船,能取得事半功倍的效果,这已是不争的事实。只要有一双敏锐的眼睛和一个有准备的头脑,公共关系时机就一定能推动你的事业乘风破浪,快速前行。

二、选择公共关系时机的原则

作为一名公共关系策划者,必须在发现了有利时机之后,对即将开展的公共关系活动进行精心的设计和策划。由于公共关系时机策划也是公共关系策划的一种,因此,策划人员在进行公共关系时机策划时,必须遵循公共关系的基

① 观察者网. 记者历时 4 月暗访海底捞:老鼠爬进食品柜 火锅漏勺掏下水道[EB/OL]. [2022-04-14] https://www. guancha. cn/society/2017_08_25_424399. shtml? s=fwckhfbt? s=fwckhffhxw. 科猫网. 成功的危机公关案例(盘点近年来优秀危机公关案例)[EB/OL]. [2022-04-14] https://www. kemaowang. org. cn/n/42737. html.

本原则和公共关系策划的一般原则,如针对性原则、简单性原则、可行性原则、创意性原则、机变性原则、科学性原则、整体性原则、群策性原则、客观性原则、时效性原则等。然而,公共关系时机策划又具有一定的特殊性,策划人员在进行公共关系时机策划时,还必须遵循以下原则。

(一)要服从公共关系策划的总目标

自组织成立伊始,塑造良好形象、优化内外环境便成为其公共关系活动锲而不舍的追求目标。例如:在组织刚成立时,公共关系活动主要是为了提高组织的认知度,打开局面;而在组织发展成熟时,公共关系活动则主要是提高组织的美誉度和和谐度,维护组织发展的良好环境等。这些子目标之间可能存在一定的差异,但它们最终都是指向塑造组织形象、建立良好的发展环境这一公共关系活动的总体目标的。每一个子目标都是为了总体目标能更好地实现而设定的,都是服务或服从于总体目标的。由于在组织发展不同阶段中公共关系策划都涉及时机问题,因此,公共关系时机的确定存在于每一项公共关系策划的创意之中。由于公共关系活动的时机确定是公共关系策划创意中一种较为特殊的因素,因此,我们在进行公共关系时机策划时就一定要使时机的确定服从公共关系活动的总体目标,切不可为了标新立异、追求轰动效应而使公共关系创意中的时机因素与总体目标相矛盾,否则将会影响公共关系策划的总体部署,弄巧成拙,得不偿失。

电影《我和我的祖国》是在建国 70 周年的大背景下,由国家电影局主持、中宣部直属企业华夏电影公司领衔,联合全国各大制片公司出品的国庆献礼影片。电影首映礼于 2019 年 9 月 13 日举行,作为中国电影史最具有突破意义的、开创性的献礼片,希望能从首映礼开始持续点燃大众群体的关注,并能在营销层面塑造出同样具有突破意义的事件点。对于一部具有重大意义的献礼片而言,衡量成功与否的标准不仅仅只体现在票房的数字,在影片映后能留下的记忆点才是真正值得去思考的。因此,华夏电影公司选择了七个与新中国成长中有代表性的城市:北京、重庆、天津、武汉、南京、昆明、深圳,通过这七个代表性城市和七个剧组做匹配,加入在此城市中的代表性人物在新中国建设中所起到的作用。无论是北京会场《北京你好》剧组三位奥运冠军、深圳会场《回归》剧组特色机器人集体舞表演带来的高新科技感,还是南京会场《夺冠》剧组邀请江苏女排所展现的“女排精神”,无不体现了城市一直伴随着中国的成长,也充分展现了城市的风采。9 月 13 日当天,七城同时“快闪”和联动首映,形成七城数十位影人和万名群众同时歌唱《我和我的祖国》、畅叙爱国故事、抒发爱国情怀的动人场面。华夏电影公司同时利用最先进的5G直播技术，通过CCTV6电影频道和全网全媒体平台进行直播，并通过短视频等时下年轻人喜闻乐见的形式进行媒体融合整合传播，借此实现活动线上线下全民互动，取得最大传播声量和最佳传播效果。此次七城首映公关活动获得政府宣传单位、电台、电视台等20余家官方媒体的报道，声量遥遥领先同时期所有活动。此外，七城首映活动微博话题讨论5.9万、视频浏览量1.6亿，助力电影达到微博话题讨论214万、视频浏览量13亿、微博大V推荐度95%。[①]

(二)牢牢把握公众心理

组织与公众之间可以说是鱼与水的关系。离开了水，鱼儿则难以存活；离开了公众的信任与支持，组织也无法生存和发展。因此，如何赢得公众的信任和支持，便成为公共关系策划人员所应重视的永恒主题。

公众是人的集合体。人作为高级智慧动物，在基本的生理需求得到满足后更注重的是心理需求的满足。人是独立的人，人们的心理需求有一定的差异；人又是社会的人，人们在社会生活中不断发生着各种联系，相互之间产生着各种影响。由于这种普遍存在的联系和影响，使人们的心理需求在一定程度上具有趋同性。正是因为这种趋同性，使得我们对公众心理的把握成为可能。一般而言，不同历史时期、不同地域的公众具有不同的心理特点。这就要求公共关系策划者能够准确地把握时代脉搏，摸准特定时期、特定地域内目标公众的心理特点，有针对性地进行公共关系策划。

20世纪90年代后期的中国，随着市场经济体制的逐步建立，追求物质利益已不再是一种需要遮遮掩掩的事了。然而，多年的观念束缚一旦放开，便容易导致另一种极端，“金钱至上”“唯利是图”等拜金主义四处泛滥。这时，人间真情就显得尤其可贵，人们普遍期望奉献能得到相应的尊重。例如，在上海金店竞争日趋激烈的背景下，上海欣博金店通过开业庆典脱颖而出，策划专家们在进行开业的公共关系时机策划时决定牢牢抓住现阶段中国公众的心理特征，把活动内容与满足公众心理需求结合起来。金店开业不搞鞭炮、花篮，不用珠光宝气的红帖礼品，而是通过聘请社会功臣为名誉职工、为打工妹义务举办“如何选购和使用金银首饰”的知识讲座等一系列“回报社会”的公共关系活动来打动消费者的心。欣博金店的这些善举充分迎合了广大公众的心理需求，为自己树

---

① 华夏电影发行有限责任公司，斐然传播集团．电影《我和我的祖国》七城联动首映礼[EB/OL]．[2022-04-14]http://www.prawards.com.cn/entryinformationdetails.

立了一个极佳的形象，为企业赢得了意想不到的社会效益和经济效益。

除了在时机策划的内容上要把握公众心理外，在公共关系时机的选择上也要注重公众心理。现代社会生活纷繁复杂，每天发生的与组织有关的、与组织无关的，政治的、经济的、文化的、体育的等方面的事件数不胜数。那么，其中哪些事件的发生可能成为开展公共关系活动的良好时机呢？公共关系策划者如何区分、选择呢？其中一个重要的标准就是看它是否符合公众需要，也就是说是否有利于通过公共关系活动及时满足公众的某种较为强烈的心理需求，从而使公共关系活动效果得到强化。

众所周知，我们进行公共关系策划的目的就是为了通过开展活动，影响公众对组织的看法。如何影响效果最佳？古人说得好，"攻心为上"。公众是有感情的人。如果组织能够把公共关系活动与满足公众的某种心理需求结合起来，"投之以桃"，公众必会"报之以李"，以信任和支持回报组织。

2020年，一场突如其来的新冠疫情牵动着所有人的心。然而，没有一个冬天不可逾越，没有一个春天不会到来。3月初，伴随着所有医护人员的努力，各省市援助在武汉的白衣战士们已经陆续返乡。然而，雷神山的医护人员却坚守在武汉疫情的最后一道防线，直到最后一刻。冬去春来，所有人都在期待着尽快迎接彻底战胜疫情的"春天"，在这个时刻，3月30日，国际医师节将至，三生制药携手辽宁男篮一起走进雷神山，走进医护们奋战的一线，走进他们心里的"春天"，迎接一份来自雷神山的心愿清单。三生制药用视频的形式聚焦抗疫前线医务人员的心愿，并联合辽宁男篮共同为这些医护人员实现心愿，在国际医师节这一天感恩一线医务人员的付出和努力，并把这种祝福传递出去。此次项目共联合17家党政类、医药类媒体共同转发，累计收获阅读量超367.3万。不仅在这个特殊的时期能够让大家都关注到医护这个群体，同时也体现了三生制药公司在疫情期间对医药行业的整体关注度与企业社会责任公信力。①

三、确定公共关系时机的策略

"凡事都要讲究策略"，这是人们经常挂在嘴边的一句老话。的确，有了好的策略，事情就等于成功了一半。张良"运筹于帷幄之中，决胜于千里之外"，制定正确的作战策略是其中的关键。宋神宗向王安石请教"掌握政权的关键是什么"，王

① 三生制药．一份来自雷神山的愿望清单：这个春天如你所愿[EB/OL]．[2022-04-14] http://www.prawards.com.cn/entryinformationdetails.

安石说:“择术为先!”术者,方法也。有了适当的方法,办起事来就可以得心应手,攻克一道道难关。公共关系时机策划也需要讲究策略和方法,策划本身就是一个策略的运筹过程。一般来讲,公共关系时机策划的策略方法有以下三种。

(一)乘机

既然是公共关系策划中的时机确定,那么策略的运用主要就是针对时机而言,首当其冲的便是要学会有机乘机。所谓乘机,就是指当有利时机来临时,要及时地发现并加以利用。时机具有短暂性,稍一疏忽或怠慢,大好时机便会匆匆溜走。因此,我们进行策划时一定要注意充分利用可乘之机。

十余年来,长安汽车对公益投入巨大,仅对云南泸西县、砚山县开展精准扶贫,捐献已超亿元。随着 2020 年全面小康时代到来,精准扶贫向消费扶贫转型,长安汽车借势直播带货的全新模式,针对定点帮扶区域,积极转变公益思路,从“输血式”的捐赠扶贫模式向“造血式”的消费扶贫转型。在中国品牌日当天,长安汽车联合人民日报客户端,开展了首个由汽车企业联合央媒助力的公益直播带货行动。仅开播 10 分钟,全网观看人次突破百万;开播 1 小时观看量破千万;全网累计观看人数高达 3 410 万,点赞数破千万。据悉,此次消费扶贫公益活动带货销售额超百万,有力助推定点扶贫区域的优质农产品销往全国,帮助当地农户稳步脱贫不返贫。此次公益直播,长安汽车开创性地引入了人民日报客户端,借势直播带货新模式和央媒的强大影响力,提升此次活动的扩散范围,开创了“车企与央媒”同框公益带货的新形式,以“互联网+公益”思路帮助当地农户解决燃眉之急。随着“互联网+”的深入,公益进入“全民参与”时代,此次长安汽车与人民日报客户端携手的公益直播为企业承担社会责任带来了新的思路。将互联网思维融入公益事业,借势企业优势特点,使公益形式向多元化发展。①

(二)借机

在组织周围发生的诸多事件中,有些比较明确地表现为组织的公共关系时机,如与企业产品相关的博览会、商品交易会等。有些则似乎与组织无关,而表现为纯粹的政治事件、经济事件、文化事件、体育事件等。对于这种非公共关系时机,公共关系策划人员如果能够与组织公共关系的目的相结合,巧妙地加以

① 重庆长安汽车股份有限公司、北京时空视点整合营销顾问有限公司. 长安汽车×人民日报客户端“扶贫攻坚 爱有新意”消费扶贫公益直播带货活动[EB/OL].[2022-04-14]http://www. prawards. com. cn/entryinformationdetails.

利用,同样能转化为极佳的公共关系时机。所谓借机,实际上就是指公共关系策划人员将一些非公共关系时机与组织公共关系目标相结合,将其巧妙地转化为公共关系时机的策略方法。

2020 年,蒙牛推出的"高考押题奶"公关活动正是一次"借机"策略的成功运用。高考是人生大事,考生需要的不仅是身体上的力量,还有精神上的力量。这与蒙牛牛奶"健康"和"要强"的宣传调性是相契合的。为了给考生们送上营养补给,缓解他们的心理压力,蒙牛深入题库重地,精心挑选各学科题目,最终推出"高考押题奶"——每瓶奶的外包装上都印着高考科目相关的知识点。在各大科目知识点上,蒙牛用广告语"蒙什么都牛,做什么都对"来给 2020 年的莘莘学子加油打气。"高考押题奶"同时吸引着许多已经经历过高考的人群。"当你拿到这盒印着题目的牛奶的时候,你拿到的不是一盒牛奶,它是你的青春,也是无数人的青春,喝奶谁都会喝,可是这道题你会做吗?"蒙牛牛奶上的这句话让很多人想到了自己当年的青春岁月。蒙牛利用这些经典的高考题目和怀旧的文案,为观众营造出了青春再现的氛围,弱化广告痕迹的同时也让大家牢牢地记住了牛蒙蒙的 IP 形象和新品"押题奶",可谓是一举多得。更巧妙的是,通过"蛋白质、维生素、矿物质"等知识点,蒙牛再次强化其乳制品的产品卖点,完美实现了品效合一的宣传目标。①

(三)造机

除了乘机和借机之外,还有一种更能体现人的主观能动性的策略,这就是造机。当组织面临困难,急需借助公共关系活动打开局面,却无机可乘、无机可借之时,一个高明的公共关系策划者便会主动地创造机会,变无为有。我们通常所说的"制造新闻"便是造机策略在实践中的一种运用。

造机比乘机、借机更难。要变无为有地创造一个良机,首先需要策划者对目前的形势有一个全面、准确的把握与分析。然后根据组织的现实情况,在较短时间之内调动一切可能的积极因素为组织解决问题创造有利时机。造机涉及对组织自身及其他相关情况的了解、对相关公众心理状况的把握、对一切有利因素的分析、对可能出现的情况的预测等诸多方面。因此,造机对策划者的能力和素质要求更高。

下面这则《戴森开启美发行业产品构架新方式》的案例便是造机策略运用

---

① 广告行业. 蒙牛"高考押题奶"有心了!这才是借势营销的正确借法. [EB/OL]. [2022-04-14]https://www.shangyexinzhi.com/article/2085364.html.

的充分体现。

2016年前,消费者对于戴森品牌认知多源于吸尘器。2016年,戴森品牌进军全新的美发行业,推出了戴森supersonic吹风机。美发行业在此之前长达60多年皆无甚动荡,戴森品牌在该领域也毫无知名度与可信度,其产品价格则是普通竞品26倍之多。为了让戴森supersonic吹风机在在美发行业占领一席之地,公共关系时机策划是一条良策。于是,策划者们决定主动造机,为supersonic吹风机顺利进入美发行业创造有利条件。

戴森的公关活动从头发科学切入,主动打造科技美发且护发的消费趋势。戴森巨资投入的头发科学实验室从空气动力学到头发的细胞结构,测试超过1 600千米的真实人类头发。2016年,戴森提出头发科学的概念,以传统大众渠道试水市场反馈,通过线下发布会和大众媒体报道展示头发科学实验室的研究发现,揭示健康美发科学,引导消费者走出认知误区。2017年,戴森侧重科技与健康渠道树立专业可信度市场扩展策略,将营销传播扩展深入至全国,邀请国内权威头发和皮肤专家和专业造型师发起戴森头发科学课堂活动,选择科技媒体发布产品评测,让科技背书,从功能上满足消费者对产品的期望。2019年,消费者需求逐渐多元,市场涌现以帮助修复受损头发为卖点的竞品。于是,戴森紧贴消费者,发起头发科学消费者调研以及街头采访,直面竞品挑战,进行差异化沟通。戴森策划者们洞察发现,消费者对头发健康存在诸多认知误区。比如,98.49%的受访者认为头发在某种程度上是可以修复的。针对消费者的误区与头发受损不可逆的痛点,戴森再次发起应对过热损伤的公关活动,回应消费者与其修复头发,不如把重点放在预防上。

在投入与巩固下,品牌和产品在媒体上的曝光量逐年递增。相比于2016年的较低认知度和购买意向,2019年消费者对戴森科学美发工具的购买意向显著增长。同时,头发健康认知是一个长期经营课题,在戴森的科技美发护发公关活动的影响下,消费者对头发的认知也逐渐转变。2018年,有99%的消费者认为受损头发是可以修复的;到2019年4月,已有66%的消费者认为头发损伤是不可被修复的,消费者也更注重寻求头发问题的解决方式。这正是戴森传播头发科学的意义所在。

从这则戴森开启美发行业产品构架新方式的案例,我们可以看出造机这一策略所具有的优势。戴森从零开始打造具有科技背景的美发造型产品,从气流科技到头发科学,用戴森之道创新地布局品牌和产品战略,一步步推广戴森supersonic吹风机和戴森airwrap美发造型,建立品牌在美容美发行业的领军地位,在竞争激烈的市场中顺利地站稳了脚跟。

坐等良机不如主动造机。公共关系时机所具有的短暂性和不确定性,使乘机策略和借机策略的运用受到了诸多限制,而造机却打破了时间的束缚,使时机策划得到更为广泛的运用。

综上所述,及时“乘机”、巧妙“借机”、主动“造机”是公共关系时机策划的三大法宝,策划者可视情况加以灵活运用。只要策略运用得当,必将推动公共关系时机策划走向成功。①

四、公共关系活动常见的有利时机

公共关系作为一种事业迄今已有近一个世纪的历史, 在公共关系风风雨雨的发展进程中,公共关系人员积累了丰富的公共关系活动经验。通过对这些经验的总结,一般认为,公共关系活动策划创意过程中可以借助的有利时机主要有以下几种。

(一)组织自身发展运作中存在的有利时机

在任何组织从无到有再到发展壮大的过程中,本身就存在许多极好的公共关系时机。这些时机与组织的成长相伴相随,容易为组织所把握并利用。因此,进行公共关系活动时机的确定,首先应该掌握组织自身发展过程中所存在的有利时机。

1.组织成立之际。一个组织在成立之际,还未能与社会各界建立广泛联系,也不为公众所知晓,认知度、美誉度、和谐度几乎为零,这时组织非常需要与各界建立联系,提高组织的声誉。由于新生事物的出现总是容易引起人们的兴趣和注意,所以,开业庆典便是开展公共关系活动的极好时机。组织成立时往往受到较多关注,也容易邀请到上级主管部门领导、新闻单位记者参加,这既有利于加强与主管部门及新闻媒体的沟通,打下感情基础,同时也有利于借助媒体广泛传播组织信息,扩大知名度,初步树立起组织形象。

2.组织创立周年之际。无论中外,人们对生日历来都十分看重。组织也有生日,即组织成立周年纪念日。现在各种社会组织越来越重视周年庆祝活动。在组织创立一周年、五周年、十周年等之际举办周年庆典活动,并通过媒体向社会充分展示组织所取得的成就,传播组织的宏伟蓝图,既能增加公众对组织的

① 戴森中国.从气流科技到头发科学:戴森开启美发行业产品构架新方式.[EB/OL].[2022-04-15]http://www.prawards.com.cn/entryinformationdetails.

了解与信任，又能激发组织内部员工的自豪感与成就感，调动内部员工的积极性，加强组织自身的凝聚力。

3.组织更改名称之际。在组织的发展历程中，有时会因为某种原因而需要改换名称，如与其他组织合并组成新的单位，或原有的名称使组织发展受到某种限制或束缚等。无论是出于何种原因，更名都是再塑组织形象的良机。这时，组织应通过各种方式、各种渠道向公众传播更名信息，使组织原有的声誉和影响得以保持。同时，还应以此为契机拓展新的关系网，建立更为广泛的联系，扩大组织的影响面。对于那些原来形象欠佳或一般的组织，更可借助更名之机摆脱被动，开辟新的局面，重塑组织形象。

4.推出新的项目之际。新产品或新服务项目的推出是组织扩大影响、再塑形象的又一良好时机。公众往往有习惯性的消费对象。在一种新的产品或服务刚刚推出时，他们常持观望态度而不会轻易尝试。这时，他们对有关新产品或新项目的各种信息比较关注，处于一种相对良好的信息接收状态。组织若能抓住这一有利时机，及时通过各种活动多渠道地传播相关信息，不但能有效地推广产品和服务，还能借助产品和服务使组织形象深入公众心中。

葛兰素史克制药公司就十分重视企业自身发展中存在的机遇，紧紧抓住每一个有利时机开展公关活动，并通过媒介传播引起公众的兴趣与注意，不断加深公众对公司的印象，使企业形象深入人心。如在葛兰素史克 HIV 简化治疗药物多伟托® 上市之际，公司抢抓第三届进博会这一重要机遇，借助其规模和溢出效应，在参展期间，组织高管及专家做客人民网直播间接受采访，有效地通过主流媒体向社会及行业展示了葛兰素史克在艾滋防治领域的长期贡献，充分展现企业的卓越贡献及竞争力。同时推出了一系列如《G 家抗艾史》《很简单，你的猫什么都知道》《多伟托帮助 HIV 患者拥抱“简单生活”》等走心且有趣的创意图文和视频科普，完成了对创新双药疗法的科普推广。2021 年 6 月 26 日，多伟托® 成功在沪举办中国上市会。考虑到疫情影响，上市会采取线上线下相结合的方式举办，线上参会医生人数突破千人次。葛兰素史克公共关系团队在一年多的时间内，为葛兰素史克 HIV 简化治疗创新双药多伟托® 成功策划多次媒体活动及创意科普内容，累计媒体曝光量超过 1 000 万，引发社会各界的广泛关注；于社会责任方面，有效提升了公众对艾滋病的简化疗法的科学认知，为持续提高产品知名度塑造了有利的舆论环境。①

（二）组织外部环境提供的有利时机

除了在组织的自身发展中存在许多公共关系活动的有利时机外，在组织外部也常常存在许多有利因素，为组织开展公共关系活动提供良机，如各种节日、盛会、国内外重大事件、社会关注的热点问题、一时兴起的某种时尚等。这些往往能对多数人的心理和行为产生较大的影响，使人们的兴趣和注意力相对集中。若能巧妙加以利用，往往能收到意想不到的效果。下面是安徽一家公司巧用节日的案例。

世界上每个国家、每个民族都有自己的传统节日，如中国的端午节、中秋节和春节，西方的复活节、圣诞节等。节日不仅给人们心理上带来愉悦，也为组织提供了机遇。在人们欢度佳节时，常常对与节日相关的事情也十分注意。因此，抓住节日做文章，容易产生新闻效应，引起各方关注。节日是组织进行公共关系活动的良机。

Bilibili 在大多数社交网络用户心目中一直是一个创意新奇的品牌形象。在 2020 年跨年之际，Bilibili 作为首个举办跨年晚会的网络平台，以不同圈层的用户兴趣作为切入点，用一场超级 IP+中西结合+情感共鸣的音乐盛宴异军突起，通过差异化内容打法展示出独特的 Z 世代下的品牌文化，成功引起刷屏狂潮，引发行业内外以及用户的一致好评。2020 年是下一个十年即将拉开帷幕的新旧交替时刻，也是 90 后步入 30 岁和 00 后迈入 20 岁的特殊时间节点，在各家卫视依然如往常跨年晚会一般采取流量明星人海战术之时，Bilibili 借由“2019 最美的夜”这一主题，以普世的情感共鸣和年轻一代的回忆共鸣为抓手，进行全渠道营销。B 站依托不间断的病毒物料，如事件盘点长图、经典 IP 向混剪、配音贺词、歌词改编以及真假“晚会节目单”等事件营销在外围形成高热度持续用户讨论与期待，借助不同内容形式物料和用户情感共鸣搅动原著 IP、粉丝泡制多维度话题，成功冲出众多同类话题包围，点燃用户。②

除节日之外，其他各种为社会所关注的事件、时尚等也能成为开展公共关系活动的有利时机。如在上述“蒙牛高考押题奶”的公共关系案例中，蒙牛就是利用人们对高考的普遍关注而成功地达到推广产品的最终目的。广东健力宝

---

① 罗德传播集团，葛兰素史克（中国）投资有限公司．葛兰素史克 HIV 简化治疗药物多伟托® 上市：少即是多，简而易见[EB/OL]．[2022-04-15]https://www.digitaling.com/projects/181656.html.

② Bilibili.《bilibili 2019 最美的夜跨年晚会社会化传播》[EB/OL]．[2022-12-10] http://www.prawards.com.cn/entryinformationdetails.

公司也曾借第 23 届奥运会之机，通过向中国体育健儿赠送健力宝饮料而一举成名。美国的可口可乐公司更是借巴塞罗那奥运会大做文章，利用人们对奥运会的普遍关注，巧妙地扩大了自己的影响，赢得了人们的好感。

以上事例都充分说明了利用组织外部环境提供的机会，也是组织开展公共关系活动取得事半功倍效果的一条捷径。

（三）突发性危机事件提供的有利时机

突发性危机事件是指突然出现的对组织形象可能产生不利影响的事件，它往往会使组织立即陷入危机之中，对组织的发展乃至生存都会造成极大的威胁。在公共关系中，我们把这类事件称为“公关危机”。

常言道，机遇与危机同在，在危机面前，也有许多好的机遇可以把握。危机固然可能导致麻烦，但它一旦发生，就会成为公众关注的焦点。处理得好，不但可以化险为夷，还可以化危机为契机，使组织声誉得到进一步巩固、提高；相反，如果处理不当，轻则影响组织声誉，重则威胁组织生存。那么，如何才能化“危机”为“良机”呢？这就要求组织在突发性的危机事件发生之时，直面问题，尽快弄清真相，勇于承担责任，及时加强与各方的沟通，以真诚的态度去打动人，以真实的信息去引导人，形成对组织有利的舆论。

餐饮品牌呷哺呷哺在某一年的 3 · 15 晚会上被央视曝光其售卖的鸭血涉嫌造假。时任呷哺呷哺中国公关总监得知消息后，立马安排应急预案，所有工作人员就位，进行媒介监测、政府沟通和行业协会沟通，第一时间监控舆论走向及扩散程度。

从呷哺呷哺的企业价值观出发，呷哺呷哺选择了“声明先行，配合调查”的危机公关处理策略。确定要表态之后，呷哺呷哺并未马上发布微博，而是首先打电话与相关利益者沟通信息、达成共识。呷哺呷哺与报道这条新闻的央视记者取得了联系，并希望把最近的鸭血检查报告给到对方。随后，在事件发生的 12 小时内，呷哺呷哺发了三条微博，第一条是表明态度，告诉消费者、监管机构、媒体和各利益相关者，呷哺呷哺对此事的态度如何，因为不知道后面会发生什么、事实是什么；第二条是给出行动，停售所有的产品和公布了媒体联系的电话；第三条微博则表明行动的执行情况，积极配合政府相关部门的检查和取样，提供产品供应商的资质证明和检测报告，按要求把已经下架停售的所有鸭血及时运回总部封存，并向消费者道歉。呷哺呷哺三条公关微博的内容针对各界的相关问题做了回答，使媒体无法再报道有关其处理方式的猜测，只能等待政府检测结果，成功转移了舆论导向。

3月26日,检测结果终于出来了,呷哺呷哺沉冤得雪,鸭血质量合格。此时,呷哺呷哺发布了鸭血质量检测结果声明,通过权威的验证消除公众对企业的质疑,并开始恢复鸭血的售卖。同时,呷哺呷哺化危为机,在真相水落石出之后,借用此次危机为进店消费的顾客赠送鸭血一份,从而促进消费,提升消费者好感度。

此次危机事件对呷哺呷哺的影响是惨痛的,但结果是好的。在3月15日当天,呷哺呷哺股价下跌3%,在整个危机事件过程中一共下跌8%,但是在3月26日鸭血检测结果公布后,呷哺呷哺股价迅速涨了4%,并在之后的一周中上涨了33%。这一案例用事实向我们生动地讲述了突发性危机事件所蕴含的时机价值。①

案例评析

“世界上最好的工作”

项目背景与调查

澳大利亚大堡礁尽管久负盛名,但因为海洋升温以及游客增多,大堡礁的珊瑚虫曾一度濒临灭绝,经过一段时间的休养生息,大堡礁生态环境得到了恢复,知名度却已大不如从前。哈密尔顿岛素有澳大利亚“大堡礁之星”的美誉,岛上气候舒适宜人,活动多姿多彩,但由于受金融危机冲击,游客量大减。于是,昆士兰旅游局精心策划了一次全球招聘活动,来推广其旅游产业。

此次活动将目标受众定位为“全球体验的爱好者”,首先从一些偏爱澳大利亚旅游的关键市场中寻找,如欧洲以及英国、美国、日本、新西兰、印度、中国等。昆士兰旅游局和澳大利亚旅游局的既往研究,加上其对于国际市场的了解,指导了对目标受众的定位及相关的传播策略。

项目策划与执行

为提升大堡礁的国际知名度,昆士兰旅游局策划了一次网络营销活动:2009年1月9日,澳大利亚昆士兰旅游局网站面向全球发布招聘通告,并为此专门搭建了一个名为“世上最好的工作”的招聘网站(www.islandreefjob.com),招聘大堡礁看护员。旅游局聘请的广告公司首先制作了精美的网页及视频,然后把这则消息通过Youtube、Twitter、

① 科猫网.成功的危机公关案例[EB/OL].[2022-04-14]https://www.kemaowang.org.cn/n/42737.html.

案例评析

Myspace、Facebook 等发布出去。广告公司还大胆地使用“The Best Job in the World!”这句极具吸引力的广告语,很快,这则消息在全球范围内传播开了,电视、广播、互联网、博客、社交网站等媒体都大肆报道。招聘网站提供了多个国家的语言版本,短短几天时间便吸引了超过 30 万人访问,导致网站瘫痪,官方不得不临时增加数十台服务器。

具体招聘要求如下:

招聘职位:昆士兰州哈密尔顿岛看护员

工作时间:2009 年 7 月 1 日至 12 月 31 日

工作内容:清洁鱼池,喂鱼;收发信件;发表文章及上传照片、视频;接受媒体采访;巡游水域内其他岛屿等。

职位薪酬:15 万澳元/半年(约 75 万元人民币)。

福利待遇:豪华住宿,工作地及申请人居住城市之间的往返机票、工作期间的保险、工作产生的交通等其他费用。

申请条件:年满 18 周岁,英语沟通良好,热爱大自然,会游泳,勇于冒险尝试新事物。

招募过程:招募活动 2009 年 1 月中旬起,申请人先上网填写申请表,上传自制 60 秒英文短片,说明申请理由。2 月 22 日申请截止,然后初选出 50 名候选者。昆士兰旅游局再联同国际市场的代表挑选出 10 位最佳人选,再加上 1 位由招募网站访客投票选出的“外卡”候选人。5 月初,入选的 11 人前往岛上面试,最后选择 1 人成为哈密尔顿岛看护员。

2009 年 5 月 6 日全球选拔工作结束,幸运儿英国人本·索撒尔获得了这份“世界上最好的工作”,他将有 6 个月的时间徜徉于白沙碧海之中,向世人展示大堡礁的风情美景。这波历时 5 个月的全球“大堡礁”看护员招聘正式达到了高潮。

项目评估

这个工作,与其说是看护员,不如说是大堡礁的体验者——而这正是昆士兰旅游局推出此活动的目的,通过体验式营销的方式来向世界宣扬大堡礁的美妙之处,同时充分利用招聘过程的吸引力成功进行营销造势,吸引全世界旅游者的关注,面向全球提高大堡礁的知名度与美誉度。

案例评析

“世界上最好的工作”共吸引了来自全球200个国家和地区的近3.5万人竞聘,包括11 565名美国人、2 791名加拿大人、2 262名英国人和2 064名澳大利亚人,来自中国的申请者有503位。活动吸引了超过45万次的投票。在56天的时间里,islandreefjob.com网站的独立IP是68万多人次、总页面访问数达到4 700多万人次,用户平均停留时间约为8分钟;互联网上对于“昆士兰”的搜索量增加了40%。活动吸引了包括BBC、CNN、《时代》杂志在内的全球性媒体竞相报道,BBC纪实频道甚至在晚间9点黄金时段进行直播,该频道的受众达570万。英国、爱尔兰及北欧地区有超过9 000人因为此次活动而预定到昆士兰旅游。这样一次招聘活动吸引了全球的目光,据昆士兰旅游局称,整个招聘活动的花费约为120万美元(包括给看护员的薪水),其公关价值则已经超过7 000万美元。

2009戛纳获奖:“世界上最好的工作”营销战略在戛纳广告节上赢得了11项全场大奖中的2项,其中包括首次设立的公关类全场大奖,以及4项金狮奖。戛纳广告节每届都要评选出世界上最好的广告/公关战略,全场大奖被认为是其最高奖项。一个广告/公关战略同时获得两项全场大奖是史无前例的。昆士兰旅游局主席丹·莫瑞斯说,昆士兰旅游局的营销战略击败其他400多个参赛者,摘取了首次设立的公关类全场大奖;同时扳倒1 000多个竞争对手,获得直效行销广告全场大奖。它还分别夺走了旅行、旅游业和休闲、最佳网络利用、数字媒体和社会媒体四个分类别的金狮奖。

(案例来源:整理自http://blogunion.org/internet/the-best-job-in-the-world.html,博客联盟;http://blog.sina.com.cn/s/blog_6f97157a0100tp3n.html,新浪博客,“无锡专业公关活动策划”;http://prnext.wordpress.com/2009/07/20/case-study-best-job-in-the-world-campaign-winner-of-the-inaugural-pr-award-at-cannes-2009/,PRNext网站;http://www.utalkmarketing.com/Pages/Article.aspx? ArticleID=17349,UTalkMarketing)

评点:

公共关系是以不断创新为灵魂的,亦即不断推出新的、更好的创意;好的创意重在独特、新颖而又合理、朴素,往往还出其不意。

案例评析

“世界上最好的工作”的独创性之一即在于,整个项目所传播的内容中,始终把重心放在“最好的工作”这个信息点上,“大堡礁”则以一种背景信息的角色存在。这样至少从两个方面消解了受众对广告/劝服信息的惯常抵触:一是,背景信息的角色让“大堡礁”这个信息点显得温和而不可或缺,在整个活动中潜移默化地发挥着影响;二是,活动最初直接提供的关于“大堡礁”的信息有限,使受众出于对“最好的工作”之具体内容的好奇或关注招聘活动的热情,“主动”来了解关于“大堡礁”的更多信息,以亲身体验的方式形成对“大堡礁”这个品牌的良好印象。这样,该项目就以进行“好事大派送”的姿态,很好地满足了受众一定的虚荣心和好奇心,从而“顺便”宣传了大堡礁,出其不意地完成了真正核心信息的传播。

同时,创意的精炼、规整表达即“主题”,常常表现为概念的创造。当然,创造不是凭空的,必须紧密贴合市场环境和受众特点。“世界上最好的工作”不仅是一个前所未有的新概念、新提法,而且极好地针对了当时全球金融风暴下的国际大环境;在各国失业率步步攀升的情况下,一份轻松、高薪的工作无疑是非常吸引人们眼球的。有对比才有凸显,提供“世界上最好的工作”,这看似与世界大势方向相反的行为,恰好显得格外醒目,极具吸引力。

除了创意内容本身,该项目的传播方式也体现出立体、互动的特点。一方面,通过“The Best Job in the World”的广告语,将活动本身变成一个大新闻,借由各大媒体的报道广为人知并持续升温,以新闻形式传播的信息不仅节约了大量成本,更能减少受众的抵触情绪,在公关时机的选择上则体现了主动“造机”的策略;另一方面,通过与 Youtube, Twitter, Facebook 等全球性社交媒介合作,充分利用网络媒介的即时性、互动性和海量信息等特点,在全球受众参赛、投票的过程中,关于“大堡礁”的各种信息已无孔不入,大量进入了受众的大脑,同时借助社交媒介所具有的口碑营销功能,广泛地将信息传开。

该项目以全新概念吸引关注,同时活动的流程也让受众得以充分参与,使他们在神奇、快乐的体验中接受组织想传达的信息,可谓抓住了宣传性公关的精髓。

案例阅读后，请思考以下问题：

1. 掌握公共关系活动的时机有什么意义？
2. 你认为策划与创意的关系是什么？为什么？
3. 请举出一个你认为充分利用时机、发挥时机价值的公共关系策划案例。

第六章 公共关系策划的展开

学习要点

当公共关系策划的创意诞生后，接下来的策划进程就是围绕这一核心进行思维的发散，即进行具体的、可操作性的策划思维，使策划创意一步一步落到实处。这一过程在某种意义上就是“策划”的“划”——“计划”部分的制订。制订“计划”，首先要梳理各方面的策划要素，其中媒介选择是公共关系活动策划的关键要素，本章中将重点阐述。制订的“计划”最后将以文案的方式呈现，如何完成一份好的策划文案也是十分重要的。

【学习目标】

学习完本章,你应该能够:

(1)了解公共关系策划的"九要素";

(2)了解媒介分类的三种方法;

(3)熟悉五种大众传播媒介及其特点;

(4)了解公共关系策划文案的作用和基本格式;

(5)明确策划方案优化的四种方法和审定要求;

(6)熟悉公共关系活动策划书的撰写方法。

【基本概念】

创意　创意时机

第一节　公共关系策划的要素整合

既然"策划"的最后结果本质上仍然是一个工作活动计划,当然是一个具有创意的计划,那么,它就应该符合一般计划的规范要求,即必须具备一些基本的要素。这些基本要素是活动目标、创意主题、活动时机、实施方式、活动地点、实施人员、媒介选择、活动经费、活动步骤,即一个完整公共关系策划的"九要素"。下面,我们便将公共关系活动的这些要素进行有序的整合。

一、活动目标

在前面我们已经指出,公共关系活动策划的目标是实现"三度"——认知度、美誉度、和谐度的全面提高,并且提供了可量化的指标体系,而在策划要素整合的时候,这"三度"就应该具体化了。

例如:社会组织的形象等级如果由"5E33"提高到"5D44",即该组织形象由当地(E)的5档认知度、3等美誉度、3等和谐度,分别提高到省区(D)的5档认知度、4等美誉度、4等和谐度;如果由"5D44"提高到"3C44",即该组织形象由省区(D)扩大到大区(C),虽然其美誉度、和谐度均没有提高,认知度甚至还下降了2档,但由于区域扩大了,其组织形象等级仍然提高了。

二、创意主题

公共关系策划创意及其体现——主题,我们在前面已做了阐述,但在策划的要素整合阶段还必须进一步明确。除了以一句话对主题进行规范的、标题式的表述，还应该进行通俗的、完整的、明确的表达。

例如，上海宝和实业有限公司将每年一届的“宝和水晶节”不变的创意主题——“普及、咨询、联谊、酬宾”进一步阐释为：打破市场上商家惯用的打折优惠等促销手段之常规，按照以上八字方针，水晶节采用“信息发布会”、“宝和水晶知识大奖赛”、“宝和之星评选活动”、“新品展、珍品展、奇石展、保健品展”、“爱心发送”、“工艺评审会”等多种形式进行企业和品牌宣传，使消费者产生“可信、可亲、可近”的亲切感。如此表达，就明确了策划的创意核心所在，有利于公共关系策划人员实施操作。

三、活动时机

前面我们已经介绍了公共关系策划创意中的时机因素，但创意思维中时机的确定是相对的，而且只关注创意活动实施的高潮，并未对实施前后的整个过程的时间进行考虑，在这里就应该进行明确了。当然，作为过程，不是独立的、抽象的时间，而是与具体活动内容相统一的，如此就与活动步骤联系到一起了。

四、实施方式

公共关系的活动方式可以说是伴随着策划者创造性思维的火花，层出不穷、生生不息的，因此也就难以尽述。这里，根据公共关系学界的归纳，列出了公共关系活动实施方式的10种类型：①宣传型公共关系活动；②交际型公共关系活动；③服务型公共关系活动；④社会型公共关系活动；⑤征询型公共关系活动；⑥建设型公共关系活动；⑦防御型公共关系活动；⑧矫正型公共关系活动；⑨维系型公共关系活动；⑩进攻型公共关系活动。

应该指出的是，这10种类型的公共关系活动方式并不是相互排斥的，而是相互交错且可以互补的；同时，它们还不是具体的活动方式。具体活动方式我们将在专题公共关系活动中再做进一步的介绍。

五、活动地点

活动地点，即开展公共关系活动的场所。活动地点选择的好坏决定着公共关系活动能否淋漓尽致地展开。场地乃是策划者展开思路、拟订计划时必须慎重考虑的要素。一般来说，以下场所、地点适合开展公共关系活动。

（一）闹市

繁华的街道和顾客盈门的商场，由于公众云集，易于传播信息，往往是公共关系活动可以选择的地点。一般来说，生产日用品的企业适宜选择这些地点作为公共关系活动的场所，但应与交通管理部门、商场管理者进行协调，以便获得支持，并在有关部门的指导下有序进行活动。

（二）广场

广场是指适宜举办大型公共关系活动的体育广场、文化广场以及城市广场。一般来说，这些场所适宜举办政府的大型公共关系活动、大型社会组织的重大节庆活动、行业的物资展示交流贸易会、体育比赛、文艺演出等。

（三）会堂

各种类型的会堂，包括大饭店的会议室，是召开各种会议的场所。一般来说，员工大会、颁奖仪式、新闻发布会、与协作者磋商、与公众的对话联谊等，适宜在这里举行。

（四）展馆

展馆可以说是供各类社会组织进行展示性公共关系活动的极佳舞台。由于展馆一般面积很大，其服务方式往往是举办短期的展览会，供同一行业、同一类商品、同一地区的有关组织联合使用。因此，选择展馆为公共关系活动的场所，如果是独家使用，就要审视自己的实力；如果是联合使用，就要注意与组织自身相关的展览会信息。

（五）现场

生产现场、施工现场、事件发生现场等，由于有时与所传播的信息密切相关，因而利用现场举办相关的公共关系活动往往具有很强的说服力。利用各种现场来进行公共关系活动，往往会取得较好的传播效果。

六、实施人员

实施人员是策划展开中要考虑的活的要素，其他要素往往通过人员的活动发挥效能。在一般公共关系活动中，要考虑如下人员的构成。

（一）组织领导

社会组织的领导人既是组织的形象代表，又是公共关系活动的决策者、组织者、指挥者和参与者。因此，组织领导在整个公共关系活动计划中什么时候亮相、如何亮相、亮相时应传播什么样的信息，公共关系策划者在拟订计划时应该有所考虑。

（二）组织英雄

一个业绩卓越的社会组织总会在实践中涌现出若干优秀人物。他们或是科技工作者，或是普通劳动者，或是中层管理者，也可能兼任组织领导。在公共关系活动计划中，应该让这些组织英雄们亮相，如此，既可激励内部公众，又可折服外部公众，并使组织英雄们获得成就感，对树立良好的组织形象是大为有利的。

（三）名人与政界要人

影视明星、体育明星、文坛明星、政界要人等具有较大的知名度，如果公共关系活动能让他们出席，就能借助他们身上的"光环效应"，使组织公共关系活动的传播效果更佳。由于名人各有特色，又比较忙，选择哪几位名人要妥善考虑。

（四）媒介代表

因公共关系活动的目的之一就是要尽可能地广泛传播信息，因此，与大众传播媒介代表的联络是不可或缺的。公共关系计划中对媒介代表的选择与下面我们要介绍的"媒介选择"要素是对应的。在公共关系策划与展开中，要考虑的是该如何接待媒介代表，向他们介绍、传播怎样的信息，提供给他们什么样的传播材料，录像摄影条件如何提供等。

（五）公共关系文员

公共关系文员即整个公共关系活动落实、实施的文职工作人员，包括活动的组织者、调度者。他们如何分工，应该安排谁外出协调，谁布置公共关系活动场地，谁准备公共关系传播文件等，均应在计划拟订中予以细致考虑。

（六）礼仪队员

礼仪队员包括各种仪式中演奏的铜管乐队队员、迎宾与烘托气氛的礼仪小姐等。在拟订计划时，应根据有关要求，确定礼仪队员的人数、分工、服务项目等具体任务。

七、媒介选择

由于传播媒介是关系到公共关系活动成败的关键要素，而媒介的选择又比较丰富、复杂，因此，在"要素整合"中我们只是把它提出来，具体内容在后面专节介绍。

八、活动经费

公共关系活动经费预算，就是在计划中将资金、人力、时间进行合理分配，以便有效地开展工作。通过估算公共关系活动经费，能够从财力上保证将公共关系工作纳入正轨，为以后评估公共关系工作的成果及所取得的效益提供科学的依据。根据经费情况选用恰当的公共关系活动方式和传播媒介，也容易将公共关系策划方案具体化，形成时间—经费—活动一览表，保证各项具体任务的实施；有了经费预算，就能够保证公共关系活动经费按计划支出，防止透支或以权谋私现象的发生。

（一）公共关系活动经费的基本构成

1.人员开支。公共关系活动是知识与劳动呈密集状态的突击性工作，人员的工资、报酬在整个经费中占有很大的比重。这里的人员开支，主要包括公共关系专家、公共关系文职人员、公共关系礼仪队员、名人、摄影师等参与公共关系活动人员的工资、奖金、补贴等。

2.项目开支。它是指公共关系活动中可相对独立的、大宗的项目支出，包括信息咨询费、宣传品制作费、广告支出费、场地租金和专项赞助费等。

3.材料支出。它是指实施公共关系活动所需消耗的各种材料、物品的支出费用，包括样品实物、纸张、印刷品、音像材料、场地设施、纪念品等的购置费用。

4.管理费用。它是指实施公共关系活动过程中的各项管理费用开支，包括水电费、保险费、电话费、办公文具费、交通费、差旅费、维修费、折旧费和接待费等。

（二）公共关系活动经费预算的方法

进行公共关系活动经费预算的方法很多，最常见的有以下几种。

1.固定比率法。这是按照一定时期内经营业务量的大小来确定预算的一种方法。经营业务量可以按销售额计算，也可以按利润额计算。由组织自行决定从中抽取一定的百分比作为公共关系活动预算。固定比率法最突出的优点是计算简便，简单易行。就一次具体的公共关系活动所需经费而言，应计算出该次公共关系活动在这个时期公共关系计划中的比重，从而求出该次公共关系活动经费的总额。比如，某公司全年销售额为 1 亿元，按 1%的比率抽取全年的公共关系费用，则总经费为 100 万元；再确定该项大型公共关系活动的比重为全年公共关系活动计划的 1/5，那么，该次公共关系活动的总金额即为 20 万元。

2.投资报酬法。此法是把公共关系活动的开支当做一般投资来看待,即根据同量资金投入获得同量报酬的原则,哪个项目投资回报率高,就优先投入哪个项目。由于公共关系活动的效果体现在对组织形象的塑造上,其效果又是通过组织其他部门的效益间接体现的,因此,投资报酬法用于公共关系经费的预算就只能是相对模糊地进行。比如说,组织形象的知名度与美誉度提高 10 个百分点,相当于收益 1 000 万元,而实现提高 10 个百分点的目标是通过一项耗资 100 万元的公共关系活动来实现的,其投资报酬比例为 1 ∶ 10,那么,按此计划所做的经费预算应该是合理的、富有良好效益的。

3.量入为出法。此法按照组织的财务状况、经济实力,根据财政上可能支出的金额来确定公共关系活动经费总额。比如,一个生产能力很小、经济实力也很小的企业在策划公共关系活动时,就不应投入高额资金进行大规模 、大范围的公共关系活动,否则,即使组织形象树立起来了,又会因资金周转不灵影响企业运转,或因供货不及时影响企业形象,企业更会陷入入不敷出的困境。

4.目标先导法。此法是先制定出公共关系活动所期望达到的目标,然后将实现这一目标所需的各项费用项目详细列举出来,从而核算出整个活动的经费。这种预算需建立在充分了解有关项目支出的市场信息的基础上,才可能进行相对准确的预算。比如,某媒介的广告费用因调价增加了 1/3,而组织在预算时仍按原价核算,其结果必然是预算不够。又如,某名人出场费只需 5 000 元,而预算时定为 1 万元,也是核算欠科学的表现。这种方法的优点在于目标明确、项目具体、策划者具有发挥主观能动性的余地,而且是从实际出发的。因此,公共关系策划中,策划者往往将此种方法与前面所列的某一种方法结合使用。

总而言之,公共关系活动经费预算要量力而行、量入为出,少花钱、多办事,注重公共关系活动经济效益和社会效益的统一。

九、活动步骤

在公共关系策划的展开与具体计划的拟订中,往往要把以上要素综合起来考虑,从而确定活动实施的具体步骤。一般来说,一个完整的公共关系活动计划包括如下 3 个步骤。

(一)准备步骤

准备步骤主要是公共关系活动正式实施前的一系列工作,包括:落实、装饰公共关系活动的场地;联系落实出席公共关系活动的名人政要;联系落实出席公共关系活动的媒介代表;通过有关媒介造气氛;撰写公共关系文稿;准备要展示的实物、图片以及音像资料;拟定活动的具体程序表;进行有关人员的具体分工;等等。

（二）活动步骤

活动步骤又分为两个阶段:

前一阶段为“接待序曲”,其主要工作为:有关人员各就各位;迎接并引导来宾在休息室休息;分发宣传材料与公共关系礼品;检查活动场地的有关设施;等等。

后一阶段为“传播高潮”,其主要工作为:开始正式程序;通过组织领导传播组织的主要信息;通过名人政要传播附加给组织美誉度与和谐度的信息;通过英雄模范人物传播组织美誉度与和谐度的信息;通过现场展示以及实物、图片、音像资料全方位传播组织信息;进行必要的沟通、反馈;媒介录制、传播信息;制造必要的高潮气氛;等等。

（三）善后步骤

善后步骤,即传播高潮结束后的有关工作,包括:招待、欢送来宾;与少数公众进行深度沟通;整理、恢复活动场地;检查媒介传播活动信息情况;经费核算;等等。

以上各步骤的工作仅是就一般常规的公共关系活动而言的。由于很多公共关系活动策划极富创造性,体现的是一种个性化的策划艺术,很难予以规范,也很难在一般实施步骤中介绍,这是需要特别指出的。但是作为活动,它总有“序曲”、“高潮”、“善后”的共性,这也是一种不言而喻的规律。

第二节　公共关系策划的媒介选择

“media”即“媒介”,英文原意是居于中间之物,是人和事发生联系,并用以扩大和延伸信息的工具。习惯上,人们往往把“媒介”仅仅理解为报纸、杂志、电视、广播这四大大众传播媒介。其实,公共关系活动的信息传播,所依凭的媒介往往超出这四大媒介,比如,展厅媒介、户外媒介、卖场媒介、交通媒介、网络媒介等。因此,公共关系策划者所要考虑选择的媒介是广义的。

进行一次卓有成效的公共关系策划,因其实施总离不开传播,策划中就得对合理地运用媒介进行考虑。正如美国公共关系专家所言:“选择最有效的传播方式是公关活动中的一个关键的战略步骤。正如一名将军要选择最有利的作战地形一样,公关战役的指挥者必须确定,哪些传播媒介最适合于把信息传给预期的受众和实现战役的目标。”①

一、常见的媒介分类

随着科学技术的进步,传播媒介也在不断发展着。由于研究角度不同,划分媒介的标准也不一样。常见的媒介分类方法有3种:

(一)按照媒介的传播形式分类

按照媒介传播形式分类,可将其分为印刷媒介、电子媒介、展示媒介、户外媒介和其他媒介。

1.印刷媒介,包括报纸、杂志、电话簿、画册、火车时刻表、挂历、宣传册等。

2.电子媒介,包括电视、广播、电影、电子显示屏幕、电话、网站等。

3.展示媒介,包括陈列、橱窗、门面、立式广告、活人广告等。

4.户外媒介,包括广告牌、霓虹灯、海报、旗帜、车厢、气球、建筑物等。

5.其他媒介,包括火柴盒与打火机、手提袋、包装纸、雨伞、旅行包等。

(二)按照媒介的所有者分类

按照媒介的所有者分类,可将其分为租用媒介和自有媒介。

1.租用媒介,由专门组织经营或管理,公共关系主体——企业或组织使用时需付费的媒介,如报纸、杂志、电视、广播、交通工具、广告牌等。

2.自有媒介,由社会组织自身设立的传播媒介,如文件、内部报刊、宣传册、说明书、招牌、门面、墙体、车体、橱窗、陈列等。

(三)按照媒介的适用范围分类

按媒介的适用范围分类,可将其分为一般媒介和专业媒介。

1.一般媒介。一般媒介传播面广,其受众不分职业、性别、年龄,也没有专业性特点,如电视、广播、电影、一般性报纸、路牌等。

2.专业媒介。它是指有特定受众,即传播内容有特定对象的媒介,如《中国妇女》《老年报》《电子世界》《中国青年报》等。

---

① 丹尼斯·威尔科克斯.公共关系战略与战术[M].北京:解放军出版社,1992:200.

二、大众传播媒介及其特点

在现代社会中,大众传播媒介扮演着最重要的传播“媒人”的角色,因此,运用媒介,首先就得对报纸、杂志、电视、广播四大传统媒介和网络媒介予以认识。在此基础上,再根据一定的原则选用并组合各种媒介,以在媒介的合理组合中立体地、多方位地传播组织信息,使公共关系策划取得最佳的效果。

需要指出的是,在传播技术飞速发展、网络得到大贯通的今天,网络媒介在社会中扮演着越来越重要的角色。这里,我们将传统“四大媒介”和“网络媒介”的特点进行概括。

(一)报纸媒介的特点

报纸媒介的优点有:①宣传面广,发行量大,覆盖面广,且易于传看;②因多以日报为主,又运用了许多传真技术,其传播比较迅速;③传播特定信息的版面可大可小,内容可简可繁,可以图文并茂,体裁简便灵活;④因是印刷品,方便保存,可随时阅读;⑤因受众需有一定的文化水平,便显示出一定的权威性。

报纸媒介的局限是:①传播速度没有电视、广播快;②不及电视、电影那样生动直观;③对没有文化的人没有传播效果。

(二)杂志媒介的特点

杂志媒介的优点有:①杂志多是专业性的,有特定的受众,即有明确的针对性;②因不受地方性新闻报道束缚,不受地域限制,宣传面广;③由于内容丰富,有深度的文章多,其有效时间较长;④可以图文并茂,精致印刷,版面精美突出。

杂志媒介的局限是:①杂志是定期刊物,长的有半年刊,最短的也是周刊,更多的是月刊、双月刊、季刊,周期长,时效差;②由于有特定对象,其受众面也就显得单一、狭窄。

(三)电视媒介的特点

电视媒介的优点有:①随着电视的普及,观看电视节目已成为人们文化生活的组成部分,作为媒介,其覆盖面广,收看率高;②电视是一种视听兼备的媒介,有连续的画面,感染性强;③电视节目不受时间和空间的限制,传播迅速便捷,时效性强。

电视媒介的局限性是:①节目有固定的时间,所传播的信息稍纵即逝;②节目制作成本高昂,广告费用甚至以秒计算;③所传播的信息简单,保存性差。

(四)广播媒介的特点

广播媒介的优点有:①因利用电波传播,不受时间和空间的限制,传播速度快、时效性强;②收听面广,具有广泛的群众性;③广播节目制作比较简单,信息传播的收费也比较低廉;④受众可在任何时间和空间收听广播,传播比较灵活。

广播媒介的局限是:①有声音无画面,感染力比较低;②由于声音的转瞬即逝,信息难以记忆保存;③随着电视的普及,广播的传播面呈狭窄趋势。

(五)网络媒介的特点

网络媒介的优点有:①信息传播速度更快,传播范围更广,网络媒介的受众遍及全世界①;②网络媒介贮存和发布的信息容量巨大,信息更显多样性与无限性,借助搜索引擎准确定位,可以获取互联网上的海量信息②;③传播主体更多元,互动性更强,打破了传统单向传播的局面,凸显受众主体地位;④整合了报纸、杂志、广播、电视四大媒介的优势,实现了文字、图片、声音、图像等传播符号和手段的有机结合。

网络媒介的局限是:①网络信息过载,增加受众的信息选择负担;②传播主体的多元化对网络知识产权的保护提出了新的挑战。

三、选择媒介的原则

(一)联系目标原则

联系目标原则是指根据公共关系工作的目标、要求去选择传播沟通媒介,各种传播沟通媒介都有特定的功能,适合为公共关系的某一具体目标服务。如果组织某次公共关系活动的目标是提高知名度,通常会选择大众传播媒介,因为它传播速度快,覆盖面大,能产生较大影响;如果组织某次公共关系活动的目标是提高产品美誉度,则选择展销会形式的群体传播媒介可能更有效,因为耳听为虚,眼见为实,产品质量究竟如何,公众倾向于自己亲眼看见;如果组织的公共关系目标是协调内外部关系,则应选择有利于组织传播和人际传播的媒介,可以更容易地实现与目标公众的沟通。

(二)适应对象原则

适应对象原则是指根据公共关系工作对象的特征选择传播沟通媒介。公众是多种多样的,不同的对象适用于不同的传播媒介,要想使信息有效地

① 李丽合,李虹. 关于数字媒体技术发展对新闻传播的影响研究[J]. 文化产业,2022(04):16-18.
② 宫承波. 新媒体概论[M]. 北京:中国广播影视出版社,2021:381.

传达到目标公众，首先要考虑目标公众的性质特点，是政府部门？是横向联合的协作单位？还是消费者？对政府部门、协作单位，主要靠人际传播、印刷品传播以及其他文字传播媒介。对广大消费者，通常要选择大众传播媒介。由于消费者的经济状况、教育程度、职业性质、生活方式和接收信息的习惯各不相同，应根据这些不同来选择适当的大众传播媒介。例如：对处于交通偏僻、经济不发达的山区的农民，采用广播比较好；对大中城市的居民，采用电视效果好；对有阅读习惯的知识分子，则采用报纸、杂志等印刷品媒介，能收到较好的效果。

（三）区别内容原则

区别内容原则是指根据传播的内容特点来选择传播沟通媒介。内容简单的可以选择广播、电视进行传播；内容复杂、技术性强的应选择印刷品传播，或采用印刷品传播和人际传播相结合，进行现场讲解。正因为如此，在电视节目中我们能频频看到家电、服装、饮料、食品、药品、化妆品等内容诉求简单的产品信息，而绝少看到电子、机械、仪器、化工、生物等内容较复杂的产品信息，后者的传播往往选择专业性的行业杂志、报纸以及大型专业博览会来进行。

（四）合乎经济原则

合乎经济原则是指根据组织的具体经济条件来选择传播沟通媒介。大众传播媒介虽然影响较大，但如以广告的形式加以运用，则必然费用很高，因此要巧妙策划新闻，使组织的有关信息通过新闻加以传播，获得事半功倍的传播效果。而在组织进行大型公共关系活动时，则要考虑媒介最低成本的组合运用，如采用招贴、宣传单、横幅、演讲、演示等简易的传播方式，配之以一两个大众媒介的亮点传播，则往往能以最小的投入，得到最大的传播效果。

（五）系统组合原则

选择媒介，人们一般关注的是对主要借助的媒介的选择与确定。其实，在现代社会中，传播的进行已很难仅仅限于一种媒介了。很多社会组织在公共关系策划中往往重点选择报纸、电视等大众媒介，同时对人员媒介、户外媒介、展示媒介等进行全方位运用，造成一种立体的传播势头，以期达到最佳的传播效果。其中，围绕主导媒介进行相关媒介的系统组合，依然是公共关系策划中选择媒介的工作原则。

第三节 公共关系策划文案

一、公共关系策划文案的作用

(一)便于展示公共关系策划成果

公共关系策划是一种具有特殊价值的高智力的思维活动,这种活动是在策划人员的头脑中以他人看不见、听不到、摸不着的方式进行的。其中,构思的艰辛、创意的冥思、探索的苦想、废寝忘食的权衡、字斟句酌的推敲、翻来覆去的修改,只有亲自参与策划实践的人,才会有深刻的切身体验。这种具有独特性、创造性的脑力劳动成果如果不以一定的方式表达出来,则难以被他人知晓。公共关系策划的表达方式主要有两种:口语表达和书面表达。以声音作为载体的口语表达因为瞬间即逝,一般适用于成果汇报;而以文字作为载体的书面表达——公共关系策划文案,则可以长期保存,具有展示成果、指导实施、参照评估等多种功效。

(二)便于策划结果付诸实施

公共关系策划的目的是解决组织所面临的问题,改变组织的公共关系状态。而要解决问题、改变状态,就必须开展相应的、具有针对性的公共关系活动,也就是说,必须将策划的结果付诸实施,才能实现策划的目的。策划的结果在没有形成正式方案之前,多数是储存在策划人员头脑中的繁杂、零乱的信息,这些信息需要有一个整理加工,使之具有条理性、系统性、完善性、计划性的过程,即形成能够看得见的、相对稳定的书面文件,以指导公共关系实践活动,使策划结果付诸实施。公共关系策划文案的形成正是这一过程。

(三)便于激励斗志,共同奋斗

公共关系策划是为公共关系工作制定指导方针的过程,因此,策划在公共关系工作中具有重要地位和特殊作用。策划文案的写作过程实际上就是使策划结果明确化、具体化、完善化的过程。一份目标明确、结构严谨、条理清晰、有根有据的策划方案,必然具有强烈的说服力和巨大的感召力。如果我们把即将要进入操作阶段的公共关系活动比喻为一场战役的话,那么,目标明确、前景可观、切实可行、计划周密的策划文案就是一份对组织全体成员的战前“动员令”,

它具有凝聚力、鼓动力,可以激发全体成员的士气,使大家增强信心,为实现目标同心协力、共同奋斗。

(四)便于彻底落实策划意图

策划人员可能是一个人,也可能是一个群体;策划人员与实施人员可能是同一个人或同一个群体,也可能是不同的个人或不同的群体。无论是哪一种情况,都有必要用文字的形式将策划的结果表现出来。只有如此,在实施的过程中才能做到有章可循、有据可依,才能使策划的意图得以彻底实现。日本的策划专家高桥宪行说:"策划书是大地图,它引导你在茫茫大海中找到正确的航向。"也有人将策划文案比喻为"剧本",它既是编剧人员对故事时间、内容、人物、情节以及表现方式、方法等的构思,也是演员表演时所依据的蓝本。如果没有地图,就有可能因为迷路而导致方向偏差;如果没有剧本,演员就可能在排剧或表演时"打乱架";同样道理,如果没有策划方案,就有可能在实施过程中出现"离谱"、"走样"的情况,使策划意图难以彻底落实。

二、策划文案的基本格式

公共关系策划是一种有目的的、系统的、有实践指导意义的创造性思维劳动,其劳动的物化形态便是策划报告文案——"策划书"。有了"策划书",便可以指导人们进行公共关系实践活动。由于"策划书"只是近年来"策划"这种智力劳动社会化、商品化的产物,是人们的实践增加了自觉性之后的新型文体,因此,它还处于不成熟阶段。但是在公共关系策划成果大量物化的实践过程中,逐步形成了策划书的基本格式。

策划书的基本格式由以下部分组成。

(一)标题

标题一般由"活动内容+文种"构成,如"关于向下岗职工赠书活动的策划(书)";也可以在以上常规标题的上方,加上一行概括活动意义的虚标题,例如:

播撒爱心　义扬善名

——关于义修"老少乐广场"活动的策划书

(二)主题创意

主题创意,即用简洁的语言概括公共关系活动创意内容。例如,"在大年除夕夜向5 000个家庭派送新春贺卡暨本公司产品优惠卡,以吉祥如意的祝福与彩头取悦消费者"。

(三)活动目标

活动目标是指用简洁的语言表明本次公共关系活动所要达到的具体目的。一般以调查所得到的数据为参照系,根据本次公共关系活动的力度,确定组织在特定范围和相关公众中的认知度、美誉度、和谐度分别上扬若干个百分点。

(四)活动方式和实施步骤

实施步骤一般分为"准备阶段"、"实施阶段"和"传播阶段"。每一阶段均要写明活动地点、时间、实施人员、活动方式(进程安排)、物品调度、经费使用等。策划书的可操作性与实践指导性具体体现在这一部分。

(五)传播计划

用简明的语言、条文式地写出所选择的媒介,媒介的版面、时段、空间确定,并做出相应的组合安排与经费计划。

(六)经费预算

任何公共关系活动均应本着花钱少、收效好的原则进行,这在经费预算上可以鲜明地体现出来。经费预算要将每一项开支详细列出,最后算出支出总额,要做到眉目清楚,一目了然。

(七)活动建议

活动建议也可写作"备选方案",即预测策划实施过程中可能存在的不可预测因素,相应地写上公共关系活动策划实施的权变方案或注意点,以备发生突变事件时有应变措施,保证策划目标的实现。

(八)署名与日期

策划书的最后要署上策划人的名字和策划书完成的日期。

由于策划往往是受他人委托进行的,因此,应在标题的下方应写上"委托方"与"策划方"的单位名称,以示郑重。

第四节 策划方案的优化与审定

一、方案的优化

公共关系活动策划方案是策划者创造性思维的结晶,无疑具有极大的合理性,也必然会有这样或那样的欠缺,很难尽善尽美,因此必须进行方案优化。方案优化的过程就是增加方案合理值的过程。方案优化可以从三个方面考虑:增强方案的目的性;增加方案的可行性;降低耗费。方案优化主要有如下几种方法。

(一)重点法

策划者在对同一个方案进行优化时,可先分析在目的性、可行性、耗费三个方面,哪个方面的增加或减少对该方案的合理值影响最大,影响最大的方面确定为重点。比如:方案中的目的性和可行性都很强,就是费用太高,我们就可将耗费定为重点;如果目的性和耗费都很合适,只是可行性差,我们就可以将增强可行性作为重点。

(二)轮变法

轮变法即将方案诸要素中的一个作为变数,其他的要素作为定数,对作为变数的要素做量的增减,并且各要素彼此轮换着作为变数,从而找出各要素最优化的程度。

(三)反向增益法

反向增益法即考虑如何增加少量成本,以求增加大量收益,取得“舍寸进尺”的效果,它与人们通常只考虑如何降低成本以增加利润的思路正好相反。

(四)优点综合法

每个方案均是策划者智慧的结晶,选上的未必白玉无瑕,未选上的也并非一无是处。优点综合法就是将各方案中可以移植的优点都综合到被选上的方案中,以使方案好上加好,优上更优。

二、方案的审定

公共关系方案形成之后,一般还要由组织领导邀请专家、实际工作者,与策划者一起会商、论证、审定。方案的审定一般要遵循如下要求。

(一)系统性要求

系统论方法是系统地研究和处理创新对象整体联系的创新思维方法。运用该方法进行策划,并对策划方案进行审定,需要把公共关系活动看做一个系统,从系统与要素、要素与要素、系统与环境之间的相互关联中去分析这一系统,综合考察公共关系活动的总体功能和运作过程,从而从整体上寻求公共关系活动的最佳境界。

（二）权变性要求

孙子在《孙子兵法·虚实》篇中说："夫兵形象水，水之形，趋高而避下；兵之形，避实而击虚。水因地而制流，兵因敌而制胜。故兵无常势，水无常形；能因敌变化而取胜者，谓之神。"他这里讲的是用兵之道，需如水一般，要因环境变化而变化。对公共关系策划来说同样需要如此。由于任何一个组织均是独一无二的具体存在，它所面临的每一个环境又都是独特的，因此，每一个公共关系活动方案均应是一个独创性的思维成果。由于环境总在不断变化着，公共关系活动方案也应有权变性，在方案审定时，应采取权变性的方法予以审视。要审视该方案是否考虑到了环境的变化，是否考虑到了内部因素的变化，是否考虑到了相应的备选方案与应急措施。

（三）效益性要求

一提起"效益"，人们的第一反应便是通过一定的行为挣到了多少钱，虽然这是经济规律的具体体现，但对公共关系策划来说，它的效益并不是以明确的价码来体现的，而是通过追求社会效益、树立组织形象、处理好与公众的关系，从长远的角度来实现经济效益的。因此，公共关系活动方案的审定应从社会效益与经济效益相结合的辩证角度来考虑。比如，英国航空公司所属的波音 747 客机 008 号班机准备从伦敦飞往日本东京时，因故障推迟起飞 20 小时。为了不使赴东京的旅客过多耽误时间，英国航空公司及时帮助这些旅客换乘其他公司的飞机。其中有一位叫大竹秀子的日本老太太，说什么也不肯换乘其他班机，英国航空公司便专程为这名旅客安排了一个航班。如此，大竹秀子便独享了该机 353 个座位以及 6 位机组人员和 15 位空中小姐的服务。从经济角度上看，这趟飞行损失了 10 万美元，但从社会效益角度上看，却为英国航空公司扬了美名，换取了用金钱难以买到的良好形象，最终市场也极大地回报了该公司。

（四）可操作性要求

对公共关系活动方案来说，可操作性就是所策划的目标、主题创意、实施程序等具有切实可行的特点，而且易于操作实施。比如，日本西铁城公司为打开澳大利亚市场，用直升机在悉尼上空空投手表的大型公共关系活动，对大多数中小企业来说就不具备可操作性。

第五节　策划书实例举隅

实例1——公共关系活动策划书

2021世界互联网大会乌镇峰会

一、活动主题

迈向数字文明新时代——携手构建网络空间命运共同体

二、活动目的

通过世界互联网大会的举办，搭建中国与世界互联互通的国际平台和国际互联网共享共治的中国平台，让各国在争议中求共识、在共识中谋合作、在合作中创共赢。

三、活动地点与时间

活动定于2021年9月25日至28日在浙江省嘉兴市桐乡市乌镇举办。

四、2021世界互联网大会的主要内容

1. 9月25日：

"互联网之光"博览会开幕式启动（09:30—10:00）；展示"携手构建网络空间命运共同体精品案例"（15:00—16:20）；开展推动数字经济发展与合作研讨会（14:00—17:00）。

2. 9月26日：

2021年世界互联网大会乌镇峰会开幕式（09:00—10:15）；举行2021年世界互联网大会乌镇峰会全体会议（10:15—11:30）；"开源生态论坛"等分论坛开启（13:30—16:30）；世界互联网领先科技成果发布活动（17:00—18:45）；举行"直通乌镇"全球互联网大赛总决赛（13:00—21:40）。

3. 9月27日：

"人工智能：打造智能经济新优势"等分论坛（08:40—18:00）

4. 9月28日：

举行"直通乌镇"全球互联网大赛总决赛颁奖仪式（09:00—11:00）；举行闭幕新闻发布会（10:15—11:00）。

五、2021世界互联网大会乌镇峰会宣传方案

1. 在互联网大会前一个月在新华网、人民网、环球网、搜狐网等具有影响力

的媒体平台发布“2021 年世界互联网领先科技成果征集路演启动”，作为 2021 世界互联网大会乌镇峰会的前期预热活动。

2. 在互联网大会举办前一周，由人民日报、浙江新闻客户端等发布“世界互联网大会前夕，记者探营乌镇：聪明的镇，智慧的城”等新闻通告，逐渐聚焦话题，由人民网发布“2021 世界互联网大会乌镇峰会的亮点剧透”，公布本届世界互联网大会的主题、上线时间、形式、内容、看点等，逐渐聚焦话题。

3. 拍摄 2021 年世界互联网大会开幕倒计时 30 秒航拍视频一则。

4. 大会期间，2021“直通乌镇”全球互联网大赛同时在乌镇举行，海外媒体报道量声量增加。

六、经费预算

（略）

总策划：国家互联网信息办公室、浙江省人民政府

2021 年 8 月

实例 2——公共关系、促销组合策划书

麦当劳椰子系列，第二份半价公关宣传

一、活动主题

确定活动主题：椰子口味冰激凌正式登场，第二份半价。

二、活动目标

通过在麦当劳各大门店、媒体平台和社交网站的宣传、促销活动，提高麦当劳“灰小椰”冰激凌的认知度，并以第二份半价活动增进消费者对“灰小椰”产品的购买。通过后续的公共关系活动，引起年轻人的共鸣和响应，使消费者感受到麦当劳打造的欢乐、分享场景。

三、综合分析

1. 企业概况。麦当劳（McDonald's）是全球大型跨国连锁餐厅，1955 年创立于美国芝加哥，在世界上大约拥有 3 万间分店，是全球零售食品服务业龙头。截至 2017 年底，全球有超过 37 000 家麦当劳餐厅，每天为 100 多个国家和地区的 6 900 万名顾客提供高品质的食品与服务。

2. 产品概况。椰子系列冰激凌是麦当劳于 2019 年推出的冰激凌系列新品产品，包括椰子口味华夫筒、椰子口味麦旋风和椰子口味冰激凌新地等产品。

3. 市场分析。麦当劳在中国所面临的竞争局面已接近白热化,除了肯德基之外,像“德克士”“汉堡王”这些品牌在大城市也随处可见。消费者选择变多,因此,在麦当劳用餐对消费者来说不再有仪式感。在中国市场洋快餐同质化现象越来越严重的时候,想要俘获消费者的心,就要面向年轻人,立足潮文化,推陈出新。

4. 消费者分析。麦当劳的门店分布以城市中人流量大的路段为主,小城市覆盖较少;麦当劳的消费群体以40岁以下的青少年(儿童)、青年为主。

四、基本活动程序

1. 2019年8月19日,麦当劳在官网发布椰子口味冰激凌新品上市消息,并在各大线下门店展开宣传、促销活动。麦当劳甜品站全线第二份半价,并在每个麦当劳甜品站配1名服务员,宣传介绍椰子系列新品和第二个半价促销活动。

2. 椰子口味冰激凌新品发布后,在微博、微信端发起“挑出你第二个半价的人选”以及“想吃什么耶”话题,与消费者进行话题互动。

五、经费预算

略。

六、活动效果

椰子口味冰激凌以高识别度的外观和新奇的口味创意吸引了一众消费者,同时以“第二份半价”作为促销手段,不仅制造了优惠效果,维护了客户关系,同时拉动了额外消费,刺激人际传播,使更多消费者加入新品消费行业,达到事半功倍的效果。

案例评析

东航“解码100个中国最美乡村瞬间”主题海外传播

项目主体

中国东方航空集团有限公司

项目执行

环球时报在线(北京)文化传播有限公司

项目背景

习近平总书记在中共中央第三十次集体学习时对我国对外传播工作进行了新的部署与规划。他强调,要讲好中国故事,传播好中国声音,

案例评析

充分利用外国主流媒体等平台和渠道，打造融通中外的新概念，更加充分、鲜明地展现中国故事，帮助国外民众了解、理解中国共产党，展示真实、立体、全面的中国。作为国有骨干航空公司，东航积极响应落实国家战略。在顶层设计的领导下，发力对外传播，扩大宣传的维度和深度、拓展与海外联动的新模式、提升企业在海外的传播声量、深化与海外用户的联系。

"十四五"时期，是我国乘势而上，开启全面建设社会主义现代化国家新征程、向第二个百年奋斗目标进军的第一个五年。东航作为民航央企，积极响应国家号召，勇当脱贫攻坚战的重要生力军，从产业、就业、教育、设施、医疗等方面扎实推进，全力以赴做好贫困地区帮扶工作，助力乡村振兴的落实开展。近年来，东航在定点帮扶地区累计投入扶贫资金超过 4 亿元，建成 13 个东航示范村、4 个残疾人扶贫基地，实施美丽乡村建设等援建项目 54 个；帮助扶贫点引进其他社会资金近 2 亿元，完成危旧房改造 754 户，惠及 3 384 人；挂钩帮扶的云南双江、沧源两县成功摘帽，助力两县 99 个贫困村(含 56 个深度贫困村)、71 933 名贫困人口全部脱贫，斩断了佤乡的穷根，改变了阿佤山的面貌，为中国摆脱绝对贫困贡献企业力量，为在世界范围内消除贫困、实现和平发展做出努力。

在新要求下，东航与环球网加强企媒合作，围绕中国全面脱贫和全球消除贫困话题，评估企业外宣工作现状，参考国际传播领域专家的意见建议并分析海外受众偏好。经过综合研判，东航和环球网团队将内宣主题外宣化，着力于以外国用户喜闻乐见的方式传播东航故事，传递中国声音，助力塑造灵动、鲜活的中国形象。

项目调研

作为 B2C 企业，海外普通民众是东航对外传播最主要的目标受众。在国际传播过程中，团队要侧重挖掘多样信息消费需求、捕捉流行文化和热点动态，与目标受众建立情感共鸣，才能达成良好的宣传效果。通过受众分析，中国东方航空集团注意到 Z 世代网友热衷使用社交媒体进行自我展示的现象。在全媒体时代，用户生成内容(UGC)已成趋势，企业宣传不仅需要扩大宣传内容的触达广度与深度，更需要采取有效的、多元的形式引导目标受众加入讨论，激励用户积极参与，并尝试将程度深化至粉丝自行参与内容生产,从“内容提供平台”转化为“内容征集平台”,提高用户黏性和账号交互性,助力企业品牌深耕。

对外传播不仅需要调研海外潮流的传播方式,也需要对热门讨论话题有所了解。旅游推荐是航空公司品牌宣传的重要话题,传统航空公司往往将焦点聚集在大城市和热门景点,“小而美”的乡村风景或小众景点很容易被忽视。随着年轻消费群体生活方式的转变,旅游目的地的选择也呈现多元化,无论是出于逃离快节奏还是增强体验感的原因,“慢旅游”逐渐受到多国年轻人的青睐。以李子柒为代表的生活体验类博主的海外爆红也反映出网友对“慢生活”的追捧以及对中国乡村生活的好奇。

基于以上考量,中国东方航空集团确定了本次对外传播策划的宣传切入点,尝试拓展私人叙事,用“小而美”的个体故事与受众群体展开更深度的交流,增加圈层用户的黏度,带动品牌理念和主旋律话题的国际化表达。

项目策划

1. 公关目标

(1)通过多个社交媒体平台间的融合和引流,提升活动的交互性,实现更广范围的传播覆盖。

(2)推动目标受众了解东航的品牌理念,深化与目标受众的情感共鸣。

(3)带动主旋律话题的国际化表达,增强中国乡村的国际影响力。

2. 公关策略

(1)借助时机。结合全国脱贫攻坚取得全面胜利和中国共产党成立100周年这两个关键历史节点,“解码100个中国最美乡村瞬间”的线上传播活动,将旅游、乡村、减贫等关键词与东航企业元素Logo有机结合。

(2)借力传统文化。此次活动为期两个月(4月下旬—6月下旬),利用谷雨、立夏、小满、芒种和夏至5个节气作为分割节点,串联作品征集、集锦展示、投票评优、实地探秘、成绩解码5个环节,以凌燕登机牌的传递推动策划的开展,带网友一同领略美丽中国。

案例评析

(3)锁定热点话题。东航此次策划重点呼应乡村振兴战略,征集百幅中国乡村美图为建党百年送祝福。以软性方式为海外网友集中展示中国的美丽乡村和风土人情,展示企业为推动扶贫减贫事业所做的努力与取得的成果,展现建党百年来中国各地的繁荣景象。在话题选择方面,策划聚焦"小而美"的乡村风光以及"慢生活"这一深受多国年轻人青睐的旅行方式,尝试挖掘崭新传播点。在互动环节发起征集评选活动,邀请目标受众直接参与内容生产并引导更多网友加入讨论,尝试提升圈层用户的黏度。

3. 媒体策略

(1)此次策划囊括照片征集、投票评选等互动形式,结合图片、海报、视频等传播手段,由东航海外社媒矩阵配合落地。

(2)在视觉呈现方面,策划也颇具巧思,取"凌燕乘风"之意,将东航凌燕形 Logo 这一代表视觉元素融入海报设计中。

(3)此次策划以乡村美景征集切入,能够通过轻松愉悦的美景图增强亲切感,巧妙规避党建内容可能带来的传播壁垒。

(4)此次策划活动囊括征集评选等多种互动形式,并在多个社交媒体平台同步推出,能够通过不同平台账号间的互相融合和引流,提升活动的交互性,实现更广范围的传播覆盖,深化与目标受众的情感共鸣。

项目实施

"解码 100 个中国最美乡村瞬间"线上传播活动自 4 月下旬开启,6 月下旬收官,相关内容在六个海外社交媒体平台的东航自有账号发布。

1. 作品征集

活动初始,东航发布三张样品登机牌,在海外社交媒体平台向大家发出"中国乡村美景"摄影作品征集讯息,即"通过你的镜头,让世界看到中国乡村美景"。邀请网友投稿中国乡村美图,并设置"渔野之中""人在乡间""一屋一舍""乡中山水""民俗记忆"5 个主题,着重呼应乡村振兴战略的五点要求,即产业兴旺、生态宜居、乡风文明、治理有效、生活富裕。征集于谷雨节气(4 月 20 日)发起,取其绿嫩盈笼、土膏脉动、适宜播种之意,邀请网友一同走近中国乡村,和东航一起绘制"美丽乡村画卷"。

2. 集锦展示、投票评优

征集期后便进入分组展示与择优投票阶段。筛选出覆盖五大主题的优秀投稿作品，并制作电子相册样式的视频，向海外受众集中展现中国美丽乡村风光。视频对每一幅作品加以标记，通过网友评论投票评选出最优作品三张。这三张由网友投票产生的最优作品被填充至活动初始样品登机牌中，制作成创意海报，由东航集团发布帖文予以公示。

3. 实地探秘

评选结束后，由东航透过镜头，带领网友深入探秘获奖作品中的摄影地点：香格里拉、景洪、沧源，分别以就业扶贫、教育扶贫、产业扶贫的角度切入，透过美丽乡村风景将话题深入，延伸至东航社会责任履行以及中国乡村的变化与发展。

香格里拉篇名为“蓝天梦”，聚焦东航帮扶就业举措，短视频介绍了藏族女孩格茸卓玛在东航的帮助下成为一名空乘，实现翱翔蓝天的个人梦想的故事；景洪篇取名“上课啦”，展现企业人文气息以及在教育扶贫上的努力，短视频记录了东航女飞行员们陪乡村小学的孩子们一起折好“心愿飞机”，共同放飞梦想；沧源篇名为“心连心”，以小见大展示东航助力产业扶贫，短视频跟拍了东航扶贫干部在当地开启的一场直播带货以及直播前后村民们的筹备细节。

4. 成绩解码

首先，东航发布系列“解码”海报，将东航企业名称 CEAIR 五个字母分别做拓展解读，展示企业在产业扶贫、教育扶贫、就业扶贫、医疗扶贫、住房改造五个方面履行社会责任的努力和成就，回扣“解码 100 个中国最美乡村瞬间”主题。最后，将征集期的百幅美景图投稿汇集，形成照片墙，通过明暗对比突出“100”字样，以百图扣题百年。此海报在 6 月下旬发布，为建党 100 周年庆生。

5. 项目评估

自 4 月下旬启动以来，此次海外传播策划依托东航海外社交媒体矩阵，各环节逐步推进。全部内容于 6 月末展示完毕，策划正式收官。团队在策划持续推进的两个月传播周期内，总计发布帖文 267 条，累积收获超过 800 万次阅读，近 35 万次互动，以及近 160 万次视频播放，其中转评赞等直接互动超过 8 万次。

案例评析

在“中国乡村美景”摄影作品征集发出后，海内外网友热烈响应，纷纷投稿参与。活动征集期累积收到255张美图作品投稿，吸引到来自欧美、日韩和东南亚等十余个国家的粉丝和网友参与其中。优秀作品评选结束后，东航将最受欢迎的三张精美投稿填充至专属登机牌上，与活动征集发出时的票根拼合成完整的凌燕登机牌。这种与航空公司特色元素深度结合的高颜值的海报设计和精美的摄影作品收获了广大网友好评，网友们纷纷留言点赞，还有几位海外网友留言表示“想来看看”。

评点：

此次“解码100个中国最美乡村瞬间”海外传播活动，把握了“我国脱贫攻坚战取得全面胜利，中国共产党成立100周年”的重要节点，东航和环球网联袂，将旅游、乡村、消除贫困等海外热词与东航品牌元素有机结合，通过向海外网友征集百幅中国乡村美图，真实展示了我国脱贫攻坚和乡村振兴取得的成果和实现全面小康的繁荣景象。通过摄影征集、投票评选和实地探访等手段，转换内外宣话语体系，将主旋律话题巧妙融入海外受众的日常讨论之中，其中视频播放量突破160万次，海外社交媒体阅读量突破800万次，收获了大批海外粉丝的正面反馈。①

在企业进行品牌传播的过程中，提升消费者对企业的品牌认知度和认同感是企业品牌发展的难点。此次策划中，东航集团以美图征集作为整体策划的开篇环节，搭配“country roads, take me home”这一脍炙人口的文案，在社交媒体上发出邀请投稿的讯息，综合运营图文、视频等多种传播形式并融入征集、投票等多样的互动手段，全面强化粉丝参与感。此外，东航集团通过为征集活动设置“人在乡间”“一屋一舍”等细分主题的方式，将抽象的乡村美景概念具象化。随着活动的开展，团队为投票评选环节制作多张精美海报和创意视频片头，将东航品牌元素和航司元素反复变体组合，加强内容的可视化展示，不断强化海外受

① 澎湃新闻．荣获三金！东航创中国公共关系行业最佳案例大赛纪录［EB/OL］．［2022-04-20］https://m.thepaper.cn/baijiahao_15388469.

案例评析

众的记忆点。在文字、图片和视频的“组合拳”之下，以“润物细无声”的方式引导海外受众关注东航故事和中国乡村，以此增进世界各界对中国乡村的情感认同，同时也增强了消费者对东航企业的品牌认知度和认同感。

海外传播往往涉及对内传播和对外传播两个方面。把握好内宣外宣传播对象的差异、具体内容差异，选择正确的内宣外宣理念方法，对策划者来说至关重要。此次“解码100个中国最美乡村瞬间”海外传播活动在策划过程中，通过国际传播技巧，有意识地转换话语体系，将东航集团想讲的和海外受众想听的进行有机结合。面对建党100周年重大主题，在世界看向中国的高光时刻，基于自身国际传播经验，分析海外受众特点，推出了符合东航企业外宣定位的定制专题策划。策划以乡村美景为切入点，软性展示了企业扶贫减贫成绩，巧妙地将内宣话题外宣化，避免部分平台的限流围堵，实现话题流量的双收获。

本次策划是中国企业对外传播中党建与企业品牌相结合的优秀策划，具有非凡的创新性。内容发布后，既没有遭到社交媒体平台的限流，也没有引起海外粉丝的反感，宣传成效超出预期，为世界讲述了中国故事，更为企业品牌积累了正面声量。

案例阅读后，请思考以下问题：

1. 如何理解公共关系策划的要素整合？
2. 公共关系策划中如何体现选择媒介的原则，请举例说明。
3. 请结合方案优化的四种方法，对你感兴趣的某个策划方案进行优化。

第七章　公共关系战略策划

学习要点

公共关系策划包括总体策划、专题活动策划两个层次。总体策划是专题活动策划的基础，而专题活动策划则是总体策划的具体化。实质上，总体策划就是社会组织的公共关系战略策划；而所谓公共关系战略，则是指一个社会组织围绕建立良好的公共关系、树立良好的组织形象这一核心，以未来为导向，策划制定长期性、整体性的对策与谋略。然而，要进行公共关系战略策划，首先必须对社会组织的环境进行分析，并对社会组织的形象进定位。

【学习目标】

学习完本章,你应该能够:

(1)了解社会组织的外部环境与内部环境;

(2)明确公共关系战略的构成和特点;

(3)了解组织在各类目标公众心目中的形象定位。

【基本概念】

组织环境　公共关系战略　社会组织形象

第一节　社会组织的环境分析

对于一个社会组织的战略(包括公共关系战略)来说,最重要的一个环节就是选择正确的战略方向和切实的战略目标。选择就是决策,而决策的信息基础就是组织所处的环境,包括外部环境和内部环境两个部分。

一、组织的外部环境

人们通常所说的"组织是环境的产物",指的是组织的外部环境造就了组织的存在。所谓组织的外部环境,是指存在于组织周围、影响组织运转与发展的各种客观因素与力量的总和。对组织来说,它是不可控的。组织收集信息来认识外部环境,是了解组织会受到哪些挑战与威胁,又会面临哪些发展机遇;从环境的各个组成部分来看,需要对哪些方面做出必要的反应,对哪些方面施加影响,而对哪些方面可以置之不理。组织的外部环境是错综复杂的,在当今信息时代又是变幻莫测的。我们可以从宏观和微观两个方面对组织的外部环境加以分析与认识。

(一)组织的宏观环境

组织的宏观环境主要包括政治、法律环境,经济环境,技术环境和社会文化环境。

1. 政治、法律环境。政治、法律环境是指一个国家或地区的政治制度、体制、政治形势、方针政策、法律法规等方面影响组织的种种因素。

《中共中央关于制定国民经济和社会发展第十四个五年规划和二〇三五年远景目标的建议》指出:"当前和今后一个时期,我国发展仍然处于重要战略机遇期，但机遇和挑战都有新的发展变化。”①在战略机遇期的综合环境中，国际环境对于实现战略机遇期的目标具有重要意义。习近平总书记指出：“当前，我国处于近代以来最好的发展时期，世界处于百年未有之大变局，两者同步交织、相互激荡。”对战略机遇期国际环境影响最大的莫过于世界力量格局对比的变化。世界力量对比格局主要有两层：一层是群体力量对比，主要是西方发达国家群体与发展中国家群体对比；另一层是国家力量格局，主要是大国力量对比。力量对比的变化会导致对国际关系与秩序具有导向作用的权势变化，或者称之为权势转移。从国家力量对比的角度观察，美国综合实力持续下降，大趋势是中国的综合力量将持续提升，还有印度等发展中大国，综合实力也会大幅度上升。从大国力量比较看，未来老牌欧洲大国有的会被挤出世界前几位，这无疑是自西方工业化以来最重要的力量和权势格局的转变，必定会推动现行国际关系与秩序的调整与改革。后起者必定会推动新体系与规则的构建，以更好地体现其利益诉求，能为其提供发展和可发挥作用的空间与平台。与此同时，疫情促使百年大变局加速演变，世界进入动荡变革期。

与此同时，我国在全面建成小康社会、实现第一个百年奋斗目标之后，乘势而上开启了全面建设社会主义现代化国家新征程，向第二个百年奋斗目标进军。显然，任何一个社会组织对政治环境都不可能熟视无睹。

一个国家经济体制的选择是由政治力量决定的，尽管其背后仍然是由经济力量所支配。世界上经济体制分为两类：一类是计划经济；另一类是市场经济。党的十九届四中全会把“公有制为主体、多种所有制经济共同发展”“按劳分配为主体、多种分配方式并存”“社会主义市场经济体制”都确立为“社会主义基本经济制度”，这是社会主义经济制度理论和中国特色社会主义政治经济学的重大创新，既体现了社会主义制度的优越性，又同我国社会主义初级阶段社会生产力发展水平相适应，是党和人民的伟大创造，是习近平新时代中国特色社会主义经济思想的重大发展。

政府的政策还广泛地影响着组织的种种行为。即使在市场经济比较发达的国家，政府对市场与企业组织行为的干预同样也是有增无减，如反托拉斯、最低工资限度、劳动保护、社会福利、进出口限制等。在中国，则有诸如价格控制、差别税率、人口迁移管制等政策措施的存在。当然，政府的政策也会对某些行业、某些企业组织提供政策性的支持，如政府补贴、出口退税、科研基金、政府采

① 张蕴岭．战略机遇期需要良好国际环境[J]．前线，2021.

购等。政府往往是一个重要的集团消费者,其购买的价值在美国要占整个社会购买力的20%左右。在中国,国家高度重视新型基础设施建设,截至2021年底,我国已建成全球最大5G网络,实现覆盖全国所有地级市城区、超过98%的县城城区和80%的乡镇镇区;内蒙古、甘肃、宁夏、贵州四地启动建设了全国一体化算力网络国家枢纽节点,"东数西算"工程加快推进;"5G+工业互联网"在建项目不断增加,尤其是在钢铁、采矿、能源等重点行业,技术潜能持续释放,各类典型应用场景不断涌现;北京、上海、广东深圳、湖北武汉培育了4个国家级工业互联网产业示范基地,形成了"示范区+示范基地+示范项目"多层次的工业互联网创新示范体系,这对当地及周围地区基础设施建设行业,包括建筑机械行业、能源科技行业的发展刺激很大。据估算,2020年至2025年,我国新基建能带动投资11万亿元,平均增速10%,符合产业转型升级和高质量发展方向的新一代信息技术及其应用是未来经济的主要增长点。①

当然,政府的很多干预往往是间接的,如以税率、利率为杠杆,运用财政政策、货币政策来调控宏观经济,以及通过干预外汇汇率来调整国际金融与贸易秩序。对中国而言,当前十分关键的问题就是如何健全完善政府的宏观调控政策。对中国的企业及所有的社会组织来说,在制定组织的发展战略时,对政府的长期性或短期性政策的判断非常重要。即在组织自身的发展战略中应对政府长期性的政策有所反映,对短期性的政策则可视其有效时间或有效周期而区别对待。

法律、法规作为国家意志的强制表现,对于规范市场与企业组织行为有着直接作用。社会组织在制定战略时,要了解既有法律的规定,特别是要关注正在酝酿中的法律、法规,它们一旦通过,必然给组织带来一定的影响。如2021年7月《关于进一步减轻义务教育阶段学生作业负担和校外培训负担的意见》出台后,课堂质量和课后服务得到了有效提升,全国校外违规补课的现象得到有效遏制,要求在线教育机构从资本竞争中回归到教育本位,强化行业自律,为广大消费者提供优质服务。

当然,在法律方面,对于一个组织或企业来说,特别是准备进入海外市场时,应有专门的法律人才,熟练掌握各种法律,包括有关国际法和东道国的法律体系,以保证公共关系战略的正确合理。

---

① 中共中央网络安全和信息化委员会办公室. 新基建带来巨大赛道升维增量机会[EB/OL]. [2022-04-18]http://www.cac.gov.cn/2020-09/17/c_1601904329711133.htm.

2. 经济环境。所谓经济环境,是指社会组织运转过程中所面临的各种经济条件、经济特征、经济联系等客观因素。首先要考察的是目前国家经济是处于何种阶段:萧条、停滞、复苏,还是增长,以及宏观经济以怎样一种周期规律发展变化。党的十九大报告明确提出“发展阶段转变”,即中国经济已由高速增长阶段转向高质量发展阶段。经济发展“转段”的主要依据是社会主要矛盾已经转变为人民日益增长的美好生活需要和不平衡不充分的发展之间的矛盾。①

宏观经济指标也是一个国家或一个地区市场潜力的反映。在众多衡量宏观经济的指标中,国民生产总值是最常用的指标之一,它是衡量一国或一个地区经济实力的重要指标。例如,2020 年,在新冠肺炎疫情肆虐全球、世界经济陷入严重衰退、外部环境更加复杂严峻的情况下,我国国内生产总值达到 1 015 986亿元,按可比价格计算,比上年增长 2.3%。这是在极不平凡之年取得的极不平凡的成就。②

人均收入是与消费品购买力成正相关的经济指标。2020 年,全国居民人均可支配收入 32 189 元,比 2010 年增加一倍。③ 人均国内生产总值连续两年超过 1 万美元,稳居中等偏上收入国家行列,与高收入国家发展的差距继续缩小。④随着收入水平的不断提高,我国居民的消费水平攀上一个新高度。截至 2019 年,消费已经连续 5 年成为中国经济增长的第一动力,且一直保持着稳健增长。越来越多的“85 后”“90 后”化身“追新一族”,在网上搜寻、关注、购买各个领域最新潮流商品。尤其是一些创意产品,让互联网具备了“启发消费”的新功能。此外,随着消费者环保意识的不断加强,以节能家电、绿色商品、闲置交易为代表的绿色消费走红。例如,“杂交水稻之父”袁隆平研发的海水稻等“袁米”,已累计在天猫售出 55 万公斤,相当于支持 110 万平方米盐碱地改良。消费者每购买 1 公斤“袁米”,就能帮助改良 2 平方米盐碱地。⑤

一个国家的总人口数量往往决定了这个国家许多行业的市场潜力,如食

---

① 王廷惠,李娜. 准确把握经济高质量发展的核心要义[N]. 中国社会科学报,2022-03-16(003).DOI:10.28131/n.cnki.ncshk.2022.000917.

② 学习强国.GDP 超百万亿元意味着什么?[EB/OL].[2022-04-18] https://www.xuexi.cn/lgpage/detail/index.html? id=2205744037300268255&item_id=2205744037300268255.

③ 学习强国.2020 年全国居民人均收入比 2010 年翻一番[EB/OL].[2022-04-18] https://www.xuexi.cn/lgpage/detail/index.html? id=13522554815406774649&item_id=13522554815406774649.

④ 学习强国.2020 年人均收入比 2010 年翻一番目标实现[EB/OL].[2022-04-18] https://www.xuexi.cn/lgpage/detail/index.html? id=1747970308819862634 2&item_id=17479703088198626342.

⑤ 学习强国.从“双 11”脉动观察中国消费新趋势[EB/OL].[2022-04-18] https://www.xuexi.cn/lgpage/detail/index.html? id=8921514842878612599.

品、服装、交通工具等。中国14亿多人口的市场规模一直让国外企业垂涎不已，庞大的人口基数，伴随着经济的高速增长，显示出巨大的市场潜力与市场机会，而这也恰恰是吸引外商投资的根本动因。党的十八大以来，我国顺应国内消费升级趋势，采取更加积极有效的政策措施，持续释放国内市场潜力，扩大进口空间。从2018年开始，我国每年举办中国国际进口博览会，以更多务实行动和举措同世界分享发展红利，助力经济全球化的时代浪潮奔腾不息、永远向前。我国持续放宽市场准入，稳步扩大金融业开放，持续推进服务业开放，加快营造国际一流营商环境。①

3. 技术环境。技术环境是指一个国家和地区的技术水平、技术政策、新产品开发能力以及技术发展的动向等。对于一个社会组织来说，当然应该特别关注所在行业的技术发展动态和竞争者技术开发、新产品开发方面的动向。

现代科学技术呈现了空前的发展和惊人的变化。环顾全球，科技创新广度显著加大，深度显著加深，速度显著加快，精度显著加强。以人工智能、量子信息、移动通信、物联网、区块链为代表的新一代信息技术加速突破应用，以合成生物学、基因编辑、脑科学、再生医学等为代表的生命科学领域孕育新的变革，融合机器人、数字化、新材料的先进制造技术正在加速推进制造业向智能化、服务化、绿色化转型，以清洁高效、可持续为目标的能源技术加速发展将引发全球能源变革，空间和海洋技术正在拓展人类生存发展的新疆域。世界经济行稳致远，需要科技创新提供动力源泉。面对气候变暖、环境恶化、重大自然灾害频发、能源资源短缺、粮食安全等一系列全球性挑战，世界同样需要依靠科技创新找到有效应对途径。②

科学技术的革命性成果极大地改变了社会生产方式、生活方式乃至人口结构。可以说，新技术的不断问世，对所有社会组织来说，都是必须重视的技术环境因素。人工智能、数字经济蓬勃发展，5G移动通信技术率先实现规模化应用，新能源汽车产销量世界第一，这是科技面向经济主战场贡献的强大动能。85万名科技特派员深入脱贫攻坚一线，200多项技术成果有力支撑“科技冬奥”，种子研发攻关、农作物新品种示范推广助力粮食安全，这是科技面向国家

① 本报评论员．中国开放的大门只会越开越大[N]．人民日报，2018-04-15(004)．DOI：10.28655/n.cnki.nrmrb.2018.003456.

② 学习强国．《科技成就中国》：多维度展现科技在中国发展前进过程中发挥的力量[EB/OL]．[2022-04-18] https://www.xuexi.cn/lgpage/detail/index.html? id=6560645163783424794&item_id=6560645163783424794.

重大需求拿出的解决方案。7天内分离出新冠病毒毒株,14天完成核酸检测试剂研发和审批上市,新冠疫苗快速研发上市,癌症、白血病、耐药菌防治等领域打破国外专利药物垄断,这是面向人民生命健康提供的关键支撑。不可忽视的是,新一轮科技革命和产业变革正在重构全球创新版图、重塑全球经济结构。在此背景下,世界各主要国家纷纷出台新的创新战略,国际科技竞争空前激烈。近年来,美国打压封杀中国科技企业华为,让华为的全球供应商蒙受巨大损失,欧洲芯片巨头意法半导体一度将实现收入目标的时间表推迟,高通、美光等美国芯片大厂也受损严重。[①]

一个国家经济增长速度的高低,是受采用重大技术发明的数量与程度影响的,一个企业组织的赢利状况也是与研究与开发费用密切相关的。“十四五”期间,国家在完善创新区域布局、落实国家区域协调发展战略方面把北京、上海,以及粤港澳大湾区作为重点,建设具有国际影响力的科技创新中心。国家自主创新示范区、高新区内的企业研发投入占全国企业研发投入50%左右。[②]

对于中国的企业而言,更大力度的减税政策能减轻中小企业负担,也能进一步鼓励中小企业加大研发费用。2017年,我国推出允许科技型中小企业享受75%研发费用加计扣除政策;2021年起,制造业企业可享受100%研发费用税前加计扣除。假如科技型中小企业符合条件的研发费用投入为200万元,如按之前75%比例加计扣除,可在税前实际扣除350万元;比例提至100%后,可在税前实际扣除400万元。这意味着,企业的加计扣除比例提高了25%,加计扣除额就会提高50万元,按照科技型中小企业适用25%企业所得税率来算,企业相较以前可以少纳税12.5万元。这是国家创新驱动发展战略下激励企业增加研发投入的重要举措。[③] 因此,企业组织在制定发展战略时应该充分考虑技术环境的因素。

4. 社会文化环境。社会文化环境是指一个国家和地区的民族特征、文化传统、价值观、宗教信仰、教育水平、社会结构和风俗习惯等情况。每一个社会都有一些核心价值观,它们常常具有高度的持续性。如中国百姓历来勤劳、忍耐、

---

① 周济.智能制造——“中国制造2025”的主攻方向[J].中国机械工程,2015,26(17):2273-2284.

② 学习强国.基础研究投入继续加大 科技体制改革143项任务完成[EB/OL].[2022-04-18] https://www.xuexi.cn/lgpage/detail/index.html? id = 11062441031188059379& item_id = 1106244103118 8059379.

③ 证券日报网.科技型中小企业研发费用加计扣除比例提至100%[EB/OL].[2022-04-18] http://www.zqrb.cn/finance/hongguanjingji/2022-04-01/A1648791372314.html.

有牺牲精神、重视集体、重视家庭、有民族归属感,这些价值观与文化传统是历史的积淀,通过家庭的繁衍与社会的教育而传续,因此比较稳定,难以改变。而一些次价值观则是比较容易变化的。如“国潮”文化让充满叛逆的Z世代竞相追随,几乎在每一个年轻人感兴趣的时尚领域都能看到国潮文化的身影。这与国家的文化、价值、经济的悄然勃兴密切相关。次价值观随时间的推移而可能发生变化,这就给每一个时代的流行创造了机会。例如:伴随着养宠物的兴起,围绕着宠物衍生出多条细分赛道,除了宠物买卖,还有宠物食品、美容、摄影、医疗、社交等新业态;成长于互联网时代,电子游戏成为Z世代日常的娱乐活动,受电子竞技潮流影响,游戏直播行业也日渐繁荣;快节奏的都市生活让人们的压力越来越大,人们渴望在忙碌中寻求一种放松,因此,外卖、网购、跑腿、自热锅、扫地机器人、免洗面膜、电动牙刷、自动炒菜机等主打服务性能的产品层出不穷。

经济结构的变化导致社会文化的变迁,也带来社会组织结构的变动。例如,现代化将家庭行为与工业化、城市化进程紧密地联系在一起,使家庭问题逐渐走出私域,更多地成为公共事件,受到政府和第三部门的干预。在宏观层面,目前我国生育率的降低和寿命的延长改变了人口的年龄结构:儿童抚养比下降,老年抚养比上升,老年人口基数增大,人口老龄化进程加快,高龄化和失能化态势明显。在家庭层面,它们使得人口年龄结构老化,空巢家庭比例大增,传统的家庭结构面临挑战。① 从消费倾向来看,人口老龄化的“负担效应”会降低储蓄率,而预期寿命增长、财产遗赠、消费限制则会推动储蓄率的上行。从消费结构来看,人口老龄化会带来国家整体消费结构的变化。综合来看,医疗服务、社会和个人服务等服务消费占比往往随着老龄化的发展而提高。衣着、文娱活动、交通通信消费占比则倾向于下行。② 此外,中国在老龄化进程中叠加了消费升级的趋势,居民消费率提升,消费从追求数量到追求质量。具体而言,白酒、医美、旅游、零食等具有消费品质的行业处于优势地位。扫地机器人、小家电、美妆等可选日用消费品将保持较高成长性。单身群体及老人对陪护的“心理感性需求”支持着中国宠物经济和情感陪护行业的蓬勃发展。③

---

① 杨菊华,何炤华. 社会转型过程中家庭的变迁与延续[J]. 人口研究,2014,38(02):36-51.

② 21财经. 人口老龄化对经济的影响:总量与结构[EB/OL]. [2022-04-19] https://m.21jingji.com/article/20210901/herald/58ad7f72c298673ca498a4cdd4fc305b.html.

③ 首席经济学家刘陈杰:人口老龄化进程中的经济增长与投资机会[EB/OL]. [2022-04-19] https://www.163.com/dy/article/GD3Q3LSC0519IGF7.html.

在我们的社会里,家庭已由传统的扩展家庭迅速分解为更多的核心家庭,以家庭为单位的消费产品的需求迅速扩大,如家具、家电、洗衣机、电冰箱、淋浴器、电话等;独生子女的家庭结构使子女对购买决策产生了很大的影响;妇女与男士平等的社会地位,使其在家庭消费中拥有着实际的、较大的决策权。由于人们生活质量的提高、寿命的延长,使我们的社会产生了一个庞大的老年人市场,然而,因其购买力弱,这个市场在短时期内难以在社会消费潮流中占据主导地位;与此相反,市场经济给不少中青年带来机会,他们快速增长的个人收入支持他们谋求生活的舒适和享受的多样化,他们已把许多高档商品视为生活的必需品,他们的消费趋势成为整个生活消费潮流的导向。

社会组织结构的变动还表现在共同利益群体成为社会经济生活的重要的影响力量,如政党团体、工会、行业协会、消费者协会等。在西欧国家,绿色和平组织诞生的时间不长,却迅速成为环境保护运动中的主导力量,它们要求限制一些污染严重的企业对污染的排放,乃至关闭某些污染源,反对捕杀珍稀动物,它们的宣传与活动极大地改变了人们对生态环境保护的薄弱认识,也改变了某些产品的生产和消费行为。在美国,消费者协会及其杂志《消费者报告》对美国人的生活的作用和影响不可低估。例如,1998 年,汽车检测人员对日本五十铃公司生产的容易倾覆的 SAMURAI 轿车的评价是“不可接受”,短短几个月内,这种车的销售量就下降了 70%;1993 年,当它对索科尼公司生产的“爵士 7000”型运动鞋大加赞赏后,此鞋的销售量短期内翻了一番,以致供不应求。

今天,我们的教育状况,无论就其内容还是形式,都变得越来越丰富多彩。新技术带来的教育变革方兴未艾,人工智能与智慧教育引领着教育教学的创新,已经成为教育信息化发展的必然趋势。[①]“互联网+教育”使得社会各界都可以参与到资源的共享与共建中。在大数据技术的支持下,校外知识服务表现为更丰富的业务种类、更具个性化的服务形式以及更多样性的服务选择。较早的案例是以资源开放形式出现,同时隐含了新型商业服务模式的 MOOCS。作为一种开放的在线课程模式,开始并非以学校为主体,而是为公众提供知识服务。其后,各种精细化的、个性化的、定制化的知识服务开始涌现,产生了众多旨在满足“小众”或“冷门”知识需求的新型知识服务生态。衍生于互联网的学校外

① 余明华,冯翔,祝智庭. 人工智能视域下机器学习的教育应用与创新探索[J]. 远程教育杂志,2017,35(03):11-21. DOI:10.15881/j.cnki.cn33-1304/g4.2017.03.002.

知识服务市场规模正在不断扩大,教育资源线上与线下深度融合的趋势更加明显。① 同时,城镇居民人均可支配收入对城镇居民文娱消费均有显著的促进作用。当城镇居民人均可支配收入增加之后,会有更多的收入用于日常生活开支,提高城镇居民生活水平,降低衣、食、住消费在总消费支出的占比,改善消费结构,增加文娱、教育等方面的高层次消费。②

(二)组织的微观环境

组织的微观环境是组织在日常运营管理中所要关心的外部客观因素与条件。社会组织必须掌握其信息,以便能在短期内对微观环境的变化做出反应,从而顺应环境的变化,获得良好的生存与发展的客观条件。社会组织的范围相当广泛,在市场经济中,企业是社会组织最庞大的一部分,而且其他的社会组织都具有企业运营的性质,因此,我们这里的社会组织指的是以企业为核心的各类组织。社会组织的微观环境主要由行业性质、竞争状况、顾客、供应商、中间商及其他社会公众等组成。

1. 行业性质。一个社会组织是否有长期的发展前景,首先同它所处的行业本身的性质有关。

分析行业性质,一个常用的方法是认识其处于行业生命周期的哪个阶段,它是行业发展所处的总体环境,主要是需求状况及其自身发展内在轨迹的综合反映。同产品生命周期类似,它分为四个阶段:引入期、成长期、成熟期和衰退期。

在引入期,销售增长缓慢,产品设计尚未定型,生产能力过剩、竞争较少、风险很大,利润几乎没有甚至会有亏损;在成长期,顾客认知迅速提高,购买踊跃,销售大增,产品形成差别化趋势以满足顾客有差异的需求,生产能力出现不足,竞争形成,但企业应付风险的能力增强,利润呈加速度增长;在成熟期,重复购买成为顾客行为的重要特征,销售趋向饱和,产品设计缺乏变化,生产能力开始过剩,竞争激烈,对于既有的企业风险较小,利润不再增长,甚至开始回落;在衰退期,销售明显下降,生产能力严重过剩,竞争激烈程度由于某些企业的退出而趋缓,企业可能面临一些难以预料的风险,利润大幅度下降。

只有了解了行业目前的性质,才能决定企业在行业中是进入、维持还是撤

---

① 学习强国. 数字技术带来教育生态变革[EB/OL].[2022-04-19]https://www.xuexi.cn/lgpage/detail/index.html?id=10797457973404108260.

② 孔瑞,张莉. 城镇化、收入对城镇居民文娱教育消费影响分析[J]. 北方经贸,2021(12):35-38.

退。对于一项新的投资决策,则应选择朝阳产业,避免进入夕阳产业,这是一个极为重要的战略问题。

当然,一个企业可能跨越多个行业领域,则应对其每个领域所在行业性质都有深刻认识,才能在总体上把握企业战略方向,避免过大风险,提高整体赢利水平。

2. 竞争状况。社会组织,尤其是企业,在运转经营中会面临许多竞争,分析竞争来自何方,出于何种动机,哪个竞争对手威胁最大,其随时间变化的趋势如何,这对于在策略上作出反应是必要的,对于在战略构架中考虑如何发挥整体优势,增强竞争能力也是十分重要的。

首先,竞争来自那些拟进入企业所在行业的潜在竞争者。然而,要进入一个新行业委实不易,它们会受到各种阻力,包括既有企业的激烈反应。新进入一个行业,要准备大规模的投资,以达到同既有企业相似的规模经济,如果不能取得成本优势或价格优势,则进入就会受阻。此外,大规模投资还将为产品开发、设备购置、广告宣传、选择销售渠道或建立自己的销售渠道、树立品牌形象、更换供应商以及员工培训等所需。进入的障碍还来自既有企业长期以来所积累的各种独有的成本优势,如技术专利与诀窍、与供应商长期合作而得到的优惠与便利、更加接近顾客的市场位置以及由经验曲线所带来的效果等。一个新进入者要准备承受在进入初期的亏损。

其次,竞争来自同行。同行之间的竞争手段主要有价格竞争、新产品开发、服务质量提高以及销售促进等。同行竞争总是由一个或几个企业认为存在改善其市场地位的机会而引发的。显然,一个企业挑起的竞争行为会迅速导致其他企业的报复性反应,从而竞争的可能会使彼此都无从得到益处,特别是当竞争卷入者甚多时。竞争的激烈程度随行业所处阶段的不同而不同,在成熟阶段,竞争往往显示出涉及面广、深入而持久的态势。

再次,竞争来自替代产品的威胁。其他行业的产品或服务能提供相同或相似的功能,这些替代品往往是由那些高赢利的行业所提供,它们表现出一种价格优势,从而限制了企业所在行业的产品价格,抑制了行业利润水平。尽管这种竞争并不像同行企业那样直接,但威胁不小,有时需要联合其他企业一起来对付。

当知道了哪些方面构成了对组织或企业的竞争后,要进一步判断谁对企业构成的威胁最大。需要从竞争对手的规模、增长能力、赢利能力、经营目标及其对环境的看法,过去和现在的战略、组织结构与文化、制造与营销成本及其结构等方面入手来认识和评价其优势与劣势。在这个过程中,结合对自身业绩的评价来决定是否调整战略显然是极其重要的。

3. 顾客。组织或企业将产品或服务销售给顾客以取得补偿与赢利,企业所面对的市场可能是这些顾客市场的一种或几种:消费品市场,即个人和家庭购买商品或服务以满足个人消费需要的市场;工业品市场,即组织机构购买产品或服务,作为再生产投入的市场;中间商市场,即中间商购买产品或服务,通过转售以赚取销售差价的市场;政府市场,即政府机构购买产品或服务以完善其服务或将这些产品或服务转让给需要的人们的市场。

所有顾客在购买企业产品的过程中都可能拥有一种很强的限制力量。这是因为顾客的采购份额可能占了企业产出的很大一部分;或是因为采购成本占顾客再生产成本比例很高,使顾客倾向于多方询价;或者同类产品差别很小,顾客可以随意选择供货商;再或者顾客购买力有限,对价格十分敏感;等等。于是,顾客会对价格、服务质量等方面提出更高的要求。企业是为满足顾客的需要而从事生产经营的,或者说企业依赖顾客的存在而存在。所以,企业必须认真研究顾客的需要和需要的特征、需要的差异以及需要的变化趋势。

4. 供应商。供应商是向企业及其竞争对手提供它们为生产特定的产品和服务所需的各种资源的组织机构或个人。企业首先必须对哪些材料可以自制、哪些材料需要外购做出决策;一旦决定外购,则需制定外购原材料、零部件的规格标准,并寻找供应商;而后要对供应商们进行评审,以选择那些在质量、交货期、信贷条件、采购成本等方面最佳的供应商。

供应商对企业的生产经营有很大的影响力,特别是当企业所需资源的供应来源十分专有和稀少时,或当企业没有替代资源可以选择时,或企业所处行业对于供应商来讲并不重要,供应商对该行业所提供的未来商业机会不感兴趣或供应商提供的资源对于企业成败至为关键,或企业所需供应品差别很大或更换供应商的成本很高,企业对于供应商依赖性较强,在这些情况下,供应商就能以提价、限制供应、降低供货质量等条件来向企业施加压力。所以,企业既要设法与一些主要供应商尽量建立长期合作关系,以获得稳定的供应渠道及某些优惠条件,同时也要避免“在一棵树上吊死”。

5. 中间商。中间商是协助企业推广、分配和销售产品给最终消费者的那些组织机构或个人。中间商在此过程中发挥着调研、促销、沟通、谈判、实体分配、财务及风险分担等功能。同时,中间商比企业更加直接而广泛地接触顾客,了解市场需求动态,企业利用中间商销售产品往往可得到广泛分销的好处,比直接向最终顾客销售产品效率更高、效果更佳。

然而,选择中间商并与之合作并非一件简单的事情。企业为了使自己的产品更加接近顾客,往往希望对中间商拥有较强的影响力乃至控制力,一个实力较强的大企业可以对中间商拥有控制力,然而,实力弱的企业却难以影响大中间商,甚至反过来会受制于中间商。例如,在瑞士,全部食品销售的70%集中在合作联社和消费合作社两大中间商手里,这两大中间商拥有巨大的力量来左右交易条件,甚至可以将某些制造商排斥出市场。因此,制造业企业必须从战略高度来认识选择分销渠道问题。它必须对各种可选择的渠道模式结构及其成员状况做好调研、分析,以选择进入市场的最经济有效的方式与途径。

6. 其他社会公众。我们知道,前面所分析到的各个环境因素其实在公共关系的视野中均是公众关系。在社会组织或企业的运营中,公众关系是比较多的,除了上述因素,还有媒介的、社区的等多种因素,在环境分析中都应该给予充分的考虑。否则,如果某个因素出现不和谐,就有可能对组织的命运产生巨大的影响。例如,在20世纪60年代,瑞士雀巢公司陷入了危机。当时,由于西方国家生育率降低,雀巢公司开始着力在非洲、中东、南亚等落后国家与地区推销婴儿奶粉;由于环境质量差及不正确地调制奶粉,导致一些地区婴儿患病及死亡。于是,欧洲一些人道主义组织和媒介开始批评与抨击雀巢公司的倾销政策,而雀巢公司面对公众的压力,采取辩解、回避等消极做法,结果风波越来越大,以至在欧美许多国家引发了一场抵制雀巢产品的行动。抵制范围逐步扩大到婴儿奶粉以外的其他食品,使雀巢公司蒙受了巨大的损失。后来,在几家公共关系公司的帮助和一些国际组织的协调下,更主要的是雀巢公司改变了态度,才使公众平息了对抗情绪。

当然,公众对于社会组织的影响不仅有可能是破坏性的,也有可能是建设性的。关键在于社会组织能否以正确的公共关系思想并配之以合适的公共关系手段来沟通与协调同各类公众的关系,以建立社会组织的良好形象。社会组织,尤其是企业,面对的公众除了竞争者、供应商、中间商外,还有金融界——它对企业的融资能力有重大影响;新闻界——它对于沟通企业与其他公众的联络,提高企业认知度、美誉度、和谐度起着关键作用;政府机构——它不仅可能因其庞大的集团购买力成为企业重要的顾客,而且作为社会管理者,它所制定的法规、政策和规范,促进或限制着企业的经营与发展。所以,企业不可避免地要将其公共关系中的公众因素纳入战略制定的环境因素中来进行分析。

二、组织的内部环境

社会组织目前的状况是其过去决策、运营的结果。对社会组织内部环境的分析、评价，是为了认识其所拥有的资源。资源运用的有效性和社会组织的目标及其理念，都会对社会组织，尤其是对企业发展战略的设计提供借鉴与指导。

（一）市场营销

企业的市场营销职能是企业与其外部环境最重要的接口。营销成功意味着企业在营销方面具有优势。一项市场营销战略的制定需要从市场细分、市场定位、营销组合的运用等方面深入考虑，除此之外，还需考虑以下方面：

- 市场研究的能力是否足以帮助企业认识顾客需求、竞争动态、技术发展及其他环境因素的变化；
- 当前产品是否符合市场需要，它处于怎样的生命周期阶段，其市场份额多大，需要在哪些方面做进一步的改进与发展；
- 价格结构与市场价格水准的比较以及对企业利润的贡献如何；
- 分销渠道的效率以及当顾客需要发生变化时，渠道结构如何随之变化；
- 促销沟通所投入的费用及产生的效果怎样，它在营销组合策略中发挥了怎样的作用？

……

通过对上述各方面的考察，就可对企业的营销战略做出评价，发现企业在营销方面的优势与劣势，以期在今后的营销战略中予以把握。

（二）研究与开发

研究与开发对于不同的行业具有不同的作用，所以，行业性质影响着企业在这方面能力的扩展与水平的提高。当然，企业既可考虑对自己的研究与开发领域做高额投资，也可考虑从外界科研机构中寻求支持，乃至直接购买科研成果。由研究与开发带来的优势将有力地促进企业竞争能力的增强。对此，考察将涉及以下方面：①研究与开发方面的支出以及与整个行业水平的比较；②产品开发或生产工艺的改进；③产品开发方面的收益，包括收益风险评估；④企业用于研究与开发方面的资源条件；⑤在产品、技术、工艺等方面研究与开发的成败记录以及目前的状况；⑥与企业外部研究与开发机构的联系；等等。

很多企业具有强烈的进攻意识，研究与开发的领先是为了获取竞争中的优势，而另一些企业则把它作为一种防御手段，它只希望能跟上技术发展的趋势，然而有一点是共同的，当企业利润受到威胁时，在研究与开发方面的投入最容易被削减。由于一项研究开发工作的完成需要经历5年、10年甚至更长的时间，对其投资回报也需间隔很长一段时间才能较为准确地了解，所以，对研究与开发职能的客观评价实在是一件极其困难的事。虽然如此，通过评价以认识研究与开发对企业未来成功将提供怎样的支持，以及在应对挑战方面尚存有哪些不足，对于企业今后的战略设计仍然是十分必要的。

(三)生产管理

企业通过取得生产能力上的优势，可以提高竞争力，如通过改善产品质量与可靠性、提高效率、降低成本，以维持价格稳定乃至提供合适的价格折扣等。显然，加强生产管理对企业、组织的生存与发展关系重大。生产管理职能的考察包括如下方面：①根据销售预测确定生产计划；②生产工艺设备与当今技术发展水平的适应性，以及同竞争者工艺设备的比较优势，具体表现在生产过程中的自动化程度、设备的更新速度等方面；③同目前的和潜在的市场需求相比，目前生产能力状况及规模经济水平；④同国际生产现场管理标准(如ISO 9000系列)相比，所处的管理水平与差距；⑤对生产过程中原材料、零部件、在制品和成品管理的有效性；⑥生产过程中的全面质量管理水平；⑦生产成本的结构及其控制，以及企业经验曲线效果的记录；⑧同整个行业相比，企业设备价值、能力、使用时间及维修状况；⑨生产过程中不同层次的员工的组织与激励状况，以及他们各自能力的发挥程度。

值得注意的是，生产管理比其他企业职能运用与控制的资源要丰富得多，因此责任很大，其任务的实现基于同营销与采购、财务、研究与开发、人事等诸方面保持有效的沟通与协调。

(四)品牌形象

无论是产品还是服务，也无论是企业还是事业单位，实际上，只要存在竞争，就必然存在品牌形象。可以说，“品牌形象”是社会组织运营的一面旗帜，是市场竞争中实力与战果结晶而成的一个符号。在市场经济条件下，品牌形象显得尤为重要，在对组织内部环境进行分析时，就不能不对品牌形象进行考察。虽然这里的考察与我们前面曾经介绍过的“策划准备”中信息的调查与分析是同一的，但这里更侧重于品牌形象，及其对公共关系战略策划的意义。品牌形象的考察包括如下方面：①产品质量及其服务质量的社会评价；②组织或企业的综合实力与规模运营状况；③产品品牌或服务品牌的个性及其认知度；④企业的整体形象系统(CIS),包括 MI,BI,VI;⑤组织或企业的受益公众面的广度与忠诚度;⑥传播媒介、政府、社区等的评价与传播。

现代社会是一个品牌制胜的社会,一个社会组织的方方面面都会凝聚到它的品牌形象上来。因此,对品牌形象的考察与评价与对组织其他方面的考察与评价是联系在一起的;同时,品牌形象又必须作为组织内部环境的一个因素单独予以强调,从而为战略的制定提供依据。

(五)人力资源

对社会组织人力资源的评估,首先要从其高层管理人员入手。对他们的考察通常通过对企业销售额、利润等财务状况的评价来进行,但这还不够,必须对企业所有方面(如研究与开发、质量控制、社会责任与道德感等)进行评价,才能得出全面而正确的结论。

人力资源存在于社会组织的各个方面,但组织的员工是否构成组织的有用资源以及对组织未来发展是否能够提供支持,必须通过考察与评价才能作出判断,这将涉及下列一些主要问题:①组织员工个人与组织的关系;②非正式组织的存在及其对正式组织的支持或威胁;③组织的哲学与文化;④员工素质、能力和数量对于组织目前和可预见的未来的工作的适应性;⑤组织在雇佣、培训、调动、辞退员工等方面的政策;⑥组织在工资、奖金、福利等方面与同行竞争者的比较;⑦在战略决策及其实施过程中,组织员工被置于的地位以及组织中员工自己认为其所处的地位;等等。

人力资源的重要性往往难以被认识,因为,对它的评估可能比对其他方面的评估要更困难。但是,越来越多的组织开始认识到,这是具有第一位的资源,尤其在竞争日益激烈的今天,组织或企业间的竞争首先是并且归根结底是人才的竞争。因此,无论在战略上还是策略上,优秀的社会组织总是不断强化自己的人力资源力量,优化人力资源结构,充分调动与发挥人力资源的潜能,如此才能立于不败之地。

(六)财务状况

组织,尤其是企业,其过去的决策及经营状况最终可以通过财务状况来定量地、综合地予以反映。所以,对会计与财务状况的评价对于考察企业管理状况来说是非常必要的,会计与财务职能在企业履行计划、控制以及各职能间的沟通和协调方面扮演着无可替代的角色。对财务状况的评价主要涉及这样一些领域:①财务预算同整个战略与经营计划的联系;②各部门预算与企业总体预算的一致性;③预算制定的过程以及所涉及的各个职能方面;④对赢利或亏损、资产与负债、现金流量等状况的预测及其运用;⑤财务信息对管理控制的支持;⑥通过财务结果与预算标准的差异及其原因分析,对企业战略构架与经营计划实施做出评价。

对财务状况的评价往往需要借助一系列指标,这些指标主要包括经营业绩指标、财务结构指标、投资收益指标等。需要注意的是,企业财务分析要同企业所处的竞争环境以及其自身发展阶段相结合,同时,财务指标的实现只是反映了企业历史的状况,对现实状况往往不能准确反映,尤其是遇有较严重的通货膨胀时。所以,利用财务分析手段来为企业未来发展提供预见与指导是一件复杂而困难的事。但无论如何,它毕竟反映出了企业目前的财务资源;不仅如此,还反映了企业的管理系统方式、过程及其有效性。这对于把企业过去的、现在的、将来的战略及其实施衔接起来具有至关重要的作用。

对组织内部状况的考察与评估,是为了认识企业的优势与不足,然而,这些优势与不足显然是一个比较的结果。首先,组织要将其内部资源状况与近年的变化相比较;其次,要将组织的战略方向与战略目标相比较;再次,要同相关的企业组织相比较,如同竞争者、同行业的其他组织相比较,以及同虽处于不同行业,但组织结构、规模或发展阶段相类似的组织比较。由此才能得出全面的结论,使社会组织深刻地认识其在各方面的优势条件以及在某些方面所处的劣势,以期增强资源力量,调整资源结构,从而获得一个优化的、与组织今后战略行动相匹配的资源配置,支持与保证组织战略目标的实现。

第二节 公共关系的战略策划

前面已经指出,所谓公共关系战略,就是某一个社会组织根据自身所处的环境,围绕建立良好的公共关系、树立良好的组织形象这一核心,以未来为导向而策划制定的长期性、整体性的对策与谋略。该对策与谋略的制定,即公共关系的战略策划。

每一个社会组织在制定公共关系战略时,都必须弄清如下几个问题:

首先,公共关系战略必须服从组织的发展战略,它是组织发展战略的一个组成部分。以企业为例,企业的总体战略所确定的目标、步骤、重点和实施标准都是对企业内每一个个别战略的指导,每一个个别战略必须严格地与这一总体战略相协调,保证能起到为总体战略服务的作用。公共关系战略也同样是为组织总体战略的实现服务的。企业的总体战略包括:市场战略、人事战略、财务战略、投资战略、公关战略、产品战略等。

在制定公共关系战略时,必须保证与企业总体战略相一致,必须成为企业总体战略实现的保证条件与措施之一。因此,公共关系战略实际上是组织发展战略的一个组成部分。

其次,公共关系战略必须与组织中其他功能性的战略相协调。如公共关系战略与组织内的人事、财务、生产、市场、产品等方面的发展战略必须协调一致。这种相互的协调除了表现在目标、步骤、重点等方面之外,还表现为人、财、物等资源方面的协调。

最后,公共关系战略必须具有自己鲜明的专业特点。公共关系战略虽然是组织战略的一个有机组成部分,且在服从组织发展战略的同时必须与其他平行的战略相协调,但是,公共关系战略又不同于组织战略和其他战略。总体上的战略与其他战略尽管会在一定程度上涉及公共关系的内容,但绝不会以公共关系为中心来确定其战略。只有公共关系战略本身,才从公共关系角度来确定本组织在这一方面的战略目标、战略步骤、战略重点等。也就是说,公共关系战略具有自己鲜明的专业特点,不能随意替代或取消。

一、公共关系战略的特点

公共关系战略作为组织中的一种专业战略,既具有一般战略共同的特点,又具有其他专业战略不同的特点。要正确地制定公共关系战略,就必须在把握这些共性的基础上,精准把握其特性。

影响公共关系战略特点的因素有以下几个方面:一是战略的特点。公共关系战略作为一种战略,其必然具有战略的未来性、长远性、整体性、宏观性、指导性以及抽象性等特点。二是公共关系的特点。公共关系作为一种管理职能或工作,有自己特定的作用范围与特定目标。它是一种以协调公众关系为主要任务,以在公众心目中塑造良好的组织形象为目的的经营管理艺术。这个特点不仅必然赋予作为公共关系工作总体策划的公共关系战略以同样鲜明的特点,而且这种影响是决定性的。根据这两个因素,公共关系战略主要有以下几个特点。

(一)公共关系战略内容的抽象性

战略与战术,或者说战略与策略既密切相关又明显区别。战略是总体上的指导方针,而策略或战术则是战略的具体化,战略的实现需要运用具体的策略,即战略与策略具有相关性。二者的区别则在于:战略主要确定大的方向、目标、重点、步骤,而策略则是要考虑各种行之有效的具体方法、措施、手段;战略常常以宏观的、抽象的目标或规划来表现,策略则更多地体现为具体指标、具体方法或可以执行作业的计划。

对于组织的战略来说,公共关系战略是一个专业战略,其中心是公共关系工作。从这个意义上说,它较组织总战略要具体一些,主要表现为实现组织总战略中有关公共关系方面的战略部署。但是,相对于具体公共关系的策划来说,它则要抽象得多,它所确定的是一个组织的公共关系战略目标、重点或步骤,都是非具体化的抽象描述或要求。如对一个组织形象的设计,将其描述为在社区公众的心目中是一个"热心的居民"的形象,这就是一个非常抽象的概念,这与具体的公共关系策划有着明显的不同。

公共关系战略的抽象性特点,是由公共关系战略的指导性任务所决定的。

(二)公共关系战略的前瞻性

所谓"前瞻性",是指对未来、对前途具有科学的展望与预测,并反映在一系列决策之中;而公共关系战略的前瞻性,就是指公共关系战略应该反映组织未来的发展目标及实现目标的主要途径和措施。

任何一个社会组织均处于时间流动的过程中,今天的公共关系状态是从昨天发展而来的,而明天的公共关系状态则是从今天起步的。为了使组织能更稳健地发展,就应该预测组织的未来,描绘组织未来的公共关系理想状态,从而发挥公共关系战略的指导性作用。

(三)公共关系战略的整体性

"战略"本身就是表示一种高度,强调宏观整体性,而不是拘泥于微观局部。公共关系战略的整体性,要求公共关系战略的策划者要站得高,看得远,能够从大局和宏观着眼审视组织明天的地位、形象,以及达到这种境界的方针大略,而不是着眼于具体的细枝末节。

组织的"一枝一叶"总关"战略",员工的一言一行总关组织形象。在一个社会组织的运转中,公共关系战略思想总是渗透在组织行为的每一个局部,渗透在组织每一个成员的行为之中。因此,公共关系战略的制定就应该从宏观整体性考虑,以使其能在组织的每一个方面均具有指导性。

(四)公共关系战略的指导性

一个组织所制定的公共关系战略,是用以指导这一组织开展公共关系具体工作的。因此,它居高临下,仅仅以确定建设性的大方向、总目标以及重点步骤为其内容。这就是所谓公共关系战略的指导性作用。

正因为公共关系战略是具体公共关系工作的指导性、纲领性文件,因此,在制定公共关系战略时,必须经过充分、认真的调查研究,经过科学论证之后,才能最后确定下来。也正是因为这个原因,我们在上面详细地介绍了社会组织制定公共关系战略时所需考察的外部、内部环境。否则,任何草率或失误都会给将来具体的公共关系工作带来不可弥补的损失。

一般说来,在确定组织的形象,即对组织进行形象定位时,都要经过精心的分析、研究。形象定位不准确,或形象定位存在偏差,不仅会浪费大量的人、财、物而收不到预期的效果,更重要的是会给公众留下一个很难改变的不准确的组织形象。

值得一提的是,任何一个组织的公共关系策略,都必须是公共关系战略的具体化,都是为实现这一战略服务的。换言之,一个组织的公共关系战术或策略的制定,一定要在公共关系战略的指导下进行,公共关系战略具有指导性的特点。

(五)公共关系战略的稳定性

由于公共关系以上种种特点,公共关系战略一经确定,一般是不会随意变动的,而是在一定时期内具有相对的稳定性。

公共关系战略稳定性的主要作用在于保证一个社会组织的公共关系策略和其他公共关系活动都围绕一个中心目标来进行。公共关系战略随意变化或者会使一个组织的公共关系工作在飘忽不定中迷失方向,或者会造成因工作缺乏连贯性而无法实现组织的公共关系目标。正是由于这个原因,公共关系战略策划便应特别慎重,特别讲究科学性,以使公共关系战略在一个较长的时期内对组织的公共关系工作具有指导性意义。

二、公共关系战略的构成

尽管制定公共关系战略的主体不同,有企业单位,也有事业单位,还有社会团体、政府机构,所涉及的公共关系的内容、目的和要求也不同,但是作为一种战略,其构成还具有相同的一面。一般来说,公共关系战略应由以下几个方面构成。

(一)战略目标

战略目标是公共关系战略的主要内容。战略目标是一项战略的核心,所有其他有关内容都是围绕这一中心展开的。

公共关系战略目标较之社会组织的其他目标有着鲜明的公共关系特点，这一特点表现在公共关系战略目标的形象定位上。

所谓“形象定位”，就是确定一个社会组织在公众心目中应该具有的形象和位置。公共关系战略目标实际上就是对组织形象定位的审视、确认和描述。一旦目标形象确定之后，就需要通过各种努力来实现这一既定形象。由于“形象定位”在公共关系战略策划中是一个关键性的问题，我们将在专节中予以探讨。

（二）战略重点

对于一个组织来说，在相对稳定的一段时期内，要塑造的组织形象是多方面的。也就是说，公共关系战略的整体性包含着多项因素，其本身是很丰富的。正是由于这个原因，在公共关系战略的表述与逐步实现中就不可能不分轻重、平均用力，而应分清主次，有重点地予以强调，并持之以恒地去实现。否则，就可能由于缺乏重点而造成眉毛胡子一把抓，给公众留下的印象模糊不清，组织形象的塑造也不会成功。

公共关系战略的重点在一开始进行策划时就必须予以明确和强调，通过以点带面、以重点带一般，树立起个性鲜明、形象突出的组织形象。例如，以“服务”为主的企业，应将服务质量上乘、富有个性、与顾客关系和谐确定为公共关系战略的重点；而以高科技产品面向市场的企业，则应该以在主导产品上展示科技开发实力作为公共关系战略的重点；高等学府则应该把对高水平教师队伍的培养、出成果、宣传，作为公共关系战略的重点；政府机构，必须把廉洁、高效，作为公共关系战略的重点……当然，组织在不同的发展阶段、面临着不同的问题之时，其公共关系战略的重点必然会有相应的变化。例如，一个由于污染等原因造成社区关系紧张的企业，在社区公众心目中塑造“热心居民”的形象就是它一段时间内公共关系战略的主要重点了。

公共关系战略重点的确定应在综合考虑各种因素后，把那些能起到以点带面的作用，或者突破一点就能解决其他问题，或者某些主要环节与薄弱环节等工作作为战略重点来反复考虑、比较、选择，然后予以确定。

战略重点既是公共关系工作的重点，也是社会组织管理的重点。公共关系战略所确定的重点，必须充分、详尽地落实各种保证措施和具体策略，以使战略重点可以落到实处。

（三）战略步骤

战略步骤是一个组织在确定战略目标和战略重点之后，在时间方面的战略性确定。这种战略性确定仍然是粗线条的，它常常以年甚至更长的时间为单位。

战略步骤一般以阶段的形式出现，即在某一战略实施期间，确定经过若干个阶段达到某一个战略总目标。战略步骤的阶段性特点要求有关人员在确定这一战略步骤时遵循有效可行的原则，即其所确定的战略步骤既不可使各步骤之间因距离太大而失去指导意义，又不可因太小而流于具体化。

另外，一般战略还涉及衡量实施结果的标准。如2020年9月，国家主席习近平在第七十五届联合国大会上向世界宣布"2030年前实现碳达峰、2060年前实现碳中和"的战略表述，就是一个衡量实施的标准，即指标。

公共关系战略作为一种软战略，虽然有时也可以做定量化描述，其结果也可以用指标来衡量。如制定一个组织在某一段时间内"认知度、美誉度、和谐度"分别提高多少等级的量化目标，但是在公共关系战略表述中更多的还是定性的描述和评价。随着市场竞争的加剧，竞争的内容也由产品、质量、价格、服务的竞争扩展到知识、人才、信誉和形象的竞争。形象是组织重要的无形资产，塑造组织形象是公共关系的重要职能，实施形象战略已被众多企业作为企业管理的重要举措，组织形象战略自然成为公共关系策划的重要组成部分，而组织形象定位则是形象战略策划的核心内容。

第三节　社会组织的形象定位

社会组织的形象实际上就是该组织在各类目标公众心目中的形象评价；公共关系战略中的"社会组织形象定位"，则是该组织的公共关系战略策划者根据对各方面信息的分析，所设计制定的该组织将在各类目标公众心目中塑造具有科学性的、理想性的形象的确定性描述。

组织的形象定位是根据特定的公众而言的。因此，不同的公众对组织形象的要求必然有所不同，组织形象定位也同样需要根据不同的公众来进行分析确定。在此基础上，经过多角度形象的综合，才能形成一个社会组织的形象定位。

一、组织在员工心目中的形象定位

员工是一个社会组织内部的公众。员工是否愿意在一个组织中工作、是否在工作中积极地为组织公共关系战略目标贡献力量，取决于很多因素，而组织形象因素是一个至关重要的方面。一个组织在员工心目中应该是一个什么样的形象呢？

国外公共关系学者的研究认为，一个员工对自己所在的组织一般有这样一些要求：①在社会地位、人格尊重和心理上满足；②不受上级的专横对待；③就业安全和适当的工作条件；④合理的工作和分享福利；⑤晋升机会；⑥工会活动的自由；⑦了解公司的内情；⑧有效的领导。概括地说，员工心目中良好的组织形象定位应该具有这样的要素："自己的组织"、"可以依托的组织"、"值得骄傲的组织"和"愉快的工作环境"。

（一）"自己的组织"

心理学研究认为，人对自己所认同的东西会产生极大的热情。管理学则进一步强调，人只有在为自己所同意的目标进行工作时，才能全身心地投入其中，并充分发挥自己的创造力。

任何一个社会组织都是由员工这一主体构成的。要使这些内部公众为这个组织的目标的实现而努力，就必须使他们对自己的工作单位有这样的认同：这个组织是自己的，而不是某个国家、某个地方、某个系统，甚至是某个领导人个人的。也就是说，要在公共关系战略中真正体现出"员工自己的组织"的定位，才可能使员工感到"组织如家"。

就公共关系战略目标而言，"自己的组织"是确定在员工心目中的组织形象的核心。要使员工真正产生"自己的组织"这个心目中的形象感，就要培养员工对自己所在组织的认同感。公共关系战略目标中应该对此进行表述和强调。比如，强调利用组织内部的信息传播与沟通，经常、及时地向员工通报组织的有关情况，让他们了解组织内部所发生和即将发生的事情，让他们由陌生的局外人变成熟悉情况的局内人。同时，要强调鼓励员工参加组织内的管理、决策。这可能从根本上把员工从服从决策、执行决策的被动地位上转变到参与决策、制定决策的主动地位上来，使员工很自然地产生"心理换位"，从而把组织的事情看成自己的事情，在员工心目中树立"自己的组织"的形象观念。

（二）"可以依托的组织"

人作为社会动物，需要有所依托、有所归属。因为在社会化大生产的今天，没有一个人能孤立地生存，他必须依托一定的组织，归属一个团体，以满足他物质的、心理的和社会的需求。这种组织团体的选择取决于人们对它的信任度，受人们信任的组织聚集了大批成员，这些成员将自己的现在和未来与这一组织联系在一起，结成命运共同体。因此，在公共关系战略目标的描述中，就应该对

"可信任、可依托"的组织形象定位予以强调,以便组织通过实实在在的公共关系工作实现这一形象定位。

(三)"值得骄傲的组织"

每一个人都希望自己有值得自豪的地方,可以以此为荣,产生心理的满足与愉悦。因为,每一个人都有被尊重的需要,希望得到他人的肯定与尊重。因而,凡是有能够引起他人羡慕的地方,都能从中得到一种满足感。当员工觉得自己所处的组织有着诸多值得骄傲的地方,他一方面会更加热爱自己的组织,并为之积极热情地工作;另一方面,则能够使员工成为组织正面宣传的、重要的、最权威的媒介。

可以让员工为自己所在的组织而感到骄傲的原因很多,主要的有如下几个方面:

1. 较高的认知度。当一个组织在社会上广为人们所知且经常为人们津津乐道,那么,作为该组织的一员,必然会产生荣誉感。

2. 较高的美誉度。"认知度"是中性的,它表述的组织可能是具有美誉,也有可能是具有毁誉,即"臭名昭著的"。在具有较大认知度的基础上,还必须具有较高的美誉度,即一个社会组织受到社会上广泛的好评,如此,作为该组织的一名成员,则必然会产生骄傲感。

3. 良好的和谐度。组织的生存发展是与目标公众密切相关的。二者相和谐,则可获得稳定的生存与快速的发展;二者相矛盾,则发展无望,生存困难。因此,一个组织与所有的目标公众均具有和谐的关系,才可望有良好的业绩,才可望给每一位员工带来荣誉感。

(四)"愉快的工作环境"

每一个人都希望在一个愉快、融洽的环境中工作、生活。在这种环境中工作和生活,可以大幅度地提高工作效率,能够充分地调动工作的积极性,更重要的是,在这种环境中工作可以使劳动过程在一定程度上成为一种享受,工作者会对这一社会组织产生深厚的感情。因此,在公共关系战略的组织形象定位中,必须强调愉快的、融洽的工作环境。

一个令人愉快的工作氛围的产生,首先依赖于该组织的团队精神。如日本很多企业大多崇尚"和为贵"的古训,从员工教育到具体规章均充分贯彻了这一原则,从而逐步形成一种和谐融洽的工作环境。如日本的松下电器公司,要求每位员工每天背诵的"松下信条",就是以创造这种和谐的人际关系、愉快的工作环境为根本的:“唯有全部员工和睦相处、共同协力,才有进步和发展可期,全体员工应本着至诚,团结一致,为社会尽力”。一种文明礼貌、协调和睦的气氛的形成,需要一个组织长期的公共关系沟通、熏染,这就需要在公共关系战略中对此予以强调。

其次,一个令人愉快的工作氛围的形成,还需要组织内部的各种信息、感情的交流渠道畅通无阻。要建立健全各种对话制度,使组织中的每一个员工都能通过一定的渠道反映自己的意见,甚至发泄内心的不满。

再次,经常举办一些有利于沟通员工之间、上下级之间、员工与领导之间关系的联谊活动,以创造一种充满“人情味”的组织文化。

最后,努力改善员工的工作环境,使员工能在一个整洁、舒适、安全的环境中工作。

二、组织在股东心目中的形象定位

在市场经济中,“股东”是指股份制企业的资金投入者;而在民主化的社会中,我们还可以将“股东”的内涵加以扩大,即我们的人民是主人,一定意义上便是社会的“股东”,我们在探讨公共关系普遍的理论时,是完全可以这样理解的。由于现代企业制度的建设,越来越多的企业进行了股份制改造,而企业本身又是社会组织中最普遍的形式,为了表述的周密,我们这里的“股东”依然是指股份制企业的股东。

股东拥有的股份是可以转移流动的,尤其是上市公司,它的股份作为股票,可以在证券交易市场上进行买卖。因此,一个上市公司能否依靠股票的顺利发行筹集资金,完全取决于是否有人愿意认购该公司的股票,以及认购以后又是否愿意持有该公司的股票。影响人们对一个股份公司的股票持有的主要因素,就是企业的形象。

一般来说,股东看重如下一些因素并受其影响:①参加利润分配;②公司发布增股报告、进行资产清理;③检查公司账册;④股票转让;⑤董事会选举;⑥了解公司发展状况;⑦享受公司的章程所确定的各种附加利益;等等。

概括地说,在股东的心目中,组织——这里主要是股份制公司的形象定位应该为:业绩优秀、富有实力、品牌著名。

(一)业绩优秀的公司

对于企业来说,合法地追求利润的最大化是自身的使命所在。而对于股东来说,他之所以将资金投向该公司,首先就是希望公司回报超过银行利息,在此基数上,红利或股息越多则越理想。因此,股东对于公司的形象要求,必然会把

"业绩——利润最大化"是否优秀放到第一位;业绩优秀,股东才可能获得丰厚的红利或股息回报。

（二）富有实力的公司

股份公司的红利受制于公司的经营状况,而公司的经营状况又受制于公司的整体实力。高素质的人才队伍、良好的公司信誉、先进的生产设备、一流的产品、雄厚的资金、高质量的服务和高水平的管理等,均是公司实力的主要因素,这些因素决定着公司的经营状况以及利润的高低。撇开大环境对股市的影响,持有货币的股民们往往是根据公司的这些实力因素来判断该公司未来的红利情况,从而决定是否加入该公司的股东队伍。

（三）拥有著名品牌的企业

股东在拥有理想的红利回报的前提下,同样希望在购买股票的同时,能得到资金安全的保障和心理上的满足。能否给股东提供这样的满足,取决于公司是否拥有著名的品牌——名牌。拥有名牌的企业往往不仅是以上的两点形象定位可以得到保证,即必然业绩优秀、实力雄厚,而且由于拥有市场对其认知度、美誉度、和谐度的评价,必然将企业的风险以及资金的风险降到了最低,股东的资金自然就有了安全的保障。同时,拥有著名品牌的企业,由于拥有社会上广泛的、良好的评价,作为股东,自然便拥有一种自豪感,从而得到心理上的满足。

三、组织在顾客心目中的形象定位

社会组织之所以得以存在,就在于它能为社会提供服务,而它的服务对象就是它的顾客公众。虽然对政府、事业单位来说,其服务对象一般不称做"顾客",但在"大服务时代",任何组织都应该拥有服务意识,善待"顾客"。这里,我们依然以企业为社会组织的代表来阐述组织在顾客心目中的形象定位。

企业的顾客公众对企业形象的一般要求为:①优良的服务态度;②公平合理的价格;③产品具有质量保证及适当的保用期;④准确解释各种疑难,恰当处理各种投诉;⑤提供产品的售后服务;⑥提供使用产品的技术资料服务;⑦产品备用零配件的供应;⑧注重产品的改进和开发;⑨增进消费者信任的各项服务;等等。

日本日立公司广告部部长和田可一曾经给顾客一个头衔:"在现代社会里,消费者就是至高无上的王。"消费者或顾客被推上"皇帝"的宝座,获得至高无上的地位,并不是企业甘愿拜倒在顾客的脚下,成为诚惶诚恐的臣民,而是市场经济的高度发展,激烈的市场竞争,造就了对商品具有选择权的顾客,为了取悦顾客,为了自身的生存,企业就不得不放下架子,在做个"好臣民"中获得生存与发展,从而确立了"顾客就是皇帝"的观念。

那么,作为"王"或"皇帝"的顾客,其心目中企业形象的定位应该是怎么样的呢?概括地说,现代企业在顾客心目中的形象定位应为:一个产品或设施一流、服务优良、品牌卓越的企业。

(一)产品或设施一流的企业

作为一个为社会作贡献的企业,顾客的一般评价往往在"硬件"与"软件"两个方面。首先让顾客可观可感的是"硬件",即生产性企业的产品、服务性企业的设施。作为公共关系战略主要内容的组织形象定位既然表述的是组织未来时态的状况,就应该有高标准的要求。因此,一流的产品或设施就是顾客心目中形象定位的基本因素。

一流的产品,要求无论什么企业,都要在与同行的比较中做到你差我好,你好我优,你优我新,你新我高,即只要具有可比性,就要胜过他人,这才称得上"一流的产品"。优秀的企业,无不作如此的追求。例如,上海耀华皮尔顿玻璃有限公司是一家中英合资的现代化企业,在该公司的浮法玻璃生产线上安装有15台扫描监视器。这些像雷达一样灵敏的监视器日夜不停地捕捉着玻璃表面的各种瑕疵,一经发现就把信号传递给标志枪,在有瑕疵的玻璃上打上记号,随后,自动锤便会将这块玻璃击碎。按国际惯例,这些略有瑕疵的玻璃完全可以作为等级品处理,有人就大呼"手下留情"。他们认为,这样既可缓和市场供求矛盾,又可为企业增加收入。对此,英方总经理金堤博士的态度十分明确。他说:耀华皮尔顿玻璃有限公司奉行国际惯例,执行欧洲共同体的质量标准。不符合这个标准的,一块玻璃也不准出厂,理应全部敲碎。他进一步强调说:只要有一块不合格的玻璃出厂,人家就有权说我们公司的玻璃在世界上不是一流的。确实,任何产品要做到一流,就必须精益求精,这样才能与企业形象定位相吻合。

而对于服务性的企业,虽然不是通过产品这样的硬件向顾客展示企业形象,但其一流的设施同样是企业形象的硬件基础,这就是为什么银行、饭店、电信局、保险公司、机场车站、医院等服务性企业在条件许可的情况下,总是想方设法进行基础设施的添置与更新的缘故。

(二)服务优良的企业

在一流"硬件"的基础上,"软件"——服务就显得特别的重要了。虽然企业是为营利而存在的,但顾客偏爱的却是向他们提供优质服务而不仅仅是为了营利的企业。因此,公共关系战略中的组织形象定位,就应该在服务方面进行特别强调,而企业对此则应该有辩证的认识。美国福特汽车公司的一位负责人曾经说道:“假如你把顾客服务看做中心目标的话,利润也就会随之而来。”这句话道破了利润与服务之间的辩证关系:良好的服务可赢得顾客的青睐,而顾客的青睐则会给企业带来利润的回报。

以卓越服务著称的IBM公司,其成功的奥秘就是它的超一流服务。该公司的第二任总裁托马斯·J.沃森在《企业及其信念》一书中就谈到了IBM的服务观:“优良的服务最终几乎成了IBM公司的象征……几年前,我们发了一则简洁而大胆的广告:‘IBM公司意味着最佳服务’。它清楚而确切地表达了我们的立场,我们要为顾客提供世界上最优秀的服务……”畅销世界的《成功之路——美国优秀公司的管理经验》一书在总结优秀公司的成功经验时,也得出了这样一个耐人寻味的结论:“不管是不是都像弗里托公司、IBM公司或者迪斯尼公司那样醉心于服务,所有的优秀公司看来都充满着强大的服务精神。我们的一个重要结论是:不管这些公司的业务是金属加工、高级技术还是汉堡包,它们始终都把自己规定为服务性企业。”

不论如何,只要把自己的形象定位为服务性企业,就意味着企业把顾客看做了“皇帝”,从而实现了经营理念上的转变,可能为顾客提供一流的服务,有望树立良好的组织形象,也就理所当然地可以得到顾客给予的回报。

(三)品牌卓越的企业

虽然表面上“品牌”只是一个名称而已,然而,品牌名称的背后,其意义却非常重大。因为,品牌凝聚了一流的产品与设施之“硬件”和一流的服务之“软件”,企业所有的追求与努力最后均体现在品牌之中。正因为如此,现代企业尤其重视品牌的创建与树立。当一个企业创出了著名的品牌,不仅得到权威部门的认可,而且得到市场的认可时,它就成为“名牌企业”。名牌企业不仅本身的无形资产相当可观,而且其与企业形象合为一体,给予了顾客各方面的满足,即不仅提供了物质的、服务的满足,而且使顾客得到了心理满足。这种满足,只要考察一下穿名牌服装、开名牌汽车的顾客,其自豪感、荣耀感溢于言表,就可以得到说明。

四、组织在社区公众心目中的形象定位

每一个社会组织都存在于一定的自然与社会环境之中。所谓社区,就是组织所存在的区域环境,或者就是共同生存的空间区域。所谓社区公众,就是指在一个区域内共同生存的个人和组织。通俗地说,社区公众就是一个社会组织

的邻居。社区公众是任何组织都需要尽心协调的一种关系公众,它会极大地从社会环境的各个方面影响组织的有效运转。因此,每一个组织都必须十分注意在社区公众心目中塑造一个受欢迎的社区居民的形象。

一般来说,社区公众对社区内组织(主要是企业)有如下要求:①在当地提供生产性的、健康的就业机会;②正规雇佣,公平竞争;③就地采购社会产品的合理份额;④保护社区环境;⑤关心和支持当地政府;⑥支持文化和慈善事业;⑦赞助当地公益活动;⑧公司负责人参与、关心社区事务;等等。

概括地说,生产性企业在社区公众心目中的企业形象定位应该是:一个能给社区带来经济利益的、负责的、热心的组织居民。

(一)可造福地方的组织

社会组织,尤其是企业,它在一个社区存在,就应该在该社区的发展中做出贡献,最重要的是在经济上造福于地方,企业首先应该在为社区居民提供就业机会方面做出贡献。因为企业在该社区的存在与发展,必然占据了该社区的空间,而土地空间均是当地居民谋生的资源,作为回报,企业就应该把就业机会优先提供给当地的居民。其次,企业应该科学管理,创造业绩,加速发展,扩大规模,以便在扩张发展中给社区带来连带效益,如零配件的加工、社会性的服务,都必然会促进社区经济的发展。再次,企业的良好运转将在缴纳地方税上为社区做出贡献,有利于社区环境的美化与更新。

(二)负责任的企业

在社会组织的运转中,尤其是在企业的生存与发展中,可能会遇到各种各样的问题,如社会治安稳定问题、自然环境保护与美化问题、市政建设问题,这些都需要企业积极地负起责任来,做出应有的贡献。否则,如果企业经营不善,员工给社区带来诸多不稳定的因素,或者企业经济效益虽然不错,但“三废”却给社区的环境带来了恶劣的影响,再或者市政建设与企业的利益发生了冲突,企业依凭对社区有贡献而采取不合作的态度,这些必然损害企业在社区公众心目中的形象,对企业的长期发展是一种隐患。

(三)热心的组织居民

如果仅仅做到如上两点,该组织或该企业还只是一个说得过去的组织居民,因为这只是一个企业最起码要做到的。而在公共关系战略策划中,组织形象定位应该是理想状态的、是美好而积极的,不能满足于“说得过去”,而应该有更好、更积极的表现。“热心”,就是对一个社会组织形象定位的高标准要求。

因为，只有热心，企业才能主动地、在多方面为社区做出贡献，如赞助公益活动、支持发展当地的文化与慈善事业、参与当地的各种社区事务等，才能成为为社区公众所称赞的组织居民。

五、组织在政府公众心目中的形象定位

在我们的社会中，国家代表人民管理国民经济、社会事务，执行这一管理权力的机构就是政府。每一个组织都在政府的管辖范围之内，与政府的各个具体执行部门必然发生多种形式的联系。自然，政府也就成了组织的公众家族中的特殊的一部分。政府公众的特殊性，就是它是拥有权力的公众，是综合协调、宏观调节组织行为的权力机构。因此，组织是否受政府各级各类机构的欢迎，或者说组织在政府公众心目中的形象如何，直接关系到组织的命运。

政府对组织或企业的评判，与其他公众一样，也是有自己的倾向和角度的。了解政府判别组织的标准，从而描绘出政府公众心目中受欢迎的组织形象，无疑会有助于组织积极主动地搞好与政府的关系。还是以企业为例，从政府的角度看，受欢迎的组织形象，即组织的形象定位，至少要具备以下三个因素。

(一)以国家利益为重的模范

从理论和宏观上说，企业利益与国家利益是一致的，但二者之间根本利益的一致却无法排除在具体问题上的矛盾。一般来说，企业要在政府公众心目中建立受欢迎的企业形象，就应当在企业利益与国家利益发生矛盾时，以国家利益为重，把服从国家利益作为第一选择。

(二)遵纪守法的法人

政府通过各种法律、法令、条例、政策来管理社会生活，规范个人与组织的各种行为。企业组织作为法人，必须严格遵守这些法律、法令、条例、政策所规定的行为准则。而作为立法和执法机构的各级政府，当然信任、赞赏遵纪守法的法人。任何置国家法律于不顾，一味我行我素，经常违反法规制度的企业，都无法树立起在政府公众心目中的良好形象。在现实生活中，偷税漏税、违章操作、生产假冒伪劣产品、行贿受贿等违法乱纪的行为在企业中屡有发生。这些行为理所当然地破坏了企业在社会公众中的形象，尤其是破坏了企业在政府公众中的形象。因为政府公众是制定、颁布法律、法令、条例和政策的机构。

(三)创造良好经济效益的经营者

企业是以创造物质财富为根本目的的经济组织。政府管理国家的资金取

决于企业所创造的经济效益。企业以税收和利润等形式上交给政府各部门的资金,是各级政府在管理国民经济、行使政府职能过程中绝对不可缺少的因素。经济效益好或经济效益提高快的企业往往备受政府公众的青睐。

六、组织在媒介公众心目中的形象定位

真正能为组织的生存和发展提供巨大帮助的"组织形象",不能仅仅依靠产品性接触和人际性接触来树立,而必须争取广大社会公众的了解和赞赏,因此,争取大众传播媒介的帮助,就成为组织形象树立过程中的一个重要环节。而要争取大众传播媒介的支持和帮助,首先就必须在大众传播媒介这一特殊的公众心目中树立起良好的形象;其次,要充分注意大众传播媒介的特点,处理好组织与大众传播媒介之间的关系。

社会公众绝大多数的政治、经济、文化方面的信息,都是通过阅读报刊、收听广播、观看电视获得的,而这些信息只是每天发生在我们这个世界上难以计算的信息中极少的一部分。对筛选、传送信息的工作,便是由大众传播媒介做的,具体地说,就是由新闻记者、编辑等具体来做的。在传播学理论中,他们就是信息传播的"把关人"。

在大众传播媒介这一特殊公众面前,社会组织只是一个"被动"的主体,因为除了付费的广告之外,它对大众传播媒介是否给予报道、传播没有决定权。但是,从另一个角度看,组织仍然可以通过自身的努力,积极争取大众传播媒介的注意,从而获得报道传播。组织在大众传播上又不是无能为力的。

记者、编辑决定一个组织是否值得采访报道的标准,一言以蔽之,就是该组织是否有具有传播价值的信息。毫无疑问,一个能不断提供传播价值信息的社会组织,便会受到大众传播媒介的关注,容易得到报道传播。根据这一标准,组织在媒介公众心目中的定位应该是:一个能不断产生新闻信息、与媒介和谐合作的"名流"组织。

(一)富有新闻源的组织

大众传播媒介所传播的任何一条信息,都是经过诸多"把关人"的把关选择才予以传播的,绝不是新闻记者的信手拈来,也不是编辑的心血来潮。而他们对新闻信息把关选择的标准,具体来说主要有三条:具有社会意义、社会公众关注、具有新颖性和时效性。针对这三条标准,社会组织应该下功夫多创优秀业绩及正面新闻,避免出现反面新闻;这样,组织就能为大众传播媒介不断提供新闻源,既经常得到新闻传播,同时又得到媒介公众的认知与赞誉。

（二）与媒介和谐合作的组织

组织要与大众传播媒介公众建立和谐的关系，不仅在提供新闻源方面要有所作为，而且要考虑到平时与新闻媒介单位建立良好的合作关系，在经常性的沟通合作中不断使关系更加和谐。如邀请记者参加组织的有关重大活动、与新闻媒介人士建立超工作的人际关系、协助记者完成采访任务、坦诚接受新闻批评与建议、赞助媒介举办的有关活动等。例如，在中央电视台、人民日报、光明日报等大众传播媒介举办“亚运知识大奖赛”时，由于原赞助单位临时毁约，使大赛搁浅。正当这些媒介为难之际，上海大江股份公司决定改变其本年度的媒介投放计划，斥资赞助，从而得到了这些媒介单位的赞赏。自然，该公司与这些媒介公众就建立了和谐的关系，之后也确实得到了超值的回报。

（三）“名流”组织

如“名人”一样，一个社会组织出了名，成为“名流”组织，自然就成为大众传播媒介关注的热点，也就容易得到大众传播媒介的传播报道，且可彼此之间建立和谐的关系。长虹、海尔、联想、大庆、一汽、通用、微软、可口可乐、IBM、丰田等国内外企业之所以名气越来越大，就在于它们成为国家的、世界的“名流”组织，受到大众传播媒介的普遍关注，经常性地得到报道传播就是必然的了。在心理学中有一个“光环效应”的理论，指的是一个人或一个组织越有名气就越会产生名气效应。而在传播学理论中则有一个“螺旋效应”的理论，指的是一个人或一个组织一旦得到极大的关注和传播，就会形成一种螺旋般的力量，带动更大的舆论水流。显然，一个组织应该在可能的情况下，尽最大的努力成长为“名流”组织，至少在当地扮演一个“名流”的角色，在大众传播媒介的心目中树立良好的组织形象，这样就可望得到大众传播媒介的重视与源源不断的传播。

案例评析

沃尔沃集团中国“点碳成林 · 沃见未来”

项目主体

沃尔沃（中国）投资有限公司

项目执行

爱德曼国际公关（中国）有限公司

项目背景

运输与基础建设行业是典型的高碳排放行业，在落实减碳与绿色发展上挑战重重，亟须头部企业做出科学的示范。而在此领域，沃尔沃

案例评析

集团不仅在理念与战略上领先业界，也在运营实践中积累了很多经验。但是，如何有效分享这些理念与实践，号召上下游合作伙伴一起尽快行动起来呢？沃尔沃集团决定策划一个兼具科学性与示范性的项目，先在 to B 的产业受众中产生影响力，并于 2020 年 9 月成立项目组，开始调研分析，确定策略：突破以往企业一家自说自话的不佳实践，将可持续发展的理念用既科学又创新的方式呈现给业界，从而对产业链上下游起到启发与示范作用。

基于此策略，2020 年 12 月，沃尔沃集团与北京市企业家环保基金会（由国内领先的生态保护组织阿拉善 SEE 生态协会发起成立）确定合作，开始科学调研；2021 年 4 月，在雅安市及大相岭保护区，成功落地该项目。

项目调研

沃尔沃集团认为绿色发展传播项目的科学性、创新性与可持续性需要建立在三个前提之上：

1. 切入领域需是行业中真正关注，且沃尔沃集团自身有实践、有洞察的；

2. 能找到在生态保护领域的权威科学机构，作为项目的选择、落地与传播伙伴；

3. 打通做与说，找到符合科学原理，又能承接传播理念的执行项目。

为了验证上述三点的可行性，沃尔沃集团公关策划团队展开了周密的研究与分析，发现以下三个支撑性结论：

1. 沃尔沃集团是联合国全球契约的签约方、世界自然基金会碳减排先锋项目的合作伙伴，在气候保护领域始终走在行业最前沿，确立了业内最高标准的科学减碳倡议目标，并通过科学减碳倡议组织（SBTi）的认证。目前沃尔沃集团已经在全球 5 个工厂中实现了碳中和。沃尔沃集团各大业务部门也积极推动绿色可持续发展，例如，沃尔沃建筑设备发起的“应对建筑气候挑战”项目，倡导建筑行业全价值链共同跨领域合作，促进环保理念在业内发展；过去十年来，通过创新，沃尔沃建筑设备上海工厂成功将单台挖掘机制造过程中综合能耗降低了 50%。

案例评析

2. 在合作方的选择上,沃尔沃集团公关策划团队找到了既在生态保护研究与实践上有丰富经验,又积极与企业界开展合作的北京市企业家环保基金会。其旗下有多位生物多样性、环境保护等领域的专家。

3. 在落地项目上,沃尔沃集团公关策划团队与大相岭自然保护区、北京市企业家环保基金会三方一起确定了"大熊猫栖息地修复造林"工程这一兼具行动与传播意义的项目,并在生态城市四川雅安落地。

项目策划

1. 项目目标

提升运输与基础建设行业对于绿色发展的关注,推动产业链伙伴积极地参与到减排行动中,具体包括:

(1)分享沃尔沃集团的可持续发展战略,以及在碳减排方向的前瞻视野与实践。

(2)推动产学研各界、产业链各环节在"可持续发展"这一命题上的沟通与协作。

(3)从公司自身做起,提升员工对于绿色、低碳、可持续的关注。

最终,通过上述目标的实现,间接提升了公众的绿色环保意识与行动力。

2. 目标受众

基于项目的定位,沃尔沃集团以B端受众为主,主要面向产业链上下游伙伴(包括沃尔沃集团及各个业务部门、供应商、经销商、客户等)、政府部门、非政府组织及媒体。

3. 主要信息

(1)从全球到中国,沃尔沃集团一直致力于以资源环境友好的运输和基础设施解决方案,推动经济、社会、环境的可持续发展,并拥有明确的"可持续发展战略",从"气候变化""资源节约""人员关怀"三大维度,将可持续发展融合到涵盖研发、采购、生产、经营和服务的完整业务流程中。

(2)本项目是沃尔沃集团遵循联合国可持续发展目标SDGs在"气候变化"领域的中国实践,旨在启发并促成产业上下游企业与相关机构的紧密合作,尽快践行可持续发展理念。

案例评析

(3)集团及旗下各业务部门在深耕中国、发展业务的同时,同样注重积极承担社会责任,并联合产业链上下游,与行业伙伴(如参与本项目的浙江立洋机械有限公司、成都凯特瑞运输有限公司等)一起,推进非化石燃料解决方案,共同实现绿色创新、绿色转型与可持续发展。

传播策略

总策略:以科学减碳为基石,促成利益相关方现场见证,现场探讨,现场承诺,并实现传播。

具体包括:

(1)内容上,以科学的SDGs为基础,以集团的可持续发展战略为指引,设计开发科普与传播内容。

(2)形式上,邀请与可持续发展战略最密切相关的业务与运营伙伴,并为他们打造强参与感、沉浸感的现场体验,从而对议题进行有效讨论。

(3)渠道上,以核心受众参与活动的线下渠道为主,以线上及媒体为辅,全方位传播科学的理念与行业实践。

媒体计划

(1)选择9家运输与基础设施行业的垂直媒体,环境保护、可持续发展相关的媒体,深入参加共三天的体验式活动;

(2)邀请媒体作为分享嘉宾,进行现场讨论与分享。

活动形式

(1)举办可持续发展研讨会,发起"构建可持续美好未来"倡议:参会者为与可持续发展战略密切相关的合作伙伴、机构及媒体代表。

(2)开展"大熊猫栖息地景观恢复造林项目"体验活动:深入大相岭保护区,亲自见证项目落地及背后生态保护的科学逻辑。

(3)参观碧峰峡熊猫基地,在"天然氧吧"中近距离观赏众多大熊猫的鲜活可爱画面,理解项目对于环境保护与生物多样性的意义,实现项目体验的完整闭环。

项目实施

(1)实地考察,联合多方就项目落地及传播方向的挖掘碰撞。专家从产业链、保护区的不同角度,科学论证可最大程度发挥效用的造林区域。

案例评析

(2)沉浸体验,引导多方代表促成有效对话。沃尔沃集团主办的可持续研讨会、圆桌论坛邀请了近50位企业可持续发展的利益相关方,以主题演讲、圆桌会议等形式,探讨各自领域内低碳和可持续发展的实践和探索。特别邀请了来自第一财经的资深媒体代表,分享多年运输行业绿色发展观察,并请青年代表作为推动绿色发展的中坚力量,发起可持续美好未来倡议。论坛结束后,沃尔沃集团在保护区带领嘉宾学习生态保护相关的科学知识,并亲手种植本土树种,以恢复大熊猫栖息地。

(3)持续深耕,跟进可持续的探讨及项目下一步的计划。沃尔沃集团将策划项目开放给企业、合作伙伴及媒体的家庭成员作为长期项目,并将活动经验通过《国际公关》杂志专栏文章、中国传媒大学公共关系微信文章的方式,与业界分享。

项目评估

总体来说,该项目成功实现了提升业内意识、促成联合行动的目标。具体从以下三个层面的评估来说:

(1)项目本身符合科学原理,且有效果。该项目选择20世纪末采伐后森林更新失败、但相邻区域已有落叶阔叶树种造林成功先例的区域,通过种植以槭树类和桦木类为主的本土树种16 000株,营造大熊猫喜欢的“上层有乔木,下层有竹子”栖息地环境,打通原有被分割的大熊猫种群所在山系(邛崃山系与相岭山系),有效维护了当地生态系统平衡;在未来近30年间,将产生6 209.2吨的碳汇量,持续固碳制氧。

(2)参与者在创新沉浸的体验中激发环保行动意愿。活动嘉宾均表示对环境和生物多样性有了直观认识,并承诺在今后的生产生活中,坚持做低碳发展的行动者、合作者、倡导者。

(3)媒体传播效果超出预期。虽然对外传播不是本项目的重点,但本次活动依旧在完成既定针对行业人士传播的基础上,也扩大至大众类媒体的转发,取得了超出预期的传播效果。未经媒体采买,共产生234篇剪报,共计印象数1 549 945 342次,超出一般环保项目的传播效果。

(案例来源:中国国际公共关系协会,http://www.prawards.com.cn/entryinformationdetails)

案例评析

评点：

环境保护与绿色发展一直是近年来国内外的热点话题，特别是在中国提出了双碳目标之后，越来越多的消费者有了环保意识，越来越多企业都希望自己的传播项目能体现"绿色""可持续发展"等热点，将环保理念融入贯彻到消费者的生活中。但环境现状仍触目惊心，很多人的环保意识也只停留在感慨的一瞬间。此时，通过公共关系活动搭建企业品牌和绿色环保之间的桥梁，成为公关活动策划的重点和难点。对企业及行业来说，"绿色发展"不仅是喊口号，更涉及业务、运营与合作模式的转变。而对传播来说，要想在此领域策划、落地有影响力的传播项目也绝非易事。长期以来，企业在绿色发展相关的传播上容易陷入单向输出、浮于表面、不可持续等不佳操作中。此次沃尔沃集团"点碳成林 · 沃见未来"的公关策划活动，创造性地与自带传播性质的大熊猫栖息地恢复造林结合在一起，开展可持续发展研讨会、植树造林实地体验等一系列绿色可持续传播活动，为运输与基础建设领域的绿色传播起到了科学性、创新性与可持续性上的示范作用。整体而言，很好地体现了环保与绿色发展传播所需的科学性、创新性与可持续性。

随着消费升级，用户消费观正从原来偏向产品消费转为情感与精神价值的消费，这就要求品牌需要更加注重社会价值的表达。相对于其他商业营销活动，公益性的公关活动具有向善向上的力量和正能量，更符合当下消费主体的社会价值观，容易激起大众的情感认同。因此，通过公益性公关活动直观表达品牌的社会价值，是与用户建立好感链接的有效方式之一。2020 年 9 月，彼时很多企业在"可持续发展"上还处于讨论之时，沃尔沃集团已率先响应国家的双碳目标，呼吁产业共同行动，集合产业链上下游、生态机构与媒体，聚焦于运输与基础建设领域，讨论可持续的落地。2021 年，沃尔沃集团"点碳成林 · 沃见未来"项目基于联合国 SDGs 与中国双碳目标，引入专业生态保护理念，让行业看到可持续发展背后的科学逻辑与实践可能。同时，此次策划涉及很多减碳、固碳、生物多样化等专业话题，创新务实地通过对产业与学术的打通，避免各自闭门造车，形成了营造可持续生态理念的合力。

案例评析

将环保理念融入活动执行和最终效果,是对环保更深层次的诠释。本次“点碳成林·沃见未来”公关策划活动为减少一次性物料的使用,用杯装水代替瓶装矿泉水,取消活动纸质物料,取消常见的植树纪念牌并改为为每位嘉宾拍摄照片,配合所种树木相关信息,制成电子纪念卡等,尽可能实现活动理念和执行的统一,在保护环境的同时亦增加了趣味科普性内容。

随着新一代消费群体的崛起,以及国家政策层面的不断变化升级,环保保护力度不断加大,未来企业将会朝着绿色、低碳、环保等方向发展。消费者对品质生活的需求已经不仅仅是功能的实现,健康、安全、环保的性能也成为重要前提之一。而消费者的健康环保需求也推动企业进行技术产业升级。如何推进企业产品与环保理念的全面结合,并将环保理念贯穿于产品生产全过程,都是未来企业公共关系策划需要思考的问题。

案例阅读后,请思考以下问题:

1. 社会组织的环境对公共关系战略有什么影响?
2. 公共关系战略是怎样构成的?
3. 确定社会组织的形象定位有什么意义?怎样确定社会组织的形象定位?

第八章 公共关系的专题活动策划

学习要点

公共关系专题活动策划，是指服务于组织整体公共关系目标的各项专门主题的活动策划与设计。公共关系专题活动策划具有主动性、积极性、创新性和开拓性的特点，是公共关系策划者展现聪明才智的用武之地，也是一个组织进行理性的、科学的公共关系工作的重要内容。本章主要阐述了公共关系的新闻性专题活动策划、广告性专题活动策划、人际性专题活动策划，以及网络性专题活动策划。

【学习目标】

学习完本章,你应该能够:

(1)了解四类公共关系专题活动策划的含义、类别、原则和技巧;

(2)了解公共关系专题活动策划的目的、特点及意义;

(3)把握网络传播环境对公共关系产生的影响。

【基本概念】

公共关系新闻策划　公共关系广告　人际性公共关系专题活动　网络公共关系

常见的公共关系专题活动策划有:公共关系调查策划、公共关系新闻策划、公共关系广告策划、公共关系营销策划、公共关系谈判策划、公共关系危机处理策划、内部公共关系策划等。其中公共关系调查策划、公共危机处理策划、内部公共关系策划,我们已在相关章节做了阐述,本章不再赘述。

第一节　新闻性专题活动策划

一、公共关系新闻及其策划

社会上凡新颖的事实成为人们的传闻,皆可称为"新闻"。而现代社会生活中的"新闻",则专门指大众传播媒介对社会上新近发生的事实的报道,即已成为媒介传播对象的事实。公共关系新闻,就是指有利于一个社会组织建立、维持、发展和完善其形象的,并受到新闻媒介重点报道的新近发生的事实。

公共关系新闻的巨大影响力是其他公共关系传播手段无法比拟的,其职能主要包括三个方面:①帮助组织加强与社会公众之间的相互沟通、理解;②矫正、纠正组织在社会公众心目中的不利的、虚假的以及片面的形象;③扩大组织的影响,维护和完善组织的整体形象。

公共关系新闻策划,其含义是在服务于组织的公共关系总目标的原则下,对以事实为根据、以最新为特点的信息的制造、选择、加工、编辑、传播、反馈等一系列活动的运筹谋划过程。公共关系新闻策划有广义与狭义之分。广义的公共关系新闻策划,包括新闻的制造、诱发、选择制作、传播的全过程,以及与媒介的关系的协调;而狭义的公共关系新闻策划,是指谋划、制造具有新闻价值的活动或事件，即“制造新闻”。这里所阐述的是狭义的公共关系新闻策划。因为广义的新闻策划中的新闻写作，与广告的制作一样，已不是策划，而是具体的制作；而与有关媒介协调，则是与公众的协调行为，而非策划。因此，我们在这里将公共关系新闻策划简要地概括为：人们能动地诱发、导演公共关系新闻的思维过程。

二、公共关系新闻策划的类别

根据公共关系新闻策划本身的创造性程度，可以将其分常规性公共关系新闻策划和创造性公共关系新闻策划两类。

(一) 常规性公共关系新闻策划

常规性公共关系新闻策划，是指公共关系事实的本身并无多大的创造性和独特的个性，而是具普遍性的常规活动形式，只是由于所传播的内容具有新闻的价值而成为公共关系新闻。此类公共关系新闻策划有多种活动形式可供选择：

1. 庆典仪式。在组织成立之际、重大工程开工或竣工之时，或逢组织的重要纪念日，组织往往会策划、组织盛大的庆典仪式，展示组织良好的形象。其常规性的策划内容为：确定庆典所要传播的组织信息、拟订出席庆典的宾客名单、拟订庆典程序、安排致辞人、确定参加剪彩或奠基等高潮性仪式的人物、安排各项接待事宜、安排必要的助兴节目、组织来宾参观、通过座谈与留言征求意见等。

2. 社会赞助。现代组织，尤其是企业，在做好本职工作的同时还需要承担一定的社会责任和义务，这样不仅能够有效地融洽与政府、社区等的公众关系，而且通过新闻传播，能够使组织赢得社会的普遍好感，树立起良好的组织形象，这就是社会赞助。常见的赞助形式有：赞助体育运动、赞助文化活动、赞助教育事业、赞助社会慈善和福利事业、赞助各种竞赛活动、赞助宣传用品的制作、赞助建立某一项奖励基金、赞助学术活动等。

3. 新闻发布。新闻发布又称“记者招待会”，即组织把各新闻机构的记者召集在一起，宣布某一消息，并让记者就此进行提问。由于所发布的信息具有较大的新闻价值，一般新闻媒介均会予以报道，从而达到宣传组织形象的目的。主要的策划内容有：确定新闻发布的必要性、确定所发布的新闻内容、选择新闻发布的地点、确定主持人和新闻发布人、准备报道提纲、准备宣传辅助材料、记者参观的路线与内容安排、确定新闻发布的时间、小型宴请安排、择定邀请记者的范围、制定记者招待会费用预算等。

4. 形象展览。形象展览即开展览会，这是公共关系活动中经常采用的形式，即通过实物、实地、实景、图片、音像等的展示和示范表演来宣传组织形象，同时又形成供大众传播媒介宣传报道的新闻，进一步扩大传播效果。形象展览由于较直接和直观，加之图文并茂等特点，往往会使公众信服并留下深刻印象，如果再加上新闻传播，组织的认知度、美誉度、和谐度均会得到提高。形象展览策划的主要内容有：确定展览会的主题和目的、确定参展单位和项目、明确参观者类型、选择展览地点、培训工作人员、成立专门对外发布新闻的机构、准备展览会的辅助设备和相关服务、准备展览会各种宣传材料、制定展览会经费预算、设计展览会徽标、准备纪念品等。

5. 娱乐联欢。娱乐联欢即由组织出面，与外部公众代表或内部公众通过娱乐联欢融洽关系，同时也使其成为新闻事实而得到传播。任何公众均是由一个个活生生的人组成的，人都是有情感并追求愉悦的，因此，策划娱乐联欢式的公共关系新闻，不仅当事人得到了愉悦，满足了情感需求，而且新闻传播的受众也会间接受到感染，从而产生对组织形象的认可和赞赏。娱乐联欢策划的主要内容有：群众性体育比赛、文艺演出、员工联欢会、协作单位联谊会、舞会、卡拉 OK 演唱会、郊游、智力比赛、摄影或书画展、征文活动、演讲比赛、专题辩论等。

（二）创造性公共关系新闻策划

创造性公共关系新闻策划以创新思维为指导，筹划、组织、举办具有新闻价值的活动或事件，以吸引新闻传播媒介与公众的关注和兴趣，创造报道传播的事实前提，并使组织成为新闻报道中的主角，以达到提高组织认知度、美誉度和和谐度的目的。创造性公共关系新闻的策划，即“制造新闻”。“制造新闻”是公共关系策划者施展智慧的主要舞台，最成功的公共关系策划每每总以公共关系新闻的广为传播为标准。

一般来说，创造性公共关系新闻策划要注意以下三个要点：

1. 寻找创意。寻找创意即运用创新思维的方法，寻找到最能服务于公共关系目标的思维火花——这一处于萌芽状态却又极富创造性的思想或意念，就是“创意”。创意，是所有公共关系策划成功的关键，在创造性公共关系新闻策划中则更显重要。因为，常规性公共关系新闻的“新”，实际上是组织运转中本原上的“新”，而创造性公共关系新闻的“新”，则是“无中生有”的“新”，是策划出来的“新”。对此公共关系策划的关键，我们在前面已辟专章进行了阐述。

2. 可行性分析。当巧妙的创意产生之后,它是否能真正作为公共关系新闻策划方案的核心并投入实施,还需要进行可行性分析。所谓可行性分析,即对充满新意的公共关系新闻创意进行多方面的考虑、斟酌,分析实施的利弊以及难度,以求切实可行又富有良好效果。

3. 编制计划。编制计划即在对创意进行可行性分析,并确定了创意可行有效之后,继而从时间、地点、人员、费用、物品等方面进行具体细致的考虑与安排,并制定出具有可操作性的步骤、程序,以使该创意性的公共关系新闻策划落到实处,从预想的新闻转化为现实的新闻。这一步工作,实际上就是我们前面专章阐述的公共关系策划的展开。

三、公共关系新闻策划的原则

(一)适时性原则

不论是常规性公共关系新闻策划,还是创造性公共关系新闻策划,均必须符合组织发展的需要,必须符合社会上人们普遍关注的心理,这时就有一个最佳时机的选择问题。俗话说:适合的就是最好的。因此,选择最佳时机,便为适时性。策划的公共关系新闻只有适时,才能有效地宣传组织的形象,产生事半功倍的效果。比如,2018 年是央行成立和人民币发行 70 周年,同年 9 月为“全国反假货币宣传月”,腾讯作为中国最大的互联网公司之一,希望通过自身的平台和技术助力反假货币宣传工作和人民币文化的普及。该项目以腾讯 QQ 和腾讯金融科技的名义,获得央行货币金银局授权使用第五套 100 元人民币图案,国务院反假联席办公室监制,与中国印钞造币总公司联合出品。在 QQ 产品支持下,打造国民级案例——AR 人民币文化和防伪知识普及。人民币作为中国的“名片”,是国民级最大 IP 之一,这一人人都熟悉、人人都有的实物无疑是最好的 AR 入口。腾讯 QQ-AR 通过将 100 元人民币作为 AR 的触发条件,设置多角度、多花样的 UGC 视频,提高大众的辨伪能力和对传统文化的认同。产品上线初期,在短视频平台上传原创内容并建立话题,吸引 KOL 和用户自主创作,形成微视、抖音、快手强大的 UGC 能量,这种新奇的体验获得了用户和媒体的广泛认可,在微视短视频建立人民币防伪小常识话题“谁动了我的人民币”,涌现出一大批热心用户分享体验视频,超过 9 成用户认为体验很有趣,有教育意义。通过 UGC 的发酵,不仅能够引发大众关注并体验 AR,实现一定的教育意义,也能够提升腾讯的知名度和美誉度，助推 QQ 的年轻化、科技创新和国民级形象。①

（二）新颖性原则

新闻贵在"新"。新，才能引起人们的关注，新闻传播媒介才乐于传播，进行公共关系新闻策划，必须遵循新颖性的原则。创造性公共关系新闻策划自不必说，就是常规性的公共关系新闻策划也必须具有新颖性，传播的效果才会更好。例如，OPPO Reno6 系列新品于 2021 年夏季发布，该系列主打人像视频（焕采光斑人像和视频美妆功能）、"夏日晴海"时尚外观以及游戏性能三大卖点。在预热期间，以 Reno6 新配色"夏日晴海"为灵感，借势 520，在手机后壳搭建微缩海景，打造出最夏天的"夏日晴海"色。该支浪漫旅行类创意视频融合新品夏日、清新、浪漫、大海的特点，由中国国家地理首发视频，并发起了三行情书表白互动活动，邀请 7 家区域 KOL、3 对情侣 KOL 参与话题互动接力。通过各个媒体的联合助推加上契合节日的传播主题创意，使得品牌与目标群体建立了更深刻的情感共鸣。同时，通过明星演绎毕业故事，体现焕采光斑人像视频功能，掀起媒体"你还是毕业时的你吗"的话题扩散，创造新闻事件。用 Reno6 记录毕业高光时刻，打造"武汉 PS 换脸毕业生返校毕业"话题，增加新品露出。另外，借势热点事件"首届电竞毕业生毕业"打造社会话题事件，为发布会预热，同时传达 OPPO Reno6 做大众游戏的观点。在发布期间，打造毕业主题的创意邀请函，AI 邀请函掀起首波媒体传播热潮，在有效传递发布会基本信息、强捆绑 OPPO 技术力的同时，以邀请函创意亮点引发媒体在朋友圈、微博等社交平台的自发传播晒图，围绕"毕业向"的主线话题掀起新品及发布会第一波声量高潮，并于阿那亚举办海边毕业派对式产品发布会，引发社会各界媒体对发布会的关注和讨论。通过参与毕业社会话题讨论、Reno6 科技感打造以及 Z 世代出圈玩法的挖掘，实现用户对 Reno 系列"在一起、挺你"的初步感知，增强了年轻人群中对产品的认同感觉与信任感，OPPO 年轻化的企业形象也得到了树立。②

（三）周密性原则

常规性公共关系新闻事件往往是一场大型活动；而创造性公共关系新闻事

① 该案例荣获第十五届中国公共关系行业最佳案例大赛金奖。注意力数字营销机构．QQ-AR "人民币文化和防伪知识普及"［EB/OL］．［2022-04-12］http://www. prawards. com. cn/review/winnerlist/15.

② 该案例荣获第十七届中国公共关系行业最佳案例大赛金奖。智者同行品牌管理顾问（北京）股份有限公司．OPPOReno6 系列新品发布毕业派对及全周期传播［EB/OL］．［2022-04-12］http://www. prawards. com. cn/review/winnerlist/19.

件则往往以创新思维的一星火花引燃一片富有效应的原野。其策划显然必须遵循周密性原则,将每一个环节、每一个步骤均事先考虑到。我们可以通过下面的一则公共关系新闻策划的案例,体会其中策划者精细周密的策划思维。

1993 年 10 月 28 日,上海展览中心喷泉广场上赫然矗立着鲜花彩台,中间簇拥着一颗用红花镶成的“爱心”,上空高悬着“今生今世——超天婚礼”八个大字,超天集团和上海市公共关系协会联合主办的一场新颖别致、格调高雅的盛大婚礼正在举行。9 对新郎新娘中有 5 位来自美国、加拿大、瑞士和中国香港地区。

广场上空,证婚人——著名电影表演艺术家白杨郑重宣布证婚词的声音响起;而后,新郎新娘互赠戒指,拥抱亲吻;一只上下 5 层、直径 1 米多的特大蛋糕由 9 对新人分切;广场上响起洪亮的钟声……

——首次在大陆举行涉外集体婚礼;

——首次在上海展览中心喷泉广场举行大型婚礼;

——首次由一家企业和公共关系协会联合主办的公益型婚典活动;

……

“首次”,自然便成为新闻热点。上海的大众传播媒介纷纷播(刊)发了此新闻,予以传播。“超天”的这次公共关系新闻策划产生了轰动效应,获得了极大的成功。

据这次公共关系新闻的策划者介绍,他们由最初的创意萌生到整个策划的形成,经历了“一个由浅入深、由粗到细、逐步成熟的过程,从‘超天婚礼——超凡脱俗’主题的确定、上海展览中心喷泉广场这一地点的落实、白杨等名流的邀请、新闻记者的邀请、新郎新娘的选择,以及格调与程序的安排等,无不经过慎重周密的考虑才确定下来。”此案例无疑是对公共关系新闻策划周密性的一个极好的注脚。

四、新闻性专题活动策划的若干技巧

(一)热点移用

“热点”,即指社会上新颖的、被人们普遍关注的事物或现象。它既具有认知度大的特点,又具有社会性的特点。也就是说,“热点”不是什么人专有的,而是社会共同拥有的。公共关系新闻性专题活动的策划者如能巧妙地移用“热点”,必然能产生绝佳的策划创意,策划出“四两拨千斤”的新闻性公共关系专题活动来。近些年,奥林匹克运动会、香港回归、澳门回归、跨越千年、环境保护、名牌战略、素质教育、三峡工程、西部大开发等社会热点，便先后被一些有识之士予以利用，成为新闻性公共关系专题活动的创意启发点。

2018 年 11 月 5 日至 10 日，首届中国国际进口博览会（后文简称"进博会"）在国家会展中心（上海）举办。习近平总书记在开幕词中指出，中国国际进口博览会是迄今为止世界上第一个以进口为主题的国家级展会，是国际贸易发展史上一大创举。作为一个国家级的"买全球、卖全球"开放型平台，进博会不仅提供货物和服务交易，还承载了国家形象展示、全球性重大问题探讨等多重功能，是一个国际合作的综合性公共平台。其为与会展商提供一次"中国品质"的国家级背书，一次前沿创新变革的领导者话语权，一次共享合作机遇的世界级平台。

上汽荣威将此盛事作为传播窗口，内场以"智能新物种"荣威 MARVELX 作为唯一进驻进博会的中国品牌车型，外场以高品质"互联网×新能源"的插电混动行政级座驾——荣威 e950 作为进博会外宾接待用车、上海首款纯电动出租车荣威 Ei5 作为绿色智能示范出租车。进博会期间，上汽又为车队配备了近千人的专业运营团队，为大会提供了优质高效的用车服务，让中外嘉宾亲身体验源自"上海制造"的"绿色出行、智慧出行"，同时也向全世界自信展示"上海制造"的强大实力和魅力，为全力打响上海"四大品牌"贡献力量。

借助进博会这一权威展示平台，上汽荣威凭借高规格制造工艺水准和智能高端的服务，诠释上汽集团向出行产品服务供应商的转型与"新四化"的落地成果，为上海打造了一张中国智造的城市名片。①

（二）借助名人

名人，一般已在很大的范围内为公众所认知，且有较高的美誉度。因此，借助名人的新闻性公共关系专题活动策划，往往可获得事半功倍的效果。

例如，1999 年 9 月 28 日，正是中华人民共和国 50 年大庆前夕，安徽芜湖市的中山路步行街工程竣工。该步行街位于闹市区，大理石与花岗岩的地面、高品位的雕塑、绿树与花圃、座椅与电话亭、空中射灯与地下路灯等，构成了一个高档次的购物与旅游观光环境，更具特色的是，步行街的中段一侧开放性地与市中心的镜湖公园融为一体，在我国的步行街建设设计上可谓独树一帜。在步

① 该案例荣获第十五届中国公共关系行业最佳案例大赛金奖。华为技术有限公司，和智传信品牌管理顾问（北京）有限公司 .《有你圳好，见证深圳经济特区建立 40 周年》主题品牌传播［EB/OL］.［2022-04-12］http://www. prawards. com. cn/review/winnerlist/15.

行街的开街仪式上,不仅芜湖市的政要到场,而且省领导也来了,策划者还邀请了彭丽媛、关牧村、赵薇等知名演员。结果,开街仪式非常成功,并收到了理想的新闻效应。

实际上,类似借助名人的新闻性公共关系专题活动比比皆是,它们给策划者的启发无疑就是,“名人+活动”必然产生公共关系新闻。

(三)小题大做

小题大做,就是借助与社会组织密切相关的,加以利用可给组织带来美誉度、和谐度的某些小题材,进行渲染、造势,引起新闻界的注意,从而再在认知度上有所收获,如此便可望在“三度”上均得到收益。

例如,广为知晓的法国“白兰地”公司向美国总统艾森豪威尔祝寿的案例,就是小题大做所策划出来的新闻性公共关系专题活动。本来,一个大型的酒业企业向某个政要赠送一些礼品并不是什么大不了的事实,然而,通过策划者的“包装”、设计、造悬念、“抖包袱”,却引起了美国公众的轰动,成为公共关系专题活动的经典案例。显然,其中的成功之处,就是策划中巧妙运用小题大做技巧的结果。

(四)感情放大

在激烈的市场竞争中,任何社会组织都会选择向公众提供优质的服务、树立组织形象的经营之道。而提供优质服务的真谛,就在于向公众呈送真情。公众是由人构成的,而人是有感情的;因此,真情服务中以情感人、以情动人,必然会获得公众真情的回报,新闻媒介自然也会予以传播。

如广州的松林宾馆虽然档次并不高,却依靠真情服务赢得了公众的好评,其门庭若市,住房率居广州同行之首,自然也就不断得到新闻媒介的报道介绍。任何顾客,只要一踏进松林宾馆,便立即受到家人般的问候;入房落座,服务员立即就把一杯热茶端上,并有一块香手帕递来。身份证把每一位顾客的生日告诉了服务员,如果您住店期间恰巧过生日,就会有服务员给您送上鲜花,一群姑娘会为您唱生日歌。如果需要,松林宾馆的服务员会义务为您洗衣服、擦鞋、发信、汇款、找人。如此注重与客人的感情交流,松林宾馆自然会得到公众的回报,得到传播媒介的频频报道了。

在一些特殊的情况下,如果有人陷入困境,组织出于真情给予赞助支持,传播媒介往往会立即给予报道传播,实际上组织的真情便得到了放大。如对失学儿童给予赞助、对失业职工给予支持、对因自然灾害生活陷入困境的人们提供援助等。

应该说,类似的新闻性公共关系专题活动策划的技巧是很多的,比如,“争当第一”、“抢占先机”、“亲戚走动”、“不耻下问”等,更多的是需要策划者触类旁通、举一反三,利用创新思维持续地进行创造。

第二节　广告性专题活动策划

一、公共关系广告及其策划

现代社会,不管你喜欢不喜欢、愿意不愿意、接受不接受,你都无法摆脱广告对你的影响,无法抵挡媒介射向你的广告“子弹”。恰如可口可乐的广告所言:“挡不住的诱惑!”用“无处不在、欲躲不能”来形容今日世界之广告可以说毫无夸张之处。美国历史学家大卫·波特指出:“现在广告的社会影响力可以与具有悠久传统的教会及学校相匹敌。”美国著名的经济学家布里特有一个形象生动的比喻:“商品不做广告,就像姑娘在暗处向小伙子递送秋波,脉脉此情只有她自己知道。”受疫情影响,在 2020 年出现 2.5%的下滑之后,2021 年全球媒体主广告收入增长 22%,达到 7 100 亿美元,创下历史新高。广告主支出较 2020 年增加 1 260 亿美元。① 可见广告在当今时代扮演着十分重要的角色。

现代广告可以分成三种:商品广告、公益广告和形象广告。公益广告和形象广告,都可以说是公共关系广告;而商品广告中往往也具有公共关系广告策划的成分。公共关系广告是一种有自身特色的广告类型,顾名思义,公共关系广告必然渗透着公共关系的思想精髓,用定义来表述便是:公共关系广告是通过购买专业传播媒介的使用权,为社会组织自身树立良好形象,提高认知度、美誉度、和谐度的广告。

公共关系广告与一般的商品广告不同,有学者曾经精辟地概括道:“一般的广告推销的是商品,而公共关系广告推销的是公司。”可见,商品广告的直接目的是推销商品、刺激销售、促进购买,其商业色彩很明显。而公共关系广告则不直接劝说人们购买某种特定的商品,它的目的在于唤起人们对包括企业在内的各类组织

① 盟博. 全球广告市场再创新高,超越疫情前水平——2021 年 12 月版 MAGNA 全球广告预测[J].中国广告,2022,(02):83-88.

的注意、兴趣、信赖、好感以及合作；它不直接推销产品，但因为很好地推销了“公司”——组织，那么，组织的产品也自然地得到人们的认知与赞誉，也就间接地甚至更为有效地推销了产品。可见，公共关系广告是很重要的。

二、公共关系广告的类别

（一）理念广告

“理念”是一个社会组织的指导性观念，是组织的“灵魂”，是组织形象的核心，一般均是崇高美好的。社会组织在进行公共关系广告策划时，往往将自己的理念作为主要的诉求内容，以使社会公众对自己崇高美好的“灵魂”产生认知、赞赏，从而树立起良好的组织形象。如 IBM 的“IBM 意味着最佳服务”、飞利浦的“让我们做得更好”、海尔的“真诚到永远”、TCL 的“为顾客创造价值”、沱牌曲酒的“回旋天地，润泽人间”等均为组织形象的展示起了不可估量的作用。

（二）实力广告

实力广告大多以介绍社会组织的规模、实力为主。其具体内容包括：生产设备的规模及先进程度、员工人数、人才结构与数量、产品销售额、总资产、利润与纳税数额、无形资产评估总值、技术专利数量及先进程度、产品结构及其分布、市场占有比例、获奖情况等。数字是最能令人信服的。通过此类广告中组织数量化信息的传播介绍，社会公众对该企业或组织的总体实力就有了清晰的了解，自然而然就在心目中树立起组织的良好的形象。例如，“长虹”以大量的实力数据证明自己是“中国彩电最大的生产基地”，“联想”以市场销售额的数据证明自己是“中国国产电脑第一品牌”，“红塔山”以品牌无形价值超过 400 亿元人民币的数据证明自己是“中国第一品牌”……这样的实力广告自然可获得社会公众的认可与赞赏。

（三）倡导广告

倡导广告即通过广告向公众倡导一种社会最需要的精神观念或行为规范，以此表达组织所追求的一种道德伦理，树立起组织良好的形象。例如：呼吁停战，倡导和平；爱护小草，珍惜绿地；节约用水，保护资源；从自己做起，治理污染；援善斗恶，见义勇为；敬老助残，关爱他人；沟通合作，集体英雄主义；爱国尽责，依法纳税；等等。类似的精神观念，都是我们当今社会最需要的，哪个组织在特定的时候率先策划这样的倡导性公共关系广告，必然会赢得社会公众的瞩目与共鸣，组织的认知度、美誉度、和谐度便可因此而得到提升。

（四）赞助广告

“赞助”本身便是一种公共关系行为，是策划的结果。但公共关系的真谛并不是为了做无名英雄，而是在事实的基础上进行合情合理的传播，“百分之九十是自己做得好，百分之十再说出去”，就是公共关系的通俗表述。因此，在组织对社会的某一方面提供了赞助之后，完全可以通过赞助性公共关系广告来广而告之。如赞助建设了“希望学校”、捐助了失学儿童或贫困的大学生、向失业职工赞助了生活物品、向贫困地区的农民捐助了科技图书、赞助举办了某项体育比赛或文艺演出、捐助建设了当地的公共设施……这所有的赞助，都可以用措辞得当的方式进行合理的广告传播，以使事实与信息同时服务于组织形象的树立。

（五）祝贺广告

祝贺广告即在当地有关组织、单位拥有喜庆事情的时候，如厂房落成、工程竣工、产品获奖、新业务开张、周年纪念等，通过广告祝贺，以传播自己的以他人之喜为喜，且表示良好祝愿的态度。这种祝贺性的公共关系广告，既能和谐与被祝贺的组织的关系，又能提高自己的认知度、美誉度和和谐度；既利他，又利己。

（六）致谢广告

致谢广告即在社会组织自身取得一定的成绩，或获得较高的荣誉，或周年纪念等时刻，组织通过广告向社会公众表示感谢。这种致谢式的公共关系广告，一方面可以将组织自身的业绩合情合理地进行广告传播，而且把自身的成绩谦虚地记到了公众支持的头上，从而获得社会公众的好感与称誉，并愿意继续与组织进行良好的合作。这正是该类致谢广告的意义所在。

（七）致歉广告

致歉广告用于社会组织在行为出现一定失误的时候（当然，这里的“失误”往往是组织对自己提出更高要求的情况下发现的），公开向公众承认错误，表示歉意。社会组织与人一样，不可能完美无缺，必然会存在失误；与人犯了过错一样，只要诚恳承认，认真改正，依然可以得到他人的认可。因此，组织在运转中发生失误，自动地向公众陈述事实真相，不隐瞒，不推卸责任，明确表示组织敢于承认社会责任，并提出改正措施，以求得公众的支持和谅解，组织的形象不仅不会受到影响，而且可能因组织的坦诚、歉疚而获得公众原谅与更大的认可、赞赏与支持。

（八）响应广告

响应广告即用广告的形式表示组织响应社会生活中的某一重大主题，表达组织与全社会息息相关,融入广大社会公众之中,以获得公众对组织的亲密感。所响应的“重大主题”,一般是政府的某项方针、政策、决策,公众提出的某种社会公德、集体行为、改革方向等。如北京市、中国奥林匹克运动委员会以及与我国政府所先后决定的申办2000年,继而是2008年的奥林匹克运动会,就得到了诸多组织的积极响应,并通过广告得到了表达。实际上,类似的重大主题往往是极得人心的,组织予以广告响应,必然会得到社会公众的共鸣,自身的形象塑造也必然从中受益。

（九）阐释广告

当公众对组织有关情况不了解、产生误解、不信任时,就应该运用阐释性的公共关系广告来说明原因,消除误解,避免组织的声誉受到更大的损害。如20世纪80年代,日本的资金大量进入美国,不仅建立了诸多的分公司,而且拥有了许多美国企业的股权,这引起了许多美国人的忧虑与不满。为了改善日本在美国公众心目中的形象,日本许多公司纷纷出资,在美国的媒介上进行阐释性广告的传播。如日本丰田汽车公司在美国的《商业周刊》上便做了这样的阐释广告:“……我们没有忘记美国人民给了我们的机会,才有了今天。为了报答这种恩情,我们已经反馈了很大一部分资金在美国建立了多家汽车厂,为促进美国汽车工业的技术发展做出了贡献……丰田公司每年要支付16亿美元用于工资、税收、扩大销路及其他费用。丰田公司在美国建厂以来,已经为几万人提供了就业机会……”以这样的广告形式来阐释日本公司的所作所为,并采用心理战术来满足美国人的自尊心,消除他们的不满情绪,结果,这种阐释性公共关系广告取得了很好的效果。

（十）深度广告

深度广告即以广告的版面,通过新闻通讯、报告文学等形式出现,以第三者的角度对组织发展的历史进程、科学的决策、雄厚的实力、感人的事迹、取得的成绩、对社会的贡献等进行深度的报道。此类深度的公共关系广告所取得的效果往往相当理想,因为它们具有可读性,使读者愿意读下去;同时,这类广告事实与情感兼备,既以事实服人,又以情感感人,令公众印象深刻,并由衷地认可组织。例如,同仁堂、冠生园、全聚德等百年老店,海尔、联想、长虹、康佳、美菱等著名的企业,都曾经运用此类深度公共关系广告,使社会公众对它们有了更深入的了解,也使它们的认知度、美誉度和和谐度大大地得到了提高。

三、公共关系广告策划的原则

(一)合法性原则

自广告问世以来,就受到法律和道德的制约和约束。目前,伴随着市场经济的发展,我国已经颁布了《中华人民共和国广告法》,对广告活动中的基本道德约束做了规范。例如:不得发布虚假广告;不得违反国家政策法令;不得有损国家民族的尊严;不得有反动、淫秽、丑恶、迷信、残暴的内容;不得有意攻击或贬低他人;等等。对于公共关系广告来说,由于主要是侧重树立社会组织的形象,那么,遵守合法性原则就更是基本的,或者说是最低的要求。因为,不会有哪个公众对一个违反法律的组织产生好感。显然,一方面投入资金进行公共关系广告的宣传,另一方面却在行为上与公共关系精神背道而驰,组织公共关系广告的结果就势必会与初衷相反。

(二)系统性原则

公共关系广告的系统性原则要求从系统工程的观点出发进行公共关系广告策划,即把广告的策划作为一个有机的整体来考虑,从整体与部分之间相互依赖、相互制约的关系中找到最佳的策略,以实现最佳的广告效果。

系统性原则的具体运用主要有以下要求:

1. 公共关系广告与产品广告相统一。要把产品因素看做组织形象的重要因素之一,在产品广告中体现公共关系广告的因素,在公共关系广告中包容产品广告的内容。

2. 公共关系广告与公共关系活动相统一。在开展公共关系活动时,要考虑发布公共关系广告,在发布公共关系广告时,考虑配合相应的公共关系活动。

3. 公共关系广告与组织的重大举措相统一。公共关系广告的策划与发布不是随意的,往往要配合组织的重大行为、举措来进行,如在组织的新产品投放市场之际、组织向新的领域进发之时。

4. 公共关系广告与外部环境相统一。公共关系广告的策划一般应考虑外部的大环境,如政治生活的大走向、经济发展的新趋势、市场上的新变化、体育与文化的大氛围等,与这些因素相统一,公共关系广告往往就可望获得事半功倍的效果。

(三)创新性原则

创新性原则要求公共关系广告策划者善于标新立异、出奇制胜,特别要避免一个模式、一个腔调、一种手法,更要避免人云亦云,盲目模仿。“广告”,最原始的含义是引起人们的注意,时至今日,依然强调能够引起注意。在竞争激烈的情况下,唯有创新,使广告别具一格,独树一帜,才能鹤立鸡群,达到广告的目的。

首先,创意要新。创意,是表现广告主题的构思,是通过策划者的创新性思维体现在广告中的、具有奇特效应的艺术。一个缺乏创意的广告,即使有一个好的主题,也不会引人入胜,难以取得良好的效果。而创意与主题不协调,则会使主题受到干扰,转移人们的注意力,削弱广告的效果。所以,公共关系广告与所有的广告一样,追求的是“创意至上”。

其次,广告语要新颖。广告语是广告传递组织信息的重要手段之一,没有创新的、奇特的广告语,人们往往不明白广告的用意何在,或者不能引起人们的注意,达不到广而告之的目的。

再次,公共关系广告的表现手法要新颖。要努力引入新的观念、新的技术、新的材质,以使广告给人们耳目一新的感觉。否则,广告就很难充分地表现主题,打动人心。

(四)煽情性原则

“煽情”,传统的理解往往带有一些贬义。其实,在真诚、可信的前提下,所传播的信息能起到煽情的作用,是现代广告的一种极佳的境界。例如,韩国现代企业集团就曾经做过这样一个公共关系广告:

什么是“现代”?你可以想象出,“现代”是一个你能买得起的高质量汽车的生产厂家。这种想法并不错,但不完全……其实,在先进的工程项目、石油化学、机器人和卫星通信系统,以及在各种令人兴奋的工业中,你都能发现“现代”这个名字。“现代”,在韩国已经成为国家经济发展的一种象征。所以,请千万注意,在记住现代汽车的同时,不要忘记了“现代”的庞大的规模。

这则广告既扭转了人们把“现代”仅仅看做一个汽车厂的偏见,而且由于把“现代”事业与国家的自豪感联系了起来,自然而然地煽起公众对“现代”——国家的热爱之情。无疑,该广告是很成功的。

又如,我国“格力”曾经播出的公共关系广告——“让世界爱上中国造”,“美菱”曾经播出的广告——“中国人的生活,中国人的美菱”,“安踏”曾经播出的广告——“让疤痕成为你的勋章,让世界的不平等在你面前低头”等,都具有一定的煽情性。

四、公共关系广告策划的技巧

（一）定位策划的技巧

在产品销售过程中，企业往往会对自己的产品功能、档次、消费对象进行定位。公共关系广告策划同样也需要对组织的公众诉求点进行定位。一般来说，组织在社会运转中的定位越明确，组织的公共关系形象就越突出，对社会公众的吸引力就越强。

公共关系广告定位策划的目的，在于突出组织某一方面的独特之处，从而区别于其他组织，树立起具有鲜明个性的组织形象。进行公共关系广告定位策划的技巧主要有：

1. 借助传播方式进行定位。不同的传播方式，对公共关系广告定位起着不同的作用。一种准确的传播方式在一定程度上对组织形象起着一种“定格”的作用。例如，麦克唐纳公司从一开始就是零售商中使用公共关系广告最多的企业，一般人认为这种广告花了钱，作用不大。但该公司的决策者却独具慧眼，力图通过这种方式树立起“麦克唐纳是大众的麦克唐纳”的公共关系形象。这种公共关系广告定位使该公司受益匪浅，不仅受到公众的广泛好评，而且市场也给予了公司良好的回报。

2. 以满足公众的独特需求进行定位。现代社会由于商品丰富，人们对商品的选择越来越突出个性特点。因此，对市场进行细分、对公众进行细分，就成了组织沟通公众的包容选择，这就要求了解不同公众的不同需求，然后根据细分的公众需求分别进行独特的信息诉求和形象定位后的塑造。如 IBM 公司明明是一家高科技电脑公司，但为了区别于其他的电脑企业，就给自己进行了“提供最佳服务的公司”的形象定位，从而消除了顾客公众对购买电脑这种高科技产品的疑虑，突出了独特的形象特点，一举胜过了诸多竞争对手。

3. 以组织档次进行定位。对组织档次，一种确定的方式是组织的背景，如“北大方正”“清华紫光”“中国石化”“四川希望”等。另一种确定的方式是服务于公众的等级，如五星级的饭店“长城饭店”、“锦江饭店”，或一般的单位招待所；高档次的精品商店，或小商品市场的小摊位；名牌服装，或个体店加工的服装；等等。类似的组织档次定位一经确定，公共关系广告策划中的定位也就相应地得到了确定。

4. 针对竞争对手进行定位。组织，尤其是企业，在进行组织形象定位时，总是考虑要与竞争对手有所区别。因此，就应该对竞争对手定位的情报进行分析，然后对自身进行区别于竞争对手的定位。如美国的银行家贾尼尼曾经做过这样一则广告:“洛杉矶银行只借钱给拥有大资本的建筑业者。五号街希尔道的派克银行是百货银行,专借住宅贷款给小市民及劳工朋友们!”这则公共关系广告通过与竞争对手的比较,很自然地把自己的银行定位到了“百货银行”上。

(二)创意策划的技巧

广告曾经被人们称为“第八艺术”,既然是艺术,就应该有所创新。广告,特别是公共关系广告,要想使公众有新奇感,就必须有意识地进行不拘形式、意味独特、构思巧妙的设计,这样才能得到广大社会公众的青睐。否则,东施效颦,依葫芦画瓢,一味模仿,只能制作大同小异的广告,而难以达到公共关系广告的理想效果。所以,在公共关系广告策划中,一定要在创意上有所创新,给公众耳目一新的感觉。为了达到公众认可的效果,公共关系广告创意的首要工作就是广告语的创作,力求达到“语不惊人死不休”的境界。广告语具有很好的创意,其广告画面、分镜头脚本的创作就容易受到启发,得到创意灵感。

公共关系广告语的创意一般要达要如下要求:

1. 俗中见雅。广告语是传播给社会大众的,因大众文化水平参差不齐,为使多数大众易于接受,广告语首先必须做到平白、通俗易懂;在此基础上再追求通俗中的雅致格调。如喜来登饭店集团的广告语——“在喜来登,小事不小”,其广告语真可谓“俗”到家了,但仔细品味,作为服务业的饭店,往往树立组织形象的就是一些小事,但如果都能当大事来处理,企业形象自然就得以树立,其内涵实际上是相当雅致的。

2. 简中见丰。与俗中见雅相统一,公共关系广告语还具备简中见丰的特点。因为公众一般偏重对简短的广告语产生注意与了解,广告语只能在 14 个汉字之内,否则公众就会产生厌烦而不投入注意。文字虽然要求简短,但同样可以做到言简而意丰。如 TCL 的公共关系广告语——“TCL,为顾客创造价值”,除了自身的品牌,仅有区区 7 个字,可谓简短到家了,但其意思却相当丰富:既表达了自身产品的高质量,又表达了自身的服务不错;既表达了目前产品的可靠,又包含将来产品依然领先;既表达了企业已经做到的水准,又表达了企业将不断追求的境界。总之,其内涵确实是相当丰富的。

3. 平中见奇。公共关系广告语往往寥寥数语,却充满了智慧。智慧不是在单个字、单个词上反映,而是将整句广告语作为一个整体,在貌似平淡中凸显奇妙。如丰田汽车的公共关系广告语——“车到山前必有路,有路必有丰田车”,在平平淡淡借用俗语的基础上突然进行语意上的转承,突出了“丰田车”产量大、受欢迎的形象,其创意完全做到了"平中见奇"。

当然,以广告语为核心的创意并不是越奇特越好,如果一味追求新奇,容易本末倒置,影响社会组织形象的树立。所以,广告语的创意是以服从公共关系广告主题为前提的。

(三)媒介策划的技巧

在现代信息社会,可供发布公共关系广告的媒介很多,为了取得良好的效果,在策划中必须对各种媒介进行选择。媒介选错,发布传播的广告信息就犹如对牛弹琴,或泥牛入海,徒劳无益。在服从公共关系广告总目标的前提下,一般媒介策划选择的技巧主要讲究5个字:

1. 广。广是指所选择的媒介传播面要广。衡量媒介传播面的大小,可以从其传播的数量和质量两个方面进行分析。传播数量是指某种媒介所拥有的受众数量。例如,报纸、杂志的发行量,路牌所在地点的人流量,电视的观众数量等都可作为数量指标进行衡量。传播质量,即某传播媒介已经建立起来的影响和声誉如何。一般情况下,传播媒介的"质"和"量"是成正比的。

2. 快。快是指媒介的传播速度要快。现代经济和科学技术的发展提出"时间就是金钱,效率就是生命"的要求,这就使得面对市场竞争日益激烈的公共关系广告宣传不得不考虑传播速度。对媒介传播速度的分析,首先是考察媒介的传播周期,如电视台、电台的时段滚动周期,日报、晚报的日传播周期,杂志的周刊、周二刊、半月刊、月刊、双月刊等的相应周期等,这就需要根据组织公共关系广告传播的公众对象、内容的到达要求来辩证地考虑;其次是考察媒介可提供的时段、版面、空间是否可满足组织公共关系广告发布的时间要求,因为,所看好的媒介往往广告客户较多,未必可以满足组织的传播速度要求。

3. 准。准即指传播媒介的针对性要强,能正好传播给广告的目标受众。选准公共关系广告媒介,主要是考虑该大众传播媒介的受众群是否正好与组织的目标公众相吻合。如果组织是侧重为儿童服务的,那么,公共关系广告的发布就应该选择电视台的儿童节目时段、少年儿童报刊;如果组织所提供的产品或服务是专业性的,那么,其公共关系广告就应该选择专业传播媒介,如机械、建材、食品、教育、医疗等行业相应的报纸、刊物。总之,传播媒介有自己的市场定位,而它们的定位中包含了组织自身的目标公众,那么,公共关系广告发布策划对该媒介的选择就是准确的。

4. 新。新,是指确定了公共关系广告发布的媒介之后,其发布的形式还要新。不论是何种公共关系广告媒介,如报纸、杂志、广播、电视、路牌、橱窗等,只有善于创新,不落俗套,才能引起注目、引人入胜,才能将广告的内容信息送达目标公众的心目中。

5. 廉。廉即指“少花钱,多办事”。进行公共关系广告媒介策划时,不论选择哪一种传播媒介,都要分析媒介的相对价格。媒介的相对价格有以下三种:

(1)报纸广告百万字发行费:

$$百万字发行费=\frac{每行价格\times 1\ 000\ 000}{发行量}$$

(2)杂志千人员发行费:

$$千人员发行费=\frac{每行价格\times 1\ 000}{发行量}$$

(3)电视每秒万人价格

$$每秒万人价格=\frac{每次每秒价格\times 10\ 000}{预计收看人数}$$

为了选准公共关系广告媒介,下面介绍美国玛丽特·赖尔(Marit Ryle)在《媒介选择备忘》一书中介绍的几种媒介在各种情况下不同效果、要素的比较情况,如表 8-1 所示。

表 8-1 各种媒介在不同情况下的效果比较

媒介 项目	电视	电台	杂志	日报	户外
目标传达(18 岁以上妇女)	A	A	A	C	C
创造情绪的能力	A	C	B	C	D
消费者参与媒介	A	B	B	C	C
视觉特征	A	D	B	C	B
都市集中	A	A	B	A	A
市场弹性	A	A	B	A	A
季节弹性	B	A	A	A	B

注:A=优秀;B=良好;C=尚好;D=不适宜。

表 8-1 的比较结果可供策划者在公共关系广告策划过程中选择媒介时参考。

(四)效果评估的技巧

公共关系广告到底效果如何,需要进行评估。19 世纪美国著名的企业家约翰·瓦纳梅克(John Wannamaker)曾经说过这样一句名言:“我明白自己花在广告方面的钱有一半是浪费了,但我从来无法知道浪费的是哪一半。”为了查明哪一半是浪费了以及浪费到了何处,策划者就需要对广告效果进行评估。进行公共关系广告效果评估,有利于改进、提高公共关系广告的策划和制作技术。

公共关系广告效果的评估主要是对公共关系广告的注意率、记忆率、经营效果三项指标的测评。

1. 广告注意率的测评。广告注意率,是指一则公共关系广告刊播后,在公众中引起注意的程度如何。对广告注意率的测评可采用抽样调查和典型调查的方法。随机抽样或有重点地进行调查都可测评出公共关系广告的注意率。另外,在国外还有印象测量器、视力关注仪、心理测量器等仪器,用以测评公共关系广告的注意率。关于广告注意率的测评,可参见表8-2。

表8-2 广告注意率测度及其方法

测度	广告效果测评方法	说明
到达度	印刷媒介:发行数统计	国外有销数核计局
视听率	电子媒介:视听率调查	可将仪器装在接收机上
注目率	交通广告:乘降率调查 印刷媒介:注目率调查	可用交通工具计数法 可用调查会的方式
精读率	印刷媒介	可用调查会的方式
记忆率	记忆实物法 生理反应法 心理学实验法	在实验室使用仪器来说明
	判定法 判定顺序	可用调查会的方式
知名理解	态度尺度法	可用调查会的方式
确信率 动机率	购买动机调查法	可召开调查会或在实验室进行

2. 广告记忆率的测评。受众对公共关系广告的记忆程度是衡量公共关系广告策划工作成败的重要因素。测评的方法主要有直接观察、面谈调查、电话调查及通过调查表格进行的书面调查四种方法。这四种方法各有利弊,应在全面了解、分析调查对象的前提下选择适当的方法。

3. 广告经营效果的测评。这种方法是把公共关系广告的费用变化与经营效果联系起来对广告效果进行评估,公共关系广告效果比率可用如下三个公式求得:

$$\text{公共关系广告效果比率}=\frac{\text{好感公众增加数}}{\text{公共关系广告费用增加数}}\times 100\%$$

$$\text{公共关系广告效果比率}=\frac{\text{销售增加数}}{\text{公共关系广告费用增加数}}\times 100\%$$

$$\text{公共关系广告效果比率}=\frac{\text{市场占有率增加数}}{\text{公共关系广告费用增加数}}\times 100\%$$

适当地采用以上方法对公共关系广告效果进行测评,可以使组织特别是企业在公共关系广告的策划上不断改进,并使公共关系广告策划工作能够有目的、有计划地进行,不断提高广告效果。

第三节 人际性专题活动策划

一、人际性专题活动及其策划

人际性公共关系专题活动,指的是组织与公众关系协调,不是借用大众传播媒介或群体传播方式,而是在确定专题内容后,直接通过人际交往、沟通、协调来进行,从而达到建立和谐的公众关系、树立良好的组织形象的目的。

在现代社会,人们基本上都处于一定的社会组织中,而且组织与组织之间又相互依赖。现代的人际交往往往具有公共关系的性质,即在人际交往中总是或多或少具有组织协调的内容,实际上,组织公共关系的开展又总是通过具体的人进行的。例如,国际间国家领导人的互访、商务活动中的接洽与交割、文化活动中双方或多方的合作、组织联谊会上人们的相识与相交等,其总体形式是组织行为,具体形式是人际交往,而实际内容更是既有各自组织之间的相互了解,又有个人之间情感的沟通,确实很难单纯地归于哪种关系之中。也就是说,在现代社会,公共关系与人际交往具有相融合的特点。

正是由于人际交往融入了公共关系的内容,帮助了组织公众关系的协调,因此,社会组织为了更和谐地发展,往往有意识地进行人际性公共关系专题活动。而且在一定意义上,组织的运转一天也离不开人际交往,如组织领导每一天都要接触内部的或外部的公众,营销人员就是在与客户的人际交往中开展工作。为了使这种以公共关系协调为本质、人际交往为形式的人际性公共关系专题活动更加有效,策划就是必要的了。

二、人际性专题活动的类别

在公共关系理论的视野中,并不是所有的人际交往都具有公共关系性质,而是由组织名义举办的、为了组织的和谐运转、人员均代表组织的人际交往活动,才是人际性公共关系专题活动。

一般来说,人际性公共关系专题活动主要有以下三种类型。

(一)社交活动

任何人都处于一定的社会环境中,都需要一定的社交活动,但具有公共关系性质的社交活动则是有一定标准与条件的。一般来说,公共关系性质的社交活动具有三个要素:组织行为、人员代表组织以及非功利性。

所谓组织行为,指的是整体上的社交活动是根据组织的需要,为了组织发展的长远利益,以组织的名义或组织领导人的名义举办的。

人员代表组织,指的是组织方面参与社交活动的人员代表的不是个人,而是组织,他所交往的对象既是个人的朋友,更是组织的目标公众,在一定意义上,他的身份就是组织的公共关系人员。

非功利性,则是指社交活动本身不涉及业务,重点是创造轻松、和谐的氛围,使参与社交活动的来宾感到快乐,得到心理上的满足。

根据上述三个要素,公共关系性质的社交活动一般有以下几种方式。

1. 舞会。以组织或组织领导人的名义举办舞会,邀请有关的目标公众参加。在舞会上,组织的特聘主持人在表达了组织或组织领导人的情谊的基础上,往往努力创造快乐的气氛,让宾客们载歌载舞,互相交流,度过一段美好的时光。

2. 宴会。以组织或组织领导人的名义举办宴会,邀请重要的公众赴宴。在宴会上,宾主双方可以在轻松、融洽的气氛中劝酒品菜,自由交谈,从而让客人在受到尊重的同时感到组织可亲、可近,进而达到相互沟通、了解的目的。

3. 联谊会。通过多种联谊形式,如喝茶、品尝瓜果、漫谈、跳舞、唱卡拉 OK、趣味比赛等,创造一种组织与公众同在、组织代表与公众共同欢乐的气氛,从而起到沟通感情、增进了解的作用。

4. 庆典。在喜庆的日子,如组织成立周年纪念日、组织获得重大荣誉、组织的某项重大新举措付诸实施、组织的重大决策转化为事实(如竣工、开张、新产品问世)等,举办盛大的庆典。庆典往往邀请与组织关系密切的目标公众代表,让他们在庆典中与组织代表交流、沟通,增进情谊,并通过参加庆典对组织产生更大的信任感和合作愿望。

5. 观剧。以组织的名义或由组织领导人出面邀请有关公众代表,观赏电影、戏剧、音乐、舞蹈等艺术演出。一方面让公众代表得到一次艺术的享受;另一方面,也可以借此机会进行人际交往,沟通感情、增进了解。

6. 赏景。在风和日丽的天气里,以组织的名义或由组织领导人出面邀请有关公众代表前往风景名胜区进行游览赏景,在大自然的怀抱中,在历史文化的氛围中,组织代表与公众代表自由轻松、快乐交往,从而达到与公众相和谐、相融洽的目的。

(二)营销活动

在市场经济环境下,以企业为主的绝大多数社会组织都肩负着业务营销的使命。如医院要销售医疗内容与项目,使患者或保健者进行健康消费;艺术团体要销售艺术商品,让观众选择相应的艺术形式进行消费。一个社会组织,只有它的存在价值能够销售出去,才可能生存与发展。因此,大多数的社会组织都存在一个营销的任务,而为了将自身的业务销售出去,组织往往就得策划、举办营销活动,在其人际性公共关系专题活动中实现公共关系目标。

作为人际性公共关系专题活动中的营销活动,既不同于一般的纯粹是为了树立组织形象的公共关系活动,又不同于一般的销售人员对产品或服务的推销,它往往具有三个要素:目的的双重性、活动的集体性和沟通的人际性。

目的的双重性,是指这类专题活动既具有树立组织形象的公共关系目的,又具有对组织的产品或服务进行促销的目的。也就是说,这两个目的并不是冲突的,而是可以交叉融合的。

活动的集体性,是指组织出面举办的活动具有集体活动氛围的特点,不同于由组织的营销人员个体出面的小型私人活动,或者上门推销。

沟通的人际性,指的是在此类营销性专题活动中,组织与公众的沟通主要不是借助大众传播媒介或群体传播进行,也不是单纯的组织行为,而是在集体活动的氛围中,主要依靠本组织的代表与目标公众进行人际交往、沟通洽谈,从而达到和谐关系与促进销售的双重目的。

根据以上三个要素,此类营销性公共关系专题活动主要有以下形式。

1. 订货会。它是指组织根据自身生存与发展的需要所举办的产品与服务销售订货会议。订货会主要邀请顾客公众代表参加。会上,在传播整体信息、创造欢乐氛围的基础上,主要由营销人员与公众代表沟通、联谊、洽谈,既使组织形象与具体人的形象结合起来,又使组织的营销业务落到实处。

2. 展销会。展销会对一个组织来说有两种:一种是组织自身举办的展销会,这种展销会的举办组织一般规模比较大,向社会提供的产品或服务品种比较多且比较先进;另一种是有关部门、行业、城市举办的大型展销会,这种展销会的整体规模较大，参展单位多，产品丰富，信息众多，光顾的顾客公众同样比较多。不论是哪种展销会，任何组织都可以借助这一舞台，展示自己的组织形象，推销自己的产品。

3. 招商会。招商会同样也有两种：一种是大型组织（如某个大型企业集团）召开的招商会；一种是某个地区政府或某个行业组织召开的招商会。不论哪种招商会，均可以帮助组织树立、传播组织形象，寻找可以合作的伙伴，以共同开发新的经营项目、开拓新的经营业务。如果是大型组织，可以考虑自办招商会，而中、小型组织则可以参与政府或行业组织的招商会，以开展人际性公共关系活动，推销经营项目，创造新的发展机遇。

（三）谈判活动

在现代社会，组织与组织之间的彼此依赖空前增强，互惠互利、协作发展已经成为组织运作的必由之路。相应地，实施这种互惠互利、协作发展的具体工作形式——谈判也就越来越频繁地出现在组织行为之中。从某种意义上说，人们经常谈到的协商、洽谈、座谈、商量、对话、磋商、交谈等，都可以看做是谈判，因为它们总是要围绕一个或几个问题进行，要争论，要说理，要达成共识。但严格意义上的谈判是有着特定内涵的。一般来说，作为公共关系专题活动中的谈判活动，指的是谈判双方至少有一方代表的是组织，是该组织为了自身的组织形象，为了组织的利益与声誉，遵循互利的原则，通过人际对话沟通的方式，交换条件，承诺责任，达成协议或合同的协商过程。

在这个意义上，公共关系谈判活动的定义便有了以下四个要素：一是代表组织的谈判方谈判的目的是为了组织的形象、利益与声誉；二是互惠互利，在交换条件、承诺责任中相互满足需要；三是以人际对话沟通的方式进行协商；四是谈判的结果应达成协议或合同等具有“硬约束”力的文本。

根据这一定义，公共关系谈判活动有以下几种常见类型。

1. 合作谈判。合作谈判即一个组织与其他组织之间，或该组织与有关个人之间，为了组织的运作与发展进行合作所进行的谈判。如组织与其他组织联合进行项目开发、联合举办大型活动、与某个个人进行劳务合作等，所进行的洽谈、协商，都属于合作谈判。而与个人进行劳务合作谈判，则包含临时性的、中长期的劳务合作谈判两种；前者如组织与某个名人合作进行广告拍摄的谈判，后者如组织聘用人才、员工等的谈判。

2. 购销谈判。在市场经济运行中，大量的谈判都是商品购销谈判。由于对绝大多数的企业组织来说，它只有以销售的形式向社会提供商品，才可能生存发展；另一方面，它要运转生存，又需要以购买的形式从社会获得资源。如此，市场经济就以这种“购—销”的普遍方式进行着基本运转。但购销谈判的内容并不仅仅是就一般的看得见、摸得着的货物进行的购销交易，还包含工程的承建、服务的提供、生产技术与信息知识的提供等特殊商品的“购销”。

3. 危机谈判。在现代信息社会，由于无法确定的因素增多，任何组织在生存运转中均难免会碰上各种各样的危机，如技术侵权、商标侵权、名誉受损、资金拖欠、顾客投诉、合作误会等，都有可能给组织带来意想不到的危机。虽然说市场经济在一定意义上就是法制经济，很多的危机纠纷必须依靠法律来进行处理；但是，为了组织的长远发展，一出现危机就诉诸法律并不是上策，更多的应是运用公共关系的方法解决。危机处理本身就是公共关系策划工作的重要内容之一。对此，虽然我们辟出专章进行了阐述，但在这里依然必须指出，公共关系处理危机的具体方式凭借的就是谈判，即组织与危机中涉及的危机制造者，或事实上的危机受害者等进行人际沟通，洽谈协商，以寻求双方均满意的处理方法，从而把组织形象的损失降到最低。可见，危机谈判在公共关系危机处理中意义重大。

三、人际性专题活动策划的原则

（一）真诚原则

在人际性专题活动中，人与人之间往往是面对面的交往沟通，组织的任何一位员工都代表组织，组织是否能取信于人，取决于个人是否能得到他人的认可与信任。而一个人要想取信于人，前提就是奉行真诚原则。唯有真诚，你才可能为对方、为公众设身处地地考虑，才会合情合理、令人信服地表达组织的利益与要求，从而达到与对方互信互谅、和谐合作的目的；同时又在得到对方对个人的认可、赞赏的基础上树立了组织的良好形象，达到公共关系专题活动的目的。

（二）互补原则

组织之所以要与其他组织建立合作关系，是由于任何组织在经济全球化的大背景下，在市场经济的大环境中，都无法自我封闭、自成系统、自给自足，都需要互通有无，在互补中运转、生存。正是为了这种互补的需要，组织才有了各种各样的与公众的沟通行为，公共关系也就应运而生。而在人际性公共关系专题活动中，这种互补原则体现得更加充分。需明白的是，在公共关系人际交往中，不应当把物质的、利益的互补表现得赤裸裸,更重要的是精神的互补、情感的互补、长远发展的互补,这样,一旦构成无形的、深层次的互补,物质的、利益的互补就水到渠成了。

(三)和谐原则

"和谐"是所有公共关系工作追求的一种理想境界。我们都知道有这么一句俗话:"生意不成情义在。"言下之意,就是在生意场上,难免会有生意难成的时候,但即使如此,双方的情义依然存在;言外之意,就是有了情义存在,今后做成生意的机会还有的是。其实,公共关系追求的、创造的就是一种组织与公众情义永存的"和谐"。正因为如此,公共关系活动始终突出的不是利益本身,而是关系和谐、形象美好;尤其是人际性公共关系专题活动,由于是以人际交往的方式进行的,从人际交往本身所要创造的氛围,到组织与公众所要达到的境界,"和谐"显然是最本质的原则。

(四)艺术化原则

艺术,并不是艺术家的专利,任何人都可以以对美的追求、对创新思维的运用来创造艺术。因此,人们工作有工作的艺术,生活有生活的艺术;同样,公共关系工作有公共关系的艺术,人际交往有人际交往的艺术。而在人际性公共关系专题活动中,由于要与人进行面对面的沟通,既要实践公共关系的基本精神,又要遵循人际交往的基本原则,仅靠真诚,未必能够创造和谐的氛围,而仅靠理论条条,则难免会使人产生乏味、厌倦的感觉。这就需要将真诚、理论、性格、思维等因素融会贯通,进行艺术化表现,创造出一种轻松、愉快、魅力无穷的交际氛围。在人际交往中,一些幽默、言语得体、知识渊博却能深入浅出地表达思想的人,总是人们关注的对象。究其原因,其实就是他的艺术化的交往吸引了他人。这无疑可以给我们以启发。

四、人际性专题活动策划的技巧

(一)社交活动的若干技巧

对于一种人类生活最广泛的形式——社交活动,可以说每一个人均在探索、实践、总结其技巧。也就是说,任何一个人都有一定的社交活动的技巧。相应地,社交活动的技巧自然地在人们的探讨总结中不断丰富起来,很多社交艺术类读本在市场上流行,便是证明。我们无法对社交艺术做详尽的阐述,只能择其要点,略加介绍。

1. 微笑无价。在人际交往中,微笑有着无穷的魅力。一位著名的政治家说过:“自己的微笑,价值百万美金。”在美国西海岸的一家百货商场里,由于开展了微笑活动,营业额上升了20%。中国古典小说《聊斋志异》中曾经这样描写一位名叫“婴宁”的女孩:“善笑,禁之亦不止,然笑处嫣然,狂而不损其媚,人皆乐之。”这说明纯洁、真诚的微笑确实是令人喜爱的。

在与人交往中,微笑往往有令人意想不到的效果。例如:初次见面,寒暄中面带微笑,就会消除双方的拘束;身处窘境,微笑着开个玩笑,就可摆脱尴尬;他人对你曾经有过冒犯,你可大度地一笑了之,算是“相逢一笑泯恩仇”。总之,微笑具有永恒的魅力,永远受欢迎。

2. 记住人名。名字,不仅仅是代表一个人的符号,也是一个人最为珍贵的东西。美国某家公司的经理,由于才华出众,另一家大公司便以丰厚的薪金聘请他,并让他持有本公司的股票,还有很多其他的好处。他为之心动,决定辞去公司的职务,便向公司董事们申明了自己的想法。公司董事们知道本公司的物质待遇无法与对手匹敌,便建议把他的名字收入公司的名称里,于是,他不再辞职了。他要为他的名字——公司而工作,并且一辈子留在公司里。

可想而知,名字对一个人来说有多么的重要。正由于如此,如果你能记住他人的名字,并在与他人交往时直呼其名,他人就会由衷地感到他在你心目中的地位,并对你友好起来。也就是说,记住他人的名字,将大大有助于你的社交活动。

3. 赞扬他人。美国总统罗斯福曾经说过:“人人都喜欢受他人的称赞。”从人的需求而言,渴望被他人肯定、赞扬是人之常情。一项调查表明:大多数人认为,表扬有着某种奇迹般的作用,它可以使虚弱变为强壮,使恐惧变为平衡,使暴躁变为沉着,使失败变为成功。

曾经有这么一个银行家,他上班路上的路旁总蹲着一个乞丐,乞丐前面总放着一个小盆,他常常往这个盆里丢些小钱。可是,这个银行家与其他人的施舍不同,他在投钱的时候总是跟乞丐要一支铅笔,并且带赞扬的口气说:“呀,你是一个正准备起家的商人,我呢,是个从来都想从交易伙伴那里得到比我支付的更大好处的人。”一天,这个被银行家赞为“商人”、“交易伙伴”的乞丐不见了。随着时光的流逝,银行家已渐渐忘记了乞丐。可是,有一天,银行家走进一个公共大楼时,在一家商店看到了已经成为小老板的乞丐。那乞丐认出了银行家后,激动地说:“我总是期待着再见到您。今天,我能坐在这里,是托您的福呀。您总是对我说‘你是个商人’,听了您的话,我想我应该是个商人。我开始卖铅笔了,卖了很多很多。您给了我自尊,我这才意识到自身的价值……”

一个乞丐尚能因一句普通的赞扬与肯定而创造奇迹。那么,我们在社交活动中,倘若能对他人多给予赞扬,不仅我们的社会生活将更加美好,而且对我们所从事的公共关系工作必然是大为有益的。

4. 善于自嘲。一个人不可能是十全十美的,总有着这样或那样的弱点。隐藏或讳饰这些弱点,均不是高明的办法,而正视这些弱点,并在合适的时候进行自嘲,实际上是完完整整地、真实得体地展现了自己,其结果不但没有贬低自己,反而会得到他人的喜爱与尊重。

英国大文学家萧伯纳就曾经对朋友们自嘲了一次自己在苏联访问的“遭遇”:“我自命不凡,自认为世界有名,却受到一位小姑娘的教训……一天,在街头遇见一位苏联小姑娘,很逗人喜欢,便哄她玩了很久。临别时,我说:‘回去告诉你妈妈,今天同你玩的是世界有名的萧伯纳。’我满以为小姑娘会为此很高兴、自得。没想到,小姑娘竟然学着我的口吻说:‘你回去告诉你妈妈,说今天同你玩的是苏联姑娘玛莎。’为此,我至今惭愧不已。”

像萧伯纳这样善于自嘲,自然会赢得他人的尊重与信任。

5. 当好听众。有一次,美国总统林肯写信给家乡的一位老朋友,请他到华盛顿的总统府来。这位老朋友赶到白宫后,林肯跟他谈了好几个小时。林肯谈论解放黑奴的问题,介绍了自己的想法和一些人的正反意见。奇怪的是,几个小时尽是林肯在说,然后,林肯与老朋友握手道别,一点也没有问朋友的看法。林肯在说过话后,心境明显地轻松明朗起来。他的老朋友说:“林肯不需要别人给他忠告,他需要的只是一个友善的、有同情心的听众,以便使自己的苦闷解脱。”

日本的著名企业家松下幸之助曾经把他的经营诀窍总结为:“细心倾听他人的意见。”而美国的一家公司则在推销员中推行“先做听众,后做推销”的做法,结果,销售的业绩大为上升。

可见,在人际交往中,如果能做个好听众,就可望了解他人,也就可望很好地与他人沟通,增进感情,缔结友谊。

6. 弹性表达。在社交活动中,言语表达是必不可少的。言语是人际交往、信息沟通、感情传递的主要工具;因此,善于言谈往往是衡量一个人是否精于社交活动的重要标准。

一个善于言谈的人,不仅应是知识丰富、思维敏捷、口齿伶俐、机智幽默的人,而且应做到言语得体,热情中不失语言的弹性,即不可将话说满。否则,要么会被认为言语不可信,要么在信守承诺时倍感吃力。这也就是在外交场合为什么需要外交辞令的缘故。

1979年1月29日,邓小平应邀赴美国正式访问。在卡特总统的安全事务助理布热津斯基举行的家宴上,当布热津斯基突发议论——中国人和法国人有一个共同之点,那就是他们都认为自己的文明优于其他任何国家——时,邓小平不慌不忙地说:当然,可以这么说,在东南亚,中国的饭菜最好;在欧洲,法国的饭菜最好。他以饭菜论文明,又将饭菜的优劣限于一定的区域,可以说是天衣无缝,恰到好处,令人称绝。无疑,邓小平含蓄的言语因具有弹性,便既显得科学,又富有艺术,自然创造了良好的社交活动的氛围。

(二)营销活动的若干技巧

现代营销活动已经大大地不同于传统的推销,不再是生产什么就推销什么,也不仅仅是市场需要什么就提供什么,而是不仅要满足当前的市场,更要力求创造市场,满足明天的市场;同时,营销活动不仅是销售产品,而且是销售服务,更是销售组织的品牌、理念与形象。因此,体现在营销活动中的方式方法也必然地要随之发生变化,艺术技巧自然也就有了新的侧重点。

1. 不耻下问。在现代营销观念的指导下,营销已转向以顾客为主、以顾客的需求为主,但组织如何知道顾客公众的需求呢?显然,专项市场调查是必不可少的工作。除此之外,在营销性的公共关系专题活动中,还必须做到不耻下问,不断向客户公众和消费者公众询问、请教,了解他们现实的和潜在的需求,以便企业组织根据市场需求进行设计、开发、销售,提供新产品。

例如,青岛海尔公司的市场销售人员在上海举办的营销性公共关系专题活动中,在不耻下问的征询中,了解到精明的上海公众精打细算的消费习惯,便设计开发出"小神童"洗衣机。这种洗衣机所占空间比较小,耗水耗电同样比较少,虽然一次所洗的衣物要少一些,却正好满足了上海住房紧张、消费者衣着勤换勤洗、讲究节约的实际情况。结果,新产品一推向市场就得到了普遍的欢迎。

2. 看看试试。组织举办营销性公共关系专题活动,其目的往往就是让客户公众更多地了解组织、了解组织不断推向市场的产品。那么,在这种活动中,组织代表在与客户的人际交往中要做的主要工作就是让客户对新产品有充分的了解,以使他们发现产品的巨大市场前景,从而踊跃地订货。

在这种营销性公共关系专题活动中,组织营销人员的产品介绍不仅可以借助大量的产品宣传材料,而且由于产品实物就摆在客户公众的面前,所以应该热情地请他们亲自看看试试,亲身感受产品的特点、优点,并做出订货的决策。

对企业组织来说，则达到了举办此类营销性公共关系专题活动的双重目的——既销售了产品，又树立了组织形象。

3. 点式突进。企业组织在营销性公共关系专题活动中所推出的新产品，固然具有巨大的市场价值，但是在尚未得到终端顾客——消费者在消费过程中的检验认可前，依然只是理论上的市场价值或潜在价值。因此，在营销活动中，企业组织的营销人员在对客户公众的人际交往中，不能要求过高，应该体谅客户的风险性考虑，在对自身新产品充满自信的基础上，只要使客户做出试销的决定就算达到目的了。否则，强人所难，其结果不仅可能造成货款拖欠之商家大忌，而且可能伤了彼此的和谐关系，那就更是远离营销性公共关系专题活动举办的初衷了。

其实，只要客户同意试销新产品，就实现了"点式突进"的第一步。因为新产品毕竟是根据市场的需求进行开发的，通过企业组织大型的广告促销、公共关系促销，必然会得到市场的认可，在"点式突进"之后，必然会引起消费的热潮。如此，客户对新产品的订货就会呈源源不断之势，大量的新产品就可以乘势跟进，流向市场。

4. 承诺服务。现代社会是信息社会，也是服务社会。第三产业在社会中所占的比重将越来越大，而第三产业就是新概念下的服务业，教育、文化、通信、金融、保险、交通、商业、娱乐、医疗、保健、咨询、策划、广告、信息、中介、物业等均在其中。同时，在市场经济的进一步发展使人们认识到，其实第一、第二产业也具有服务的性质，均是服务社会、服务消费者，只不过是通过产品这一中介物来实现服务的目的。因此，现代经济与服务时代的统一便被人们广为接受，一种大服务观也就必然为社会组织所选择。

在服务社会，大服务观被人们所接受的前提下，一种相应的服务理论便应运而生了。这就是CS战略①，即"使顾客满意战略"。正是由于这种大趋势被人们所认识，CS战略被诸多的企业组织所实施。在我国，不仅"IBM意味着最佳服务"早已为人们所知晓，而且许多企业的服务口号、概念也在影响着人们，如"海尔"推出的"星级服务"、"荣事达"推出的"红地毯服务"、"美的"推出的"100%满意服务"等。

当然，企业组织的CS战略以及对满意服务的追求还需要通过具体的人员予以落实。在营销性公共关系专题活动中，营销人员对满意服务的落实就应当是对客户进行合理的服务承诺，否则，不足以使客户满意放心，其营销活动的具

① CS即英文customer satisfaction的缩写，意为"顾客满意"。

体任务也就难以落到实处。

（三）谈判活动的若干技巧

进行公共关系谈判活动，首先应当明确的是双方进行的是互惠互利的合作，是通过合作进一步密切关系，增进友谊；同时又要“有话说在明处”、“亲兄弟明算账”，在沟通中明确双方的权利与义务、权益与责任。这就需要既坚持原则，又要讲究谈判艺术。所以，公共关系谈判活动是一种高智力的公共关系活动，需要运用各种各样的技巧。这里，我们只就谈判的几个重要技巧予以阐述。

1. 货比三家。“货比三家”虽然是人们购物经验的总结，但它阐明的道理却对谈判具有普遍的意义。因为，谈判中最重要的、最基础的工作，就是了解信息，知己知彼。“货比三家”，通俗地表明了了解掌握谈判关键信息的重要性。

当然，社会组织在公共关系谈判活动中的信息了解，其内容、方法均是相当丰富、复杂的。有的必须进行大型的市场调查、信息咨询，对这种付出，应当看做是对成功的投资，是谈判成功的安全系数和保险带。

一般来说，谈判所要了解和掌握的信息包括：本组织的信息及其分析的结果；对方的信息、情报及其分析判断；市场、社会、自然地理等背景信息的分析判断；如果是涉外谈判，还必须了解对方所在国的政治、经济、文化法律、宗教、风俗、语言等方面的信息。可以说，信息掌握得越全面，谈判时就越主动。

2. 追求双赢。在谈判活动中，有一句格言应该牢记：“成功的谈判双方都是胜家。”这句话是相当有道理的，因为谈判的目的是为了双方进行愉快的、互惠互利的合作，且可以通过谈判增进了解，建立友谊。因此，谈判追求的便是“双赢”，即双方均得到满足。

如果己方利用某些优势，一味地穷追猛打，虽然有可能在不平等的情况下使对方答应有关条款，但对方在履行合约时必然会发现条款的不合理之处，其为了生存发展，势必会找出种种理由毁约；即使不毁约，也会因为损失过大，对继续合作丧失信心，双方今后的再度合作可能就不再会有了。这种状况无疑是不符合公共关系谈判初衷的。

3. 缓兵之计。在谈判中，由于双方在交锋中难免会遇到矛盾一时无法解决的情况，这时最忌讳的就是意气用事，过于针锋相对，以至伤了和气却依然解决不了问题。这种时候，最好的选择就是运用“缓兵之计”，在缓和气氛后双方再靠拢。其主要的办法有：

（1）暂时撇开僵持不下的问题，先谈其他问题，如不谈价格，而谈交货日期、付款方式等；如果对方在这些问题上获得好处，再回头谈价格，就可能好商量些。

(2)暂时休息,进行反思,以便双方的情绪冷静下来,对已经进行的谈判进行回味反思,考虑为什么谈不拢,分析症结所在,寻找可能的解决方案,以便另辟蹊径,使谈判柳暗花明。

(3)采用"夹塞"策略,即在谈判中转移话题,说一些与谈判无关的玩笑话、幽默诙谐一番,或者谈一点社会、政治、文化、体育等方面的事情,以缓和气氛。

4. 梯度让步。几乎所有的谈判实践均表明,平等的谈判几乎没有不互相妥协、让步的。因此,让步是谈判中必不可少的正常手段。但谈判中的让步是有一定原则的,一般来说,应采取梯度让步的方法。

首先,不能做一次性的大让步,那样,对方会认为你软弱可欺,会逼你再让步。一次只能做少许的让步,在对方的再三要求下再让少许,这样,步步为营,对方就会认为你已多次让步,就会适可而止。

其次,把自己处境中的困难用算账的方式告诉对方,使对方认为你的让步是实事求是的,不可能再继续让步。

再次,举出证据说明你在同其他对手谈判时,从来没有做过比这更大的让步。

最后,如果你认为自己的让步已到了最大限度,而对方还要进逼,说明对方不通情理或不谙行情,你可以提出使对方难于接受、又能圆满解释的条件作为筹码来保护自己的让步条件,迫使对方放弃要求。

第四节　网络性专题活动策划

一、公共关系网络及企业网络公关

(一)网络公关

随着互联网的日益发展,网络已经成为我们生活中必不可少的一部分,随着互联网的快速发展和新媒体的迅速崛起,网络时代多元化的新型公共关系应运而生,公共关系进入了网络时代,呈现出新的发展趋势。公共关系学是一门应用性很强的学科,当今社会,网络经济呈现出繁荣的态势,对整体的社会结构造成了巨大的冲击力,网络环境下的企业公关也出现了革命性的变化。①

① 刘启诚. 公共关系在网络时代的发展新趋势[J]. 企业改革与管理,2018(03):18,25.

公共关系就是通过信息传播、形象塑造、利益协调等方式确立的各种关系，公共关系的发展直接影响着企业的发展。从目前的发展情况来看，公共关系已经成为企业组织的重要武器，它对社会的影响已经渗透到方方面面。伴随着互联网的快速发展，网络对人类社会产生的变革程度非常深，公共关系的建设与开展也必须依托于互联网，因此，公共关系建设必须及时转变传统的发展模式，从而更好地适应网络公关时代的发展要求。①

网络公关是计算机网络的迅猛发展给传统公关带来的一种创新形式，它以互联网作为信息传播的手段开展公关活动，有利于企业改善自身形象、提升市场知名度、创造更多商机。公关业的发展与媒介技术的发展密切相关，它随着媒介技术的发展而不断发展。从电话电报到广播电视，再到互联网，网络公关的兴起和发展是人们交往国际化与网络化的必然产物。经济全球化，AI、5G 等技术的飞速发展，以及电子商务引起的人们消费观念的转变，为网络公关的兴起和发展创造了条件。

（二）企业网络公关

1. 企业网络公关的含义和组成。企业网络公关，是指企业为了在激烈的市场竞争中寻求自身的生存空间与发展环境，借助互联网在电子空间中塑造企业形象、收集传递信息，通过公众双向互动沟通，从而与公众结成的一种社会关系。企业网络公关的组成主要有三个要素：企业组织、互联网、公众。企业组织是公关主体，社会公众是公关客体，互联网是公关中介。

2. 企业网络公关的现状。网络公关利用互联网塑造企业形象，为当代公共关系提供了新的思维方式、策划思路和传播媒介。21 世纪以来，越来越多的企业拥有了自己的门户网站和宣传平台，而在短视频、直播等新媒介形式的催化下，企业网络公关也生发出更多的可能性。与传统的公关传播相比，企业网络传播有个性化、互动性、信息共享化和资源无限性的特点，成为对人际传播、组织传播和大众传播重新进行整合的新型公关方式。

网络基础设施是实施网络公关的基本条件。中国的通信业经过多年发展，尤其是通信网络的建设，为中国国民经济和信息化奠定了网络基础，为公关业构建了一个复杂而多元的网络。2022 年 2 月 25 日，中国互联网络信息中心（CNNIC）在京发布了第 49 次《中国互联网络发展状况统计报告》。《报告》显示截至 2021 年 12 月，我国网民规模达 10.32 亿，较 2020 年 12 月增长 4 296 万，互联网普及率达 73.0%；我国网络基础设施全面建成，工业互联网取得积极进

① 潘卓航. 浅析网络时代的公共关系与市场营销[J]. 中国市场，2018(06)：115，119.

展。然而，在之前的企业网络公关实践中，由于存在公众网络安全意识淡薄、制度不严、缺乏系统级安全产品等问题，加之虚假消息、反转新闻大行其道，企业网络公关也面临着严峻的挑战。

许多企业对网络公关重视不够。随着互联网的蓬勃发展，传统媒体的权威性逐渐式微，网络媒体的影响力稳步攀升。然而，一些企业的经营意识和观念，还停留在传统商务阶段，未能完成从传统公关到网络公关模式的转型，用传统公关的思维对待新兴的网络公关，其意识和观念都有待改善。

3. 网络公关存在的问题

(1)信息垃圾。一些企业为了达到自身的目的，大量发布无用甚至有害信息，吸引公众眼球，结果导致公众对企业网络行为的抵触性，从而加大网络公关难度，对整个行业来讲是一种巨大的伤害。

(2)公信力缺失。在企业进行公关活动的过程中，网络媒介的即时性是一把双刃剑，一方面，它能更迅速地抵达受众端，企业也能在更短时间内获得反馈；另一方面，这也使其失去了对信息进行确认、核查和进一步思考的时间，失去了对受众负责任的思考，结果必然导致对真实性的忽视。

(3)不利信息传播更快，易造成公关危机。不利信息主要来自两个方面：一是网络上的恶意攻击行为，如竞争对手的恶意丑化，黑客的入侵并对组织网站的恶意涂改等行为；二是组织负面事件形成的不利信息，与组织正面信息相比，负面的内容往往更容易扩大。

(4)网络技术问题，也是安全方面的问题。来自网络技术方面的问题主要是指有针对性的网络犯罪，如电子交易支付中的漏洞。安全软件专家认为，在网络零售站点里，全部的购物应用软件中约有三分之一的程序设计易被调换价格标签的欺骗性手段攻击。①

二、网络时代的公共关系

(一)网络时代公共关系的变化

1. 对象的变化。

公共关系工作的基础和前提是公众，公众是指因具有某种共同因素而与公共关系主体存在着相互联系、相互影响、相互作用的组织、群体和个人的总和。公众具有整体性、共同性、相关性、多样性、可变性的特点。

---

① 张远灯．企业网络公关的战略思考[J]．统计与管理，2015(10)：117-118.

在互联网的影响下，公关对象实现了从群体性向个体性的转变，传统意义上的公关对象广泛存在于社会上，是由不同个体组成的公众群体。然而随着网络的发展，人们对个性的需求日益膨胀，传统的整体性的群体被瓦解成为一个个小众性甚至个体性的群体，这样也导致了模糊、宽泛的受众对象转换成了已知的、明确的受众对象。然而，如何对待这部分个性明确、有血有肉的受众是对公共关系学的补充，应当从这个群体的喜好、特点、心理活动等方面做出相应的调整，扩大公共关系工作的作用范围。这个群体以年轻人居多，是推动网络时代前行的中坚力量，从长远的角度来看，处理它们之间的关系是极为重要的。

2. 传播方式的变化。

公共关系传播是沟通组织与公众的桥梁，传播的内容是信息或观点。传统的公共关系传播手段以大众传播为主，具有多样化的特点，“大众传播”和“人际传播”是其主要类型。随着网络时代的到来，掀开了自媒体时代的序幕，人们不再满足于从以报纸、杂志、书籍等为代表的大众媒体中获取最新的信息和资讯，而是自觉自愿地去发掘、寻找自己想要的信息，或从他人分享的信息资源中吸取有益于自身的部分。

信息来源的多元化满足了人们对自身所渴望的信息的不同而产生的差异需求，并且网络成为一种冉冉升起的新媒介，对以印刷物、电子设备作为媒介的传统传播方式造成了巨大的冲击，因而我们应当对原有的公共关系做出相应的调整。网络互动媒介具有高度的综合性、充分的交互性以及方便性、快捷性的特点，虽然仍有许多的不足和某些潜在的威胁，但作为公共关系的传播媒介还不十分成熟，仍然存在巨大的潜能。我们有理由相信，互动媒介不久将会成为一种既自由又守纪的新型媒介，并继续与其他媒介共同成为一种既自由又守纪的新型媒介，当然也会成为公共关系最理想的传播媒介。

3. 组织与公众的关系发生变化。

根据传统的公共关系学观念，公众可以被划分成如下几类：受欢迎公众、不受欢迎公众和被追求公众。组织相应的公共关系体系的确立是针对目标公众群体，即具有共性的一类人而设立的，对单一个体的需求却无法做到面面俱到，甚至采取的是牺牲个体意愿的方式，这无法保证组织与公众之间联系的紧密性和信息来源的准确性。

当下网络传播媒介发展迅速，组织与公众的关系也进入了新的发展阶段。微博公众号的产生与出现便是其中较为成功的例子。微信公众号的运营是建立在向粉丝推广的基础上，粉丝通过公众号获取自身所需的信息，而公众号团队也能借此获得所需。微信平台具有针对性强、更全面、更直观的特点，通过点对面、一对多的方式紧密与公众联系，在实际运营中能够得到用户最大限度的青睐，信息也能被主动而不是被动地传播。组织与公众的联系不再是将公共关系体系建立于应对一个个模糊的整体，而是开始针对、重视个体需求，“一对一”的互动新格局也在逐步形成，并在组织体系中起到举足轻重的作用。

组织对公众群类的划分能够做到更加细致，以求在应对公众的需求时将服务落到关键处，并对他们的潜在反馈做出正确应对，只有这样才能真正做到紧密组织与公众间的联系，及时获得公众的反馈信息。网络时代的发展同时也降低了进行公共关系调查的成本，低廉的在线调查有助于组织完善自身形象，优化公众对组织整体形象的评价和形象，这样就可以有效地拉近组织与公众间的距离。①

（二）网络时代下公共关系的特点

网络时代是一个个性化的时代，也是信息化的时代，这样的大环境不仅有利于公共关系的快速发展，也能够进一步增强网络公共关系的传播速度。公共关系传播的过程与网络信息传播的过程相一致，都是通过主体和客体之间的信息传播来实现的。② 在网络时代，公共关系的传播能够得到迅速的提升，从而促使公共关系更加完善。网络时代信息传播的功能对于公共关系的建设有多方面的影响。在建设公共关系的过程中，必须面对多元化和复杂化的公共关系，遇到的舆论压力也会增多，消费者不仅能够将自己的意见进行传播，还要求自身权利得到保障。

（三）网络时代下公共关系的发展

1. 公共关系能够更加广泛地传播。

网络信息的传播能够为公共关系的传播提供极大的便利。一方面，网络在传递信息的过程中能够突破时间、地点、环境等方面的限制，而且成本非常低，所有这些优势都能够促进公共关系的快速发展，并且达到传统媒体无法达到的快速和时效性，为公共关系活动提供了非常重要的信息保障。在网络时代，谁更快掌握信息资源，谁就拥有话语权。③ 可以说，信息获取的速度是公共关系维护的重要维度。尤其是对企业来说，要想进一步提升企业形象，必须充分运用好网络，更加快速地向社会公众传递企业信息，帮助企业快速的发展。在数字

---

① 刘启诚．公共关系在网络时代的发展新趋势［J］．企业改革与管理，2018(03)：18，25.

② 杨天虹．A 影业公司营销策略研究［D］．济南：山东大学，2017.

③ 林泽韬．湖南联通县域通信市场营销策略研究［D］．长沙：中南林业科技大学，2016.

时代，公共关系所起到的主要作用仍是信息的沟通，必须在网络中加强公共关系的沟通作用，才能够保障企业与用户在沟通过程中信息对等，从而实现沟通的快速高效。网络的出现打破了传统媒体的局限性，一方面，网络信息能够融合视频、图像、声音等多种媒介，这样能够保证信息本身的生动与形象，优化企业宣传的效果。另一方面，网络信息也能够打破空间与地域限制，在短时间内将企业宣传快速地传递到全国各地。在这样的趋势下，公共关系也能够更加“全球化”“本土化”。作为数字化传播的主要形式，能够打破地域限制，让人们不再因为地域环境等方面的影响因素而有效地进行沟通和交流，公共关系能够在网络助力下得到提升。

2. 网络时代下公共关系的地位不断提高。

随着网络时代的发展，人人都能够成为信息源。过去的广播、电视等媒体缺乏互动性，所以能够掌握大量的信息资源，从而在公共关系中占据非常重要的地位，保证传统的媒介获得对信息的影响、操纵甚至支配的权利，对于事件的发生具有关键作用。过去传统媒介能够有效地帮助企业营造良好的公共关系，进一步助力企业的形象建设，对企业的发展有非常大的影响，但是伴随着互联网的兴起，传统媒介不再掌握独家的信息资源优势，公共关系的影响因素也更加多变。网络的出现对人们获取信息具有非常大的优势。一方面，网络能够给任何人提供自由发表言论的平台，从而形成人人都是信息源的局面，只要在网络环境下，人们掌握了计算机知识以及网络知识，就能够通过网络媒体广泛地传递信息，还可以建立自己的网站、邮箱等发布新闻，这样就如同自己获得了媒体权利，使得原本少数人掌握的资源变成了一种大众资源，进一步提高信息资源对个人的影响。另一方面，网络资源不仅能够打破传统媒体的信息垄断，形成更加民主的舆论环境，还能够通过提高公众在网络传播过程中获得新型的可控媒体，更加有效地形成全方位的公共管理建设，在不违背法律和职业道德的前提下维护良好的公共关系。

3. 网络能实现“点对点”的沟通。

网络时代的发展能够增强信息多边交互的模式，不仅能够形成稳定的主客体之间的沟通交流模式，而且能够保证主客体之间的合作关系更加长久。所谓的公共关系实践，能够概括为以下四种情况，即新闻代理模式、公共信息模式、双向非对称模式和双向对称模式。在这四种模式中，最民主、最理想的就是双向对称模式。在传统的公共关系中，通常是借助传统媒体在公共关系中进行传播活动，而信息管理者只需要将信息进行复制、粘贴就能够传播给受众，这样的传播方式双方之间缺乏沟通,无法实现双向对称传播。受众在这些方面也只能够听之任之,无法充分地表达自己的观念。随着网络公共关系的发展,能够保证传统的"一对多"模式转变为"多对多"模式,这样双方之间的沟通和交流也就显得更加的流畅,不仅保证了信息传播的快捷高效,也能够保证受众主动地参与到信息管理的过程中,全面了解公关过程,从而更好地提高自主选择的能力。①

(四)网络时代公共关系的构建

1. 构建官方网站,塑造组织形象。

随着网络时代的发展,人们娱乐、生活的重心已倾向于利用诸如电脑、手机、平板等先进的电子产品进行在线操作,而广播、电视等传统媒介已经呈现出颓势,利用互联网这一新的媒介投放广告已经是大势所趋。

信息的传递、交流与沟通现今已经无法与网络脱离,因此,构建自己的网站是组织自身的迫切需求。

2. 防范网络风险,注重网络安全。

与传统的公共关系构建的基础不同,新型的公共关系体系是建立在网络基础上的,这虽益处多多,却也不可避免地存在潜在的风险和隐患。组织利用网络媒体进行组织形象塑造和相关业务推广时,可能遭遇来自竞争对手或其他居心叵测的人的恶意抹黑,组织形象易遭到扭曲和破坏,这便要求组织能够正确处理公共关系问题,以及能够积极主动地即时应对突发的信誉危机状况。在网络时代,人人掌握着麦克风,人人都紧握着发言权。

有时候我们很难辨别相关信息的真伪,所以时不时爆发谣言危机也就不足为奇了,这需要处理问题的及时性和果断消除由此产生的不良影响,以免公共关系紧张,隔阂扩大,问题膨胀。

3. 网络媒介与传统媒介相统一。

网络时代下,网络媒介这一新媒介的出现冲击了原有的传统媒介的固定传播模式,带来了巨大的影响力。但这并不意味着网络传播这一媒介可以完全取代其他的传统媒介,网络时代的到来只是为人们增添了一种传播方式的选择,使信息的流通渠道变得更为开阔,流通速度也更加迅捷。

传统媒介尽管显得有些颓势,却仍然是当下主流的信息传播媒介,具有不可忽视的巨大影响力和宽泛的受众,也是一部分人的主要信息来源。通过多种渠道、多种途径传播相关信息,有助于加深公众对组织的印象,更好地塑造组织形象,是信息

① 潘卓航.浅析网络时代的公共关系与市场营销[J].中国市场,2018(06):115,119.

传播最有效的方式,同样也能够达到令公众接受组织传递相关信息的目的。

不同的传播媒介对应着不同年龄段、不同类型、不同层次的公众,我们不应该采用极端的方式,人为地形成网络媒介和传统媒介的隔阂,而应将网络传播媒介与传统传播媒介相结合,共同为组织的信息传播服务,构建优良的网络时代下的新型公共关系。①

三、网络传播环境中企业的公共关系策略

网络传播是一种新型的传播形式,是指基于计算机通信网络对信息进行处理、传播与交流,实现社会文化传播。其主要特征是传播主体的多元化和传播的互动性。互联网时代的到来改变了传统公共关系的一些基本思维。②

公共关系是企业组织的重要武器,对社会的影响渗透在方方面面,随着互联网的发展,网络对人们产生的影响也日益深远,而公共关系的建立和开展必须依托互联网。随着网络传播技术的发展,网民的规模不断扩大,借助网络媒体进行网络传播已经成为当前企业在客户关系处理中不可忽视的一个环节。企业公共关系活动的网络化已经成为一种趋势和潮流,甚至在某种程度上成为企业重要的竞争战略。网络的普及与规模不断地扩大使得网络时代的公共关系引起了各类企业组织者的关注。对企业来说,在激烈的市场竞争中,不光要比较企业产品的价格,更重要的是品牌和形象,网络在加强公共关系、维护企业形象上发挥了重要的作用。公共关系突出应用在企业上市、对内的团结和对外的发展上。21 世纪最重要的就是信息化的发展,信息的传播对现代企业的生存和发展具有重要的意义。面对日益激烈的市场竞争,企业要想在竞争中取胜,就需要合理利用竞争关系,要将公共关系融入日常的生活中,确保自身的义务和企业之间可以相互联系,帮助营销人员对产品进行及时的营销。总的来说,企业的公共关系在一定程度上给了营销业务深刻的含义,可以促进企业的发展,或者说现阶段企业在市场营销中能够取胜,离不开公共关系的保障。③

(一)网络传播环境中的企业公共关系

1. 网络环境中企业公共关系的定义。

网络环境中的企业公共关系是指企业借助国际互联网络,在媒介空间内进

① 刘启诚. 公共关系在网络时代的发展新趋势[J]. 企业改革与管理,2018(03):18,25.
② 杨慧. 网络传播环境中的企业公共关系策略探究[J]. 传播力研究,2018,2(36):211.
③ 陈俊杰. 探究网络时代的公共关系与市场营销[J]. 现代商业,2018(23):88-89.

行品牌形象的塑造、信息的传递与收集、与公众进行互动交流，达成企业和受众之间双向的社会公共关系。①

2. 网络传播环境中企业公共关系的特征。

(1)病毒式的传播活动。互联网的迅速发展助长了信息的快速传播，届时一个话题能够在数小时内传遍网络，就像病毒一样。如果这种病毒式的传播能够被恰当运用，就可以扩大企业公共传播的范围，但如果运用不当，有时会加深企业的公共关系危机。②

(2)互动的增强。互联网的发展为企业和受众之间提供了一个平等交流和互动的桥梁，很多企业通过开通网站和主页开展品牌宣传和公关活动，实现与受众的互动与沟通。

(3)公众自创内容。在网络环境传播中，公众除了在网上接收信息外，也会创作数据并交换资料。与企业推送的信息相比，人们更愿意相信消费者的评论信息，比如买家秀。

(4)意见领袖。意见领袖可能是名人、某一领域的资深人士或某一论坛的长期活跃对象。意见领袖是企业公共关系不容忽视的一支重要力量，企业在进行网络上的公关时，必须处理好与意见领袖的关系。

3. 网络传播环境中企业公共关系活动的优势。

(1)企业能掌握信息发布的主动权。首先，企业可以在网络上发布企业新闻，受众可以以关键词的形式对企业的相关信息进行检索，这样企业最新的形象塑造活动就在不经意间完成。其次，企业在本公司主页展示的动态和各种网络会议也有助于打造良好的品牌效应。此外，企业可以对新品进行展示，通过宣传片对企业文化进行推广，以正面的形式宣传企业和品牌形象。

(2)复制成本极低，传播速度极快。由于复制成本低，传播速度快，企业可以在最短的时间内塑造形象，一旦错失良机，没有开展及时有效的网络公共关系活动，则网络快捷的宣传途径也可能是企业形象的陷阱。

(3)信息量大，可实现多方共享。在网络传播中，一则消息刊出后几秒钟便可能被转载，个别的“热门搜索”会瞬时红遍整个网络。

(4)多媒体技术能够感染潜在顾客。在网络传播中，多媒体信息技术的应用实现了传播方式上的突破。企业可以利用网络的虚拟环境创造线上的场景，

① 张远灯. 企业网络公关的战略思考[J]. 统计与管理，2015(10)：117-118.

② 李慧珍. 新媒体环境下企业公共关系策略研究[J]. 现代商贸工业，2013，25(06)：75-76.

并将其作为网络公关活动的重要形式和方法。

(5)互动性交流为公众深入了解企业提供了畅通的渠道。新闻代理、公共信息、双向对称性和双向非对称性被称为公共关系实践的理想模式。最理想的模式是双向对称型,而"多对多"的传播模式从本质上保证了传播的双向性和对称性,使组织在公共关系实践中有可能实现双向对称型模式。

(二)网络传播环境中的企业公共关系问题

在网络传播中,企业公共关系的传播发展面临着诸多问题:

第一,限制网络发展的因素也同样限制着网络企业公关的发展,如信息垃圾问题和网络渠道的不畅通,都易造成"公关危机"。

第二,企业需要更新网络公关观念,改善公关态度。一些企业对于网络公关认识不足,在开展公关活动时依旧将传统媒体作为第一考虑对象。国内很多企业网络公关和品牌形象意识较为淡薄,与受众和媒体之间的关系也有待改善。

第三,由于国内企业管理的原因,在出现问题时,企业内部相互推卸责任,在出现这些情况时,企业要足够重视危机评估机制的建立并积极采取措施来应对危机。

(三)网络传播环境中企业开展公共关系的策略

1. 建立完善的企业网络传播体系。

(1)建立企业网站。企业网络公关的形式一般有两种:一是建立企业自身的网站,二是利用传统媒体宣传。一个公司拥有自己的网站,就等于拥有了属于自己的宣传推广平台,依靠这个平台,企业可以通过互联网不断地传播企业的最新情况,与公众交流,从而为企业树立良好的形象。

(2)完善企业网络传播,创造良好的网络舆论环境。当代社会,舆论具有很重要的地位。企业要持续关注公众的舆论焦点,有目的地推行自己的公关计划,创造良好的社会舆论氛围。网络为舆论的传播提供了便利的途径,借助网络,舆论可以突破时间和空间上的限制,使各方面的意见及时、广泛、深入地进行交换。企业还要保持与新闻媒介的良好关系。这不仅有利于企业日常宣传工作的开展,在危急时刻也能保证企业通过相关媒介向公众做出有利的回应。

2. 凭借社交网络加强企业互动的深度,以病毒式传播扩大企业影响。企业可以通过社交平台的互动来了解受众对公司品牌形象的了解,诊断企业公关形象中的问题,更有针对性地制定企业公关策划方案。

3. 创新企业有关网络的观念,构建网络公关的品牌策略。具体可以通过以下三种方式进行:第一,让消费者参与品牌的构建;第二,着力于公关创意推动品牌建设,引进大量公关人才,提升企业的公关创意;第三,注重网络礼仪,做好品牌形象价值的维护,同时也要维护好企业同媒体、同用户之间的关系,培养用户的品牌忠诚度。①

4. 建立网络传播环境中企业危机公关预警系统。受到各种因素的影响,企业总是处于复杂多变的生存环境中,企业运行风险度不断提高,发生危机的可能性增加,因此有必要在其内部建立一套科学的公关危机预警系统。其主要功能是监测企业的内外环境,对于潜在的危机发出警报,使企业能够提前发现危机,并快速启动危机处理系统,从而减少危机带来的损失。

(1)建立网络公关预警机制。预测危机对于企业能够快速正确处理危机是非常重要的。企业要对可能发生的各种危机进行全面预测,制定危机公关的具体步骤和防范策略,制定相应的公关措施,尽量具体、完善、富有操作性,使之制度化、标准化。

(2)做好网络公关危机的甄别。网络公关危机甄别是指根据监测收集到的危机迹象的有关信息,在比较分析的基础上判断危机是否会发生及其对公司有何影响。危机甄别是公关危机预防中一个必不可少的环节和工作内容,它可以通过对已经获得的有关危机信息的分析,推断出危机的状况和企业面临的形势,为企业展开网络公关做好充分的准备。

(3)建立网络危机评估和报警系统。网络公关危机评估系统的职能是在有效整理、识别危机信息的基础上,通过对相关信息的分析,对未来可能发生的危机类型及危害程度做出估计或预测。该系统应能预测企业危机的演变、发展和趋势,同时为管理者进行危机控制和管理提供科学依据。

(四)企业危机网络公关战略

1. 寻找企业网络公关危机之源头。网络公关危机处理,要对危机的状况做全面的分析:危机产生是内因还是外因?危机发展的状况及趋势如何?受影响的公众有哪些?谁是危机的直接受害者、间接受害者和潜在受影响者?具体受影响的程度如何?可能通过什么方式予以解决?危机信息对外扩散的发布渠道和范围如何?找到这些依据之后,就可以根据这些依据来制定相应的对策。

2. 启动网络公关危机处理之程序。网络公关危机一旦爆发,如何有序、稳步地加以处理,是公关危机管理的重要内容,是有效化解危机的关键。面对公关危机时应对失误,是导致危机加剧的重要原因,普通的诉讼官司、产品质量纠

---

① 杨慧.网络传播环境中的企业公共关系策略探究[J].传播力研究,2018,2(36):211.

纷、媒体报道、广告轰炸等各种各样的事件，都可能引发或转变为企业的公关危机，处理不当就会使企业多年辛苦建立起来的良好形象化为乌有。企业的网络公关危机处理程序是企业处理突发网络公关危机的基本流程，有利于企业在面临不利形势时稳扎稳打，逐步化解危机，走出困境。

在网络环境下，企业必须应对来自互联网的公关危机。企业管理者应该不断加大对网络公关的重视程度，增强危机意识，提升企业的网络公关能力，建立相对完善的网络危机预警系统，同时不断加强员工的沟通与培训，做到全员公关。要注重灵活的战略，及时化危机为商机。①

总而言之，网络环境中企业的公共关系活动可以协助企业更加迅速地构建企业良好的品牌形象，但网络媒体上的一些负面消息会影响企业品牌效应的推广。企业管理者要充分认识网络中企业的负面形象，正确利用网络传播环境中良性的一面开展网络公关活动并及时改进问题，树立良好的品牌形象。

四、数字网络空间：公共关系新领域

侯向平认为，数字网络空间是当今公共关系界值得关注的领域。传播技术的发展使得人们在信息交流、信息处理、信息获取方式等方面都发生了变化。全球人口对社交网络所产生的兴趣和花费的时间也在不断增多。

随着人们社会领域中的数字化和以在线为基础的交流空间的日益广泛及活跃，公众在公共传播空间的行为也变得活跃，通过各种在线平台，在网站、社交网络、博客、论坛和播客等社交网络公共空间的活动越来越自发且持续，其驱动力可以来自问题解决者搜索信息、选择与他们的问题相关的信息，分享他们的问题，并试图解决他们；还可以是愤怒的消费者通过在社交媒体上发布他或她对某些产品或服务的经验，希望将其作为一个被关注的问题来寻求解决问题的支持。

在这种社会背景下，公共关系传统理论及其方法层面受到数字化技术的影响越来越广泛，也越来越重要。数字化技术对于公共关系传播的影响在于：为实现沟通，而不仅仅是为传播提供一种手段。这些影响的持续不断的结果是，除了传统领域之外，在线关系、虚拟关系、数字关系、网络关系等概念不断涌现。数字网络是一个有别于传统的公共空间，关注“数字关系”的公共关系管理者和从业者对社交网络开始进行以目标为导向的分析，主要目标有：

① 张远灯．企业网络公关的战略思考[J]．统计与管理，2015(10)：117-118.

(1)观察某些网络用户的行为,开展风险管理和舆情、认知引导;

(2)确定用户的成员资格和在子社区中的地位,分析舆情波动及其产生的源头;

(3)查找某些用户之间可能存在的关系,分析议题形成的路径;

(4)发现网络结构随时间的变化进行预测分析。

公共关系研究者、专家和从业人员正面临着数字网络社会中不断发展的交际方式互动现象,这种现象不仅是人群数量上的增加,从社交网络及系统中的大数据背后可以看出,家庭与工作场所,工作时间与下班之后,专业与娱乐,所有这些传播活动之间的边界已经模糊,社交网络系统在日常工作及生活中的运用不断广泛,比如,用来组织工作会议,与同事一起用餐或与朋友举行生日聚会。随着越来越多的社会公众能够负担得起他们在数字网络中的言行,他们的社会行动被不断"留痕",而这种"痕迹"是数字交流行动的折射。

对组织利益相关方的"数字公民"及其行为、活动进行分类和研究,是建立"数字公共关系"新知识库以及与组织建立积极"数字关系"必要的第一步。在可预期的未来,随着一代又一代的数字网络公民在扩大,数字化社会行动领域也将进一步扩大。数字网络空间是当今公共关系界需要关注的领域,数字网络空间分析为公共关系从业人员和学者提供了一个必要的概念图和定位工具,以识别活跃的"数字公众",并帮助构建更有效和合乎法规、合乎情理的组织反应和行为。①

网络的发展对社会的各个方面都造成了非常深刻的影响,尤其是公共关系方面的变化更加明显。对于公共关系来说,顺应时代发展的潮流,更好地趋利避害,从而有效地增强企业与用户之间的沟通和交流,在这样的情况下,不仅能够化挑战为机遇,也能够更好地提高企业的社会影响力,保证企业的顺利发展。网络能够给任何人提供自由发表言论的平台,从而形成人人都是信息源的局面。在网络环境下,只要人们掌握了计算机知识以及网络知识,就能够通过网络媒介广泛地传递信息。在网络公共平台,任何企业与个人都能够实现点对点、面对面的沟通与交流。只有利用好网络时代的公共关系,才能够更好地促进企业市场营销能力的提升,把握时代发展的趋势。②

---

① 侯向平. 数字网络空间是当今公共关系界值得关注的领域[J]. 公关世界,2019(17):93-94.

② 潘卓航. 浅析网络时代的公共关系与市场营销[J]. 中国市场,2018(06):115,119.

案例评析

2021年世界卵巢癌日"看见她力量"女性公益项目

项目主体

再鼎医药

项目执行

释宣公关(上海释宣商务咨询有限公司)

项目背景

在妇女健康领域,相较于公众熟知的乳腺癌和宫颈癌,卵巢癌一直都是被严重低估的隐形杀手,其死亡率高居妇科恶性肿瘤之首,被称为"妇癌之王"。我国乳腺癌的五年生存率已达80%,宫颈癌五年生存率近60%,但晚期卵巢癌的五年生存率仅为39%。事实上,约70%的患者一旦发现就是晚期,卵巢癌这一公众眼中的"小众群体"疾病,认知度和知晓度长期以来处于相对较低的水平。

在卵巢癌治疗中,70%的患者都会复发,70%的患者都活不过5年。而晚期卵巢癌多次复发的特点使得患者陷入不断对抗癌症的"循环"之中,在长期抗癌中,患者的恐惧、家属的压抑、偏方的误导及不规范的治疗方式、医生高压忙碌的临床工作、医患间院外的沟通缺乏等都是国内卵巢癌临床治疗中面临的现状与挑战。

卵巢癌这一疾病需要被公众所"看见",卵巢癌患者需要被"看见",在长期抗癌中,医生、患者和家属的"她力量"也需要被彼此"看见"。

项目调研

该项目从国家政策指导、妇瘤专家、民间抗癌红人、卵巢癌患者及家属、媒体传播等多角度进行了前期调研沟通和项目可行性论证。

1. 国家政策层面,响应健康中国战略行动。

国务院发布的《"健康中国2030"规划纲要》提出了2030年我国总体癌症5年生存率提高15%的目标,总体癌症5年生存率不低于46.6%。女性健康是全民健康的重要基石,国家癌症中心数据显示,我国恶性肿瘤5年生存率已从10年前的30.9%提升到40.5%,而卵巢癌5年生存率仅提高0.4%,十年来几乎无明显改善。因此,社会各界携手为改善卵巢癌疾病诊疗而努力是践行健康中国行动的重要路径。

案例评析

2. 妇瘤专家层面，科普+医患沟通成为主要诉求。

在前期调研沟通中，多位妇科肿瘤专家表示，一方面，卵巢癌治疗较为复杂，一些片面或者错误的信息可能导致患者盲目参照治疗经验甚至不遵从医生的治疗方案，这样不仅给医生临床诊疗造成了障碍，还可能让患者进入治疗误区，延误病情。另一方面，作为医院和医生，也希望更加积极地参与到疾病科普和患者交流的实践中，提供系统和专业的诊疗信息与建议，增进医患沟通，缩小患者的信息鸿沟。因此专家希望有深度沟通的机会，也希望让更多公众帮助卵巢癌患者回归家庭、回归社会乃至回馈社会。

3. 民间抗癌红人、卵巢癌患者及家属层面，抱团取暖、群体抗癌，引爆传播核心群体。

在2020年世界卵巢癌日，再鼎医药联合白求恩公益基金会及全国十多位知名妇瘤专家在疫情期间进行了“妇瘤大咖空降卵巢癌患者群义诊答疑”活动，专家进入民间患者群与患者零距离互动，该活动广受专家和民间患者好评，已成为业内标杆，因此今年患者们希望和头部顶级专家们有更多深入的交流。此外，在卵巢癌抗癌群体中已经出现了明显的“抱团取暖”“群体抗癌”现象，患者们形成了多个民间科学抗癌群，出现了一批带有凝聚力的民间抗癌红人，创建了微博“卵巢癌超话”，有助于吸引患者代表参与，使得该项目在患者群体中引爆。

4. 媒体层面，特殊疾病科普时间节点，实现传播合力。

借助世界卵巢癌日的节点进行疾病科普和医患沟通传播，是响应健康中国2030战略行动的表现，有助于形成传播合力，扩大传播影响力。

5. 社会多方。

通过与北京白求恩公益基金会、患者社区、企业、媒体等多方沟通，了解到各方非常愿意从各自优势出发，共同为提升卵巢癌认知和患者抗癌信心付出努力与行动。

项目策划

1. 公关目标。

(1)联合多方力量，打造优质的卵巢癌医患沟通交流平台，传递医患抗癌正能量，正确对待疾病，引导患者和家属科学抗癌，增强抗癌信心，回归家庭，回归社会；

案例评析

(2)形成出圈、破圈的传播热点话题,提升公众对卵巢癌疾病的认知和了解;

(3)线下联动全国多省市重点医院开展免费义诊,帮助患者科学规范治疗。

2. 公关策略。

(1)联合基金会和央媒,同企业一起发起该项目,为该公益项目的开展打造权威的平台。

(2)联动权威专家、患者组织、民间抗癌红人,和企业、媒体一起协作搭建医患交流桥梁——“看见她力量”女性公益讲坛,打造让卵巢癌患者与医生的真实故事和心声被听见与关注,了解卵巢癌患者生活与人生全貌,感受妇科肿瘤医生对患者的责任、使命与关怀,传达女性的坚韧力量,增强长期抗癌的信心。

(3)线上线下相结合,联动主流媒体、抖音、微博等新媒体和短视频平台,扩大传播影响力,让医疗健康内容出圈、引爆,同样成为公众关注的热点。

(4)后续在全国地方多城市辅助系列义诊科普活动,在医患沟通之外搭建惠及患者的免费义诊平台,为更多患者带来更多真实福利。

3. 受众。

广大公众、卵巢癌患者和家属。

4. 传播内容创意。

(1)医患层面传播内容核心创意:

结合十位演讲嘉宾(专家5人、民间患者/家属/抗癌红人5人)的特点,分为演讲者和朗读者上下半场,采取多维度、多层次的内容策略,覆盖医生临床工作中的感悟和亲身经历的故事,以及传递的手术、复发治疗等各个层次,覆盖患者、患者家属和民间抗癌红人的个人故事、身边观察、挣扎纠结和十几年来的治疗之路。以真挚、有温度、有冲击力的文字和表达成为医患层面传播内容亮点。

(2)上半场“演讲者”及其主题:

小白兔也有悲伤(卵巢癌抗癌红人、患者家属、《时间的礼物》作者):生命的故事

北京协和医院潘凌亚教授:看见她力量

北京协和医院吴鸣教授：刀尖上的生死较量

中国科学院大学附属肿瘤医院朱笕青教授：直面复发，我们在一起

杨红雨（国务院中央军委国家空管专家、科技部 863 信息领域主题专家、卵巢癌患者）：科学力量，向阳而生

（3）下半场“朗读者”及其主题：

中国医学科学院肿瘤医院吴令英教授：抗癌路上，每个人都是英雄

四川大学华西二院尹如铁教授：医患之间：刚好你来，恰好我在

齐十二（微博卵巢癌超话创建者、卵巢癌患者家属）：我想成为一名抗癌好家属

Vivian（民间抗癌群“康复加油群”群主）：十三年，不抛弃、不放弃

李天娇（民间抗癌群“爱来癌去群”群主）：宇宙尽头的“神药”是群体抗癌

（4）公众层面传播内容核心创意：

“妇癌之王”卵巢癌，影响女性健康的“沉默的隐形杀手”，以及采取核心关键疾病数字促进公众理解和传播关注：约 70%的患者一旦发现就是晚期；70%的患者都会复发；70%的患者都活不过 5 年。

通过多位专家接受采访的不同层面的观点和输出（如疾病诊疗现状、复发等临床诊疗难点、如何促进科学规范治疗、社会各界如何携手共同提升卵巢癌五年生存率等），引起央媒和党媒的报道关注。

直面妇癌之王，全程化管理突破患者生存困境：近年来，随着越来越多创新治疗手段和治疗方案的应用，事实上卵巢癌的治疗已经迈入全程化管理时代，卵巢癌也已经在向着慢病化治疗发展，越来越多的卵巢癌患者能够科学规范抗癌延长生命，甚至跨越五年生存期，并且在抗癌过程中展现出了蓬勃的“她力量”。

多方汇力，共助卵巢癌患者延长生命、回归社会，乃至回馈社会：卵巢癌患者并不是一个人在战斗，在抗击卵巢癌的过程中，政府、社会组织、专家、民间组织等多方力量联合，携手汇聚成为的这股“她力量”正在不断赋能患者，让更多患者和家庭少走“弯路”，给更多罹患卵巢癌的女性带来了新希望。

案例评析

5. 媒体策略。

(1)联合央媒发起、奠定活动权威性：该公益项目在发起之初，即联动权威党媒人民日报健康客户端共同作为发起方，为该项目定调，为后续传播从发起开始打下规划基础。

(2)全国有影响力的视频平台、网络媒体平台、新媒体短视频平台联动，在世界卵巢癌日共同直播，并借助疾病日契机进行优势点位宣传。以人民日报健康客户端为起点，联合今日头条、抖音、快手、新浪新闻、搜狐视频、腾讯视频、腾讯看点、一直播、虎牙、斗鱼、健康时报、微博、癌度 14 大媒体平台全面预告、直播优势宣传位提供与线上同步直播，形成全网舆论热点。

(3)邀请全国主流媒体如大众媒体和健康媒体在北京线下录制期间，和患者及其家属一起参与现场观看活动并进行后续深度报道，进一步扩大传播深度。

(4)携手民间卵巢癌抗癌红人、患者社区媒体精准覆盖。携手卵巢癌抗癌 KOL 小白兔也有悲伤(《时间的礼物：卵巢癌患者实战指南》作者)、齐十二(微博卵巢癌超话创建人)、Vivian 和天娇(民间抗癌群群主)以及癌度和与妳同行患者社区全程参与，引发患者热烈讨论和民间 UGC 传播。

(5)央媒互动，打造微博热搜话题：人民日报微博、新华社、人民日报健康客户端、学习强国四大央媒平台发布，并通过新华社与人民日报微博的互动引爆微博热度。

(6)社交媒体扩大活动影响力：微博、微信、抖音、快手、知乎等多个社交平台传播，引发广泛讨论与转发，扩大活动影响力。

(7)医院官方渠道覆盖更多肿瘤患者：医院官方渠道多形式扩大化传播，并再次印证活动权威性和公益性。

6. 传播规划。

(1)预热传播(4 月 22 日—5 月 7 日)：患者组织平台预告+微博卵巢癌超话、患者个人/患者群自媒体预告+北京国家气象局百位患者参与现场录制+现场观众主题照拍摄互动、《时间的礼物：卵巢癌患者实战指南》作者签名互动。

(2)高潮传播(5月8日):人民日报健康客户端今日头条、抖音、快手、新浪新闻、搜狐视频、腾讯视频、腾讯看点、一直播、虎牙、斗鱼、健康时报微博、癌度等14大媒体平台全网直播"看见她力量"女性公益讲坛医院;三大医院官网、官方微信发布+专家朋友圈发布+患者群传播。

(3)扩大传播(5月8—9日):微博热搜top话题+全国主流媒体深度报道+微博、微信、抖音、快手等社交媒体报道。

(4)深度报道(5月9—20日):南方周末、八点健闻、健康时报等患者深度故事报道。

(5)重点城市落地传播(5月8—20日):22个省份、26个城市举办近40场义诊/科普活动。

项目执行

1. 筹备阶段(2月—4月20日):

- 项目策划与立项准备。
- 沟通和确定主办方/支持方/参与方:北京白求恩公益基金会和人民日报健康客户端共同发起、再鼎医药支持、患者社区癌度和与妳同行参与。
- 确定项目主题。
- 邀请演讲专家、患者、家属、民间抗癌红人,沟通演讲主题和角度。
- 沟通和确定讲坛录制场地、搭建、设计。
- 沟通演讲嘉宾内容,进行采访、撰稿、本人再沟通、稿件再修改、定稿。
- 制定线下演讲主题与日程。
- 确定传播执行方案。

2. 执行阶段(4月20日—5月7日):

- 准备和确定演讲稿件、传播稿件。
- 确定预告海报设计、物料设计。
- 发布预热海报,招募患者观众参与现场录制。
- 准备现场主题拍摄留念、签书互动、现场演讲物料制作等。
- 现场彩排。
- 邀请全国主流媒体参会。

案例评析

- 演讲视频剪辑、传播海报、金句海报制作。

3. 传播阶段(5 月 8 日—5 月 20 日):

- “看见她力量”女性公益讲坛在人民日报健康客户端等 16 家媒体平台同步播出。
- 剪辑金句短视频合集传播。
- 全国主流媒体报道。
- 微博、微信、抖音、快手等社交平台报道。
- 医院官方微信、官网等渠道报道。
- 南方周末、八点健闻、健康时报报纸深度故事报道。

4. 重点城市后续落地阶段(5 月 8 日—5 月 20 日):

- 22 个省份近 40 个重点城市医院举办义诊/科普活动。
- 地方媒体报道。

项目评估

2021 年世界卵巢癌日“看见她力量”女性公益项目打造我国妇瘤领域首个女性公益讲坛,以富有深度、温度和人文洞察的多角度内容和全方位的媒体传播矩阵,吸引了知名妇科肿瘤专家、主流媒体和一级央媒、公益组织和患者群体的广泛关注、认可和深度参与,塑造了一批有影响力的专家的人文形象和民间抗癌力量,在行业中形成卵巢癌患者教育标杆项目,并在公众疾病科普教育方面引起了热烈反响。

该公益项目线上线下相结合,在北京举办了一场“看见她力量”女性公益讲坛,并通过全国和地方主流权威媒体、头部一级党媒、社交媒体、短视频平台、患者社区媒体、医院官方发布等平台共产生 200 多篇报道,一级党媒人民日报官方微博发布本次活动科普新闻,并创建微博话题“约 70%卵巢癌患者发现就是晚期”和“为什么卵巢癌被称为妇癌之王”,其中“约 70%卵巢癌患者发现就是晚期”这一话题登 5 月 9 日微博热搜榜第 2 位,微博要闻榜第 1 位,并连续 9 小时居榜,超过 3.6 亿阅读量,讨论量达 4.3 万,引起央视网、生命时报等微博大号的主动科普跟进,成为母亲节当日最热门的健康话题。

人民日报微博、人民日报健康客户端、新华社、学习强国、光明日报、健康时报、中国日报、科技日报、工人日报、成都日报、中国医学论坛报等主流媒体广泛发布报道和演讲视频精华。

案例评析

得到多家知名三甲医院官方发布报道，包括“中国医学科学院肿瘤医院”“北京协和医院”“浙江省肿瘤医院(国科大肿瘤医院)”等医院官方微信、微博、官网报道，以及医院线下院区大屏幕回顾播放。

此外，项目后续广泛落地阶段的全国卵巢癌义诊/科普活动覆盖22个省份近40个城市，上百位医护线下参与，覆盖近千名卵巢癌患者，真正做到了疾病宣教、医患互动、患者惠及三方面兼顾。

(案例来源：第十七届中国公共关系行业最佳案例大赛金奖①，根据“2021年世界卵巢癌日‘看见她力量’女性公益项目”案例综合改编而成。)

评点：

公关关系专题活动策划是指服务于组织整体公共关系目标的各项专门主题的活动策划和设计。公共关系专题活动策划具有主动性、积极性、创新性和开拓性的特点，是公共关系策划者展现聪明才智的用武之地，也是一个组织进行理性的、科学的公共关系工作的重要内容。常见的公共关系专题活动策划有：公共关系调查策划、公共关系新闻策划、公关关系广告策划、公共关系营销策划、公共关系谈判策划、公共关系危机处理策划、内部公共关系策划等，在这里，将“2021年世界卵巢癌日‘看见她力量’女性公益项目”这一公共关系专题活动界定为公共关系新闻策划。公共关系新闻策划的含义是，在服务于组织的公共关系总目标的原则下，对以事实为根据、以最新为特点的信息的制造、选择、加工、编辑、传播、反馈等一系列活动的运筹谋划过程，这样的界定也是对这一策划案例进行分析点评的基础。

“看见她力量”作为业内首创的内容导向特色公益项目，成功地对一批在民间默默抗癌并且帮助其他患者的抗癌代表进行了挖掘和形象凸显，引导群体抗癌的正确路径，凸显抱团取暖在抗癌中的重要意义。在内容上，将患者和家属在治疗、精神、心理负担、经济等方面的挣扎纠结困惑、坚强乐观坦然充分释放传递出来，帮助患者和患者、患者和家

① 人民日报健康客户端、再鼎医药、释宣公关.2021年世界卵巢癌日“看见她力量”女性公益项目[EB/OL].[2022-04-12]http://www.prawards.com.cn/review/winnerlist/19.

案例评析

属、患者/家属和医生之间的相互理解和沟通,有助于帮助患者长期规范治疗,使这群“小众”肿瘤患者感觉到自己和卵巢癌被公众所看见和关注,有更多的勇气回归社会、回馈社会。在效果上,引爆了社会、患者和行业的关注,使得卵巢癌这种不为公众所知晓的女性健康重大杀手走进更多人的视野。通过活动的组织,再鼎医药塑造了其关注女性健康、投身社会公益、引领健康时尚的企业形象。

那么,“看见她力量”这一公共关系新闻策划活动为什么会获得成功呢？从根本上来看,是因为这一策划遵循了公共关系新闻策划的基本原则:适时性、新颖性和周密性。具体体现在这一策划的公关策略上:结合特殊时间点,制造热点事件;分阶段推进传播,注重连续性;号召多方参与,扩大社会影响力;丰富活动内容,强化视觉冲击。此次策划活动为妇瘤领域首创,举办了我国妇瘤领域首个女性公益讲坛“看见她力量”,邀请忙于临床工作的医生和从未在闪光灯下出现的卵巢癌患者和家属们走上舞台、吐露心声,并且促进了卵巢癌医患之间的深度交流,首次在临床治疗之外关注卵巢癌患者和家属的生存、生活、心理状态和医患沟通。“看见她力量”女性公益讲坛是一场医患之间打开心扉互诉衷肠的交流会、一次医患面对面的心灵碰撞之旅、一个汲取力量携手前行的能量场,线上线下有机结合,内容上不落窠臼、捕捉真实内心故事,打造业内患教传播标杆。另外,号召多方力量参与,共同增强抗癌信心,汇集社会公益力量、权威专家、患者组织、民间抗癌红人、权威媒体、企业等多方力量,共同提升对卵巢癌的认知和增强抗癌信心,这些都体现出这一策划活动的周密性。

案例阅读后,请思考以下问题:

1. 开展新闻性专题活动有哪些原则与技巧？
2. 公共关系广告与一般广告有哪些不同？
3. 人际性专题活动指什么？怎么做才能成功？
4. 在新的网络传播环境中,公共关系策划呈现何种特点？
5. “2021 年世界卵巢癌日‘看见她力量’女性公益项目”体现了哪些策划原则？

第九章 公共关系的危机处理策划

学习要点

俗话说："天有不测风云，人有旦夕祸福"，其意义在于告诫人们要"防微杜渐""居安思危"，正确对待和处理已经和可能遭遇的各种祸患。在激烈的市场竞争中，任何社会组织都不可能一帆风顺，遇到风险和危机是不可避免的。在预防和处理各种风险和危机的过程中，公共关系策划具有重要作用。本章我们将介绍公共关系危机的概念、类型和特征，公共关系危机处理的模式，公共关系危机管理等内容。

【学习目标】

学习完本章,你应该能够:

(1)了解公共关系危机的类型与特点;

(2)了解公共关系策划在风险和危机的预防和处理过程中发挥的作用;

(3)了解公共关系危机的防范方式。

【基本概念】

公共关系危机　突发性公共关系危机　公共关系危机处理“五步曲”　公众至上原则

《危机管理》一书的作者菲克曾对《幸福》杂志排名前500的大公司董事长和总经理进行过一项关于企业危机的调查。调查结果表明:

第一,80%的被调查者同意,现代企业界面对的危机就像死亡一样,已成为不可避免的事情。

第二,在寄回调查问卷的公司中,有14%的公司认为曾接受过严重危机的挑战。

第三,被调查者百分之百地同意,他们的公司容易发生的危机不外乎以下11种原因:①生产性意外;②环境问题;③劳资争议及罢工;④产品质量;⑤股东丧失信心;⑥具有敌意的兼并;⑦股票市场上大股东的购买;⑧谣言或向大众传媒泄露组织内秘密;⑨政府方面的限制;⑩恐怖破坏活动;⑪组织内人员的贪污腐化。

第四,57%的被调查者表明,过去一年在组织内潜伏的危机已经爆发了。他们所讲的这些已爆发的危机中:①72%日益严重;②72%日益受到大众传媒的密切注意;③32%受到政府关注;④55%影响公司的正常运转;⑤52%的公司利益和利润受到损失。另外,70%的受调查者当危机发生时已任现职,其中14%的人认为危机损害了他们个人的名誉。

第五,危机困扰的时间平均历时8周半,没有应变计划的公司要比有应变计划的公司长2.5倍。危机后遗症的波及时间平均为8周,没有应变计划的公司也比有应变计划的公司长2.5倍。

从美国人的调查中我们可以认识到:①几乎所有的组织都可能遇到危机,这甚至是无法避免的;②对危机有应变计划的公司遭受的损失要相对少些,说明了对危机进行预防的必要性;③危机对个人和企业的损害都是十分大的;④危机发生的原因很复杂。

在对风险和危机的预防和处理过程中,公共关系策划具有特殊的作用。也就是说,公共关系与危机处理有着不解之缘。甚至可以说,公共关系诞生于危机处理。被誉为“公关策划之父”的艾维·李正是在20世纪初的“扒粪运动”中登上历史舞台的。他服务的第一个客户就是由于新闻界的揭丑、“扒粪”而声名狼藉,被人称为“强盗大王”的洛克菲勒财团;他服务的内容就是处理财团的形象危机,以获得公众与社会的谅解与信任。而他为宾夕法尼亚州铁路公司处理事故引发的危机时,由于“说真话”的处理方式而大受赞扬,并声名远播。

正是由于艾维·李以公共关系的方法与原则成功地处理了一系列大企业的危机,才使公共关系受到社会的关注与认可。难怪人们由衷地评论道:“第一次世界大战以前,艾维·李作为一个公共事务专家的声誉,轻易地埋没了创造这一崭新行业的其他人的力量。在20世纪初期,艾维·李通过为大企业解决问题建立了他的威望。”所以,著名公共关系学者卡特利普还说道:“公关只有与危机联系起来才有意义。”

第一节 公共关系危机的类型与特点

一、公共关系危机的含义

对公共关系危机的界定涉及“危机”“突发事件”“公关危机事件”“危机公关”“公关危机”等相关概念,我们必须首先对这些相关概念加以辨析和理解。

所谓“危机”,是指突然发生或可能发生的重大事件给组织的生存和发展带来的危难和机遇。危机一般具有突发性、关注性、危害性和机遇性的特征。

“突发事件”或称“偶发事件”一般泛指突然发生的重大事件;而“危机事件”则是指突然发生的危及社会组织形象和利益的重大事件,是突发事件中的一种特殊形式。也就是说,并不是所有的突发事件都是危机事件,也不是所有的突发事件都会引发危机。而“公关危机事件”则具有以下含义:

第一,这些事件都是有可能直接或间接地置组织于危难之中的偶发事件;

第二,这些事件的处理效果将直接或间接地影响组织的生存与发展;

第三,这些事件的发生与处理都与组织的公共关系活动密切相关。

总之,“公关危机事件”就是指影响组织生存与发展,与组织的公共关系活动密切相关,需要通过有针对性的公共关系活动才能妥善解决的突发事件或偶发事件。可见,只有那些与公共关系活动密切相关的潜在的或明显的危机而引出的突发事件才能被称为公关危机事件。

在日常生活中,公关危机事件并不少见:大到以美国为首的多国部队攻打伊拉克,小到某品牌的牙签将使用者的牙龈戳破;远到某跨国公司生产的探测器在火星上发生故障消失或坠毁,近到武汉市某老字号品牌月饼由于消费者吃出了一根头发被投诉……凡此种种而引发的危机事件都是不同领域、不同层次的公关危机事件。

"危机公关"即危机管理,是指从公共关系的角度对危机的产生、发展、变化所实施的有针对性的有效控制的公关活动,其内容主要是对危机的预防和处置。

而我们所要重点认识的"公关危机",即公共关系危机,是指由于内部和外部种种因素严重地损害了组织的声誉和形象,使组织陷入巨大的舆论压力和发展危机之中的一种公共关系状态。这种状态如不迅速改变,就会影响组织的生存,所以称之为"公关危机"。

二、公共关系危机的类型

根据危机出现时间上的急缓,公共关系危机可以分成两大类。

(一)渐进性公共关系危机

所谓"渐进性公共关系危机",指的是社会组织由于自身形象管理不善,或者由于对外部环境不利于自身形象的信息麻木不仁而产生的信誉危机与舆论危机。

渐进性公共关系危机一定意义上是组织在全面管理上存在欠缺,以至日积月累而产生的危机。这种危机既是公共关系危机,又是组织生存与发展上的危机。例如:当年曾经享誉一时的"巨人""白云山""亚细亚"等企业,后均陷入了困顿之中,组织形象日益暗淡,其原因并不仅仅是公共关系操作上的不当,也不是由于突如其来的危机事件发生,更主要的是企业制度、管理机制、领导决策、企业文化等方面存在种种潜在隐患,日积月累爆发出危机。

因此,渐进性公共关系危机的处理应与社会组织管理本身全方位的完善结合起来,在防微杜渐上下功夫,而不能仅仅寄希望于公共关系危机的处理策划。

(二)突发性公共关系危机

突发性公共关系危机往往是由突发性危机事件导致的,因此,我们首先必须对突发性危机事件进行认识。根据不同的标准,社会组织面临的突发性危机事件可以划分为不同的种类,不同种类的突发性危机事件则具有不同的特点。这些不同类型的突发性危机事件的不同特点,将是我们探讨通过公共关系策划解决问题的重要依据。

1. 人为危机事件和非人为危机事件。

(1)人为危机事件。人为危机事件是指由与组织具有直接关系的人的行为所造成的突发性事件。对于一个企业组织来说,通常是指由于生产工序不科学、产品设计有问题、原材料质量低劣、管理措施不严谨、工作人员缺岗渎职、安全保卫出现漏洞、协作单位突然变卦等所造成的影响组织声誉或经济财产损失的危机事件。人为危机事件尽管是突然发生的,但大部分是有先兆的,因此具有可预见性、可控制性的特点。如果平时采取相应的、积极有效的防范措施,就可以避免事件发生,或将损失降低到最低程度。

(2)非人为危机事件。非人为危机事件是指由无法预见、无法避免、无法控制的不可抗拒的原因所造成的突发性事件,诸如突发性的自然灾害、交通事故、社会动荡、爆发战争等。非人为危机事件大多数事先没有什么征兆或者组织本身无力控制。

2. 有形损失危机事件和无形损失危机事件。按照危机事件给组织带来损失的表现形态,即有形资产损失和无形资产损失,可以将突发危机事件划分为有形损失危机事件和无形损失危机事件。

(1)有形损失危机事件。有形损失危机事件是指直接给组织带来人员伤亡和财产重大损失的突发性事件。诸如房屋坍塌、火灾、生产事故、意外伤亡等所造成的财产损失。有形损失危机事件的发生与所造成的损失几乎是同步的,损失明显且易于评估,但是事件造成的损失难以挽回,往往也容易造成一些附带或潜在的无形损失。

(2)无形损失危机事件。无形损失危机事件是指由于决策失误、管理不善、服务不周、危机意识淡薄所造成的有损组织信誉和形象的突发性事件。无形损失危机事件造成的损失是潜在的和长远的,如果不及时采取有效的措施,影响会逐渐扩大,最终也会导致有形损失。

3. 内部危机事件和外部危机事件。按照危机事件同组织利益的关联程度以及导致事件的原因,可以将突发危机事件分为内部危机事件和外部危机事件。

(1)内部危机事件。内部危机事件是指由组织成员造成并在组织内部突然发生的、只给组织本身造成重大损失的事件。比如,技术人员突然不辞而别、单位领导突然携款外逃等引发的危机事件就是典型的内部危机事件。

(2)外部危机事件。外部危机事件是指与组织行为相关但发生在组织外部,对本组织及社会具有重要影响或造成重要损失的事件。例如,由决策失误而导致经销商的产品积压、用户对产品使用不当而发生事故、排放废物造成环境污染等。比较而言,外部危机事件波及面广,受害者众多,对社会和本组织的影响较大。

通过以上分类我们可以看出,并不是所有的危机事件都与组织的本身行为相关,更不是所有的危机事件都是由组织的公共关系活动失调造成。但是危机事件的处理,都需要借助公共关系活动。

三、公共关系危机的特点

通过对历史上出现的各类公共关系危机状况的分析,以及对社会上各种公共关系危机的现实探讨,我们可以将公共关系危机的特点概括如下。

(一)必然性与偶然性

一个社会组织公共关系危机的产生,往往表现为偶然性,但也是必然性的体现。应该说,一定意义上,组织既然在社会上存在,其公共关系危机的产生几乎是不可避免的。因为有组织存在,就会有公共关系存在;而只要有公共关系存在,就必然会有公共关系危机发生的可能。

偶然性的危机事件发生,其背后的必然性是社会组织公共关系作为一个开放性的复杂系统的结果。该系统是覆盖面广、结构复杂、层次众多的大系统,系统中包含着许多彼此联系的复杂多变的子系统;是一个由主体实施控制的多输入、多输出、多干扰、多变量的主动性系统,具有复杂性与不确定性。从控制论的角度而言,任何一个大系统的部件和子系统都要为实现一定的功能而形成多层、多级和多段控制结构。信息的沟通与传播是建立、协调和改善社会组织公众关系的主要途径。建立、协调和改善公共关系就是一种控制过程,即主体主动影响客体并希望达到目的的过程。在对一个复杂系统实施控制的过程中出现失控现象是难以避免的。从信息论的角度看,公共关系就是信源通过信道向信宿传递信息并引发信息反馈的过程。信息在传递过程中由于噪音的干扰势必会产生失真现象。控制失调和信息失真都会产生误差,由误差导致错误,由错误酿成危机。所以,控制失调和信息失真所导致的无法避免的隐患,就是危机的必然性根源。

公共关系危机产生的偶然性取决于系统的动态特性。由于公共关系这个大系统是开放的,每时每刻都处于与外界物质、能量和信息的交换流动之中,任何一个薄弱环节都可能因某种偶然因素而失衡,从而导致整体失调,最终引发公共关系的危机。

(二)未知性与可测性

公共关系危机虽然可以说是由偶然性与必然性特征所决定的,但危机的偶然性表现为人们对它的未知,而危机的必然性其实是可以预见的。这就产生了未知性与可测性。

公共关系危机的未知性源于事物从量变到质变的过程的不确定性。例如,已经枯死的树枝暂时可以在原位保持原状,但总会有一天或被一阵强风吹落,或被一场野火焚毁,或可能因鸟兽的碰触而断裂等。但是,量变到质变的时间或期限是未知的。

公共关系危机的可测性源于危机潜在发展中的必然性,控制失调和信息失真所遗留的隐患可以通过观测、调查、分析、诊断、推论、假设等科学方法加以研究,从而使危机具有比较明显的可测性。

危机的未知性要求社会组织在日常运作中要积极主动、严谨慎重,力争不出差错,以减少危机产生的条件;危机的可测性则要求社会组织尽早发现可能发生的危机,以采取措施,防微杜渐。

(三)破坏性与建设性

公共关系危机本质上和客观上固然有破坏作用,必须事先尽力防范。但是,一旦公共关系危机已经发生,会使组织系统中潜在的问题得以充分暴露,通过危机事件的妥善处理,不但可以挽回影响,而且有可能建立信誉,塑造形象,使原本不佳的公共关系状态获得转机。正是从这个意义上说,公共关系危机还具有建设性。

认识公共关系危机的破坏性,组织在平时才不会掉以轻心、麻痹大意;认识公共关系危机的建设性,组织才能采取主动姿态,沉着冷静且满怀信心地面对危机,从危难之中寻找并抓住任何可能变被动为主动的机会,这是一种辩证的统一。

第二节 公共关系危机的处理

公共关系危机的处理是一种特殊性质的公共关系活动。作为公共关系活动,它需要按照一般公关策划的程序和方法进行;但因其具有以上一些与一般公关活动不同的特征,所以处理危机公关事件的程序、方法和原则也就具有特殊性,并因此推导出公共关系危机处理的基本模式。

一、公共关系危机处理“五部曲”

公共关系危机处理模式是以危机处理程序为步骤、以危机处理基本原则为指导而形成的,我们将其概括为“危机处理五部曲”。

我们首先介绍一个世界公关史上危机处理的经典案例,并从中揭示出公共关系危机处理“五步曲”。

这起危机公关的主体是美国最大的生产保健品及幼儿药品的医药公司——强生公司。该公司1981年在500家工业公司中居第68位,销售额54亿美元。该公司于1975年投放市场的新药“泰诺胶囊”可代替阿司匹林。7年中,该药赢得了止痛药市场37%的份额,占公司总销售额的8%,利润的15%~20%。1982年9月30日,公司下属的一个子公司所生产的泰诺胶囊,在芝加哥有7人服用后死亡,并有250人生病。这一消息顷刻间引起全美1亿多服用“泰诺”的消费者的巨大惊慌。强生公司的形象因此一落千丈。面对新闻界的群起围攻和别有用心者的大肆渲染,一个巨大的企业危机呈现在强生公司董事长詹姆斯·E. 伯克与总经理大卫·R. 克莱尔的面前。

很快,强生公司对此危机做出处理决定:

(1)向新闻界敞开大门,公布事实真相,并表示本公司是坦诚的、愧疚的、富有同情心的,决心解决中毒事件并保护公众。

(2)立即协同联邦调查人员、医学界人士调查事件发生的真相。

(3)以高达1亿美元的代价,撤回市场上所有的泰诺胶囊药品。

(4)电告全国的医院、医生和销售商,提请他们注意,并请消费者在查清真相前不要服用泰诺胶囊。

(5)停止报刊、广播、电视中的“泰诺”广告。

(6)坦诚回答一切询问电话。

面对公众和新闻界,公司公关部坦率地面对公众,承认生产过程中使用过氰化物,但对人身体的影响微乎其微,并努力以试验数据证明,事件的发生并非公司的生产过程出现差错。

经过100多名调查人员的调查,以及医学界权威人士的研究会商,结果表明:7位中毒者的死亡,并非“泰诺”所致,而是一位疯子将氰化物与药店买来的“泰诺”调包后又退给药店所致;250人的生病则与“泰诺”无关。

也就是说，悲剧的发生，强生公司没有任何责任，但不管多么无幸，其主导产品与毒药联系在一起极为不利。而且，悲剧已使强生公司的市场占有率由35.5%迅速下降到不足7%。显然，强生公司在面对危机时采取的紧急措施是得力的和有效的；但如何挽回公司声誉、品牌声誉，使“泰诺”重返市场，还有许多工作要做。

于是，强生公司开始推行危机公关的第二步计划。由于这一事件的产生，强生公司直接损失超过1亿美元，其中主要用于收回“泰诺”并运回至指定地点销毁；另外，仅用于拍电报的费用就达50万美元。但公司最担心的是“泰诺”不能继续生产，除非换另一个品牌。

强生公司做了一次市场调查，结果表明，94%的顾客知道泰诺曾与毒药事件有关，其中87%的人已知道责任不在强生公司；61%的人说他们今后会再买泰诺胶囊，且有49%的老顾客说他们还是会选用“泰诺”。于是强生公司决定首先通过老顾客来找回并重新树立产品的新形象，然后再影响其他的顾客。

公司推出了更加坚固的三层密包装的新型泰诺解痛胶囊，包装盒与药瓶上都注有“封口破损请勿服用”的警告。而在广告中，公司的医学顾问托马斯博士则说道：“泰诺已经过医学界及全美国几亿人民20多年的使用证明，我们良好的信誉是少数人无法玷污的。我们希望你们继续信任泰诺。”为让公众接受这种新包装的产品，公司人员走访了上百万人次的医务人员，不惜花费了5 000万美元向消费者赠送这种新包装的药品。为使公司以一个曾经遭打击又重新站立起来的企业形象出现在广大公众面前以博得同情与信赖，公司的广告语是：“我们正从悲剧中接受教训，卷土重来；因此，我们不能骑在大象身上吹吹打打，宣布我们的到来。”

1982年11月11日，强生公司召开规模盛大的电视记者招待会，有30个城市的电视台记者参加，并通过卫星向全国播送实况。会上，面对500多名记者的提问，强生公司播放了新式包装药的录像。虽然当天发生了勃列日涅夫逝世和航天飞机升空这两件大事，招待会还是取得了巨大成功。美国各大电台、电视台、报纸都做了报道。强生公司的这些做法得到了社会各界的赞赏。

经过公关努力，强生公司得到了社会广泛的同情与支持。《今日哲学》杂志以“泰诺是否能继续生存”为题做了民意测验，结果92%的被调查者认为，泰诺可以继续发展，91%的人将会继续购买泰诺。

一位23岁的妇女写信说:她将继续服用泰诺,因为它"经过了证明,确实值得信赖。"一位63岁的妇女说:"强生公司确实受冤,真诚可靠。"

1983年5月,泰诺已基本夺回了失去的市场,它的市场占有率达到35%。

另外,由于危机中强生公司首开抗污染、防假冒的日用品包装的先河,各大公司纷纷效仿,更达到了坏事变好事的结果,美誉度与知名度都胜过了悲剧发生之前。

"强生"这样的大公司能在短时期内迅速返回市场,重塑形象,很多人都认为是一个奇迹。尤其是其在企业遇到危机时所表现出的镇定自若和坦诚的公关精神,被企业界和新闻界传为佳话。

《华尔街日报》以"迅速复原,'泰诺'重新赢得市场上的率先地位,使厄运断言者们惊诧不已"为题,发表了长篇报道。《时代周刊》则以"泰诺神奇般地重返"为标题,发表了研讨性的文章。众多的国际公关学者,如艾伦·森特(Alan Vincent)、弗兰克·沃尔什(Frank Walsh)等,均从公共关系理论的高度对强生公司的这一危机处理给予了积极评价,称其为危机公关的一个经典案例。

根据这一经典案例的启发,我们可以概括归纳出公共关系危机处理"五步曲"。

(一)控制事态发展

一个社会组织,突如其来地遭受突发性公共关系危机,往往猝不及防,在此关键时刻,需要的是冷静,并采取紧急措施,防止事态的发展、蔓延、扩大。因为,在现代社会,信息传播高度发达,任何社会组织的公共关系危机事件都有可能被迅速传播,如不加以紧急控制,就可能使组织陷入灭顶之灾,或者损失惨重。而采取紧急措施,一方面可以使组织形象的声誉损失降到最低,另一方面也赢得了宝贵的时间,使组织能了解危机事件真相,最终妥善地处理危机。

(二)表明组织态度

一个组织或一个企业一旦发生危机,便受到社会与公众的关注,人们急于了解危机发生的真相。这时企业要尽快表明态度,而态度只有两个:要么掩饰、隐瞒真相;要么坦诚告知,表明诚意。

事实证明,隐瞒事实真相往往会助长公众的怀疑,扩大危机的波及面,其结果势必无法处理危机;而坦诚告知、表明诚意,才是最佳的选择。强生公司的一系列紧急措施中,第一条就是:“向新闻界敞开大门,公布事实真相,并表示本公司是坦诚的、愧疚的、富有同情心的,决心解决中毒事件并保护公众。”显然,这一态度为危机的圆满解决奠定了一个可取的基调。

相反,如果强生公司采取的是另一种与新闻媒体及其公众耍花招的态度,结果就完全两样了。如美国食品之王公司是一家著名的连锁经营零售食品超级市场的大型公司,1992 年销售额近 80 亿美元,纯收入 1.8 亿美元。然而,1992 年 11 月 5 日晚间发生的一个事件,把这一企业巨人推向了深渊:美国 ABC 电视新闻在“黄金时间生活”节目中对食品之王公司的肉食和熟食部门的卫生条件和食品制作过程进行了批评,并采用图片形式予以曝光。这些反映不考虑食品安全和卫生条件、偷工减料的行为的图片是 ABC 电视台的一名雇员使用暗中隐藏的录像机录制下来的。

一夜之间,食品之王公司信誉扫地。节目刚一播出,公司总裁汤姆·史密斯立即做出反应,他指责 ABC 电视台在“撒谎”,“肆意捏造事实”。公司副总裁沃特斯声称,ABC 电视台不顾公司肉食制作过程和雇员管理的事实,进行了别有用心的剪辑,但如果能展示 ABC 电视台记者所偷拍的未经剪辑的完整录像带,那人们就会知道食品之王是一家多么优秀的公司。

然而,公司与媒体相对抗的做法却无法阻止企业公众形象的下滑和销售额的下滑。电视节目报道之后,公司的销售额下降了 9.5%;到 1993 年第三季度,收入已下降了 48.7%。食品之王公司的股票价格从 1992 年初的每股 18 美元跌到 1994 年初的每股 6 美元。

直到事件发生一年之后,食品之王公司才改变态度,采取提高质量控制、聘请外界顾问、增加肉食制作透明度等做法,才遏制住了企业公众形象的下滑。

如果说,食品之王公司一开始就积极与媒体合作,坦诚地承认事实,分析原因,并采取相应措施,也就不至于经过一年多才逐渐从颓势中走出来。

(三)调查事件真相

对于突发性公共关系危机的处理,最终是建立在针对事件真相,采取相应、得体的公共关系措施的基础之上的,因此,调查危机事件的真相就显得非常重要。也就是说,公共关系危机处理中关键的一环,就是要求找到真相,即调查清楚危机产生的原因与事件本身的原貌。

例如,强生公司与联邦调查人员、医学界人士共同调查清楚“泰诺”致人死亡的真相,就洗刷了自身的不白之冤,为转危为安、获得新发展奠定了基础。当然,如果强生公司所调查到的事实真相与己有关,那么,只要承认事实,切实采取改进、补救措施，也依然能获得公众谅解，通过努力化险为夷。

在进行危机事件真相的调查之后，就可以有针对性地采取改进措施，并在相应的措施初见成效后，择时进行最后的公共关系传播。

（四）采取相应的对策、措施

在对危机事件真相进行调查分析的基础上，应针对不同的对象公众确定相应的对策，采取相应的措施。这些对策、措施大体上包括如下几个方面。

1. 对组织内部的对策：

（1）公之于众。迅速而准确地把握事态的发展，及时地向内部相关人员公布事故的真相。

（2）制定方案。制定处理事故的基本方针、基本对策和总体方案，并通告全体人员，以统一认识，协调行动。

（3）善后服务。本组织职工如有伤亡，应立即通知其家属，并尽可能提供条件，满足治疗和善后事宜等要求。

（4）挽回影响。如果事故确系组织本身行为所致，应该立即采取有效措施，控制事态发展。再经过详细调查分析，追查事故原因，迅速加以改进。

2. 对受害者的对策：

（1）了解情况，承担责任。认真了解受害者的情况，实事求是地承担相应的责任，向受害者或其家属表达歉意并通知有关各方。

（2）倾听意见，赔偿损失。冷静地倾听受害者或其家属的意见，及时了解和满足其有关赔偿损失的要求。

（3）把握分寸，注意方式。如果受害者或其家属提出过分的要求，应力戒在事故现场与其发生争辩，要尽量忍让，有分寸地做出让步；如果需要拒绝对方的要求，则应该把握时机，选择场合，注意方式方法。

（4）积极提供善后服务。应该给受害者或其家属以安慰和同情，尽最大努力做好善后处理，为受害者提供其所需要的服务。

（5）尽快兑现物质补偿。向受害者及其家属公布补偿方法及标准，并尽快实施。

（6）保持工作人员稳定。在处理事件的整个过程中，要保持专门小组成员的相对稳定，一般不要轻易更换人员。

3. 对新闻界的对策：

（1）统一发言口径，表达明确简练。向新闻媒介公布危机事件之前，在组织内部应该统一认识、统一口径；向媒介说明事故时应该简明扼要，尽量避免使用模棱两可、含混不清的词句。

(2)权威人士发言,提供准确消息。最好是由组织总负责人如厂长、经理等介绍事故情况。一方面主动向新闻界提供真实、准确的消息,公开表明组织机构的立场和态度,以减少新闻界的猜测,帮助新闻界做出准确的报道;另一方面,对重要事项应该尽量以书面材料的形式送发记者,避免报道失真。

(3)切忌主观猜测,积极合作。在事实没有完全明了之前,传播消息需要谨慎,不应该对事件发生的原因、损失的程度以及其他方面进行推测性的介绍;不应该轻易地表示肯定或否定、赞成或反对的态度。同时,对新闻界的调查和采访也要主动配合,不可采取隐瞒、搪塞、对抗的态度。对确实不便发表的消息,也不要简单地表示"无可奉告",而应该说明理由,求得记者的同情、理解与协作。

(4)公众利益至上,及时提供信息。要注意引导新闻界以公正的立场和观点来进行报道,不断提供公众所关心的消息,如补偿方法和善后措施等。除新闻报道外,还可在刊登有关消息的报纸上发表道歉广告,向公众说明事实真相并向有关公众表示歉意及承担责任。如果有个别记者发表了不符合事实真相的报道,则应该尽快向该报提出更正要求,指出其失实之处,并提供全部与事实有关的真实资料;同时派遣重要发言人接受采访,表明立场,要求公平处理,但必须避免对方产生敌意。

4. 对上级主管部门的对策:

(1)及时汇报。事故发生后,要及时向组织直属的上级主管部门汇报,不得文过饰非,更不能歪曲真相,混淆视听。

(2)定期联系。在事故处理中,应定期报告事态发展情况,及时与上级主管部门取得联系,求得上级主管部门的支持和指导。

(3)总结报告。事故处理后,应详细报告处理经过、解决方法以及今后应采取的预防措施等。

5. 对业务往来单位的对策:

(1)传递信息。尽快如实地传递事故发生的信息。

(2)告知对策。以书面形式通报正在采取何种对策。

(3)当面解释。如有必要,要选派职员直接到各个单位去当面解释。

(4)说明处理经过。事故处理过程中,应定期向各单位和各界公众通报处理情况。

(5)书面表示歉意。事故处理完毕后,要以书面形式向对方表达诚恳的歉意。

6. 对其他公众的对策:

(1)疏通传播渠道。通过各种渠道向其他公众说明事件梗概,介绍事故经过及其处理方法和今后的预防措施。

(2)热情接待来访。如果有人前来询问,不能拒绝回答,不能隐瞒事故真相,而应该热情接待,并且诚恳地与之商讨对策。

(3)公开道歉赔偿。可根据事故的性质和造成损害的程度,以组织或个人的名义向公众表示歉意;也可以在报纸上刊登真诚的致歉书。必要时,应该适当赔偿经济损失。

在采取以上对策的基础上,公共关系危机处理的策划者还应积极地考虑在危机局面控制住的情况下,该如何采取更主动的措施,以防范危机,把组织的工作做得更好。如强生公司吸取“泰诺”胶囊被疯子掉包装进有毒化合物、引起公共关系危机的惨痛教训,进行了新一代的、有防范措施的产品开发,并引起公众舆论的同情与赞赏,这就有望达到转危为安、化危机为机遇的危机公关策划的目的。

(五)公布应对过程

一个社会组织由于公共关系危机的爆发,往往备受舆论的关注,加之在危机爆发伊始,组织的发言人已经坦诚地表明了对事件真相不隐瞒、对事件认真负责的态度,因此,社会舆论正等待着事件真相的公布,等待着该社会组织对危机事件采取的态度与措施,等待着危机事件的最终结果。所以,在一系列对策、措施制定并得到落实后,该社会组织就应该因势利导地进行危机真相及危机处理全过程的公布,以使舆论朝着利于组织的方面发展。

当然,对于大型的突发危机事件,媒体往往会进行跟踪采访、报道;那么,该社会组织还应专设“临时接待室”,以便集中进行突发事件动态处理过程的新闻发布工作。如此,一方面可以避免因说法不一而导致社会舆论混乱;另一方面,则使自己为公共关系危机进行积极处理的努力得到理解与正面报道。

在公布应对过程这一环节,最重要的有两点:一是事件的真相。对提供给记者的有关危机事件的资料要核实以下几个关键的因素:事故发生的时间、事故发生的地点、事故的梗概、伤亡人数、所造成的经济损失、对外界的影响等。二是危机事件处理的结果。包括:已经采取的对策及今后要采取的预防措施,以及与危机有关的公众态度。

上述“危机处理五部曲”可概括为:行动——传播——行动——行动——传播。

二、处理危机事件的方式

(一)认清真相,从容不迫

当危机降临时,应该头脑冷静,及时采取果断行动。但是,如何能够做到在危机面前心不慌、意不乱,去开拓曲径通幽、绝处逢生的新局面呢?

首先,防范和消除焦躁情绪的第一策略,就是需要认清危机事件的庐山真面目,避免盲目性,采取有针对性的行动。

其次,要制定处理危机的详细计划。如果面对危机有计可施,有切实可行的解决办法,那就可以做到从容镇静,而不会出现焦躁情绪。

最后,要转变观念,增强危机感。在竞争日益激烈的现代社会,任何组织的生存和发展都面临着异常复杂的社会环境,因此,危机事件是难以彻底避免的。但危机事件大部分与组织自身行为密切相关,为了防止出现危机,就应该增强危机意识,将危机消除在萌芽状态。

(二)坦诚公开,直面危机

危机事件突如其来,任何愤懑、掩盖都于事无补。最明智的办法是面对现实,正视现实,实事求是,敢于公开,增加透明度,及时向社会公众开放必要的信息传播通道,以尽快求得公众的谅解和信任。

1988 年 4 月 27 日,美国的一架波音 737 客机起飞后不久,剧烈的爆炸把前舱顶盖掀开了一个 6 平方米的大洞,一名空中小姐顿时被猛烈的气浪抛出窗外,殉职蓝天。经过一番努力,飞机安全降落在附近机场,旅客和机组人员均平安生还。

飞机事故往往酿成灾难,使旅客们谈之色变。对这次飞机事故,波音公司不是避而不谈,而是主动地广为宣传。他们说明这次事故的原因是飞机太陈旧、金属疲劳所致。这架飞机已飞行了 20 年之久,起落达 9 万次,大大超过了保险系数。飞机能在严重事故之后安全降落,足以证明波音飞机的可靠性能。新型波音飞机已解决了金属疲劳的技术难题,因而购买波音公司的新产品更加安全。

这样,通过及时而诚实的宣传,波音公司变被动为主动,这次事故不仅没有损害公司的形象,还进一步赢得了用户的信任。事故发生之后,订货量反而猛增,仅1988年5月的订货量就超过了一季度的1倍。

这一公关典范案例说明,任何组织或个人在面对危机时,回避和害怕都无济于事,只有敢于坦诚公开,接受既成事实,努力寻求解决方案,才是明智之举;否则只会欲盖弥彰,火上浇油,危中添危,乱中增乱。

(三)调查分析,决策果断

任何危机事件的发生都不是孤立的,都是各种因素作用的结果。因此,要处理好危机,就必须以清醒的头脑和镇定自若的态度,对危机事件进行全面细致的调查分析,针对公众的心理需求,果断采取有效的措施。

对危机事件的处理应该在调查分析的基础上,及时做出应急决策,果断采取有效措施,控制危机事件的蔓延。及时不代表仓促,果断不等于武断,我们在做出决策的同时应该注意以下几点:

第一,要避免病急乱投医,避免以信手拈来的某种材料作为决策依据,避免以突然想到的某种方式去孤注一掷。

第二,要不断寻找新的信息,收集新的情况,以判断现有策略是否完全适用,并分析是否"祸不单行",是否还有其他危机事件尾随其后。

第三,要不断修正策略。处理危机事件的策略要具有一定的应变性,应该能够随情况的变化及时变通。

第四,要建立权威中心,以保持危机处理中决策的连续性、一致性和权威性。

第五,需要具有当机立断的气魄,避免优柔寡断,切不可因抱有侥幸心理而贻误时机。

(四)忍辱负重,务实行动

危机发生的原因是多种多样的,有企业自身的原因,也有可能是外部原因。在原因与真相未调查清楚之前,企业必须采取"坦诚认错,真心悔改"的姿态,这一姿态会使企业很快得到公众的谅解与同情。如果危机责任不在企业,企业忍辱负重的努力必会引起公众更大的同情与支持。这对企业尽快走出危机的阴影,化危机为机遇,是极为有利的。

2020年初,线上工作在短时间内被应用到各行各业,其中大量的学生群体因为疫情无法回到学校上课。为了教学能够正常开展,学生能够按时完成学业,线上教学被迅速推广。"钉钉"作为学校广泛使用的线上教学平台之一,成为学生们发泄不满情绪的攻击对象,给其在应用商城一星评分让企业形象受到了严重的损害,按照威廉·班尼的观点,个人或组织最重要的资产是声誉,那么“钉钉”在此次危机中已经处在了破产的边缘,亟待一次卓越的公关活动力挽狂澜,挽回在受众心中的企业形象。2020 年 2 月 14 日开始,钉钉在 B 站发布了一系列贴近学生群体兴趣爱好的“求饶”视频,其中,2 月 16 日一则《钉钉本钉,在线求饶》的短视频截至 9 月 23 日,共有 2 779.3 万次浏览量,收获了高达 180.8 万赞和 82 万的转发量,鬼畜娱乐轻松的短视频风格得到了广大青少年用户的理解,纷纷表示要去应用商城多评几星。

除了在 B 站上的系列鬼畜视频,3 月 27 日,钉钉又在抖音平台上开始发表最嚣张的程序员系列视频,程序员小哥真实出镜,聊天风趣幽默,与 B 站互相配合,其受众覆盖了大量青少年群体,投其所好进行公关,并与这一群体建立良好关系,双向对称性互动交流。至此,钉钉一星危机基本解除,评分也回归了正常,不过钉钉的 B 站和抖音账号依然在不断更新,保持与受众的联系,拥有更多的媒体渠道也是为企业自身不断增强危机预警机制,持续推广企业文化与哲学,使企业形象深入人心。

此次评分危机出现后,钉钉完成了一次开创性的公关活动,公关的难处在于有案例参照却又没有案例参照。有案例参照是因为公关史上有无数精彩绝伦的出色案例可以供每一位从业者和公司企业参考借鉴,但没有案例可借鉴是因为危机千差万别,即使是相似的危机,也无法用复刻的模板来进行公关,因此,一次成功的公关活动要求公关部门能够精准找出问题所在,并以最合适的方式对症下药,而这往往需要紧跟时代发展的潮流,注重平时积累,了解受众的心理,才能够创新出最适合当下的公关活动方式。钉钉一星危机发生前,从未有过将鬼畜视频和抖音小视频作为挽回企业形象的方式和手段,互联网时代要适应并运用互联网的方式解决问题,钉钉在危机传播的高潮中及时现身,用创新的视频方式,积极主动与受众交流联系,将和受众间关系的主动权掌握在自己手里,引导受众的思想往自身希望的方向去发展。这样的主动性公关有以下几个益处:①转移受众注意力焦点,缓和受众情绪;②争取话语权;③借势提升品牌影响力。并取得了变危机为机遇、变坏事为好事的效果。[①]

(五)抓住关键,力挽狂澜

危机一旦爆发,往往涉及方方面面,如牵涉财务、法律、人事、生产、销售等

① 钟蓉蓉. 阿里主动性公关案例应用分析研究:以“钉钉”、“蚂蚁金报”为例[J]. 公关世界,2021(08):80-81.

领域,需要处理的问题往往是千头万绪的。因此,首先应该立即组建一个精干、高效的指挥班子,负责指挥协调工作,分清主次、有先有后、互相配合、协同作战。

一般说来,在处理危机事件时应特别注意以下几点:

1. 解决主要问题。危机一旦爆发,需要解决的问题很多,但关键是要分清主次,集中力量解决核心障碍问题。只要抓住关键问题,次要问题便可迎刃而解。

2. 避免横生枝节。要设法避免与危机不相关的组织或部门的干预,以免延误处理进度,导致危机蔓延。

3. 做好善后工作。设立专门办事机构,在现场紧急情况处理完毕之后,尽最大努力进行善后工作。

抓住关键、解决主要矛盾不等于忽略其他,还应该重视全方位的沟通协调。这有助于解除内部员工的困惑及恐惧心理,增强凝聚力和向心力;也有助于与外界保持良好关系,安定公众,使其了解真情,而不致产生与组织相对立的情绪;更有助于媒体及时了解情况,形成良好印象,而不至于出现不切实际的宣传报道。

危机事件的处理是组织被迫开展的公共关系活动。在策划开展公共关系活动时绝不能仅仅考虑单一的处理方案,绝不能依靠单一的传播媒介,而必须考虑综合应用多种形式、多种渠道,从多个侧面、多个角度全方位地开展活动,这样才能及时扭转局面,迅速平息风波。

三、公共关系危机处理策划的原则

公共关系危机事件的处理既具有一般公共关系活动的共性,同时又具有它的特殊性。一般认为,策划公共关系危机事件的处理方案时,应该遵循以下原则。

(一)事先防范原则

所谓事先防范原则,就是在危机事件发生之前,必须对可能出现的潜在危机进行预测和防范。这是危机事件公共关系策划最基本的原则。任何危机事件的发生总有一个渐进的过程,只要注意预测和防范,便有可能发现潜在因素,将危机消除在萌芽状态。

2020年7月6日,湖南省常德市石门县南北镇潘坪村雷家山地质灾害隐患点突发山体滑坡,体积约180万立方米。因提前避险、封锁道路,未造成人员伤亡。滑坡所处山体自 2018 年 12 月出现变形迹象以来，于 2019 年 7 月被纳入湖南省重要地质灾害隐患数据库，并建立了省、市、县、乡、村 5 级群测群防体系。2019 年 11 月在该处部署完成了 9 套自动化监测设备，实施 24 小时不间断监测。2020 年 4 月 27 日，监测系统首次预警专报发出后，当地迅速组织撤离危险范围内的居民、划定危险区域、明确监测责任人和监测人，并给居民房屋贴上封条，基层干部 24 小时轮班值守，防止人员返回。6 月 24 日 13 时 45 分，监测系统发出橙色预警，6 月 30 日 17 时 29 分，再次发出橙色预警，7 月 6 日 14 时 11 分，发出临灾警报。7 月 6 日 16 时 52 分，滑坡发生，损毁居民房屋 5 栋、高压线铁塔 2 座、茶园及玉米地约 200 亩、省道 300 米，损坏小型水电站 1 座，冲走牲畜数十头，直接经济损失 2 000 余万元，但由于应变之策得当，所以有险无亡。在这一避险事件中，驻守的专业地质队伍在调查评估、专业监测、数据复核、成功预警等多个环节发挥了举足轻重的作用。①

遵循事先防范原则，不仅能够做到及时防范，将损失降到最低，而且还可以利用防范过程广交朋友，争取支持，将危机事件的发生当成一种建立和协调关系的机遇。也就是说，对危机事件的处理策划，不仅有利于处理危机，也有利于抓住其中的机遇，使组织得到进一步发展。

（二）公众至上原则

公共关系学科的创始人爱德华·伯纳斯的公共关系思想是“讨公众所好”。公众利益至上是在“讨公众所好”的基础之上逐渐形成的公共关系的总原则。在公共关系危机事件的处理策划过程中，必须充分重视这条原则的重要作用。首先要把公众的利益放在第一位，一切计划措施都必须首先保障公众的利益，绝不能使公众的利益受到损失。

公共关系危机事件突然发生，在公众遭受损失的同时，组织自身必然也会受到损失，然而组织首先应该考虑公众利益。不管事件的责任在谁，组织都必须站在公众的立场上考虑问题，以公众利益为重，主动承担事故责任，妥善处理善后事宜，赢得公众的理解和支持，这样才有可能挽回影响，给组织带来新的转机。反之，如果一开始就推卸责任，只能使事态更为严重，即使责任全在对方，也不利于赢得公众的支持，最终很可能一败涂地。

---

① 人民资讯. 2020 全国地灾成功避险十大案例公布，这些启示请牢记[EB/OL]. [2022-04-16] https://baijiahao. baidu. com/s? id=1699547305007895504&wfr=spider&for=pc.

（三）及时沟通原则

在危机发生前后，要及时与组织内外沟通，准确地传播相关信息。这对于提高组织全体员工的危机意识，预防危机的发生，以及危机发生后的妥善处理，有不可低估的作用。危机一旦发生，各种信息将迅速传播，只有与公众及时沟通，尽快地把正确可靠的信息告知公众，才有可能避免有损组织形象、信誉的消息蔓延。

尤其值得注意的是，对于危机事件的处理，应该努力掌握对外报道的主动权，主动邀请新闻媒介参与，为他们的采访提供方便，这将有利于引导新闻报道的方向，有利于避免出现失实信息，争取公众的同情和支持。

（四）兼顾法律原则

处理公共关系危机事件，在采用公共关系手段的同时，也要注意配合运用法律手段。因为法律可以公正地判断是非，能够有效地端正视听。法律手段和公共关系活动的有机结合更有利于挽回影响，重塑组织形象。

1995 年春，恰逢一年一度的长春医药订货会前夕，媒体报道了长春一位妇女自寻短见，吞服了大量河南驻马店地区某制药厂生产的安眠药片而未致死的消息。此消息引起了一系列的社会舆论，该厂的药品质量也受到普遍怀疑，致使该厂产品在订货会上一改过去受宠时的局面而无人问津。事实上，大量服用该厂的安眠药片不会致人死亡正是其最大的优点，媒介的报道纯属误解。为此，该厂立即拿出权威机构的证据与该报对簿公堂并最终胜诉，在赢得对方道歉的同时获赔 30 万元，但该厂却未能及时挽回在公众中的形象，失去了 2 000 万元的订单。

上述案例充分说明，在公共关系危机事件的处理过程中，一定要坚持公关与法律双管齐下的原则，既要注重辨明是非，更要重视挽回影响；在打赢官司的同时，更需要维护形象。

公共关系危机事件大多数是出乎意料的，非可控因素较多，舆论压力大，时间紧迫，处理起来比较棘手。在处理公共关系危机事件时，公关人员必须掌握处理公关危机事件的原则和技巧，但是在实际处理公关危机事件的过程中一定要因事制宜、因时制宜，而不能拘泥于某个固定不变的模式，否则只能是纸上谈兵，毫无实效。

（五）借机更新原则

危机发生后，运用公共关系的原则予以处理，使组织转危为安，这是危机处理所要达到的基本要求;而利用危机中社会组织备受公众关注的特点,为组织策划、推出新的动作,就可能为组织的发展、形象的更新带来机遇,这是危机处理的高境界目标。

强生公司在危机处理中吸取了泰诺胶囊被他人调包的教训,不惜花大成本进行防污染、防假冒的包装更新,这使得"泰诺"品牌获得更新,并在同行中又一次处于领先地位。这一举措是凡处于危机关头的企业决策者都可以借鉴的。

第三节 公共关系危机的防范管理

第一任香港行政长官董建华积数十年经商之经验,曾深有体会地说:"企业面临危机并不可怕,可怕的是不能深刻认识到危机。"他强调的是,一个企业,要有危机意识,要居安思危,进行危机防范。

"凡事预则立,不预则废",古今皆然。对于危机事件,必须在科学预测的基础上做好思想准备,建立危机防范机制。

组织应从两个方面防范危机发生。

一、强化内部制度建设

我们下面从巴林银行倒闭这一引起世界震惊的危机事件来看内部制度建设的重要性。

巴林银行是 1763 年创建的世界首家"商业银行",由于经营灵活变通,富于创新,很快就在国际金融领域获得巨大的成功。然而,这家银行几乎所有的人都不会想到,有朝一日它会断送在一位叫"里森"的年轻人手中。

里森是 1992 年初到巴林银行新加坡分行的期货与期权部担任总经理的。该年夏天,一个"88888"专管错账的账号本应该取消,却因伦敦总行管理不严,为里森日后制造假账提供了可能。

1992 年 7 月 17 日,里森手下一名加入巴林银行仅一星期的交易员金·王犯了一个错误:当客户(富士银行)要求买进 20 份日经指数期货合约时,此交易员误以为卖出 20 份。这个错误在里森当天晚上进行清算工作时被发现。欲矫正此项错误,须买回 40 份合约,以表示至当日的收盘价计算,其损失为 2 万英镑,并应报告伦敦总公司。但里森为掩盖这一错误,却利用错误账户 88888 承接了 40 份日经指数期货空头合约。数日之后,由于日经指数上升,损失已由 2

万英镑上升到6万英镑(注:里森当时年薪还不到5万英镑)。此时,里森更不敢将此失误向上呈报了。

与此同时,里森的好友、交易员乔治也开始出错了。里森示意他卖出的100份9月的期货全被他买进,价值高达800万英镑。如果乔治的错误泄露出去,里森的一切都完了。于是,乔治又一次利用了88888账户。

为了赚回足够的钱来补偿所有损失,里森承担愈来愈大的风险来进行交易。虽然有时较顺手,但损失却不可遏止。到1994年7月,损失已达5 000万英镑。

从制度上看,交易与清算两个角色是应分开的,以便清算部门能很快发现交易员的错误。但在巴林银行,里森却一人身兼交易与清算二职。另外,巴林银行总部对里森的假账也未认真地追查。而关于资产负债表,巴林银行董事长彼里·巴林则不以为然,认为反映不出什么问题。实际上,里森已造了5 000万英镑的假账去充填88888账户上的漏洞。

最令人难以置信的是,巴林管理层在1994年底发现资产负债表上显示5 000万英镑的差额后,仍然没有意识到其内部控管的松散。到1995年2月23日,由于日本神户地震的影响,里森为巴林银行所带来的损失已高达86 000万英镑,最终使巴林银行倒闭。

在整个事件中,里森固然有着不可推卸的责任。但更关键的是,巴林银行应有一套行之有效的制度,能够在一个人犯小错误的时候及时发现,并加以纠正。制度的建设对防范危机尤为重要,不论我们的组织曾经多么辉煌,如果跟不上形势的需要,不从根本制度建设上来防范危机,或有制度不执行,疏于管理控制,那么不仅会发生公共关系危机,而且距离组织的噩运也就不远了。

二、建立管理预警系统

我们依然从一个曾经辉煌过的社会组织——美国王安电脑公司没落的案例来看建立管理预警系统的重要性。

如果说,巴林银行的倒闭完全是内部制度松懈造成的;那么,王安公司的没落则主要是外在的环境变生了巨大变化,而它自己却未能及时反应、跟上而造成的。

王安,是哈佛大学应用物理学博士。1950年,他在哈佛大学实验室担任研究员时,发明了电子计算机的“记忆磁心”,并申请了专利。1951年,他用出售专利权所获得的50万美元创办了王安实验室。在波士顿的试验室里,他开始了他一生具有重要转折意义的奋斗史。

1955年,王安计算机公司正式成立。然而,直到20世纪60年代初,王安研究出LOGI机后才彻底改变了自己的命运。1967年,公司销售额达425万美元。

1976年,王安的新一代文字处理机问世,公司的销售额从1975年的7 580万美元上升到1982年的3.2亿美元,坐上了美国电脑业的第11把交椅。随后的两年,公司的营业额飞速攀升到30亿美元,成为跨国大企业。身为集团首脑和大股东的王安,名下财富已达16亿美元,被列为当时美国第五大富翁,并被选为美国最杰出的12位外来移民之一。

然而,此时的计算机市场转移到了个人电脑和小型工作站上,而不是小型计算和文字处理机。早在1979年,公司中就有人向王安建议研制个人电脑。但王安对此不以为然,他不想公司搞什么个人电脑,他认为那是“闻所未闻的荒唐事”。但个人电脑市场很快兴起,并挤掉了王安公司赖以生存的三个产品中的两个。王安不得不开发自己的个人电脑,并很快问世。虽然王安个人电脑的硬件性能可靠,速度是IBM的3倍,但软件却与IBM软件不能兼容。王安此时依然不愿开发与IBM兼容的开放型个人电脑,而坚持开发自己系列的个人电脑与软件。3年之后,IBM个人电脑上可以运行的软件已经超过100种,并成为事实上的工业标准,但王安公司却因产品的封闭而落伍,自始一蹶不振。

王安公司的落伍,显然主要是因个人计算机时代到来时反应迟钝、措施不力造成的。如果王安公司能敏锐地捕捉到市场信息,及早预测到个人电脑市场的红火,而且一开始就走开发开放性、兼容性强的硬件、软件,那么,公司的历史就可能会重写了。

王安公司的落伍,归根结底是对外部环境变化的不适应造成的。外部环境变化不仅是技术方面的,还有政治、经济、文化、财税、金融、市场、自然灾害等诸多因素的变化。对于其中的任何一项变化,如果企业未能及时捕捉到信息,采取相应措施,均会使企业、使品牌陷入困境之中。为防范外部环境变化带来的危机,一个欲进行长远发展的社会组织就应建立管理上的预警系统,其内容主要有三个:

第一,信息预警。在环境变化、危机酝酿过程中往往会有征兆,这时就需要企业相关部门,如营销公司、技术开发部、资本运营部、公关广告部等,能敏锐地捕捉到信息,并反馈给企业决策层,从而采取防范措施。可以说,信息预警是危机防范的前提。

第二,组织预警,即设立一个应付危机的常设机构,由决策层的负责人、开发部经理、公关部经理、人事部经理、保卫部经理等构成。其主要功能就是一有危机征兆,立即协调运作,使危机的威胁降到最低点。

第三,制度预警,即制定一系列防范危机的制度。例如,针对产品开发危机制定非常规新产品开发制度,针对市场出现产品质量危机制定相应的更换、维修、回收制度,针对社会上出现的不利舆论制定信息发布制度等。如此,就可能做到有备无患,防患于未然。

案例评析

元气森林乳茶危机公关项目

项目主体

元气森林(北京)食品科技集团有限公司

项目执行

元气森林(北京)食品科技集团有限公司

事件梳理

2021年1月,知乎发生了关于元气森林"0蔗糖"的舆论危机。对元气森林的负面评论始于营养健康博主Kelly Weaver,之后在知乎其他知名营养师们的助推下,事件逐步发酵,霸榜知乎。

当时,知乎博主Kelly Weaver发表测评文章《什么?"无糖"乳茶喝了也会胖?——超市常见低糖、无糖饮料的营养学价值点评》,指出一些声称"无蔗糖"的饮料并不是真的无糖,并指责相关商家存在"欺骗消费者"的行为,引发了知乎"元气森林乳茶,号称'0蔗糖',是真的无糖吗?"的话题讨论,在第一时间,元气森林入驻知乎应对此次事件。

2021年1月10日,元气森林知乎官方账号发文称,"凡在元气森林电商官方店铺购买过乳茶的用户们联系店铺客服,可以领取20元现金红包,作为小小的补偿。再次谢谢@KellyWeaver两个多月前的建议和批评,经过2个多月的努力,我们终于在原料中去掉了结晶果糖!这是一次用产品升级回应消费者声音的尝试,元气森林未来会虚心接受更多消费者的产品建议,永葆初心:做消费者真正需求的好产品。"

案例评析

2021年1月14日,元气森林知乎官方账号再次发文,直接回应提出质疑的博主:

亲爱的@KellyWeaver:

您好!

我是史晋平,在元气森林负责产品。特别感谢您的批评和建议(虽然有时候我也很生气),我认为食品行业需要你这样的人。在看到你的建议后,元气森林很快采取行动,通过所有渠道发出了致歉与说明,并进行了页面和产品标识的调整。

我个人感觉你是一个认真纯粹的人,这点你和元气森林很像。在这里想举个例子,大概在2017年初,我们产品团队初期生产了一批产品,上市后发现消费者不满意,我们花了一百万的费用来销毁已经生产出来的货值五百万的产品。

说回乳茶这个产品,初心是市面上这么多的奶茶都不够好。瓶装奶茶大多数都有植脂末、反式脂肪酸,原料质量很差,而大部分奶茶店为了口味,普遍含糖量很高。于是就想做这样一款乳茶:使用真实的原料,真的茶真的奶,同时低糖低脂肪,所以使用了代糖和少量果糖调味,因为对比蔗糖相对更健康。

目前我们已经改进了乳茶的瓶身含糖情况标识,同时正在积极寻找结晶果糖的替代方案,进行乳茶配方升级,我们认真对待自己的"孩子",和你一样认真。

最后我想邀请你担任元气森林的产品建议官(其实我们公司一直有产品建议官这个文化),会寄送给你现在全系列的产品(每个系列1瓶),听取你的建议。未来每次新品上市前也会让你成为第一个产品试饮者,给我们提出建议。

如果你愿意接受邀请的话,可以联系我的邮箱 shijinping@yuanqisenlin. com,期待你的回信。

元气森林产品部史晋平

2021年4月10日,因一则名为"一个迟来的升级"的公告,元气森林冲上热搜。网上争议近三个月的"元气森林乳茶0蔗糖"事件迎来官

案例评析

方回应,此前,元气森林因其乳茶产品使用“0蔗糖”作为主打卖点,具有误导性和欺骗性,造成舆论哗然。当日,话题“元气森林因宣传0蔗糖道歉”冲上微博热搜第一,其处理方式引发网友热议。道歉信如下:

一个迟来的升级

所有喜欢元气森林乳茶的朋友们,对不起。

我们在元气森林乳茶的产品标识和宣传中没有说清楚0蔗糖与0糖的区别,容易引发误解。通过最近的努力,我们对乳茶做了以下修正升级:

从2月4日起生产的大部分元气森林乳茶和3月18日起生产的全部元气森林乳茶,包装从原来的“0蔗糖低脂肪”改为“低糖低脂肪”。从3月20日起生产的全部元气森林乳茶,原料中不再含有结晶果糖。

感谢所有喜欢乳茶的朋友们,元气森林以后会做得更好。再提醒一下,乳茶有奶所以是有糖的。

元气森林

2021年4月10日

4月15日,中国网发布了《关于元气森林致歉事件相关问题的法律分析》一文,文中明确指出:“如元气森林乳茶产品确实不含有蔗糖,配料表中标明含有其他糖类成分,宣传内容与产品成分相符,并无隐瞒之故意,宣传内容虽不够全面,但不能认定其构成欺诈。反之,如其乳茶产品含有蔗糖,却声称‘0蔗糖’,则其虚假宣传行为构成欺诈。但根据目前报道的情况,元气森林应不构成欺诈。”

支持以上说法的还有食品安全行业的专家。食品安全行业博士、微博大v“钟大厨在江湖”在元气森林乳茶事件爆发后第一时间便发表看法,“0蔗糖”被误导这事,企业与消费者应各打五十大板。表示将“0蔗糖”认为是“0糖”的消费者自身存在很大误区。

由此可见,在法律层面,元气森林乳茶事件并不存在欺诈违法行为,顶多只能是其利用了消费者认知误区进行了宣传误导。

此外,消费者对于什么是“0糖”?什么是“0蔗糖”?也需要增强认知。

案例评析

“0蔗糖”这个概念在行业标准中是没有的，准确来说是由行业自创。由于没有标准，所以监管也不严格。只要食品里不含蔗糖，就可以说是“0蔗糖”。但不含蔗糖，并不代表不含其他糖，乳糖、果糖，这些都是有能量的糖，也都有可能出现在“0蔗糖”食品中。

关于“无糖”，则是有明确标准的，按照我国预包装食品营养标签的相关规定，每100g或每100mL产品中能量(俗称热量)不高于17kJ，以及糖和脂肪含量不高于0.5‰，即可对这种产品进行“无”的声称。因此，目前市面上的“无糖”食品是可以被信赖的。①

项目背景

1. 产品现状。

品牌使命——一群有爱的人在一个有爱的组织传递有爱的产品。

品牌愿景——整合全球资源为全球用户创造有爱的好产品。

品牌价值观——用户第一、保持谦卑、坦诚直接、包容合作、勇于挑战、坚韧不拔、向内要求。

品牌理念——元气森林长期致力于推广绿色生产生活方式，密切关注自身对经济、社会和环境的影响，不断健全与完善相关管理机制，携手利益相关方共同履行社会责任，共建美好明天。从拒绝添加防腐剂，到升级污水、固废排放标准，再到充分利用可再生能源、全面打造创新型绿色工厂，元气森林用自己的实践助力健康、环境和气候可持续。②

产品特点——聚焦于“低糖”“低碳”，推出“0糖”系列饮品。其中销量最高的是气泡水，气泡水并不是严格意义上的创新产品，其历史甚至早于碳酸饮料，但由于价格以及消费观念等因素并未在中国市场铺开。元气森林通过向传统寡淡的气泡水中加入代糖，即同样有甜味而实际含糖量可以忽略不计的物质，使产品实现“0糖0脂0卡”，满足多数人愿意牺牲一部分口感去追求健康的诉求。元气森林气泡水的目标客户群体主要为都市年轻白领女性，虽然受众范围小，但是此类小众人群拥有很强的消费能力，并愿意接受新事物，更加有利于产品的短期爆

① 商业情报橘．元气森林乳茶事件戳破“0蔗糖”食品泡沫[EB/OL]．https://baijiahao.baidu.com/s?id=1697446106688548635&wfr=spider&for=pc&searchword=%E5%85%83%E6%B0%94%E6%A3%AE%E6%9E%97%E4%B9%B3%E8%8C%B6%E4%BA%8B%E4%BB%B6[2022-04-17]．

② 元气森林官网．关于我们[EB/OL]．[2022-04-21]https://www.yuanqisenlin.com/．

案例评析

发式推广。为了创造独有的品牌内核，产品设计高度集中于一个相对小众的风格——“和风”，在包装上选用日语中的“気”来增加产品标识度，并对消费者尤为注重的健康信息予以突出显示，建立起清晰的品牌形象。“0 糖”概念都是元气森林品牌差异化的核心，也是该品牌在饮料市场中杀出一条血路的关键。

2. 媒体环境。

早在 2020 年，对于“0 糖”饮料的讨论已经开始发酵，而始于知乎的针对元气森林乳茶的质疑更是直接将矛头指向了这个具体的品牌。在此之前，元气森林宣称的“零卡零糖”曾被央视新闻“打假”。4 月 13 日，新华网也发布评论称，元气森林该好好反省，并配图称“文字游戏一时爽，翻车塌房难收场”①。

3. 传播目标。

(1)扭转买卖纠纷事件中的被动地位，压倒负面消息，形成有利于元气森林乳茶的舆论氛围。

(2)重获消费者信任，重塑品牌健康形象。

4. 传播策略。

(1)及时道歉。

当负面新闻出现，元气森林及时地进行了回应和道歉。而后，元气森林又通过电商直播不带货、只互动道歉的方式，和客户更近距离接触，消除误会。

(2)道歉主体选择。

元气森林的应对方式非常巧妙，相对于传统用公司官方名义来互动，元气森林选择了“产品负责人”史晋平这样一个有血有肉的角色来进行回复。文字不多，但都切中要害。第一段文字的回复情感化、拟人化，表现出真人情绪波动，同时表达歉意。第二段文字注意重塑个人形象。第三段文字邀请加入体验馆，秀诚意，显格局。

① 贝多财经．元气森林误导宣传：道歉不是结局，剥离元气难自立？[EB/OL].[2022-04-17] https://m.thepaper.cn/baijiahao_12191522.

案例评析

(3)转移注意力,顺势营销。

为了转移公众的注意力,让公众忽略他们误导消费者这一错误,元气森林还顺势进行了一波营销:在官方电商店购买过乳茶产品的消费者,可以领取20元的现金红包。于是,在"大家都在声援元气森林"的氛围下,元气森林把一次口碑危机转变成了为自己引流的营销手段。正如郑仁强老师所说:"让口碑危机变成口碑营销,是危机公关的最高境界。"

(4)化危机为商机。

道歉信变为"一次产品升级",这就意味着,元气森林的"错"不在于产品出现问题,而在于由于表达不当而产生误解;而接下来的"升级"会更新表达方式,防止引起消费者的误解。

(5)战略性舍弃"乳茶"。

在这篇"迟来的升级"中,元气森林官方显然只提到了他们的乳茶产品有"0糖"的问题,也只修改了自家乳茶产品的包装。实际上,元气森林的大部分产品都有这样的问题。在元气森林的销售数据中,气泡水的销售额占总销售额的60%以上,乳茶的销售额和气泡水一比实在是微不足道,可以说,气泡水才是扛起元气森林销量大旗的重点产品,是公司顶梁柱级别的产品,从公司的战略角度来看,气泡水显然更重要。那么他们这么做的目的就是弃车保帅,把乳茶这一款产品祭天,为公司销量大头气泡水挡枪,尽量减少自己的损失。文中最后一句话"乳茶有奶所以是有糖的",既是一次洗白,又是一次营销。

(6)投身公益。

据凤凰网报道,2022年4月13日,元气森林继月初向上海、吉林等多个省市的高校、医院等防疫重点单位捐赠46万箱外星人电解质水后,再次向上海捐赠3.6万箱乳茶,作为一线抗疫团队的支持。①

5. 效果评估。

通过一系列挽回消费者、重塑品牌形象的公关活动,元气森林此番"耿直"公告不仅将自己推向了风口浪尖,也捅破了食品行业"0蔗糖"

① 凤凰网. 共同守"沪",元气森林再向上海抗疫一线捐赠3.6万箱元气满满乳茶[EB/OL]. [2022-04-17]https://tech.ifeng.com/c/8FBn1wYn90G.

泡沫,甚至带来了社会效益。如果说元气森林乳茶事件能够推动食品行业关于“糖标准”的建立与监管,那也不失为一次我国饮料行业0糖、低糖之路的积极探索。

(案例来源:根据元气森林乳茶“0蔗糖”舆论危机案例综合改编而成)

案例评析

评点:

公共关系危机是指由于内部和外部的种种因素严重地损害了组织的声誉和形象,使组织陷入巨大的舆论压力和发展危机之中的一种公共关系状态。公共关系危机事件是指影响组织生存与发展,与组织的公共关系活动密切相关,需要通过有针对性的公共关系活动才能妥善解决的突发事件或偶发事件。本案例中,元气森林(北京)食品科技集团有限公司在社交媒体上成为热议负面话题,进入了我们这里所界定的公共关系危机事件的状态。元气森林的这次公共关系危机按类型可以被划为突发性公共关系危机,具体来讲,是一次人为危机事件、无形损失危机事件、尾部危机事件。

面对公共关系危机事件,接下来要做的就是进行公共关系危机处理的策划,这里主要结合公共关系危机处理“五步曲”、处理危机事件的方式以及公共关系危机处理策划的原则对本案例进行分析。

公共关系危机处理“五步曲”是指:①控制事态发展;②表明组织态度;③调查事件真相;④采取相应的对策措施;⑤公布应对过程。列出这五个步骤不是说每一个危机处理的策划案例都必须按照这样的本本主义来做,但其中的一些关键步骤作为整个策划中的核心,是值得借鉴和思考的。从这一策划案例的传播目标和传播手段可以看出,此项策划在迅速控制事态发展、表明组织态度的快速反应作用,以及在此基础上提出相应的对策措施并公布应对过程方面所发挥的作用。但整个策划中没能清楚地看到对于整个危机事件深入的调查,这样也就无法深刻了解危机产生的原因以及事件本身的原貌。此外,整个对策措施的对象集中在消费者和网民上,忽略了针对新闻媒体、业务往来单位的对策措施,这些在危机处理过程中同样也是十分重要的对象。

案例评析

处理危机事件的方式是指:①认清真相,从容不迫;②坦诚公开,直面危机;③调查分析,决策果断;④忍辱负重,务实行动;⑤抓住关键,力挽狂澜。公共关系危机处理策划的原则是指:①事先防范原则;②公众至上原则;③及时沟通原则;④兼顾法律原则;⑤借机更新原则。在处理危机事件的方式和危机处理策划的原则方面,本案例在某些方面做得是不错的,比如,在抓住关键、力挽狂澜处理危机事件的方式以及及时沟通、借机更新的策划原则遵守方面。

总的来说,这一策划案例仍有进一步完善的空间。例如,在此次危机公关事件发生之后,元气森林原本主打的“健康”品牌形象也会遭到打击,而在元气森林发布“升级”回应之后,依然面临着诸多质疑。

案例阅读后,请思考以下问题:

1. 什么是危机公共关系处理的“五部曲”?
2. 危机公共关系处理有什么意义?
3. 如何防范公共关系危机?
4. 元气森林的这次公共关系危机处理策划在哪些方面仍可以提高和完善?

第十章 公共关系策划组织与策划人

学习要点

公共关系工作目标是组积目标的一个子目标，为了达到这个子目标，组织需要一个负责完成公共关系工作目标的部门来实施具体的工作，协同组织目标的实现。而公共关系策划人是组织公共关系策划活动的“智囊团”和“谋士”，他们发挥公共关系策划的基本功能，在调查、谋划、评价、反馈的程序过程中科学地设计，把广告策划、竞争策划、CI策划和公共关系策划等融为一体，形成系统有序的组织公共关系策划流程，为组织公共关系管理和决策提供依据。

【学习目标】

学习完本章,你应该能够:

(1)了解公共关系策划人在公关策划中的作用;

(2)梳理公共关系策划部门的隶属关系和部门职能;

(3)了解公共关系策划公司的种类、机构设置、提供服务、经营原则和选择标准;

(4)了解一名合格的公共关系策划人应该具备哪些品质和能力。

【基本概念】

公共关系策划人　群体结构的凝聚效应　群体结构的系统效应

第一节　公共关系策划组织

一、公共关系策划部门

在许多社会组织特别是大型企业中,内部都设有公共关系策划部,或者叫企划部,以对组织形象的策划、宣传进行集中管理。这种做法符合社会发展的大趋势,往往能获得很好的效果。

由于社会组织繁多,其设置的公共关系策划部门也各不相同,因此,我们只选择市场经济条件下最普遍的社会组织——企业来对社会组织所设置的公共关系策划部门做一介绍。

(一)隶属关系

企业自设的公共关系策划部门的地位及其隶属关系因企业的情况而异。有的直接由总经理或负责营销的副总经理领导,有的隶属于销售部门或业务部门。而在大型企业里,由于生产业务经营的产品比较多,每一类产品的生产经营部门都有自己的公共关系策划人员或组织。这些不同情况的隶属关系都是各企业根据自己的业务需要、以发挥最佳效益为原则而定的。

1. 总经理直辖式。这种隶属形式的公共关系策划部门与企业的生产部门、财务部门、销售部门等并列,作为企业的重要部门之一,直接归总经理领导。

2. 营销副总经理直辖式。由于现代企业是以市场销售为生存取向,因此,"营销"在一定意义上就是企业的生命线。而现代营销已经不是传统意义上的销售,好的产品也未必能得到市场的认可,必须进行各种各样的策划,尤其是公共关系策划，以便树立企业与品牌的认知度、美誉度和和谐度，从而为产品的销售打下良好的基础。所以，企业的公共关系策划部门隶属营销副总经理直接管辖也是比较多见的。

3. 市场营销辅助式。与营销副总经理直接管辖一样，公共关系策划部门辅助于市场营销，是企业以市场为取向的合理选择；但隶属于营销部门的公共关系策划部门往往级别较低。

4. 附属公共关系策划公司式。这种形式的隶属关系只有在大型公司或企业集团中才可能设有，即该公共关系策划公司是一个独立的法人单位，但往往是由公司总部投资控制的，如此区别于社会上的公共关系策划公司。由于这类公共关系策划机构一方面属于上位的大企业，另一方面又具有独立性，因此，该类公共关系策划公司首先是为大企业本身服务，其次才是面向社会提供公共关系策划服务业务。

（二）部门职能

在西方发达国家，企业的全部公共关系策划业务都委托给外部的公共关系策划公司，并以契约构成紧密型的代理关系与利益共同体；企业将有关资料都交给公共关系策划公司，策划公司也经常光顾企业，以彼此熟悉，共同策划开拓，共同发展。

在我国，企业内部的公共关系策划部门大多隶属于企业的某一个部门，承担企业较简单的公共关系策划业务。企业内部公共关系策划部门的职能可以概括如下：

1. 制定企业的公共关系规划。根据企业的发展战略目标以及市场营销目标，确定相配套的企业公共关系目标，并将总目标进行分解，划分为子目标，如远期目标、中期目标、近期目标，年度目标、季度目标以及认知度目标、美誉度目标和和谐度目标等；继而，围绕企业公共关系目标，进行公共关系活动规划等。

2. 策划企业的公共关系活动。当企业的公共关系工作目标、规划得到企业决策层的批准后，企业内部的公共关系策划部门就应该积极围绕这些目标与规划进行卓有成效的公共关系活动策划。这应该是企业公共关系策划部门的主要工作，包括策划方案诞生之前的公共关系调查、材料分析、创意论证等，以及策划报告的写作、形成等等。

3. 协助市场营销工作的开展。作为以盈利为天职的企业，其运作均是围绕市场营销来进行的，而作为直接服务于市场营销工作的企业公共关系策划部门，就更应该始终把公共关系策划的重心放到协助营销工作开展的方面。虽然企业的一切公共关系策划，都是或直接、或间接地服务于营销工作的，但这里强调的是直接为市场营销服务，理论上一般称为“促销公共关系”。

4. 公共关系策划公司与媒介代理的选择。从一定意义上说，公共关系策划的效果取决于公共关系策划公司与信息传播媒介的选择。因此，如何对它们进行选择，对企业公共关系策划部门来说就显得特别重要。公共关系策划代理制是国际上通行的公共关系策划经营机制，即由公共关系客户委托公共关系策划公司实施公共关系计划中的各类公共关系事务，信息传播媒介则通过公共关系策划公司承揽传播业务。

目前，我国国家市场监督管理总局已经在推行广告、公共关系业务代理制，因此，企业公共关系策划部门的重要工作之一就是选择理想的公共关系策划代理公司，参与并监督其公共关系策划的设计与制作。

二、公共关系策划公司

美国公共关系策划协会认为，公共关系策划公司是一个能创造性地致力于公共关系策划宣传的专家组织。

从规模上讲，公共关系策划公司有的是只有一两个人的智囊机构，也有的像世界著名的博雅公共关系公司那样具有庞大的阵容，后者的雇员往往多达数千人。这些公共关系策划公司的服务范围也各不相同。但是无论大小，它们都有一个明确的目的：提供咨询，并按客户的希望提供技术服务。

公共关系策划公司可以作为企业公共关系工作部的助手来工作，如果企业没有公共关系工作部，它也可以承担整个公共关系活动的工作。

（一）公共关系策划公司的种类

公共关系策划公司具有“创造性”的特征，这也是对它们进行划分的依据。公共关系策划公司，按其“创造性”的功能可以划分为全面服务型、专项服务型、公共关系策划代理商以及公共关系策划制作商。

1. 全面服务型公共关系策划公司。这种公共关系策划公司为客户提供系统服务，包括从产品或企业研究，公共关系调查、分析到策划、设计、制作、实施以及公共关系策划的效果测定等一系列内容。

（1）产品或企业研究。这是指对公共关系策划中所宣传产品的功能、特点、价格、包装、品牌等以及企业的知名度、美誉度、和谐度等方面进行研究，同竞争对手相比较，以发现其有利条件和不利条件，从而为公共关系策划者提供制订计划的客观依据。

(2)公共关系市场调查及分析。这是指调查研究目标市场上社会公众的动态及其特点,了解谁是即期购买者,掌握他们的生活习惯以及偏好兴趣,以提高公共关系策划促销的针对性和准确性。

(3)产品销售分析。这是指对公共关系策划产品的销售渠道进行详细的研究,了解其流通环节的合理性和流通网络(或销售网络)设置的科学性等,使公共关系策划宣传能在分销网的建立健全和良性循环的基础上发挥作用。

(4)公共关系策划媒介调查。这是指公共关系策划公司除了具备有关媒介的理论知识外,还要对具体媒介的覆盖面、收费情况,以及在受众心目中的形象进行调查,为正确地选择媒介提供客观依据。

(5)制订公共关系策划计划。公共关系策划计划是开展公共关系策划活动的具体安排,前面章节已详细阐述过。

(6)实施公共关系策划计划。公共关系策划计划经客户同意以后,就要将它付诸实施,具体包括公共关系策划的设计、创意,公共关系策划文案的写作,公共关系策划的制作,购买媒介版面或时段,公共关系策划的刊播,公共关系策划效果的测定等。

(7)与企业的其他营销活动相配合。公共关系策划宣传是企业营销活动的一种,因此,公共关系策划公司要积极配合企业的产品促销活动,使公共关系策划活动发挥更大的作用,同时,也有利于塑造公共关系策划公司的良好形象。

2. 专项服务型公共关系策划公司。这类公共关系策划公司只具有一项或几项服务功能,经营面比较窄,如只负责承担公共关系策划的创作、计划、实施等。美国的路牌公共关系策划公司只承担简单的宣传策划和公共关系策划调查。

3. 公共关系策划代理商。公共关系策划代理商又称公共关系策划经纪商,他们介于客户与公共关系策划公司及媒介之间,为双方牵线搭桥,收取佣金。公共关系策划代理商不承担公共关系策划设计、制作和刊播业务,其性质类似于掮客。

4. 公共关系策划制作商。公共关系策划制作商通常是一些美术、装潢、摄影等部门。它们也是法人实体,只负责公共关系策划的设计、创作和制作,靠收取制作费来运营。

(二)公共关系策划公司的机构设置

公共关系策划公司一般可分为部门型公共关系策划公司和分组型公共关系策划公司,这两种类型的公司其内部组织机构各有特色。

1. 部门型公共关系策划公司的机构设置。

(1)客户部。它是直接与公共关系策划客户接触、联系的业务部门。客户部对内代表客户,对外代表公共关系策划公司,是公共关系策划公司与广大客户联系的纽带,主要负责联系客户、接洽客户、协调客户与公共关系策划公司之间的关系。

当公共关系策划客户要求公共关系策划公司为其提供专业服务时,客户部首先要与之接触,了解客户的具体意图,衡量客户要求的可操作性。通过双方协商,代表公司与公共关系策划客户签订公共关系策划合同,并根据客户提供的有关资料,如企业的经营历史、产品营销情况、市场态势、公共关系策划预算、市场规划等,协同有关部门制订公共关系策划计划,经客户同意后,由有关部门协作执行。

在公共关系策划计划的实施过程中,要及时地与客户联系并进行信息反馈,转达公共关系策划计划的实施进展情况。同时,要对公共关系策划的设计、创意、制作与刊播过程进行监督。对客户的有关信息资料要防止外泄,严守商业机密。

(2)市场部。市场部要根据客户的要求进行企业或产品调查,以及市场调查与预测,了解社会公众的兴趣偏好和趋势动态,测定公共关系策划效果等,为制订公共关系策划计划提供必需的背景材料,并就有关市场问题提供咨询建议,为公共关系策划策略的制定提供客观依据。

(3)创作部。创作部包括公共关系策划的设计、制作部门,其职责是根据客户的要求及媒介特征,撰写公共关系策划文案、设计图案、挑选演员、录音、合成等,制作出公共关系策划成品。

(4)媒介部。媒介部的责任主要有:负责制定公共关系策划的媒介策略,选择合适的媒介并进行组织搭配,以实现公共关系策划的预定目标;负责公共关系策划作品在选定媒介上刊播,制定刊播计划以及媒介预算分配方案;负责与媒介联系,监督刊播计划的实施。

2. 分组型公共关系策划公司的机构设置。分组型公共关系策划公司按照内部业务的需要,分成若干专业性的小组,类似于工业生产过程中流水作业的每个相对独立的环节。这种类型的公共关系策划公司内设联络人员、媒介人员、创作人员、制作人员等。各小组单独与客户联系,并制订公共关系策划计划,制作公共关系策划作品,选择公共关系策划媒介等。这种机构设置形式适用于大规模、专业化水平较高的公共关系策划公司,其主要业务重点是公共关系策划活动的计划安排、方案的制定以及内外业务的协调计划等。

(三)公共关系策划公司提供的服务

成熟的公共关系策划公司一般提供如下服务:

1. 公共关系调查,即进行社会组织形象及其产品形象认知度、美誉度、和谐度,包括公共关系策划方案实施后的效果调查。

2. 公共关系活动创意策划,即为了提高社会组织的认知度、美誉度和和谐度,进行能获得较大传播效果的公共关系活动创意的策划,这是公共关系策划公司最主要的服务工作。

3. 言行举止的训练,即接受社会组织的委托,对组织内高层次的公共关系工作人员进行公共关系事务方面的辅导,以及个人仪表、举止方面的训练。

4. 危机情况下的传播,即在社会组织处在公共关系危机状态时,帮助其进行有效的公共关系传播,确定在这种紧急情况下该说什么、不该说什么,以使该社会组织尽快摆脱危机。

5. 协调社区关系,即就社会组织的运转、发展过程中出现的社区关系障碍进行协调,并就如何获得官方及公众对诸如建立或扩充一家工厂这种工程的资助、支持提供咨询。

6. 产品宣传,即为企业的产品进入新市场或新产品投入市场提供公共关系、广告宣传方面创意性的组合意见,以使企业的产品入市产生事半功倍的效果。

7. 活动实施安排,即为社会组织拟举办的大型公共关系活动,如新闻发布会、周年纪念会、集会、座谈会、订货会等提供实施意见,协助进行安排。

8. 协调内部沟通,即在社会组织内部产生潜在矛盾时,接受其委托,对组织内部相关人员进行公共关系培训,以增强协调性;如果组织内部发生矛盾,则帮助组织进行协商对话,通过沟通来缓和矛盾,最终达成和谐。

(四)公共关系策划公司的经营原则

公共关系策划公司是独立的经济实体,是实行自负盈亏、自主经营、自我发展、自我约束的市场经济体制下的法人组织。根据这个特点,公共关系策划公司在经营活动中应坚持以下原则:

1. 合法经营原则。合法经营原则是公共关系策划公司开展业务活动时应遵守的第一原则,它主要有三个方面的含义:

(1)公共关系策划公司的设置及运行要符合有关法律。

(2)代理的业务要合法。代理业务必须是国家有关法律允许经营的正常业务。

(3)代理收费要合理、合法。要按照有关规定合理收取费用(或佣金),不能漫天要价,要有利于公共关系策划市场的稳定发展,有利于公共关系策划市场供求机制正常发挥作用。

2. 经济效益原则。经济效益原则是市场经济中的基本法则,公共关系策划公司同其他经济实体一样,都是经济运行中的基本单位,因此,要讲求经济效益。只有以经济效益为主要目标,才能在“看不见的手”的有效引导下提高社会的整体效益。

3. 重视合同原则。重视合同原则是指公共关系策划公司在开展业务时要以合同的形式将委托双方的权利、义务和责任确定下来。合同一经签订就要完全执行,以维护合同的严肃性。

公共关系策划公司与媒介之间也要以合同的形式明确双方的责权,同时要与媒介形成利益共同体,共担风险,共享利益。从一定意义上讲,市场经济就是法制经济,公共关系策划公司的经营活动坚持合同的原则正是法制经济的具体表现,也是维护公共关系策划市场有序化的一种有效手段。

4. 信誉至上原则。信誉至上就是重信誉、守信用,要依靠全面、优质的服务赢得客户的信赖,树立良好的企业形象。公共关系策划公司要真正做到客户至上,为客户提供全方位的、多层次的服务,以客户的满意度作为衡量公司工作好坏的标准。

5. 创新开拓原则。创新开拓原则是指公共关系策划公司在为客户策划、设计、制作公共关系活动方案及其相关作品时,要敢于以“新”取胜。千篇一律的公共关系策划创意很难引起社会公众的注意,因此,对公共关系策划形式、公共关系策划所要表达的意境,要不断进行创新,给社会公众耳目一新的感觉。同时,创新开拓可以为公共关系策划公司赢得声誉,提高经济效益。

(五)选择公共关系策划公司的标准

结合发达国家企业的经验,我国企业公共关系部门在选择公共关系策划公司时应该考虑以下几点:

1.选择信誉良好、经营健全的公共关系策划公司。要充分了解拟选公司的历史、规模、代理业绩、专业技术水平、服务档次等,警惕那些徒有其表的“掮客公司”,以及信誉较差、临时拼凑起来的公共关系策划公司。

2.根据具体情况进行选择。如果企业规模比较大,业务活动频繁,就应选择具有多种功能的大型公共关系策划公司；反之，则应选择专业化程度高的、单功能公共关系策划公司。

3.根据经费预算进行选择。要本着“钱多办大事，钱少办小事”的原则，根据企业的公共关系策划预算规模，选择不同服务档级的公共关系策划公司。

4.根据公共关系策划公司的主要客户来选择。公共关系策划客户是反映公共关系策划公司提供服务状况的一面镜子，可将公共关系策划公司主要客户的规模、经营产品状况、公共关系策划预算等方面的情况与本企业的实情进行对比，以选择理想的公共关系策划代理公司。例如，本企业经营的项目如果是儿童服装，就应选择有大量经营同类产品客户的公共关系策划公司为公共关系策划业务代理，以实现本企业的公共关系策划目标。应注意的是，与本企业业务完全相同的客户往往是本企业的竞争对手，如果某公共关系策划公司已经接受竞争对手的委托，那么就不应该再去找这家公共关系策划公司做代理，否则，不是该策划公司从职业道德出发，不接受委托，就是自己的企业机密有可能被泄露。

5.根据公共关系策划公司的专业技术水平来选择。公共关系策划是一门宣传的艺术，不同的“艺术”水平制作出来的公共关系策划作品在吸引力方面会有一定的差距。这就必然会影响公共关系活动的心理效果和社会效果。低劣的技术水平与低效果甚至负影响有着密切的联系。因此，要选择专业技术水平高的公共关系策划公司。

6.根据公共关系策划公司业务员的素质来选择。公共关系策划公司业务员的素质主要表现在三个方面：其一，业务员的整体专业素质，如是否受过与本专业相关的高等教育或培训；其二，业务员的工作态度，如是否能够做到“客户至上”，处处为客户着想，最大限度地为客户提供便利服务；其三，业务员的领悟能力，如是否能够正确、迅速、全面地领悟公共关系策划客户的意图，并准确、清晰、简练地阐述出来。

7.根据公共关系策划公司与媒介的关系进行选择。公共关系策划作品的刊播与媒介是分不开的。如果公共关系策划公司与媒介的关系密切，那么在刊播版面、时间、密度、频率等方面就能为企业争取比较有利的条件，从而有利于提高公共关系策划、宣传的效果，扩展产品或企业的认知度、美誉度和和谐度。

第二节 公共关系策划人

一、公共关系策划人的基本素质

公共关系策划人的素质通常有广义与狭义上的理解。广义的理解是,公共关系策划人的素质是其先天条件与后天品格、能力的综合反映,包括公共关系策划人的思想、品德、气质、性格、能力、知识、风度等。狭义的理解是,公共关系策划人先天具有的生理特点,如体质、心理特征等。先天素质是人的生理条件,是形成后天能力的基础。这里,我们所研究的是公共关系策划人广义的素质范畴,即公共关系策划人内在品格和外在能力的综合体现。

人的素质决定人的能力和水平。不同的经营层次,对人员素质的要求也各不相同。公共关系策划人的素质包括公共关系策划人的个人素质和群体素质。

(一)公共关系策划人的个人素质

公共关系策划人的个人素质是指一个合格的公共关系策划从业人员必须具备的条件和能力。主要包括以下方面:

1. 品格素质。品格是指公共关系策划人的品质、道德、作风等。公共关系策划人要成为人们心目中的表率和榜样,必须具备高尚的品德,诸如坦荡正直、公而忘私、言行一致、谦虚谨慎等;反之,那种吹吹拍拍、投机钻营、营私舞弊、独断专行的人,则不具备公共关系策划人的基本素质。具体地说,主要包括以下几个方面:

(1)忠诚心。忠诚心是指公共关系策划人对自己的国家和民族,对自己所代表的组织和公众,乃至对朋友的热爱、诚实,并愿意为之尽力。忠诚心还包括对事业、信仰、宗旨始终如一的信奉、遵守并身体力行地去实施。公共关系策划中的忠诚,不是指个人对小团体、某个企业目标的盲目服从,而是指对整个社会、整个人类、所有的公众,均具有竭诚服务的态度。如果为了一时的利益,对公众花言巧语、坑蒙拐骗,非但不能树立组织的良好形象,还会在公众心目中留下极坏的印象。这种出于小团体或个人利益的忠诚是自私、狭隘的,最终也就彻底失去了忠诚。

(2)公正心。与忠诚心相联系的是公正心。公正心是忠实于事实,忠实于真理,在真与假、善与恶、美与丑发生矛盾冲突时,毫不犹豫地支持和维护真、善、美，旗帜鲜明地反对假、恶、丑。对公共关系策划人来说，公正心意味着要维护社会公认的道德法则，维护广大公众的利益，而不能因为与个人有利害关系而否认事实，编造谎言，也决不可因为任何原因偏袒错误的一方。一个具有公正心的公共关系策划人不但不说假话、不做伪事，还要敢于揭穿别人的谎言，出面阻止别人的错误和虚伪的行为，这就需要公共关系策划人具有更多的勇气来主持正义。

(3)守信心。讲信誉和守信用对任何人来说都是良好的品质、修养的一种表现，公共关系策划人尤其应如此。他们的信誉与信用表现在约定会晤、安排会谈、组织会议、履行合同等方面都要守时守约，接受任务必须按期完成，说到做到。如因故不能按期完成任务，必须向对方说明原因，并尽可能地不拖延太久。守信用还包括决不轻易答允他人所托而自己又力所不能及的事情，一旦答允，就应竭尽全力去做到。公共关系策划人应是一个言必信、行必果的人。

(4)奉公心。公共关系策划人开展工作的目的是在为一个个社会组织树立良好的形象，增加社会组织的认知度、美誉度和和谐度。这个目的是在为公众和社会的服务过程中体现出来的，所采取的手段也必须是光明正大、顾全大局的。在公共关系策划活动中，公共关系策划人要廉洁奉公，杜绝一切私利的诱惑；要从组织的全局利益出发，不计较个人得失。即使在个人利益受损失的情况下也要能识大体顾大局，不能为了个人的私利，影响、危害个人所在的公共关系公司以及所服务的社会组织的声誉。只有廉洁奉公、不谋私利，才有可能造福于公众、造福于社会。

(5)豁达心。公共关系策划人的优劣不在于其对策划提出了多少好的创意与解决问题的办法，而在于策划人是否具备“豁达大度”这一重要素质。我们知道，个人的智慧再大也是有限的。深知此理的公共关系策划人要想使公共关系活动卓有成效，就必须豁达大度。豁达大度不仅是公共关系策划人获得智慧的重要手段，同时也是策划人具有智慧的一种表现形式。俗话说：“宰相肚里好撑船。”这句话用在此处就是说公共关系策划人具有宽广的胸怀，能容纳四海之士，虚怀若谷，谦虚谨慎，恭以待人。公共关系策划人只有具备豁达大度的美德，才能集思广益、兼听则明，才能制定出为客户、为公众、为社会所欢迎的公共关系策划方案来。

2. 知识素质。知识，是人类的认识成果，是来自社会实践的经验的系统化、条理化和理论化的科学理论体系。英国伟大的哲学家培根提出的“知识就是力量”的口号，正是对知识这一人类认识成果作用的最恰当概括。

所谓公共关系策划人的知识,就是他们应具备的知识总和。总体上,公共关系策划人的知识应包括公共关系理论知识、管理科学知识和一般知识三部分。这三部分知识及其相互关系构成了公共关系策划人应具备的知识结构,主要包括以下内容:

(1)公共关系理论知识。公共关系理论是人们对于公共关系实践活动的科学总结和理论概括,它是由许多具有普遍性的原理、原则和方法组成的一个具有内在逻辑的知识体系,是公共关系人员包括策划人从事有效公共关系实践的指南和依据。随着公共关系领域的扩大和内容的充实,对于公共关系策划人掌握公共关系理论知识的要求越来越高。

(2)管理科学知识。公共关系策划就其实质来说,是一种决策活动,它涉及组织的各个方面。因此,作为一名称职的公共关系策划人,必须具有扎实的现代管理科学知识,尤其是决策学方面的知识。塞特尔(E.P. Settle)在其《实用公共关系学》一书中指出:"一位公共关系人员要经常与高级管理人员来往,且时常在压力情况下受命任事,他必须通晓企业决策过程中的每一阶段和步骤,从行销到制造,从财务到采购。"美国公共关系协会发表的一份统计资料表明,美国企业或公司的公共关系部门的主管一般都是公共关系策划人,75%以上的人受过正规的企业管理方面的教育与培训。

(3)其他知识。公共关系策划人除了要掌握公共关系理论知识和管理科学知识外,还应博览群书,具备其他相关的人文科学知识,如传播学、新闻学、心理学、社会学、市场学、政策学、法学、统计学,以及艺术科学和外语等。这是因为,一方面,公共关系策划本身就是一门新兴的交叉科学,它的理论体系和内容涉及上述各学科;另一方面,公共关系策划实践也需要大量应用上述各学科的内容。

总之,作为一名出色的公共关系策划人,应当具备多方面的知识,具有较高的知识素养。只有这样,才能在公共关系策划工作中得心应手。

3. 能力素质。心理学上把能力定义为直接影响活动的效率、使活动顺利进行的个性心理特征。人才学认为,能力是在已有知识的基础上,通过脑力劳动和体力劳动而形成的技能的高度发展。

大量研究表明,一个人要想完成某种活动,仅仅依靠一种能力是远远不够的,必须借助于各种能力的综合。"才能"是能力的综合。公共关系策划人是否具有策划公共关系活动的才能,关键在于他能否对自己的各种能力加以综合,形成才能的综合效应。一般认为,一名公共关系策划人必须具备决策能力、创新能力、应变能力以及社交能力和表达能力等。

(1)决策能力。决策能力主要包括四个方面:

其一,具有战略的胆识。现代社会复杂多变,组织的未来要靠公共关系策划人去规划、设计,因此,公共关系策划人不仅要想到今天,更要想到明天和更远的将来。建立高标准的公共关系长远目标,制定切实可行的达到公共关系目标的发展战略和策略,是使社会组织不断向前发展的重要保障。公共关系策划人要善于进行长远的考虑,不能目光短浅,只顾眼前的局部利益。要站得高、看得远,从战略的角度去策划目前的公共关系活动,并使之成为组织远景规划的一部分。

其二,善于综合分析。策划需要集思广益,但对于不同的意见、方案该如何选择,需要公共关系策划人通过自己的分析来进行最后的选择。同时,公共关系活动涉及组织和公众的各个方面,活动方式和策略也很多,而每一种公共关系活动方式和策略会有不同的效果。这就要求公共关系策划人具有分析综合、统筹决策的魄力和能力。

公共关系策划人的这种综合能力具体地表现为他们能在系统、全局观念的基础上,全面地考虑各种因素,善于在整体和全局中把握公共关系的时机和策略,能够综合考虑社会组织、公众、传播方式之间的各种关系,使公共关系活动能顺利展开。除此之外,综合能力还表现为能够集百家之长和各方面的优势,以成功地达到公共关系活动的目的。

其三,善于处理信息。正确的策划有赖于正确的信息,离开正确的信息,策划就会成为无源之水,无本之木。因此,对于信息的感受是否敏感,是影响一名公共关系策划人能否做出正确策划的重要因素之一。一名优秀的公共关系策划人首先应该使自己成为最新信息的栖息地,只有这样,才能及时地获悉有关的、可为之所用的信息,迅速了解各种情况,从而及时、准确地做出有效的策划。

策划人员要将所获得的各种信息作为参考和依据,其前提条件是要对这些原始信息进行处理。要在浩如烟海的信息中获取有用信息,必须善于处理各种信息。这种能力主要表现在两个方面:①能迅速察觉和了解社会组织内部和外部所发生的各种情况,善于捕捉各种信息;②能通过一定的方式和方法,对量大面广的原始信息进行必要的预先处理,将信息进行归类排列,去伪存真,去粗取精,使各种有用的信息都各得其所。

此外,随着电脑网络的发展,一名优秀的公共关系策划人还应具备操作电脑和网上漫游的能力。

其四，善于择优决断。从本质上讲，策划是一种决策过程，而科学的决策是在多个方案中优选出来的，因此择优决断就成为公共关系策划人决策能力的重要方面。

应该指出，公共关系策划人的择优决断能力不单是指当机立断或快速决策，正确的决策固然越快越好，但有时“欲速则不达”。我们可以断言，一个善于发现问题、能够抓住主要矛盾的策划人，一般都具有择优决断的能力。

(2)创新能力。所谓创新能力，是指人们对某种刺激产生许多“独特认识联结”的能力，它至少包括以下三点：一是流畅性，即对刺激能够通畅地做出反应；二是灵活性，即随机应变的能力；三是独创性，即对刺激能做出不同寻常的反应。

公共关系策划工作本身就是一项创新活动，只有建立在丰富的想象和创新的基础之上，公共关系策划才能引起社会公众的广泛关注和支持，从而获得出人意料的公共关系活动效果。

公共关系策划人策划公共关系活动的宗旨是让广大公众在公共关系活动中感到有所启迪，有所得益，使社会组织的形象得以美化，更加为人所知。因此，公共关系策划人是否能够进行创造性思维是至关紧要的，能够进行创造性思维，才能够创造性地策划公共关系活动。

(3)应变能力。公共关系策划人的应变能力实际上是一种根据不断发展变化的主客观条件随时调整公共关系策略的创新能力。具有应变能力的策划人，不因循守旧，不墨守成规，能够从表面“平静”中及时发现新问题、新情况，从中探索出新的策略和技巧，勇于开拓，大胆提出新设想、新方案；对已有成绩不满足，能通过成绩发现隐患。从这个意义上讲，应变能力也是一种创新。没有创新的胆略与勇气，也就没有应变的才能与智慧。

公共关系状态的变化不外乎两种情况：一是变化仍处于“量变”阶段，变化“轨迹”尚未偏离公共关系目标；二是变化已进入“质变”阶段，变化“轨迹”明显偏离公共关系目标。对于前者，一般不需对原公共关系策略做根本性变动，只需做局部调整；但对于后者，通常需要对原公共关系策略做比较大的改动，有时甚至需要“推倒重来”。一名杰出的公共关系策划人，其非凡的应变能力往往表现为对一些突发事件和非规范问题的果断处理，以及对一些随机信息的利用。

(4)社交能力。社交能力是衡量一个现代人对开放的社会适应与否的标准之一。美国《商业月刊》对美国237家大企业的总经理进行调查后指出，目前美国企业界对其负责人的第一条要求就是在企业内外搞好关系，企业领导人应像国会议员那样善于与人交往。同样，对一个公共关系策划人来说，也应该具备这种社交能力。

公共关系的对象是公众,公共关系策划的着眼点是与公众保持良好的关系,使公众对社会组织产生美好的印象。一名成功的公共关系策划人必须具备善于与公众打交道的本领,为组织的生存与发展创造"人和"的人事环境和社会气氛。一名公共关系策划人占有信息量的多少是其策划成功与否的决定因素之一,而信息弥散在社会的各个角落,善于交际的人肯定在信息的获取上占有优势。

(5)表达能力。表达能力包括口头表达能力和书面表达能力。口头表达能力是指说话要准确、形象、生动,要有表现力,这就要求说话者用词得当、修辞华美、发音纯正、吐字清晰、逻辑性强。书面表达能力即"笔头功夫",要求写作要流畅、准确、得体而又生动、形象。公共关系策划人应该具备这两种表达能力。

公共关系策划人要将经过悉心谋划好的公共关系方案付诸实施,首先是要准确地将方案布置给公共关系工作人员,让他们按既定方针开展活动,而这个过程就需要公共关系策划人具有口头和笔头表达能力。同时,在公共关系活动中,如果条件发生变化而不得已调整方案时,也需要公共关系策划人迅速、准确地将调整后的策略和技巧告诉公共关系工作人员,这也需要公共关系策划人有较强的口头和笔头表达能力。

必须强调的是,公共关系策划人的能力、素质不是与生俱来的,而是在实践中加强锻炼,逐步形成的。因此,人的本质的改造(对公共关系策划人来讲,就是指他们的锻炼和修养)也必须通过对各种社会关系的认识和处理各种社会关系的实践来实现。以社会关系为中轴线,通过实践—认识—再实践—再认识……不断循环往复,公共关系策划人才能达到社会对其的素质要求。

(二)公共关系策划人的群体素质

公共关系策划人的群体素质,是一个多层次、多序列的综合体。这是由于在现代社会,无论是宏观部门还是微观企业,都面临着复杂的公共关系策划工作,仅仅依靠公共关系策划人的个体能力往往难以胜任,必须依靠公共关系策划人群体的组合效应去完成。这个群体结构具有下列特点:

1. 群体结构的凝聚效应。公共关系策划人组成的群体必须产生一种合力,并充分发挥群体的作用。

2. 群体结构的系统效应。系统理论认为,系统的功能要大于各局部功能之和。对策划人的群体结构必须进行合理搭配,使之形成优势互补,发挥系统的功能。对此,对策划的群体结构就应该考虑最佳组合。例如,在年龄结构方面,要配备老、中、青相结合的策划群体;在专业结构方面,既要有专家和通才,又要有科技人员和公共关系策划人员;在性格结构方面,既要有开拓型人才,又要有稳健型人才;等等。在各方面形成互补,才能充分发挥群体结构的系统作用。

二、公共关系策划人的培训

在科学技术先进、市场经济发达的国家,公共关系及其策划已成为融科学和艺术于一炉、集经营管理与传播为一体的一种职业或专业。这对于从事社会组织公共关系及其策划工作的专职人员的素质提出了比较高的要求,要想真正成为一名称职的公共关系策划人,就必须经过一定的专业教育或专职教育及培训。在我国,公共关系事业正处于发展阶段,公共关系策划更是刚刚兴起,非常缺乏受过专门训练的公共关系策划人。因此,加强公共关系策划人的培训已是当务之急,对此,决不可等闲视之。

(一)公共关系策划人的培训内容

一般来讲,公共关系策划人的培训内容主要包括以下几个方面:

1. 政治素质的培训。通过政治素质的培训,使公共关系策划人提高马克思主义理论素养,培养他们实事求是、自知之明、公正廉洁、谦逊礼貌、宽容大度等良好品德,全心全意服务于社会组织与社会公众,力争做到不但使公共关系活动进行得有声有色,而且能够促进社会主义物质文明和精神文明建设。

2. 心理品质的培训。这方面的培训主要是培养公共关系策划人的良好心理品质,使他们具有广泛的兴趣、稳定而乐观的情绪、开朗的性格以及不断追求的意志。公共关系策划人只有具有良好的心理品质,才能顺利地担负起公共关系策划任务,实现公共关系目标。

3. 公共关系知识的培训。通过培训,使公共关系策划人具有扎实的公共关系理论知识、管理科学知识以及相关的科学知识,具有"T"型知识结构,使他们在掌握知识的基础上不断提高能力。

4. 公共关系能力的培训。这种培训主要是提高公共关系策划人的决策能力、创新能力、应变能力、表达能力以及社交能力。这些能力对一名公共关系策划人来讲是非常重要的。

(二)培训公共关系策划人的基本途径

根据国外的经验和我国的实际情况,以及信息社会的发展趋势,培训公共关系策划人主要有两个基本途径:

1. 系统培养，即通过大专院校公开招生，进行专门教育和培养。在当代经济发达国家，担任各大公司公共关系部经理以及公共关系策划公司高级策划人的人员，往往都是正规大学中经过系统教育与训练的本科以上学历的大学生。毕业以后，他们中的大多数还得接受公共关系学方向的研究生课程的教育。有了这样系统的学习经历，才能为做好公共关系策划工作打下牢固的基础。

2. 在职培训，即利用业余时间或半脱产对在职公共关系策划人进行公共关系策划方面的培训。公共关系策划是一门应用性很强的学科，同时也是一门艺术。要想成为一名出色的公共关系策划人，必须通过社会实践的锻炼。广泛的阅历和经历，与各种公众交往的经验，对突发事件的应变策划能力，都是在课堂上学不到的，因此，就要把社会实践当做大课堂，根据实践所需，对公共关系策划人员进行在职培训。针对工作所需，可聘请专家教授对公共关系策划人进行短期培训，可利用业余时间也可半脱产。应该说，伴随着社会的飞速发展，人类的知识不断更新，这种在职培训将是长期的、无有止境的。

（三）培训公共关系策划人的方法

培训公共关系策划人一般可采用以下方法。

1. 系统的理论学习。系统的理论学习一般通过大学或其他院校的系列课程学习来实现，也可以通过业余自修等途径来实现，这种方法有利于提高培训的效果。同时，系统的学习有利于知识的全面掌握。但这种方法的不足是封闭性的，不能直接提高公共关系策划人的实际工作能力。

2. 现代的师徒传授。选择知识全面、有发展前途的青年大学生充当公共关系部经理或公共关系策划公司资深策划人的助手和徒弟，尽可能让他们在“师傅”跟前多做具体工作，以获得“师傅”的悉心指点；而他们也就能够跟着“师傅”见世面，学到“师傅”的策划技巧与艺术，并在积极参与中增强感性认识，提高策划水平，迅速地成长。

3. 利用网络学习、提高。在现代社会，互联网络既是获得信息的渠道，又是发布信息的媒介；既是进行公共关系策划工作的工具，又是进行公共关系策划培训的窗口。因此，作为公共关系策划人，要积极利用互联网，检索、下载有关公共关系策划方面的理论知识、观点见解、操作技巧、成功案例、经验教训，并进行分析研究，从而获得大量的公共关系策划方面的新知识，掌握新动态，使自己不断得到提高。

案例评析

汶川大地震中的政府公关

2008年5月12日14时28分04秒，四川汶川、北川，8级强震猝然袭来，大地颤抖，山河移位，满目疮痍，生离死别……西南处，国有殇。这是新中国成立以来破坏性最强、波及范围最大的一次地震。据民政部报告，截至2008年9月25日12时，四川汶川地震已确认69 227人遇难，374 643人受伤，失踪17 923人。为表达全国各族人民对四川汶川大地震遇难同胞的深切哀悼，国务院决定2008年5月19日至21日为全国哀悼日。在这场强烈地震后，中国政府的危机公关发挥了极其重要的作用，有力地推动了抗震救灾工作。

强烈地震引发的危机公关

2008年5月12日14时28分，突如其来的强烈地震中断了人们的正常生活。以汶川为中心方圆几个县区，地动山摇，房屋倒塌，顷刻间成为人间地狱，死的、伤的、活埋的不计其数。地震发生18分钟后的14时46分，新华网发布地震消息。15点55分，新华社就播发了胡锦涛主席作出的重要指示：要求尽快抢救伤员，保证灾区人民生命安全。值得注意的是这个时间点，16点这个整点和15点55分在体现政府反应的及时性上给公众的感觉绝不只是5分钟的差别。16点40分许，温家宝的专机从北京起飞奔赴灾区。温家宝在飞机上发表讲话说，灾害面前，最重要的是镇定、信心、勇气和强有力的指挥。那时，不论身在哪个角落，绕地球两圈的强大冲击波让公众亲身感受到了大地颤抖，大地震发生后，有关资讯通过电视、广播、电话、互联网等媒体源源不断地传遍了每一个角落。在CCTV滚动传播的资讯中，每个公众从一开始就置身于这场由党和政府主导的轰轰烈烈的政府危机公关之中了。

突如其来的强烈地震把党中央、国务院和灾区人们以及国内外公众紧密地联系起来了，灾情牵动着全国人民，乃至全世界人民的心。紧急动员抢救人民群众的生命成了政府压倒一切的根本任务，同时还要协调国内各级政府、各个省市、各个方面的抗震救灾行动；要协调前线救灾和后方支援的关系，与外国政府社会公众之间的关系；在及时、真实、全面地传播灾情及救援进程的同时，还要消除误导公众的谣言。突然间，艰巨而又紧迫的危机公关摆在了中国政府面前，公关任务之艰巨、

案例评析

之紧迫、之复杂前所未有。从地震发生到信息发布，到启动应急预案、抢险救灾，所有这些工作都在两小时以内启动。政府的危机公关在地震后迅速开启了大幕。

危机公关促进全面救灾

汶川地震后，政府的公关组织大致可分为以下几块：

(1)迅速成立抗震救灾指挥部，全面指挥协调救灾过程。

(2)尽一切力量抢救伤员，并全面展开心理干预。

(3)报道及时透明，信息传递迅速流畅。

(4)邀请专家在各大媒体上普及地震情况及防震救灾知识。

(5)开放和欢迎国际社会救助和捐款。

汶川强烈地震后，灾区通讯全部瘫痪，与外界失去联系，社会公众对整体地震情况不清楚，人们心头的恐惧挥之不去，处于集体无意识状态，情绪处于亢奋之中。灾区很容易引发疾病流行、社会动乱和因一些过激的行为导致社会危机。因此抗震救灾中的危机公关十分重要。在过去一个多星期的时间里，中国政府反应灵敏、态度诚恳、行动迅速、措施得力、效果良好。这次政府危机公关有几个方面的亮点。

1.党和国家强有力的行动坚定了人民抗震救灾的信心。

地震后，时任中共中央总书记胡锦涛马上作出重要指示，要求尽快抢救伤员，保证灾区人民生命安全；温家宝总理立即赶赴灾区指挥救灾工作；解放军总参谋部的应急预案立即启动。中央几次召开政治局常委会议，全面部署救灾工作，并成立了由温家宝任总指挥，李克强、回良玉任副总指挥的抗震救灾总指挥部。时任国务院总理温家宝强调第一位工作是抓紧时间救人，多争取一分一秒的时间就可能多抢救出一个被困者。温家宝总理着急、忙碌、亲切的形象，极大地稳定了民众情绪，起到了动员各方的巨大作用。从网上大量的留言中我们可以看到人民群众对总理的敬仰之情。网友们说，温总理好样的，60 多岁的老人了，不容易啊！温总理太伟大了，我们永远记住您忙碌的身影。温总理，老爷子辛苦了。人民不会忘记您！温总理太令人敬佩了，我们的子弟兵太可爱了，我们国家的人民太伟大了。

胡锦涛总书记先是在北京密切关注抗震救灾进程，在最关键的时候，不顾余震的危险亲临地震现场，看望灾民，指挥抗震救灾。总书记、

案例评析

总理和干部群众在一起，这种水乳交融、生死与共的情景极大鼓舞了全国人民，形成良好互动关系，各级各地政府、民众，正以前所未有的激情，不惜一切代价投入这场战役。

2.社会各界精诚团结、众志成城，为抗震救灾提供了坚强后盾。

在这次抗震救灾的过程中，各个部门的行动也十分迅速到位。地震发生后30小时，社会各界准备基本就绪。中国外交、公安特警、国家安监、质检、环保、交通运输等部门都进入紧急状态。中国移动、中国电信、中国网通和中国联通组织精兵强将抢修通信设备，架起灾区和全国联系的渠道。有好多企业和个人多次捐款、捐物。向灾区调运的物质和救援分队、志愿者昼夜兼程奔赴前线，各地的大学生自发献血。18日晚，“2008宣传文化系统抗震救灾大型募捐活动”共募集各界捐款15.142 9亿元人民币。网民向灾区表示慰问和祝福。整体呈现出团结一致抗震救灾的社会氛围。

3.大众媒介在信息传播和凝聚人心方面发挥了重要作用。

抗震救灾中，大众传播媒介共同发挥作用，及时沟通社会各界，很好地实现了关系互动。5月12日14时46分，新华网就发布消息：四川汶川发生7.8级强烈地震。国内各主要门户网站的头条都有这些消息，让全国人民对异常情况有了及时和全面的了解。这些天来，政府各家媒体在灾情发生后几乎不停顿地发布最新伤亡数字和救灾消息，介绍防灾知识。中央电视台也以全天直播的形式报道灾情、传达高层指挥救灾的举措。政府行动了，并且让每项行动为公众所知，从而带动社会舆论以及社会关心，并且协助政府工作的开展。危机之中，任何一件事情都有可能被放大、被误读误导，在这次政府危机公关中，信息传播不仅及时、全面、真实、透明，而且十分准确到位，保证了抗震救灾正确的舆论导向。

4.及时制止谣言传播为抗震救灾提供了良好的舆论环境。

在突发灾难面前，民众出于求生与关爱亲友和财产安全的本能，往往容易听信各种谣言。汶川地震发生后，有称北京当晚将发生余震，一时间闹得人心惶惶。但是，仅在汶川地震后两个小时，国家地震局就公布，北京当晚发生余震传言不实，北京地区近期都不会发生破坏性地震。这是一种前所未有的速度。13日这一天，重庆、上海、湖北、广西、

案例评析

陕西、浙江、河北、北京等地都出现了有关地震的流言,各地政府在第一时间阻断错误信息,辟谣的效率非常高。这次地震发生后,大众传播媒介多渠道、全方位地持续发布信息,使大家对地震情况有了总体了解,成为社会公众消除恐慌的“定心丸”。政府积极发布灾情和救灾信息的做法取得成效,使这场波及大半个中国的地震没有造成社会恐慌和动乱。

5.中国的抗震救灾赢得了国际社会的同情和大力支持。

由于政府公关及时、到位、出色,美联社、法新社、英国广播公司网、美国 CNN 网站、英国广播公司(BBC)网站等多家重量级西方权威媒体也通过中国媒体开放真实、准确、权威的信息渠道了解了中国汶川震情,对中国抗震给予大幅报道,对中国应对地震的速度和救援给予了肯定。同时,国际社会连日来纷纷向中国地震灾区捐款捐物,亲自参加救援,支持中国政府和人民的抗震救灾。

[案例来源:整理自《汶川大地震政府危机公关》,《公关世界》,2008 年第 6 期(下),杜明国,http://prskycn.blog.sohu.com/94980914.html。]

评点:

汶川地震让整个中国陷入了沉痛之中,同时也让中国人民空前团结起来,让一向对中国不甚友好的国外媒体给予了前所未有的正面评价。这其中,中国政府在救灾中的有效公关发挥了很大的作用。直到 3 年后的 2011 年,我国香港媒体仍对地震救灾工作和灾后重建工作予以高度评价。汶川地震中政府公关的成功可以概括为“快速”、“高效”、“公开”、“低姿态”。

“快速”是汶川地震救灾工作的第一原则。汶川地震发生后,当地交通、通讯中断,汶川地区成了一座“孤岛”。政府在地震地区情况还不明了的情况下,第一时间做出响应:国家领导人在第一时间赶到现场;各路救灾队伍和军事力量迅速投入到一线救灾任务中;各种救灾物资通过各种渠道迅速到位并展开运送;媒体在通讯中断的情况下想方设法进行不间断报道;社会各界迅速发起了募捐活动,全国上下迅速凝聚在了一起。全国各个政府部门和紧急救援机构反应迅速,步调统一。有媒体评价这次的救灾行动就好像经过演习一样,迅速到令人讶异。

救灾活动一开始,各路人员就确立了“拯救生命”的最高原则,大家齐心合力抢占“黄金 72 小时”。尽早统一目标决定了救援活动是高效的,

案例评析

灾区人民和救援人员都暂时把伤痛抛到了脑后,积极投入到搜寻失踪人员中去。虽然当地地处山区,交通中断,但还是不断有人员被救出的消息传出,给了全国人民莫大的希望和安慰。各路人马分工明确,搜救、医疗、安置有条不紊地进行。通过救灾知识的宣传教育,当地灾民迅速和救援人员一起加入到了自救的队伍中,大家心往一处想,劲往一处使。

汶川地震的信息在第一时间对国内媒体公开了报道。及时的灾区信息使得人心迅速稳定,让公众认识到政府已经在第一时间展开了救援,安抚了民心;对典型案例的报道宣传了积极向上的态度和对生命的敬畏,端正了公众的态度;信息的有效披露使得救援活动更有目的性,需要做什么、怎么做、去哪里做,公众都能从媒体上有所了解;最后,对国外媒体的开放向世界展示了一个真实的中国,扭转了中国的国际形象。

政府的"低姿态"在汶川地震中也表现得非常明显。国家总理温家宝第一时间赶赴灾区,亲自来到第一线帮助救援;灾区各界一切以救人为指导,灵活应对;迅速制定全国默哀日,暂停一切社会娱乐活动为灾区祈祷;为方便国外媒体报道,各个组织大开绿灯,全面支持。在生命面前,上从政府领导,下到市民百姓都把姿态放到了最低。在一个水平面上,各界人士得以更好地对话协调,从而更有力地组织救灾活动。

汶川地震中,中国人的表现使中国人自己和整个世界认识到原来中国人可以这么团结、高效。对比中国政府在面对西藏问题时的处理方式,不得不说中国政府在危机公关方面向前迈出了巨大一步。而与其他国家在本国的求援活动中的糟糕表现相比,中国政府充分展示了在大灾难面前的应对能力,向全世界展示了全新的国家形象。

案例阅读后,请思考以下问题:

1. 公共关系策划组织有什么特点?

2. 你认为公共关系策划人最重要的素质是什么?

3. 人际性专题活动指什么?怎么做才能成功?

4. 在汶川地震中,政府和媒体分别在组织和策划中扮演了怎样的角色?在组织方面,中国政府与其他国家在此类相似事件中的行为比较,有什么优缺点?

5. 谈谈你对我国目前公共关系策划现状的看法。

第十一章 公共关系策划的领域差异

学习要点

各类不同的社会组织进行公共关系策划时运用的原理是相同的，但因组织性质、组织形态不同，导致各类社会组织公共关系策划的特点各异。这些相异之处显示出不同社会组织公共关系策划的本质特征和个性，值得我们研究。社会组织门类繁多，行业差异颇大，要理清各类社会组织公共关系策划的特点殊非易事。本章将介绍主要的三大类组织各具特色的公共关系策划。

【学习目标】

学习完本章，你应该能够：

(1)了解政府公共关系策划的含义、特点和侧重点；

(2)了解非营利组织公共关系策划的特点和代表性案例；

(3)了解不同社会组织在进行公关策划时的异同。

【基本概念】

政府公共关系策划　非营利组织

第一节　政府公共关系策划

政府，是国家和地方的行政机关，对国家和地方各方面事务负有指导、规划、管理、协调、服务、监督、保卫等基本职责。由于政府工作本身具有公共性，因而它每时每刻都置身于各种公众关系之中。政府除了借助政治、经济、行政和法律等硬性手段来管理社会之外，还必须借助公共关系这种“软性”方式来协调各种社会关系，达到既定的行政目标，而任何成功的公共关系活动都必须是经公共关系人员周密策划的。从这个意义上说，政府公共关系策划是现代政府行政管理中最重要的方法之一。

一、政府公共关系策划的含义

政府公共关系策划是指政府为了更好地管理社会公共事务，增进社会公众对政府工作的了解、支持和监督，协调内部各种关系而进行的一系列塑造政府良好形象的社会活动的策划。政府公共关系策划分为政府内部公共关系策划和政府外部公共关系策划。

(一)政府内部的公共关系策划

政府内部公共关系策划主要是指为了在政府内部机构和人员之间建立相互了解、信任、协调的和谐关系，运用各种传播和沟通手段，通过一系列有效途径进行的公共关系活动策划，它主要包括两种类型：

1. 政府内部的横向公共关系策划，即发生在不相隶属的不同政府部门之间的公共关系活动策划，如各地方政府之间的公共关系活动策划，政府部门之间的公共关系活动策划。

2. 政府内部的纵向公共关系策划，即指有隶属关系和上下级领导关系的政府或部门间的公共关系活动策划,以及某一级政府内部的上下级员工之间的公共关系活动策划。

(二)政府外部的公共关系策划

政府外部的公共关系策划是指政府针对自身以外的其他公众和其他社会组织进行的公共关系策划。政府对整个社会事务的综合管理过程,主要是与不同的社会组织和不同的公众个人发生关系的过程。因此,外部公共关系策划是政府公共关系策划的重点。具体可分为以下几种:

1. 政府对其他社会组织的公共关系策划。主要包括:政府与执政党、人民代表大会、法院、检察院、政协、民主党派以及群众团体组织之间的公共关系策划。

2. 政府对经济、文化组织的公共关系策划。重点为政府要尊重、保护、引导经济、文化组织的发展。

3. 政府对个体公众的公共关系策划。重点为为个体公众创造出良好的生存、发展、参政条件,使他们能更好地发挥个人的潜能。

4. 本国政府对外国政府及国际性组织的公共关系策划。主要目的是提高本国政府的国际美誉度,增进与各国的友谊。

二、政府公共关系的特点

(一)影响的广泛性

政府作为国家的政权机构,统辖范围广,担负着许多重要的职能,处于各种社会力量、社会关系的焦点上,具有极大的权威性。政府可以制定政策,颁布法令,并强制管辖范围内的民众和机构去执行。任何别的组织、任何企业都不具有这种特性,这就决定了政府公共关系影响的广泛性。

(二)目标的独特性

任何公共关系活动都是为了建立良好的关系。但是,不同的社会组织有不同的情况,工作侧重点也有所不同。政府公共关系策划的主要目的不像一般公共关系策划那样把提高认知度作为主要的目标,而是把提高政府美誉度作为主要任务。因为政府的公共关系几乎不存在认知度的问题,所以,政府公共关系策划的基本目标是树立“创新、务实、廉洁、高效”的政府形象,以此来赢得人民群众的信任和支持。

（三）主体的权威性

政府公共关系策划的主体是作为国家行政机关的政府。政府是特殊的社会组织，它拥有极大的权威，它在所辖区域内享有宪法和法律所规定的充分的行政权力，因而它具有权威性。正因为如此，政府就容易产生官僚主义、主观主义等问题，故政府公共关系策划的一个重要方面就是要增加政府执政的透明度，提高管理的民主度，强化政务的公开度，使人民对政府有较强的认同感、信任感和拥戴感，从而提高政府在人民心目中的形象和地位。

（四）公众的复杂性

政府公共关系的公众可以分为三个范围：一是政府机构内部的成员，这相当于企业的内部公众；二是该级政府管辖范围内的各级组织和民众；三是上级政府、同级政府以及管辖范围以外的组织和民众，包括国际公众，这是政府公共关系的外部公众。第二个范围较为特殊，它既有内部公众的性质，又兼有外部公众的性质，而这些公众恰恰是政府公共关系的主要对象，政府公共关系要面向社会各界民众，面对各种社团，面对民意代表、新闻媒介、国际人士等。如此复杂多样的公众，决定了政府公共关系工作的复杂多变和高难度。

（五）形象的稳定性

一般的社会组织如果声誉不好，可以改换名称甚至解散组织、另起炉灶，但政府却不可以这样做。所以，制订政府公共关系计划时要高瞻远瞩，服从正确的施政纲领和行动，树立起稳定的而不是摇晃不定的政府形象。塑造政府形象不可能一蹴而就，不能急功近利，如果一个政府失去了大多数公众的信任和支持，重大的历史性变革就可能发生，这时使用政府公共关系技巧也是无力回天的。

（六）方法的全面性

上述特点又决定了政府公共关系的开展必须融合企业公共关系手段和非营利组织公共关系的手段，如宣传性攻关、交际性公关、服务性公关、社会性公关、建设性公关、征询性公关、维系性公关、防御性公关、矫正性公关等。至于公共关系活动的层次，对于政府公共关系来说，能否进入到“决策型公关”的境界是衡量其水准的重要标志。

三、政府公共关系策划的侧重点

政府公共关系策划应侧重以下方面：

第一，广泛搜集信息，了解民意，为民办事，这是搞好政府公共关系策划的“基础工程”。

政府形象的好坏往往不在于其“说”了什么，而在于其“做”了什么，取决于它能否为人民群众切实解决一些困难和问题。开展政府公共关系策划的着眼点首先应从了解实情，为人民群众办实事、办好事入手，加快经济建设步伐，发展社会公益事业和群众福利事业，切实提高人民群众的物质生活与文化生活水准，真正做到造福于民。只有这样，政府才可能得到广大人民群众真心实意的拥护和支持，良好的政府形象才能更快地树立起来。

这些年来，在国内兴起的民意调查、市长信箱、市长接待日、市长专线电话以及中国共产党长期坚持的信访工作，在寻求信息和了解民意方面起到了积极的作用。上海市人民政府的“菜篮子工程”是集纳了市民对“买菜难”的强烈反应，把它作为一项实事重点研究，最后作为一项政策提出来的，深受上海市民的欢迎。朱镕基在担任上海市市长时就要求监察人员盯住 506 个局长，并把意见登在报纸上，请 1 000 多万市民监督，这都是集纳了群众的意见后采取的深得人心的公共关系策略。

第二，建立政府与群众之间的双向沟通渠道，经常展开对话，吸收群众智慧，并通过专业的政府公共关系人员乃至政府首脑向群众解释政策，可望有效地密切政府和人民群众的联系。

据悉，美国纽约州借鉴了工业界“欢迎参观”的做法，每年组织一次公民到州政府参观，收到了良好的效果。美国有些州对公共关系工作的要求是：准确的信息，及时的沟通，广泛的参与，合理的选择。在我国，政府公共关系工作也已经起步。2021 年 5 月，在中国共产党建党 100 周年之际，由共青团中央与知乎联合出品，中国商务广告协会中国 4A 策划的《重逢》向所有为实现中华民族伟大复兴梦的社会主义建设者致敬献礼。视频结合社会时事，恰逢建党百年的五四青年节，从年轻人关注的点切入，以长视频的形式来阐述故事；并突破以往主旋律视频在观众心里的刻板印象，将幽默、催泪等元素融合在视频中，以触动观众的神经，让观众能真正愿意投入到视频中。当时，恰好知乎有“吾辈问答”系列的 campaign，当下很多年轻人都在关注“躺平”“996”等社会议题；有人会定义现在的年轻人不思进取。所以我们结合了这些内容，结合 2020 年边境冲突的事件,改编了《重逢》微电影视频,并提出“这一代的年轻人,还有不计生死的血性吗?”的提问。

截至5月18日晚,《重逢》全网曝光7.12亿,播放量破2亿。在微信视频号生态下,上线三天播放量即突破2 000万大关,目前播放量高达3 823.8万,位列五一长假期间所有内容Top1。在知乎站内,《重逢》获得84%的推荐度,远高于同类型微电影,相关问题浏览量超400万,回答数近900,超过历史优质水平。同时,本片最高登上B站全站热门榜第二的位置。微博话题阅读量1.5亿,讨论量1.7万,并获得众多党政机关、媒体、高校官微主动推荐。团中央侧宣发:微博270万,头条270万,知乎2 351万,快手23万,抖音2 282万,b站67.5万。学习强国端口传播量超27万。东部战区、解放军报等部队方面关注。香港大公文汇境外转发。中宣部、最高检、中联办等部委反馈较好。各地团省委矩阵转发。这个活动表现出很强的公共关系意识,实际收效也很大,这是我国在新时代下自觉策划公共关系活动的一个例子。①

第三,加强对政府内部各部门及国家公务员的监督,切实做到清廉自洁,勤政为民。

勤政廉洁是政府形象的一个重要方面,群众往往是通过对政府部门以及国家公务员的形象来评价政府的。因此,政府职能部门以及国家公务员的一言一行都关系到政府的声誉,尤其是政府领导干部是否廉洁守法,他们的思想品德、工作作风、办事能力如何,直接影响政府工作的效果和政府声誉的好坏。加强廉政建设,清除腐败现象,提高办事效率,是政府公共关系策划的一项具体任务。李瑞环在天津当市长时,群众对煤气公司的诸如气压不足等许多做法存在意见。李瑞环在一次市领导与人民代表的对话会上,就对有关领导模糊不清的解释进行了批评,并当场表态:近期内不解决问题就换人。只有各政府职能部门及国家公务员持之以恒地保持高度的责任感与强烈的事业心,踏踏实实地为群众做好事、办实事,才能取信于民,而这需要各方面的监督,政府公共关系策划担负着这方面的任务。

第四,广泛宣传政府的各项方针政策,使之得到社会公众的理解与支持。

政府的工作是为人民服务的工作,但是具体的政府条例等可能对不同的公众群体产生不同的影响。政府机关可以利用现有的或新开发的传播渠道和媒

① 本案例获第十七届中国公共关系行业最佳案例大赛金奖。SG胜加.重逢[EB/OL].[2022-04-12]http://www.prawards.com.cn/review/winnerlist/19.

介,将政府的各项方针、政策、法规、决定和其他活动安排告知社会各界,向广大人民群众进行说服、解释、宣传和教育,以取得他们的信任、理解、支持与配合。例如,1999 年国内三次降低银行储蓄利率,这关系到人民群众的切身利益,但由于政府深入、细致的宣传、讲解,得到了群众的理解和支持。据调查,1999 年的降息是在国人心目中引起波动最小的事件。

第五,增进民族团结,加强部门协作,调动各方面的积极性。

我国是一个拥有 56 个民族的多民族国家,幅员辽阔,人口众多。因此,增进各民族、各地区、各部门之间的团结与协作,是政府公共关系策划的重要组成部分。为了达到这个目的,就必须大力弘扬民族精神,强化民族意识,协调各民族、各部门之间的利益问题,把全国当成一个大家庭,充分调动各方面的积极性和参与性,使各民族人民团结一致,共同为国家的建设发展尽心尽力。

第六,坚持和平共处的外交政策,促进国际交流与合作,提高政府的国际地位。

政府公共关系策划还有一个重要任务就是帮助政府在国际交往活动中,通过各种传播和沟通的方式来树立良好的国际形象,争取国际公众的了解、信任与合作,进而实现既定目标。改革开放以来,我国政府一直坚持不侵犯别国主权、不干涉别国内政、独立自主的和平外交政策,使我国在国际交流、交往合作方面不断取得新的进展。特别是我国加入世界贸易组织后,与国际上的交流、合作更加广泛。在政府公共关系策划任务中,不仅包括与有关国家政府、非政府行为主体、政府间国际组织与非政府国际行为主体等组织公众的关系,而且还包括民间的国际交流与合作,这就需要政府在公共关系策划方面起到引导、支持、促进的作用。

第七,为把政府公共关系提高到科学的高度,有必要建立起一种动态系统的政府公共关系模式。

我们应当以权宜应变的思维方式去构建政府公共关系模式。这就是说,无论是协调内部关系还是处理对外关系,一方面需要建立稳定一致的公共关系方针,对公共关系对象和任务做出明确的规定;另一方面,还要随着内外因素的不断变化来调整自己的公共关系方针和对策。

政府公共关系策划除了以上七个方面的具体任务之外,还有其他许多方面,目的都是为了树立良好的形象,谋求社会各界公众的信任与支持。政府公共关系策划比起其他公共关系策划活动更强调公众利益、国家利益,对国家的发展有着很大的推动作用，同时，它又强调公众意识、团结意识、协作意识，要求政府工作的透明度。因此，研究政府公共关系策划具有特别重要的意义。

第二节　非营利组织公共关系策划

一、非营利组织公共关系策划的特点

非营利组织是指从事非营利性活动，即不以营利为根本目的的社会机构或团体。与其组织的性质及存在的意义相关，非营利组织公共关系也有其自身的特点。

（一）非营利组织的类型

非营利组织有着不同的工作内容、目标与任务，在我国，习惯上以“团体事业单位”来称呼。非营利组织大致有如下三类：

1. 公益性非营利组织。它们通常以国家或社会整体利益为目标，服务于整个社会，外部公众往往涵盖社会各界。公益性非营利组织除了政府部门，常见的还有担负保卫国家安全重任的军队系统，负责社会公共安全的警察、消防队等。

2. 互益性非营利组织。各种党派和政治团体、职业团体、业余团体、宗教组织，以及大多数的专业学会和各种行业协会、同业公会，都可以列入这个范围。它们比较重视内部公众的利益和共同目的，所以强调其内部成员对组织本身的向心力和归属感，重视组织对其成员的吸引力，重视内部系统的沟通。

3. 服务性营利组织。侧重于以满足特定外部公众或内部公众的特定需要为目标，或以此作为自己的基本使命，提供相应的非营利性服务。常见的有学校、医院及卫生保健组织、新闻机构、图书馆、博物馆及文艺团体、红十字会、基金会、福利和慈善机构。

（二）非营利组织公共关系策划的特点

非营利组织公共关系策划一般有如下特点：

1. 以社会效益为核心。公共关系策划从其目标上讲,有比较明确的服务于促销活动的策划,也有比较倾向于扩大影响、增进了解、培育观念、提高共识等方面的策划。显然,非营利组织的公共关系策划由于组织性质所决定而倾向于后一方面。如果说,促销效果经常是判断营利组织公共关系策划成败的象征的话,那么,社会影响通常是判断非营利组织公共关系策划成败的标志。

2. 广泛求助于各种社会组织。非营利组织的活动费用通常来自上级拨款、社会捐助、慈善机构提供和有偿服务的象征性收入等,因此,费用紧张是必然的,其公共关系策划不可能过于铺张和浪费。同时,由于非营利组织的宗旨和性质往往得到社会大众的普遍称道,其活动会引起社会各方面的协助和支持,故政界、商界、媒介都会为非营利组织大开绿灯,可以说,能否广泛求助于各种社会组织,是非营利组织公关策划成败的关键。

3. 面向广泛而不可控的社会公众。非营利组织与社会公众联系比较松散,利益关系的色彩较淡,其活动纯粹为某一特定层面的社会公众服务,哪些公众是服务对象也是极难判断和控制的。比如,卫生部门策划的反对吸烟的大型公共关系策划,表面上讲,一切烟民都是目标公众,但推而广之,非烟民家里、单位里可能都会有烟民,这些非烟民会影响烟民,事实上全体公民都可能成为目标公众。

二、非营利组织公共关系策划举要

非营利组织的范围非常广泛,本书将介绍一些有代表性的非营利组织及其公共关系策划的特点。

(一)学校的公共关系策划

学校包括各类教育机构:幼儿园、小学、初中、高中、大专院校、成人教育院校及其他各种类型的教育培训组织。

学校的根本宗旨是教书育人、培训人才,教师、学生、家长、校友、兄弟院校、社区、政府、工商界是其最为重要的内外部公众。

学校公共关系策划通常有常规性公共关系策划和专门性公共关系策划两种。常规性公共关系策划内容包括校报的出刊、校内闭路电视与广播、领导接待日、意见箱、走访活动、公函联系、座谈会等,通常定期或不定期举行,每年都要做几次这类活动。专门性公共关系策划通常是在专门事件和特定时机进行的大型公共关系策划活动。比如大型校庆活动、重大纪念活动、突发事件(包括好事或坏事)的处理等。

(二)医院的公共关系策划

医院作为医疗保健组织,其职责是救死扶伤、实行人道主义。医院与任何人都息息相关。

医院最重要的公众无疑是病人。虽然绝大多数医院归属于非营利组织,但病人看病是需要收费的,尽管这并不是为了创造利润,而是为了弥补开支,以维持正常的运作。当然,如果一所医院没有病人光顾,其存在的基本价值也就没有了。

医院公共关系策划最重要的是将公共关系意识注入医院的运作之中,让全体医务人员以医院的形象为根本,把对病人的服务水准和态度理解为对职业道德的操守和医院存亡的关键,从而使医院拥有良好的内外部关系。为了达到这一目的,医院必须经常性地开展各种公共关系活动。

医院公共关系策划也包括大型活动的策划,像大型义诊活动、推广母乳喂养活动、推广义务献血活动、推广捐赠人体器官活动等。当然,也包括对发生医疗事故等突发事件的有效处理。

(三)新闻机构的公共关系策划

新闻机构是运用大众传播媒介,向社会提供资讯的社会组织,如报社、杂志社、电台、电视台等。新闻机构是任何主体的公共关系组织必须重视的公共关系客体,同时,其自身也需要进行公共关系策划。新闻机构在中国是两种职能的拥有者:一方面,作为社会主义国家的新闻机构,必然地需要承担教育公众、引导经济、社会发展的社会职能;另一方面,随着媒介产业化的发展,它必须维持自身的存在与发展。

根据这一特点,新闻机构公共关系策划的核心是将本媒介的宗旨、特点、形象、风格等信息有效地传播到目标公众群之中,从而在特定的目标公众群中树立起长期、稳定、清晰的社会形象。

(四)群众团体的公共关系策划

群众团体是服务于某一具体宗旨、完成专门使命的非营利组织。

群众团体分为以政府为背景、以实业为背景、以学术为背景和以兴趣为背景四种。以政府为背景的群众团体如共青团、妇联、工会等组织,其经费和活动方式都与政府机关运行有密切关系,随着社会主义市场经济的发展,其运作方式和归属将会有进一步的调整。以实业为背景的群众团体如行业组织等，是行业为了协调关系、树立行业形象、规范行业行为、维护行业整体利益的群众团体，目前其职能逐步与政府机关剥离，今后将按照市场方式在法律和政府的监督下运作。以学术为背景的群众团体，如学会与研究会等，其经费通常来自捐助与会费，宗旨则更多的是宣传或普及某种理论、探讨学术问题。以兴趣为背景的群众团体则更多地以健康娱乐与满足个人兴趣为宗旨，其活动主要是为服务共同兴趣者和吸引更多的人参与。

群众团体属性上差异比较大，但有一点是共同的，即不以营利为目的，因此其公共关系策划有诸多的共性。

综上所述，公共关系策划会因为社会组织的不同情况而产生差异性，对这种差异性的把握将有助于公共关系策划活动的成功。

案例评析

“一带一路”年度汉字——国家公关时代的发展

从2016年起，中国公共关系协会联合“一带一路”和“汉字文化”研究领域的权威机构、知名专家学者共同发起并举行“一带一路”年度汉字发布活动，旨在用一个字阐释“一带一路”倡议的内涵，深入挖掘和展现“一带一路”建设的独特成果，为“一带一路”建设与研究留下醒目的印记，加深对“和平合作、开放包容、互学互鉴、互利共赢”丝路精神的认同，为促进举办城市品牌形象的宣传、推广和区域经济、文化的繁荣发展做出积极的贡献。“和”“融”“新”“共”“互”分别成为2016、2017、2018、2019和2021“一带一路”年度汉字。在每一年的活动中，都会发起汉字推介与投票，从九个汉字中选出一个并投票，结果将在“一带一路”年度汉字发布仪式上揭晓。2021年的“一带一路”年度汉字活动启动汉字征集，面向社会广泛征集最能够解读当前“一带一路”建设、诠释“一带一路”高质量发展的汉字。活动参与者可将推荐的2021“一带一路”年度汉字、释义及推荐理由，以电子邮件的形式发送至指定邮箱，并留下姓名及联系方式。所推荐汉字最终成为2021“一带一路”年度汉字的参与者，将有机会参与抽奖，中奖者将获得活动纪念品。

案例评析

2016“一带一路”年度汉字——“和”,取和平、和谐、和合、和美之意。“和”字寓意“一带一路”致力于促进沿途国家、地区交流融合,是和平之路、和谐之路。

2017“一带一路”年度汉字——“融”。取融合万物、天地至美之意。“融”字寓意“一带一路”是融和之路、融通之路。

2018“一带一路”年度汉字——“新”。取新时代、新发展、新担当之意。“新”字寓意中华儿女在新时代实现中华民族伟大复兴中国梦的坚定决心和豪迈气概。

2019“一带一路”年度汉字——“共”。取共生共荣、共生共享之意。“共”字寓意“一带一路”彰显人类共同梦想,为建设利益共同体、责任共同体、命运共同体提供有效途径。

2021“一带一路”年度汉字——“互”。2021 年是“十四五”规划开局之年,也是“一带一路”倡议提出 8 周年。“一带一路”建设将增强沿途国家地区的互联互通、互学互鉴、互利共赢。在新冠肺炎疫情背景下,更需要相互支持、相互配合。旧字新义,字随境变。茅盾文学奖得主周大新在现场说,看“互”字之形,“一带一路”,意为横贯南北东西,相互协同发展,互助互惠互利,互易互济互通。

一、媒介策略

传播“中华汉字”紧紧围绕国家主旋律,携手权威机构和知名专家学者,开展广播、电视、报纸、网络、微信、微博等多媒体合作,充分体现传统媒体与新媒体的创新融合,扩大活动影响力和传播力,齐心协力传承中华优秀传统文化,推进和谐美丽丝路建设。“中华汉字”坚持内容为王、活动为王、理念为王的原则,通过打造活动官网及微信、微博自媒体平台,通过视频、PPT、图片或文字信息等载体,以丰富多彩而又权威专业的方式诉说文字渊源、地方历史;讲解民族文化、展现民俗风光;邀请专家指点,探讨人生感悟,并及时更新推介图片、文字、语音等信息,通过与公众实时互动,加大对地方文化资源的宣传与促动,最终实现对中华优秀传统文化的传承与弘扬。

“中华汉字”还将以双微自媒体平台为基础,发起或组织相关主题的文化公关活动,比如汉字文化之旅、现场读书会、专家调研、专题论坛

案例评析

等；聘请“中华汉字”专家组委会专家学者作为专家咨询委员或特约观察员，并作为地方文化形象宣传大使，围绕区域本土文旅资源数字资讯开发、艺术创作、精准推广、研发设计及网络授权销售、电子商务等内容开展相关的项目合作；注重高品质、平民化、趣味性数字资讯的生产和创作，潜心塑造城市名片、文化意象；协调国内权威的传统媒体与新媒体，积极促进线下与线上相结合，运用网络新媒介带动文化与产业的融合发展，实现传统媒体与现代网络技术媒体、官方媒体与大众媒体的互补结合。

二、对此次公关活动意图及背景的分析

每一个汉字，都蕴含着丰富的文化内涵；每一个汉字，都是这一年留给我们的深刻记忆。

通过每一年的发起说明，可以看到这项连续性的活动的目的：

2016——促进“一带一路”沿途国家和地区文化交流品牌形象的传播，更好地传承和弘扬“和平合作、开放包容、互学互鉴、互利共赢”的丝路精神。

2017——追溯汉字创造者——仓颉的功德，更好地传承中国优秀传统文化，奠定国家建设道路自信、制度自信、文化自信的坚实基础，为实现中国梦凝心聚力。通过传承和弘扬千百年来谷雨祭仓颉的民族习俗，结合当前最具影响力的“一带一路”国家倡议，丰富创新传播模式，继续开展2017“一带一路”年度汉字推介和发布活动。

2018——汉字是中华文化之根，是中华民族的文化符号和智慧结晶，对更好地阐释当下“一带一路”倡议，构建人类命运共同体具有举足轻重的重要意义。为了更好地传承和弘扬汉字始祖——仓颉造字精神，创新传播和弘扬中华优秀传统文化，挖掘文化自信的源泉，奠定文化自信的根基，创新活动内容和传播模式，联合“一带一路”和汉字文化研究领域的权威机构、知名专家学者，共同举办2018“一带一路”年度汉字发布活动。

2019——汉字是目前世界上使用时间最久、空间最广、人数最多的文字，它是中华民族的底蕴和瑰宝，是中华文明的智慧结晶，是中国走向世界的名片，对更好地阐释“一带一路”倡议起着极其重要的作用。

案例评析

为了创新传播和弘扬中华优秀传统文化，更好地传承汉字始祖——仓颉造字精神，中国公共关系协会、陕西省文化和旅游厅、渭南市人民政府将共同主办2019“一带一路”年度汉字发布活动。

2021——2021年是“十四五”规划开局之年，也是“一带一路”倡议提出8周年。“一带一路”建设将遵循共商共建共享原则、开放绿色廉洁理念，向着高标准、惠民生、可持续目标迈进。文化的多样性推动不同文明交流对话、和谐共生，文明因交流而多彩，文明因互鉴而丰富。汉字作为文明交流互鉴的重要载体，是中华文化之根，是中华民族的文化符号和智慧结晶，对更好地阐释当下“一带一路”倡议，构建人类命运共同体具有举足轻重的重要意义。

2021“一带一路”年度汉字发布活动以习近平新时代中国特色社会主义思想为指导，认真贯彻落实党的十九届五中全会精神，坚定文化自信，坚持以社会主义核心价值观引领文化建设，加强社会主义精神文明建设，推进中华优秀传统文化传承发展工程，创新传播和弘扬中华优秀传统文化，讲好中国故事，增强“一带一路”沿途国家的文化交流和文明互鉴，共建人类命运共同体。

每年的年度汉字发布活动都有其契合时代和发展规律的宗旨。“2016‘一带一路’年度汉字发布”活动以“中华汉字和谐丝路”为宗旨，紧紧围绕“一带一路”大格局，携手“一带一路”研究的权威机构，联合在“一带一路”研究领域卓有成效的著名专家、学者，发动广播、电视、报纸、网络、自媒体等多媒体合作，采用全媒体初推、官网推介、微信微博互动及专家评议等推介流程，充分体现传统媒体与新媒体的创新融合，齐心合力，扩大活动影响力和传播力。“一带一路”是文明之路，是和谐之路，促进“一带一路”沿途文化共享、文明共生，“汉字”使命重大、功不可没。2016“一带一路”年度汉字发布活动，旨在用一个字阐释“一带一路”倡议的内涵，为2016“一带一路”建设与研究留下醒目的印记。

2017年的宗旨则是：“文明因交流而多彩，文明因互鉴而丰富。”2017年5月在北京举行的“一带一路”国际合作高峰论坛使“一带一路”再次成为全球瞩目的焦点和世界热议的话题。“一带一路”是融和

案例评析

之路,“一带一路”是融通之路。作为中华民族的文化符号,“汉字”承载了厚重的文化内涵,积淀了丰富的文化资源,传承着优秀的人文血脉。促进“一带一路”沿途互融互鉴、互利共赢,“汉字”使命重大、责无旁贷。因此,弘扬汉字文化、传承仓颉精神,立时代之潮头,发时代之先声,全面展现中国在全球化时代的文明自信与文明自觉,必将促进“一带一路”不同文明之间的互联互通、互融互鉴,共谱“融和”的和谐乐章。“和而不同,融和创新”,“融和丝路”建设必将使“一带一路”成为共建人类命运共同体的重要实践,成为全球治理的重要范例,共创“中国梦”和“世界梦”!

2018 年提出“新时代新丝路,新自信新传承”的宗旨。“新时代寻根字圣,新征程不忘初心。”2018 年开启了“一带一路”新征程,促进新时代“一带一路”跨越发展。新时代新使命,新丝路新绽放,促进“一带一路”沿途国家人民加强文化交流和文明互鉴,增强文化自信和文化自觉,“汉字”的使命地位举足轻重。2018“一带一路”年度汉字推介与发布活动,旨在用一个字阐释“一带一路”在新时代的新担当,展现 2018 年“一带一路”建设的新机遇和新成就,为“一带一路”建设行稳致远留下醒目的印记。

2019 年号召“共享机遇、共谋发展”。举办 2019“一带一路”年度汉字发布活动,旨在贯彻落实党的十九大和十九届二中、三中全会精神,以习近平新时代中国特色社会主义思想为指导,创新传播和弘扬中华优秀传统文化,传承仓颉造字精神,讲好中国故事,建立“一带一路”汉字文化传播和交流平台,推动白水文化旅游产业走上新台阶,迈入新境界,实现新跨越,促进区域经济高起点、高标准、高质量的快速发展,为打造“中国字都”做出应有的贡献。

活动在选址和时间方面也有讲究。汉字是中华文化之载体,涵华夏文明之精髓。仓颉是汉字的创造者,据《淮南子》记载,仓颉造字感动天帝,于春末夏初命天兵天将打开天宫粮仓,在人间普降谷雨。联合国将中国农历二十四节气之“谷雨”定为“联合国中文日”,以纪念“中华文字始祖”仓颉造字的贡献。3 月 22 日,2016“一带一路”年度汉字发布新闻发布会选择在中国古代官府粮仓——北京“北新仓”举行,也具有

案例评析

特殊的意义。北新仓是明清两代官府粮仓，仓结构呈“日”字形，清初有49廒，康熙三十二年增至85廒，现完好保存仓廒6座。选择此处作为新闻发布会地址，是为了更好地纪念仰观日月星辰创造汉字的始祖仓颉，也寓意五谷丰登，风调雨顺，春来谷雨，桃李芬芳。

谷雨，是二十四节气的第六个节气，源于“雨生百谷、万物生长”之说，寓意朝气蓬勃，蒸蒸日上。“谷雨千秋酬字圣，心香万瓣敬文祖。”千百年来，清明祭黄帝，谷雨拜仓颉，已成中华民族既定习俗。仓颉是中华文化的始祖，是中华民族繁荣发展的力量源泉。每一年的“一带一路”年度汉字发布仪式都定于谷雨节气举行。

在先前活动的基础上，2018年和2019年的活动也策划了新的特色。2018年的活动紧紧围绕2018年新时代中国特色社会主义建设新战略，立足新时代“一带一路”建设新部署和新要求，携手“一带一路”和“汉字文化”研究领域的权威机构、著名专家和知名学者，创新运用“汉字之美”舞台剧形式展现汉字的独特魅力，增强汉字和中国文化的国际影响力；贯彻落实教育部、国家旅游局等11部委《关于推进中小学生研学旅行的意见》，开展2018新时代“五个一”研学精品发布活动，充分调动青少年学生作为“一带一路”建设的骨干力量的参与积极性；联合中国青年报社等媒体机构，创新打造H5推介和评选页面，融合传统媒体与新媒体、自媒体传播方式，增强本次活动的影响力和传播力。

2019年则在以往三届活动的基础上，联合“一带一路”和“汉字文化”研究领域的权威机构、知名专家学者共同发起，主题紧扣当前“一带一路”热点，公众关注度高；用中华传统文化礼仪向字圣仓颉表达敬意，既有良好的视觉和传播效果，又有庄严的仪式感；通过互动式舞台短剧《汉字美立方》，“汉字叔叔”理查德·西尔斯现场讲解，以及著名画家、丝路文化学者、中国公共关系协会中国丝绸之路文化艺术研究院常务副院长张录成现场创作国画《共生共享》等形式，将汉字艺术和书画艺术相结合，创新发布年度汉字；联合中国青年报社等媒体机构，融合微信、微博、H5等新媒体平台，中青在线App现场直播，形成全方位、立体式的全媒体传播新平台，扩大活动影响力和传播力，凝心聚力推动新时代“一带一路”建设的新发展，有效提升区域形象和国家文化软实力。

案例评析

评点：

汉字是中华文化之根，是中华民族的文化符号和智慧结晶，是目前世界上使用时间最久、空间最广、人数最多的文字，它是中华民族的底蕴和瑰宝，是中华文明的智慧结晶，是中国走向世界的名片，对更好地阐释当下“一带一路”倡议，构建人类命运共同体具有举足轻重的重要意义。通过这样的系列活动，不仅可以纪念仓颉造字精神，创新传播和弘扬中华优秀传统文化，挖掘文化自信的源泉，奠定文化自信的根基，也能通过文化的多样性推动不同文明交流对话、和谐共生，文明因交流而多彩，文明因互鉴而丰富，汉字正是文明交流互鉴的重要载体，对讲好中国故事，增强“一带一路”沿途国家的文化交流和文明互鉴，有着重要而独特的意义。

在这一系列的活动中，国家选取了一些极具代表性的“中国意象”，如“汉字”“仓颉”“谷雨（二十四节气）”“一带一路（丝绸之路）”等，通过官方的传播，这些意象将会对全国甚至全世界人民产生更为深刻的影响，中国正通过这种“软实力”的传播塑造一个开放、包容、不忘初心、朝气蓬勃又富有底蕴的大国形象。

国家和企业等组织一样，都需要公关。随着社会、经济的飞速发展，国家需要转型，需要展示全新的国家形象。以汉字作为突破点和创新点，进行国家形象公关，在中国的发展史上具有典型的公关意义。用汉字勾连“一带一路”倡议来展示国家的公关思维，代表着国家公关时代迎来了新的机遇和发展，展现出国家对于公关方式思路的转变。①

案例阅读后，请思考以下问题：

1. 政府公共关系策划有哪些特点？
2. 试比较工业企业与商业企业进行公共关系策划的共同点与不同点。
3. 试比较学校与医院进行公共关系策划的共同点和不同点。
4. 非营利组织的许多工作都是收费的，为什么称之为“非营利组织”？它与营利组织的根本差异在哪里？
5. 你对国家“一带一路”年度汉字发布活动有何评价？

① 本案例根据五届“一带一路”年度汉字发布活动案例综合改编而成。中国公共关系协会．品牌活动[EB/OL].[2022-04-17]http://www.cpra.org.cn/index.htm.

参考文献

[1]余明阳．公共关系策划[M]．广州:中山大学出版社,1991.

[2]余明阳．公共关系策划(全国自考教材)[M]．北京:线装书局,2000.

[3]余明阳,蒋春堂．公共关系策划辅导材料(全国自考教材)[M]．北京:线装书局,2001.

[4]余明阳,薛可．公共关系学[M].3 版．北京:北京师范大学出版社,2022.

[5]余明阳,陈先红,薛可．广告策划创意学[M].4 版．上海:复旦大学出版社,2021.

[6]薛可,余明阳．文化创意学概论[M]．上海:复旦大学出版社,2021.

[7]温元凯,舒泽之,余明阳．创意学原理[M]．重庆:重庆出版社,1988.

[8]薛可,余明阳．人际传播学[M].4 版．上海:复旦大学出版社,2021.

[9]余明阳,薛可,杨芳平．品牌学教程[M].3 版．上海:复旦大学出版社,2022.

[10]余明阳,陈先红．CIS 教程[M]．北京:中国物资出版社,1995.

[11]余明阳．咨询学[M]．上海:复旦大学出版社,2005.

[12]余明阳,姜炜．博览学[M]．上海:复旦大学出版社,2005.

[13]余明阳,朱征达,肖俊松．品牌传播学[M].2 版．上海:上海交通大学出版社,2016.

[14]余明阳．市场营销战略[M].2 版．北京:清华大学出版社,2016.

[15]白巍,李志军．公关策划[M]．北京:中国经济出版社,1998.

[16]梁朝晖．Top 策划学经典教程[M]．北京:北京出版社,1998.

[17]李道平．公共关系策划[M]．北京:科学出版社,2001.

[18]郑杭生．社会学概论新编[M]．北京:中国人民大学出版社,1987.

[19]成文胜．策划学概论新编[M].2 版．北京:中国广播影视出版社,2018.

[20]王梁．网络时代的公共关系[J]．现代传播(中国传媒大学学报),2012,34(07):165-166.

[21]陈海峰．变革与坚守:社交媒体时代的舆论引导工作[J]．中州学刊,

2021(05):167-172.

[22]王学成,杨浩晨. 企业危机中的微博公关策略研究[J]. 编辑学刊,2020(04):56-60.

[23]李丽合,李虹. 关于数字媒体技术发展对新闻传播的影响研究[J]. 文化产业,2022(04):16-18.

[24]陈先红,张凌. 大数据时代中国公共关系领域的战略转向:基于扎根理论的探索性分析[J]. 国际新闻界,2017,39(06):20-41.

[25]潘卓航. 浅析网络时代的公共关系与市场营销[J]. 中国市场,2018(06):115,119.

[26]任莺. 新媒体环境下政府公共关系的创新[J]. 新闻界,2013(05):62-65,74.

[27]张依依. 后现代视野下的公共关系理论[J]. 公关世界,2015(10):44-46.

[28]侯迎忠,杜明曦. 突发公共危机中地方政府新闻发布的对话公关实践[J]. 新闻与传播评论,2021,74(06):69-80.

[29]邱鸿峰,陈思妤,孙雪霏. 社交媒体时代公关与新闻的场域关系变迁[J]. 新闻界,2017(12):26-33.

[30]WHITE L. D. An introduction to the study of public administration[M]. New York: Macmillan Company,1958.

[31]EWEN STUART. PR. A social history of spin[M]. New York : Basic Books,1998.

[32] SHERRY DEVEREAUX FERGUSON. Communication planning: an integrated approach[M]. California: SAGE Publications, Inc. ,1999.

[33]CHARTERED. Institute of public relations and department of trade and industry [M]. Unlocking the Potential of Public Relations: developing good practice report, London:CIPR,2003.

[34]HOBSBAWM JULIA. Where the truth lies: trust and morality in PR & journalism[M]. London : Atlantic Books,2006.

[35]DONALD C. STONE. The management of municipal Public works[M]. Chicago: Public Administration Service,1939.

[36] WILLIAM H. NEWMAN. Administrative action: the techniques of organization and management[M]. London: Pitman,1958.

[37] HAROLD KOONTZ, CYRIL O'DONNELL. Principles of management [M].London: McGraw-Hill Book Company, 1968.

[38] GRUNIG J. E., HUNT T. Managing public relations [M]. New York: Holt, Rinehart and Winston, 1984.

[39] BOTAN C. H., HAZLETON V. Public relations in a new age [M]. New Jersey: Lawrence Erlbaum, 2006.